Werner Rau

MOBIL REISEN

PORTUGAL

Werner Rau

MOBIL REISEN

PORTUGAL

Mobile Touring Highlights

Mit Auto, Caravan, Wohnmobil oder Van-Camper unterwegs auf den schönsten Reiserouten

Mit vor Ort ermittelten GPS-Koordinaten

WERNER RAU VERLAG

Idee, Layout, Text, Karten, Stadtpläne und Fotos (falls nicht anders gekennzeichnet): Werner Rau
Titelgestaltung: HitzArtworks, 72667 Schlaitdorf

Titelfoto: Bucht und Strand von Carvoeiro, Algarve

Wir danken ICEP Portugal, Investimento, Comércio e Turismo, Portugiesisches Touristik- und Handelsbüro, für die Zurverfügungstellung von Fotomaterial.

9. komplett neu bearbeitete, aktualisierte Auflage 2016/2017

Herstellung: Druckerei & Verlag Steinmeier, 86738 Deiningen
Printed in Germany

ISBN 978-3-926145-64-2
Geo Nr. 663 10165

INHALT

Zum Kennen Lernen

Mobil Reisen: PORTUGAL – Mobile Touring Highlights

Costa Verde und der grüne Norden

Montanhas – Bergiges Hinterland

Costa de Prata und Zentralportugal

Lissabon, Umgebung und Costa de Lisboa

Sonnige Algarve

Planícies und Alentejo

Praktische und nützliche Informationen von A bis Z

Extra-Infos

Karten und Stadtpläne

EIN KURZPORTRÄT PORTUGALS

Portugal, offizieller Staatsname **República Portuguesa,** liegt im Westen der Iberischen Halbinsel, von der es etwa ein Sechstel einnimmt. Das Staatsgebiet Portugals auf dem Festland grenzt im Norden und Osten auf eine Länge von 1.215 km an Spanien, im Westen und Süden an den Atlantik.

Portugal hatte schon Mitte des 13. Jh. seine heutigen Grenzen, die sich seither kaum wesentlich änderten, auch wenn die spanischen Könige oft begehrlich an der rund 1.200 km langen Ländergrenze rüttelten.

Die Größe des Landes beträgt rund 91.985 qkm, inklusive der Azoren (2.355 qkm) und der Insel Madeira (741 qkm). Festland-Portugal alleine umfasst gut 88.900 qkm, was der doppelten Größe der Schweiz entspricht.

Portugal erstreckt sich 560 km in Nordsüdrichtung und ist maximal 220 km breit.

Einwohnerzahl: 10,6 Mio., davon leben ca. 9,3 Mio. auf dem Festland, ca. 250.000 auf den Azoren und ca. 280.000 Einwohner auf Madeira.

Die **Bevölkerungsdichte** entspricht im Durchschnitt rund 115 Einwohner pro Quadratkilometer; Madeira dagegen ca. 300 Einwohner pro qkm (zum Vergleich: BR Deutschland 227 Einw./qkm).

Weit über 90 % der Bevölkerung Portugals gehört der römisch-katholischen Glaubensrichtung an.

Hauptstadt ist LISSABON mit ca. 2 Mio. Einwohnern im Großraum und annähernd 545.000 im eigentlichen Stadtgebiet.

Zweitgrößte und zweitwichtigste Stadt des Landes ist Porto mit rund 238.000 Einwohner im Stadtbereich bzw. 1,5 Mio. Einwohnern im Großraum.

Staatsform: Ab dem 12. Jh. bestand Portugal als unabhängiges **Königreich**. Seit 1910 hat man die Staatsform einer **parlamentarisch-demokratischen Republik** gewählt.

Die jetzige Republik basiert auf der Verfassung vom 25. April 1976, die in den Jahren 1982 und 1989 Änderungen erfuhr. Bei den Verfassungsänderungen wurde z. B. 1982 der Revolutionsrat aufgehoben. Spätere Novellierungen schwächten die sozialistische Ausrichtung des Staates etwas ab oder engten die Befugnisse des Staatspräsidenten ein. Und 1992 glich man diverse Verfassungsartikel an den Maastricht-Vertrag an.

Die Volksvertretung, ein Einkammerparlament, stellt die **Assembleia da República**, die Versammlung der Republik, dar. Sie setzt sich aus 230 Abgeordneten zusammen, die alle vier Jahre neu gewählt werden. 1982 erfolgte die schon erwähnte umfassende Verfassungsreform.

Staatsoberhaupt ist der **Staatspräsident**. Seine Amtsdauer beträgt 5 Jahre. Seit März 2006 ist Präsident Aníbal Cavaco Silva im Amt (seit 2011 2. Amstszeit).

Regierungschef ist der **Ministerpräsident**, der auf 4 Jahre gewählt ist. Seit November 2015 bekleidet dieses Amt António Costa (PS / Sozialisten). Er tritt die Nachfolge von Pedro Manuel Mamede Passos Ceolho an.

Die wichtigsten Parteien des Landes sind die Sozialistische Partei Partido Socialista PS (nach der Wahl von 2015 vertreten im Parlament mit 74 Sitzen), die Sozialdemokratische Partei Partido Social Democrata PSD (108 Sitze), die Volkspartei Partido Popular PP (24 Sitze) und das Linksbündnis Coligação Democrática Unitária CDU (16 Sitze) und Bloco de Esquerda Be (8 Sitze).

Verwaltung: Verwaltungstechnisch gliedert sich Portugal in **22 Distritos** (Bezirke), davon sind 18 Festlandsbezirke und 4 Inselbezirke (Madeira, Azoren). Die Distritos sind wieder unterteilt in städtische oder ländliche Amtsbezirke, die **Concelhos,** in Gemeinden **(Municípios)** und Gemeindebezirke **(Freguesias)**.

Von den einst umfangreichen überseeischen Besitzungen Portugals in Afrika und Asien war nur noch das rund 16 qkm große Macao unter portugiesischer Verwaltung geblieben. Macao wurde 1999 an China zurückgegeben.

Die historischen Provinzen Portugals sind, von Nord nach Süd: Minho, Trás-os-Montes e Alto Douro, Douro Litoral, Beira

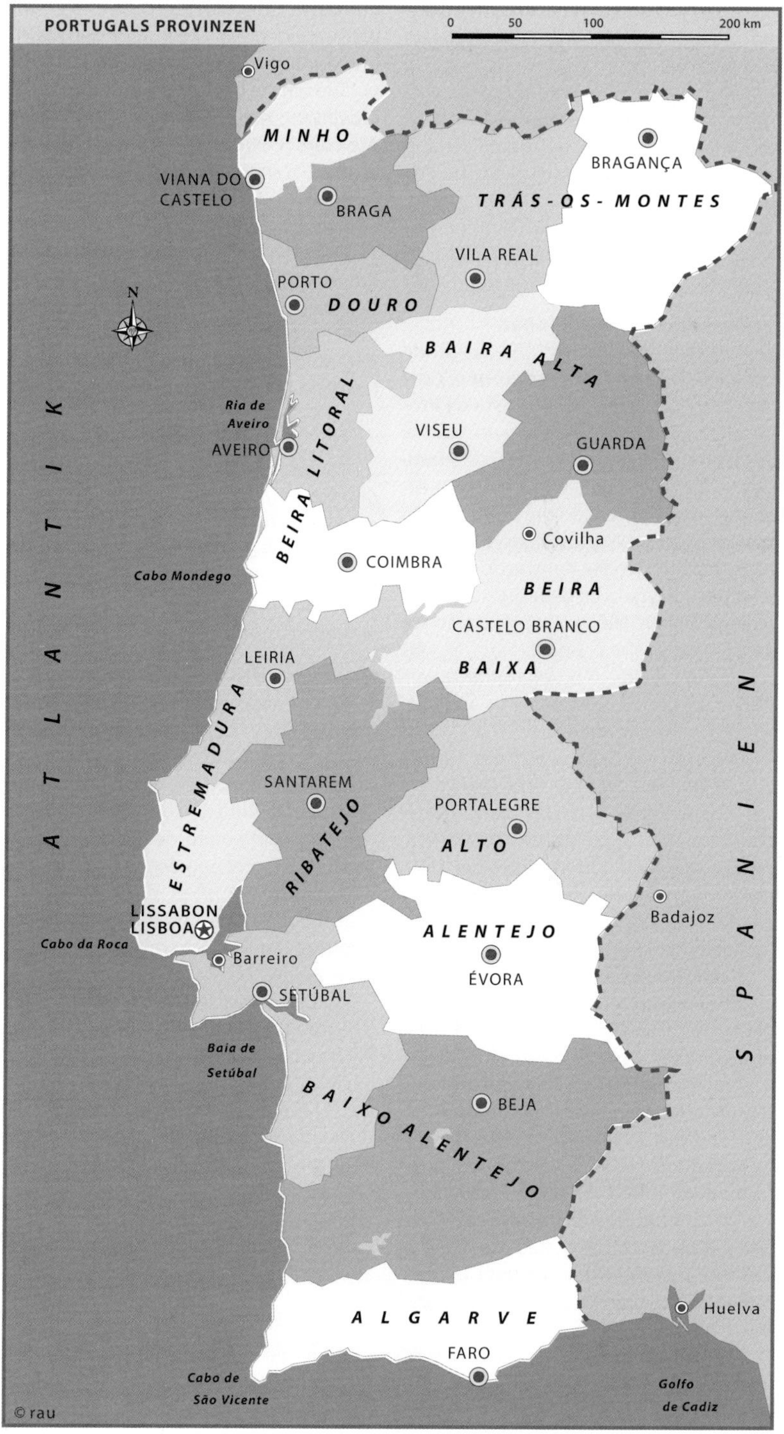
PORTUGALS PROVINZEN
0 50 100 200 km
Vigo
MINHO
VIANA DO CASTELO
BRAGA
BRAGANÇA
TRÁS-OS-MONTES
VILA REAL
PORTO
DOURO
BAIRA ALTA
Ria de Aveiro
AVEIRO
BEIRA LITORAL
VISEU
GUARDA
Covilha
COIMBRA
Cabo Mondego
BEIRA
CASTELO BRANCO
BAIXA
LEIRIA
ATLANTIK
ESTREMADURA
SANTAREM
RIBATEJO
PORTALEGRE
ALTO
Badajoz
LISSABON LISBOA
Cabo da Roca
ALENTEJO
Barreiro
ÉVORA
SETÚBAL
Baia de Setúbal
BAIXO ALENTEJO
BEJA
SPANIEN
ALGARVE
Huelva
FARO
Cabo de São Vicente
Golfo de Cadiz
© rau

Litoral, Beira Alta, Beira Baixa, Estremadura, Ribatejo, Alto Alentejo, Baixa Alentejo und Algarve.

Die heutige Administration gliedert Portugal in **22 Verwaltungsbezirke (Distritos)**, von denen 18 auf dem Festland liegen. Dies sind (von Nord nach Süd): Viana do Castelo, Braga, Vila Real, Bragança, Porto, Aveiro, Viseu, Guarda, Coimbra, Castelo Branco, Leiria, Santarém, Portalegre, Lissabon, Setúbal, Évora, Beja und Faro.

Die Landschaftsregionen

Portugal gliedert sich in folgende sechs große **Landschaftsregionen: Costa Verde** – die Grüne Küste, **Costa de Prata** – die Silberküste, **Lissabon** und **Costa de Lisboa**, **Montanhas** – die Berge, **Planícies** – die Ebene und schließlich die **Algarve** – der „Westen", so die Übersetzung des maurischen Wortes Algarve.

Auffallend ist der Kontrast der Landschaften Portugals. Im gebirgigen, niederschlagsreichen Norden, etwa zwischen den Flüssen Minho und Douro, ist das Land grün, wald- und vegetationsreich, stärker besiedelt und es wird landwirtschaftlich intensiv genutzt.

Das trifft vor allem auf das Gebiet der **Provinzen Minho** und **Douro** an der **Costa Verde** und das „Land hinter den Bergen" Trás-os-Montes zu. Die Provinzgrenze nach Süden bildet der Douro-Fluss, an dessen steilen Hängen die Trauben für Portugals wohl bekanntesten Wein, den Port, reifen.

Nach Süden schließen sich **Beira Alta** und **Beira Baixa** an, Provinzen, die von den Gebirgszügen der Serra da Estrela und Serra da Lousa geprägt werden.

Am Atlantik haben **Beira Litoral** und **Estremadura** eine gemeinsame Küstenlinie von gut 280 km, die **Costa de Prata**. Neben kilometerlangen Sandstränden sind es vor allem die alten, besuchenswerten Städte, Klöster, Burgen, Schlösser und natürlich die Hauptstadt des Landes, Lissabon, mit ihren benachbarten Nobelbadeorten, die hier den Besucher begeistern.

Der **Ribatejo** ist in erster Linie die Landschaft der Ebenen am Tejo, was sich aus dem Namen „Riba-Tejo" schon erahnen lässt. Es ist das Land der Reis- und Weizenfelder, vor allem aber der Pferde und der schwarzen Kampfstiere.

Südlich des Tejo dominieren in den Provinzen **Alto Alentejo** und **Baixo Alentejo** (Ober- und Unter-Alentejo) die sanften Weiten mit großflächigen Weizenfeldern, Korkeichenwäldern und Olivenhainen.

Im Herbst eine traurige, melancholisch braune Öde, nicht so dicht besiedelt wie der Norden, wesentlich niederschlagsärmer und heißer im Sommer. Der Alentejo, das Land „jenseits des Tejo" ist auch das Land der Latifundien und Großgrundbesitzer.

Die südlichste Provinz, die **Algarve** (präziser eigentlich der Algarve), hat mediterranen und in manchen Stadtwinkeln noch maurischen Charakter. Die Mauren hinterließen der Provinz auch ihren Namen „El Gharb", der Westen. Heute ist die herrliche Küste der Algarve die Fremdenverkehrsregion Portugals schlechthin.

Wirtschaftliche Schwerpunkte

Die traditionellen wirtschaftlichen Zentren sind Porto, Lissabon und Setúbal. Alle drei Städte liegen an der Mündung großer Flüsse, die natürliche Reeden und Häfen bilden und den meerorientierten Transportwegen des Landes seit altersher entsprechen. Sines zum Beispiel wurde durch Ausbau der Infrastruktur (Autobahn, Hafen, Raffinerien) in ein Zentrum der petrochemischen Industrie verwandelt.

Im traditionell **landwirtschaftlich geprägten Portugal** – fast 30 % der Landfläche werden landwirtschaftlich genutzt – bilden Weinanbau (hauptsächlich Portwein, jährlich ca. 10 Mio. Hektoliter, und Vinho Verde Weißwein), Fischfang und Fischverarbeitung (Sardinen, Fischkonserven), Olivenöl und Korkerzeugnisse immer noch Schwerpunkte.

Von beachtlicher Bedeutung sind aber auch die Textilherstellung (1/3 des Gesamtexports) und natürlich der Fremdenverkehr.

Nach der Weinproduktion und der Textilherstellung ist vor allem die Hochseefischerei ein traditioneller Erwerbszweig.

Gefangen werden vor allem Sardinen und Thunfisch, aber auch Schellfisch und Pottwale.

Zwar sind in der Landwirtschaft ein Viertel aller Erwerbstätigen beschäftigt. Dennoch leistet die Agrarwirtschaft wegen ihrer niedrigen Effektivität nur einen Beitrag von kaum mehr als 10 % an allen in Portugal produzierten Gütern. Mit der Agrarreform 1974 ging eine Enteignung vieler Großgrundbesitzer einher, die aber 1977 teilweise wieder rückgängig gemacht wurde.

Portugal beliefert gut die Hälfte des Weltmarktes in Sachen Kork und ist damit der Welt größter Korkexporteur.

Kiefernharz wird verarbeitet zu Terpentinöl, Kolophonium etc.

Eine weiterreichende **Industrialisierung** begann eigentlich erst in den späten 60er Jahren. Das bis dahin nur schwach industrialisierte Portugal beginnt auf den Sektoren Eisen-, Stahl-, chemische und petrochemische Industrie und Maschinenbau Kapazitäten aufzubauen. 1995 eröffneten Ford (bis 1998) und VW Autowerke in Portugal. In der Folge wurde die Automobilproduktion ein wichtiger Industriefaktor Portugals. Die drei wichtigsten Länder, in die Portugal exportiert sind Deutschland, Spanien und Frankreich.

An **Bodenschätzen** sind in nennenswertem Umfang entdeckt worden: Wolframerz, Pyrit (Schwefelkies), Zink, Zinn und geringe Kohlevorkommen.

Noch vor knapp 20 Jahren hatte Portugal die niedrigste Produktivität ganz Europas. 1974 betrug das Bruttosozialprodukt nach Angaben der OECD (Organisation für wirtschaftliche Zusammenarbeit und Entwicklung) 760 US-Dollar pro Einwohner. In hoch industrialisierten Ländern Europas war es fünfmal so hoch. Vor der Revolution 1974 lag die wirtschaftliche Macht des Landes in Händen von „sechs oder sieben Familien" (Jacques Frémontier: Die Nelken sind verwelkt).

Seit 1974 halfen neue Entwicklungs- und Finanzierungsprogramme aus diesem Wirtschaftstief heraus.

Mit dem Beitritt zur EU im Jahre 1987 erfuhr Portugal einen enormen Aufschwung in den Bereichen Wirtschaft und Infrastruktur. Heute liegt das Bruttosozialprodukt Portugals bei stolzen 11.120 US-Dollar pro Einwohner bei einer Wachstumsrate des Bruttoinlandsprodukts von über drei Prozent. Allerdings geht der wirtschaftliche Aufwärtstrend des Landes in den letzten Jahren einher mit einer negativen Entwicklung der Staatsfinanzen. Im Jahre 2002 musste die Mehrwertsteuer von 17 auf 19 Prozent erhöht werden.

Das ehemalige **Portugiesische Kolonialreich** bestand aus dem **Mutterland** (mit Madeira und Azoren, 15. Jh. entdeckt), den Besitzungen an **Afrikas Westküste**, überseeische Provinzen genannt, bestehend aus den Kapverdischen Inseln (4.033 qkm), Portugiesisch-Guinea (36.125 qkm), den Inseln São Tomé und Principe (964 qkm) und Angola (1.246 qkm); der Besitzung an **Afrikas Ostküste** Moçambique (783.000 qkm); den Besitzungen in **Asien,** wie Portugiesisch-Indien, bestehend aus Goa, Damão und Diu (zus. 4.194 qkm, seit Dezember 1961 unter indischer Verwaltung) und Macao (16 qkm), 1555 vom Mandarin von Kanton Portugal geschenkt. Macao wurde im Dezember 1999 an China zurückgegeben.

Zudem besaß Portugal noch das 14.925 qkm große Timor auf einer der Sundainseln in **Ozeanien**. (Unter Verwendung von Angaben des Secretaria de Estado da Infomarmação e Turismo).

Portugal ist Mitglied folgender **internationaler Organisationen:** UNO, NATO, OECD, OSZE und seit 1986 auch der EU.

Der längste Fluss Portugals ist der **Mondego**, der in der Serra da Estrela entspringt. Die großen Flüsse des Landes wie Douro oder Tejo, entspringen alle in Spanien.

Der höchste Berg (Festland) ist der 1.991 m hohe **Torre de Estrela**.

Europas westlichster Festlandspunkt, das Felskap **„Cabo da Roca",** liegt nur knapp 50 km westlich der Hauptstadt Lissabon.

KUNST UND GESCHICHTE IN STICHWORTEN

8. Jh. v. Chr. – Phönizier gründen Handelsniederlassungen (Cadiz) auf der Iberischen Halbinsel.

6. Jh. v. Chr. – Griechische, karthagische, später keltische Niederlassungen auf der Iberischen Halbinsel.

3. Jh. v. Chr. – Nach dem Zweiten Punischen Krieg (218 – 201 v. Chr.) dringen römische Legionen bis an die Westküste der Iberischen Halbinsel vor.

3. Jh. v. Chr.– 4. Jh. n. Chr. – Römer gründen Städte (z. B. Beja), bauen Infrastruktur und Handel aus.

5. Jh. n. Chr. – Vandalen, Sueben und später die Westgoten überrennen die Iberische Halbinsel. Um 430 gründen Sueben bei Braga im Nordwesten des Landes ein Königreich.

6. Jh. n. Chr. – Recaredus, König des Westgotenreiches, wird für den christlichen Glauben gewonnen und getauft.

711 n. Chr. – Die Mauren beginnen von Marokko her auf die Iberische Halbinsel vorzudringen und stoßen auch auf das Territorium des heutigen Portugal vor. 715 gründen sie eine Siedlung am Tejo, aus der sich später Lissabon entwickeln sollte.

11. Jh. – Aus Frankreich kommt Heinrich von Burgund, Sohn des Herzogs von Burgund, nach Spanien, um König Afonso VI. von León im Kampf gegen die Mauren zu unterstützen. Zum Dank erhält Heinrich eine Tochter Afonsos VI., Teresa, zur Frau. Ihr gehört das Gebiet zwischen den Flüssen Minho und Tejo, die sog, Provinz *Portucale.*

1139 – Die eigentliche Geschichte Portugals beginnt. Afonso Henrique, ein Sohn Heinrichs von Burgund, übernimmt nach der Schlacht gegen die Mauren bei Ourique die Regierungsgeschäfte der Grafschaft Portucale.

1143 – Afonso Henrique erklärt 1143 nach dem Vertrag von Zamora seine Unabhängigkeit von Spanien und nennt sich Afonso I., König von Portugal. Er regiert bis 1185.

1147 – König Afonso I. erobert Lissabon und vertreibt die Mauren von dort.

1179 – Papst Alexander III. bestätigt die Eigenständigkeit des Königreichs Portugal.

1185 - 1211 – König Sancho I. regiert.

1211 – 1223 – König Afonso II.

1223 – 1245 – König Sancho II.

1245 – 1279 – König Afonso III.

1249 – Afonso III. ringt den Mauren den Algarve ab. Damit ist die portugiesische Reconquista, die Rückeroberung des Landes von den Mauren, vollendet. Die damals festgelegten Landesgrenzen blieben seitdem im Wesentlichen unverändert.

1276 – Der portugiesische Kardinal Pedro Julião wird als Johannes XXI. Papst in Rom.

1279 – 1325 – König Dinis regiert. Unter ihm wird 1308 ein Handelsvertrag mit England abgeschlossen, Grundlage der bis heute guten Beziehungen beider Länder.

1290 – Gründung der Universität Coimbra.

1312 – Auflösung des Templerordens.

1319 – Der später einflussreiche Christusritter-Orden (Tomar) wird gegründet.

1325 - 1357 – König Afonso IV. regiert. Kriege gegen Kastilien.

1357 – 1367 – König Pedro I. regiert. Seine romantisch dramatische Verbindung mit der aus Kastilien stammenden Inês de Castro erregt Aufsehen.

1367 – 1383 – König Fernando I. regiert. Nach seinem Tod fordert der König von Kastilien die von Fernando in Aussicht gestellte Nachfolge auf dem portugiesischen Thron.

1373 – Bündnisvertrag mit Eduard III. von England zur Absicherung der Eigenständigkeit Portugals gegenüber Kastilien.

1385 – In Coimbra wird João I. (Johann I.), Großmeister des Avis-Ordens, zum König ausgerufen. João festigt erneut die Unabhängigkeit Portugals von Kastilien. Der König regiert bis 1433. Dynastie der Avis. Am 14. August 1385 siegen die Truppen Joãos gegen die Kastilier bei Aljubarrota. Aus Dank für den bedeutenden Sieg wird das Kloster in Batalha gegründet.

1386 – Der sog. Windsorvertrag mit England wird unterzeichnet und durch die Heirat König Joãos I. mit Filipa von Lancaster besiegelt.

1394 – 1460 – In der Zeit **Heinrichs des Seefahrers** beginnt die große portugiesische Epoche der Entdeckungen.

1415 – Unter Beteiligung Heinrichs des Seefahrers (Sohn von João I. und dessen englischer Gemahlin Filipa von Lancaster) wird Ceuta in Marokko erobert. Die Expansion Portugals ist eingeleitet.

1416 – Der Infante Heinrich, später mit dem Beinamen „der Seefahrer" bedacht, beginnt mit der Einrichtung seiner Seefahrtschule in Sagres und legt damit den Grundstein für Portugals unvergleichliche Entdeckungsgeschichte.

1418 – Entdeckung der Inseln Madeira und Porto Santo und einige Jahre später (1432) der Azoren. Es beginnt die Erforschung der afrikanischen Westküste.

1433 – 1438 – König Duarte (Eduard) regiert.

1438 – 1481 – König Afonso V. regiert.

1445 – Dinis Dias dringt entlang der westafrikanischen Küste bis Cabo Verde vor.

1446 – Nuno Tristão dringt bis Guinea vor.

1454 – Gegen die Zusage der Christianisierung aller Neuentdeckungen erhält Heinrich der Seefahrer von Papst Nikolaus V. ein Dekret, das Portugal die Herrschaft über die entdeckten afrikanischen Gebiete sichert.

1460 – Heinrich der Seefahrer stirbt.

1470 – Die Inseln São Tomé, Principe und Ano Bom werden entdeckt.

1472 – João Vaz Corte Real dringt bis Neufundland vor.

1481 – 1495 – König João II. regiert.

1482 – Diego Cão erforscht die Kongomündung.

1486 – Bartolomeu Dias umsegelt erstmals die Südspitze Afrikas, von König João II. „Kap der Guten Hoffnung" getauft.

1492 – Kolumbus, der mit seinen Entdeckungsplänen vom Hofe Joãos II. abgewiesen worden war, entdeckt, nun im Auftrag der spanischen Krone, Amerika.

1494 – Vertrag von Tordesillas, der zwischen Spanien (Kastilien) und Portugal die „Aufteilung" der Neuen Welt regelt. Die Trennungslinie verläuft 370 Seemeilen westlich der Kapverdischen Inseln. Das Gebiet östlich dieser Nord-Süd-Linie (darunter Brasilien) soll Portugal, das Territorium westlich davon (darunter Mexiko), soll Spanien zufallen.

1495 – 1521 – König Manuel I. regiert. Es ist die Zeit der großen Entdeckungen. Portugal ist die bedeutendste Macht auf den Weltmeeren.

1498 – Vasco da Gama entdeckt den Seeweg nach Indien und landet in Calicut.

1500 – Pedro Álvares Cabral entdeckt „aus Versehen" Brasilien, als er auf einer Fahrt nach Indien im Südatlantik sehr weit nach Westen abgetrieben wird. Portugal entwickelt sich zum wohlhabendsten Staat in ganz Europa.

1507 – Afonso de Albuquerque erobert Ormuz (Hormus) und Goa (Indien). Später, 1511, werden auch Malakka, Ceylon und die Molukken vereinnahmt und portugiesische Karavellen landen in China.

1519 – 1521 – Erste Weltumsegelung unter Magellan. Magellan reist in spanischem Auftrag.

1521 – 1557 – König João III. regiert. Während seiner Regentschaft wird 1536 die Inquisition in Portugal eingeführt.

1543 – Die Portugiesen landen in Japan.

1557 – Portugal erhält vom Mandarin von Kanton Macao zum Geschenk, als Dank für die Hilfe portugiesischer Truppen im Kampf gegen Piraten.

1557 – 1578 – König Sebastião (Sebastian) regiert. Sebastião wird schon mit drei Jahren König, kommt mit 14 Jahren (1568) auf den Thron.

1559 – Damão in Indien wird erobert.

1572 – Luís de Camões veröffentlicht „Die Lusiaden", Portugals Nationalepos, das die Entdeckungsreise Vasco da Gamas zum Inhalt hat.

1578 – In der erfolglosen Schlacht bei Alcácer-Quibir (Ksar el Kebir) in Marokko fällt König Sebastian. Mit der Eroberung Ceutas 1415 begann der Aufstieg zur Macht und mit einer Schlacht in Marokko sank der Stern des portugiesischen Königshauses der Avis.

1578 – 1580 – Ein ehemaliger Kardinal der Inquisition regiert als König Henrique.

1580 – Philipp II. von Spanien wird nach dem Tode Henriques durch die Erbfolge auch König von Portugal. Philipp II. von Spanien, durch seine portugiesische Mutter Isabel ein Enkel König Manuels, bemächtigt sich Portugals durch den Heerführer Alba. Portugal steht bis 1640 unter spanischer Herrschaft. Während dieser Zeit werden einige portugiesische Besitzungen, darunter Brasilien, Angola und São Tomé, von Holländern vereinnahmt.

1640 – Nach einem Aufstand am 1. Dezember gelingt es, erneut die Unabhängigkeit Portugals von Spanien zu erringen. Der Herzog von Bragança wird als João IV. zum König proklamiert. Beginn der Herrschaftsfolge aus dem Hause Bragança.

1648 – Rückeroberung Angolas und São Tomés und 1654 Rückeroberung Brasiliens von den Holländern.

1656 – 1657 – König Afonso IV. regiert. Portugal weist alle Niederländer aus Brasilien.

1661 – Catarina von Bragança ehelicht König Charles II. von England.

1667 – 1706 – König Pedro II. regiert.

1668 – Nach der verlorenen Schlacht bei Montijo erkennt Spanien in einem Friedensvertrag die Souveränität Portugals an. Portugal gibt Ceuta an Spanien.

1706 – 1750 – König João V. regiert. Unter seiner Regentschaft erlebt das Land eine wirtschaftliche und kulturelle Blütezeit. Es ist auch die Zeit des Barock in Portugal.

1750 – 1777 – König José I. (Josef I.) regiert.

1755 – Am 1. November zerstört ein verheerendes Erdbeben fast ganz Lissabon. Ein großer Teil der historischen Bauten wird vernichtet. Der Minister Marquês de Pombal veranlasst energisch und zielstrebig den Wiederaufbau.

1764 – Umfassende Reformen im wirtschaftlichen, kulturellen, verwaltungstechnischen und politischen Bereich durch den Minister Marquês de Pombal. Pombal ist 1777 Premierminister.

1777 – 1816 – Dona Maria Francisca, Tochter Joãos I., regiert als Königin Maria. Sie verfällt dem Wahnsinn. Ihr zweiter Sohn João übernimmt die Regentschaft.

1807 – Französische Invasion, napoleonische Truppen marschieren in Portugal ein. Der Königliche Hof und die Hauptstadt werden nach Rio de Janeiro verlegt.

1811 – Mit maßgeblicher Unterstützung britischer Truppen unter Wellington werden die französischen Invasionsheere aus Portugal vertrieben.

1816 – Königin Marias bereits regierender Sohn João wird zum König João VI. gekrönt. Er regiert bis 1826.

1820 – Eine Bürgerrevolution führt zur Proklamation einer Verfassung.

1821 – Rückkehr des Hofes unter João VI. nach Lissabon.

1822 – Prinz Pedro ruft das Kaiserreich Brasilien aus und besteigt als Pedro I. den Kaiserthron. Das Kaiserreich Brasilien wird 1825 von König João VI. anerkannt.

1826 – 1853 – Die siebenjährige Tochter Kaiser Pedros I., Maria da Glória, wird als Maria II. inthronisiert. Bis zu ihrer Mündigkeit führt Dom Miguel die Regierungsgeschäfte. 1834 wird Maria für großjährig erklärt. 1836 heiratet sie Ferdinand von Sachsen-Coburg-Gotha. Aus diesem Geschlecht kommen bis 1908 Portugals gekrönte Häupter.

1853 – 1861 – Der Sohn Marias und Ferdinands regiert als König Pedro V.

1861 – 1889 – Der jüngste Sohn Marias und Ferdinands besteigt nach dem Tode seines Bruders Pedro V. als Luís I. den Thron.

1878 – Serpa Pinto durchquert den afrikanischen Kontinent von Küste zu Küste.

1889 – Brasilien wird Republik.

1889 – 1908 – König Carlos I. regiert. Er wird 1908 ermordet.

1908 – 1910 – Manuel II. regiert als letzter König Portugals.

1910 – König Manuel II. wird gestürzt und muss nach England ins Exil gehen. Die Republik wird ausgerufen. Nach 721 Jahren endet in Portugal die Zeit der Monarchie. Zwischen 1910 und 1926 versuchen sich nicht weniger als 45 Regierungen.

1916 – 1918 – Portugal nimmt in den letzten beiden Jahren am 1. Weltkrieg teil.

1926 – Militäraufstand unter General Gomes da Costa am 28. Mai. General Costa ergreift die Macht. General Carmona wird Staatspräsident (bis 1951).

1928 – Antonio de Oliveira Salazar, Professor an der Universität Coimbra, wird als Finanzminister in die Regierung berufen.

1932 – Salazar wird zum Ministerpräsidenten ernannt und mit der Regierungsbildung beauftragt. Salazar beginnt mit dem Aufbau des „Estado Novo", einem streng autoritären, streng katholischen Staat, der den Polizeikräften des Landes große Machtbefugnisse einräumt. Später bleiben mehrere Revolten, Aufstände und ein Sturzversuch erfolglos. Gegner des Salazar-Regimes werden verfolgt.

1933 – Neue Verfassung nach faschistischem Vorbild.

1939 – 1945 – Portugal bleibt im 2. Weltkrieg neutral.

1949 – Beitritt zur NATO.

1951 – Portugal stellt formal alle seine überseeischen Besitzungen dem Mutterland gleich.

1955 – Aufnahme in die Vereinten Nationen.

1960 – Portugal ist Gründungsmitglied der EFTA.

1961 – 1964 – Indien annektiert Goa. In Angola formieren sich Befreiungsbewegungen gegen Portugal. Guinea und Moçambique kämpfen um ihre Unabhängigkeit.

1965 – Der steigende Unmut im Lande über das Salazar-Regime äußert sich im November 1965, als oppositionelle Kräfte die Wahlen zur Nationalversammlung boykottieren.

1968 – Salazar wird aufgrund seiner schweren Krankheit seines Amtes entledigt. Prof. Dr. Marcello Caetano tritt die Nachfolge Salazars als Ministerpräsident an.

1970 – Tod Salazars im Juli des Jahres. Es entstehen Gewerkschaften und demokratische Parteien.

1971 – Die durch die Verfassung verbrieften Grundrechte werden außerkraft gesetzt.

1974 – Am 25. April wird die faschistische Diktatur Marcello Caetano durch einen Militärputsch gestürzt. General Antonio Spínola übernimmt die Macht. Streitkräfte besetzen Lissabon. Die rote Nelke im Gewehrlauf wird zum Symbol der unblutigen „Nelkenrevolution".

Am 15. Mai bildet man die 1. Provisorische Regierung unter General Spínola als Staatspräsident und Palma Carlos als Premierminister.

Bereits am 17. Juli bildet man die 2. Provisorische Regierung, diesmal mit Vasco Gonçalves als Premierminister. Ende September tritt Spínola zurück. Staatspräsident wird General Costa Gomes. Die 3. Provisorische Regierung wird gebildet.

1975 – Aufstände und Unabhängigkeitsbestrebungen in den überseeischen Besitzungen, vor allem in Angola, nehmen zu. In diesem Jahr werden unabhängig: Moçambique (im Juni), Kapverden (im Juli), São Tomé und Príncipe (im Juli), Guinea-Bissau (im September) und Angola (im November).

Portugal muss mit einem Rückstrom von rund 750.000 ehemaligen Kolonialbewohnern fertig werden.

Im Frühjahr (11. März) scheitert ein Putschversuch rechtsgerichteter Militärs unter Spínola. Spínola geht ins Exil. Man bildet die 4. Provisorische Regierung.

Ende April 1975 finden Wahlen zur Verfassunggebenden Versammlung statt und im Juli wird eine Agrarreform beschlossen, die Großgrundbesitzer enteignet.

Anfang August 5. Provisorische Regierung. Schon fünf Wochen später muss das Parlament erneut zur Regierungsbildung zusammentreten – der Sechsten seit dem 15. Mai 1974. Vasco Gonçalves wird abgelöst durch Pinheiro de Azevedo.

1976 – Das Jahr beginnt mit Demonstrationen und Polizeieinsatz in Porto. Im Februar wird die Volksrepublik Angola anerkannt.

Am 25. April, zwei Jahre nach der Machtübernahme durch General Spínola, finden Parlamentswahlen statt. Stärkste Partei wird die Partido Socialista Português.

Im Juni wird General Antonio dos Santos Ramalho Eanes zum Staatspräsidenten gewählt, der bis 1986 im Amt bleibt. Ende September Vereidigung der Minderheitsregierung unter Eanes. Mario Soares wird Ministerpräsident.

1977 – Im Dezember wird der Soares-Minderheitsregierung das Misstrauen ausgesprochen.

1978 – Mario Soares wird im Januar erneut mit der Regierungsbildung beauftragt aber im September schon wieder durch Mota Pinto vom Amt des Premierministers abgelöst.

1979 – Bei Neuwahlen siegt die Demokratische Allianz, Sá Carneiro wird Ministerpräsident.

1980 – Sá Carneiro findet bei eine Flugzeugabsturz den Tod.

1982 – Bei der Verfassungsreform wird u.a. der Revolutionsrat aufgehoben.

1985 – Bei den Parlamentswahlen erleiden die Sozialisten eine herbe Niederlage und erdrutschartige Verluste. Eine neue Regierung tritt unter Cavaco Silva ihre Amtsgeschäfte an.

1986 – Seit 1. Januar ist Portugal Mitglied der EG (ab 1993 Europäische Union EU). Mario Soares wird Staatspräsident.

1987 – Nach nur 18-monatiger Regierungszeit tritt Ministerpräsident Silva vorzeitig zurück. In den vorgezogenen Neuwahlen am 19. Juli erringt Cavoca Silva dann die absolute Mehrheit. Es ist bereits die 7. Wahl nach der Nelkenrevolution vom April 1974.

Portugal schließt mit der VR China ein Abkommen über die Rückgabe Macaos. Sie soll 1999 erfolgen.

1988 – Großfeuer in Lissabons Stadtteil Baixa am 25. August.

1989 – Erneute Verfassungsreform. Sozialistische Maximen werden aufgehoben, die Machtbefugnisse des Staatspräsidenten in einigen Punkten eingeengt.

1991 – Am 13. Januar wird Staatspräsident Mario Soares mit 70,4% der Stimmen auf 5 Jahre wiedergewählt.

1992 – Beitritt zum Europäischen Währungssystem.

1993 – Verschärfung der Ausländergesetzgebung.

1994 – Bei den Europawahlen wird die Partido Socialista (PS) stärkste Partei.

1995 – Bei den Parlamentswahlen im Oktober erringen die Sozialisten (PS) mit 43,8% der Stimmen einen überzeugenden Sieg vor den bislang regierenden Sozialdemokraten (PSD), die große Verluste erleiden und nur auf 34,1% der Stimmen kommen. Im Oktober wird unter Ministerpräsident António Guterres von der Partido Socialista eine Minderheitsregierung gebildet.

1996 – Bei den Wahlen zum Amt des Staatspräsidenten im Januar erringt der Kandidat der Sozialisten, Jorge Sampaio, mit 53,8% einen überzeugenden Sieg. Sein Gegenkandidat Aníbal Cavoca Silva kommt auf 46,2%.

1997 – Bei einer erneuten Verfassungsreform werden über 100 Verfassungsartikel revidiert.

1998 – Expo 98. Lissabon ist Kulturhauptstadt Europas. Ende März 1998 wird die Ponte Vasco da Gama über den Tejo für den Verkehr freigegeben. Die Brücke zählt zu einer der größten ihrer Art weltweit.

1999 – Am 26. Dezember erfolgt die offizielle Übergabe von Macau an China.

2002 – Am 17. März gewinnt José Manúel Durão Barroso mit seiner PSD Partei die Parlamentswahlen und wird im April 2002 Regierungschef Portugals.

2004 – Von Juni bis Anfang Juli ist Portugal Gastgeber der Fußball-Europameisterschaft. Für das Spektakel musste Portugal sein ohnehin gerupftes Staatssäckel mit stattlichen 5 Mrd. Euro belasten. Die portugiesische Mannschaft erreicht das Endspiel und wird 2. Sieger, nach Griechenland.

Am 28. Juni 2004 wird José Manúel Durão Barroso, der seit April 2002 als portugiesischer Regierungschef amtiert, zum neuen EU-Präsidenten gewählt.

2011 – Im Juni 2011 beschließen EU und IWF ein Hilfspaket für Portugal in Höhe von 78 Mrd. Euro. Portugal verpflichtet sich im Gegenzug zu einem umfassenden Spar- und Reformkurs.

Am 5. Juni 2011 gewinnt die Partido Social Democrata (PSD) mit ihrem Spitzenkandidaten Pedro Manuel Mamede Passos Coelho die Parlamentswahlen. Er tritt damit die Nachfolge von Premierminister José Sócrates von den Sozialisten an.

2014 – Ende Oktober 2014 endet José Manúel Durão Barrosos Amtszeit als Präsident der Europäischen Kommission.

2015 – Seit dem 26. November 2015 bekleidet António Costa (PS / Sozialisten) das Amt des Ministerpräsidenten. Er tritt die Nachfolge von Pedro Manuel Mamede Passos Ceolho an, der die absolute Mehrheit bei den Parlamentswahlen verlor.

Die klassischen Kunstepochen

Ab dem 11. Jh. wird im Bereich der Kunst der Einfluss der **Romanik** bemerkbar, der sich vor allem in Bauwerken im Norden des Landes manifestiert. Zu den schönsten Beispielen aus jener Kunstepoche zählen die Kathedrale von Coimbra oder die Rotunde der Templer Kirche in Tomar.

Gotische Bauwerke werden in Portugal etwa ab dem 13. Jh. errichtet. Zu den frühen Beispielen zählen Kirchen in Santarém, weiter sind das Schiff der Abteikirche in Alcobaça und als bedeutendstes Bauwerk der Gotik das Kloster von Batalha zu nennen. Ebenfalls in Alcobaça stehen die Sarkophage Inês de Castros und Dom Pedros, die als leuchtende Beispiele gotischer Steinmetzkunst in Portugal gelten. Sie stammen vom Bildhauer Pero.

Zu den großen portugiesischen Malern jener Epoche zählt Nuno Gonçalves, der das St. Vincent Polyptychon in Lissabon schuf.

Literatur war in Portugal bis ins 15. Jh. fast ausschließlich eine höfische Kunst. Viele der portugiesischen Könige wie Dinis I., João I. oder Afonso V. taten sich als Dichter hervor.

Manuelinischer Stil – Architektonischer Kunststil des 16. Jh., den der Historiker Varnhagen 1842 so nach König Manuel I. dem Glücklichen (Glückseligen) (1495 - 1521) benannte.

Ein gewöhnungsbedürftiger Stil, etwas üppig dekoriert, mit wuchernden Formen, der wohl den neuen Reichtum aus den Kolonien durch seine überschwängliche Formenvielfalt ausdrücken sollte. Es nimmt nicht wunder, dass nautische und maritime Attribute häufige Motive sind, man erkennt vor allem Taue oder Ankerketten.

Zu den schönsten Beispielen zählen die Fenster im Konvent der Christusritter in Tomar, Kloster und Turm von Belém und die Jesuskirche von Setúbal.

Große Baumeister waren Boytac, der Erbauer der Jesuskirche in Setúbal, Diogo de Arruda, der das Fenster in Tomar entwarf, dann der Erbauer des Turmes von Belém Francisco de Arruda und die Gebrüder de Castillo.

Auf dem Gebiet der Malerei war die Schule von Viseu tonangebend.

Die Renaissance des 16. Jh. begann sich in Portugal von Coimbra aus auszubreiten (Coimbra Schule) und blieb den Stilelementen der italienischen Renaissance treu. Die bedeutenden Meister waren Afonso Alvares, Nicolas Chanterene, Jean de Rouen, Diogo de Torralva.

Auf dem Gebiet der Literatur trat vor allem Luís de Camões hervor, der mit seinem Epos „Die Lusiaden" die Entdeckungsreise Vasco da Gamas nach Indien beschreibt.

Die Barockkunst des 17. und 18. Jh. findet in Portugal vor allem in der Freitreppe zur Wallfahrtskirche Bom Jesus bei Braga ihren Ausdruck.

In jener Zeitspanne blühte in Portugal die Kunst, Wände mit **Azulejos**, bunten Kacheln, zu dekorieren. Die Fertigkeit, Fliesen mit Farbornamenten zu verzieren, war im 15. Jh. von Marokko aus nach Portugal gebracht worden. Aber erst im 16. Jh. wurden in Portugal farbige Fliesen hergestellt. Meist dominiert die Farbe Blau (Azul), deshalb wohl auch „Azulejos". Bis ins 17. Jh. war die Technik so verbessert worden, dass ganze Bildmotive aus Azulejos zusammengesetzt wurden. Als zwei der zahllosen Beispiele dafür seien die Azulejo-Mauer in Viseu und die Kirchen Carmo e Carmelitas in Porto genannt.

WIE KOMMT MAN HIN?

Anreise mit dem Auto

Viele Wege führen nicht nur nach Rom sondern auch nach Portugal. Mitentscheidend für die Wahl der Anreiseroute werden natürlich Ausgangspunkt in Deutschland und Einreisepunkt in Portugal sein, wobei Reisende aus Süddeutschland, Österreich und der Schweiz wohl ähnliche Anreisewege wählen werden.

Die Benutzung der Autobahnen in der Schweiz, in Frankreich, in Spanien und in Portugal ist gebührenpflichtig. Wer rasch ans Ziel kommen will, wird die nicht unerheblichen Mautgebühren in Kauf nehmen. Nimmt man sich aber für Hin- und Rückweg je einen Tag mehr Zeit, kann man seinen Weg genau so gut auf den in aller Regel gut ausgebauten Nationalstraßen zurücklegen.

Anreisewege und Tipps dazu

Wer sich aus dem **norddeutschen** und **nordostdeutsche Raum** oder dem Gebiet der **Rheinmetropolen** auf den Weg macht, dem bietet sich u. a. der Weg über **Liège** (A-15/E-42), **Namur, Mons** (A-7/E-19), **Valenciennes** (A-2/E-19), **Cambrai, Roye** (A-1/E-15/19), **Paris** (E-5), Orléans (A-10/E-5), **Orléans, Tours, Bordeaux** (A-63/E-5/E-70) und **Bayonne** an. Allerdings gestaltet sich die Umfahrung von Paris wegen des immensen Verkehrsaufkommens dort fast immer als recht zeitraubend!

Von Bayonne überquert man die französisch-spanische Grenze bei **Hendaye/ Irún**, dann geht es weiter durch Spaniens Norden zum spanisch-portugiesischen Grenzübergang bei **San Martin del Pedroso** und schließlich nach **Bragança**, dem Ausgangspunkt unserer Rundreise im äußersten Nordosten Portugals.

Aus dem **Rhein-Main-Neckar-Gebiet** und aus dem **süddeutschen Raum** nimmt man am einfachsten die Autobahnen bis **Karlsruhe** und weiter südwärts die A5 über **Baden-Baden**, **Offenburg** bis südlich **Freiburg i. Br.** und zweigt am **Dreieck Neuenburg** südwestwärts auf die französische Autobahn A-36/E-60 ab. Über **Mulhouse, Besançon** und **Dole** erreicht man die Nord-Süd-Autobahn A-6/E-15 *„Autoroute du Soleil"* bei **Beaune** (günstiger Etappenplatz).

Wer auf Autobahnen fahren möchte, hier diese Wegvariante:

Beaune - Macon - Lyon (A-06/E-15) - **St. Ètienne** (A-47/E-70) - **Clermont-Ferrand - Périgeux - Bordeaux** (A-89/E-70) und weiter wie unten beschrieben.

Wer Autobahnen meiden möchte, auch der Autobahnmaut wegen, dem sei der folgende Weg über Landstraßen empfohlen:

Ca. 33 km südlich Beaune verlässt man am besten die stark befahrene A-6/E-15 bei **Chalons-s-Saône** und folgt den sehr gut, teils autobahnähnlich ausgebauten, aber mautfreien Nationalstraßen südwestwärts über **Montceau-les-Mines** (N-80/N-70)**, Digoin** (N-79/N-73)**, Montluçon** (N-79/N-N-73/E-62), **Guéret** (N-145), **La Croisière, Bellac** (N-145) und **Confolens** (951) nach **Angoulême**.

Der weitere Verlauf unseres vorgeschlagenen Anreiseweges führt zur A-10 und um **Bordeaux** herum, weiter auf der A-63/E-70 und auf der vor allem an Wochentagen sehr stark von spanischen und portugiesischen Lkws befahrenen, teils vierspurig ausgebauten Nationalstraße N-10/E-05/E-70 südwärts über **Bayonne** (günstiger Etappenplatz in Bias bei Mimizan) zur französisch-spanischen Grenze bei **Hendaye/Irún** und weiter nach **San Sebastiàn/Donostia** im spanischen Baskenland (Euskadi) bis südlich von **Bilbao/ Bilbo** (Autobahn). Von dort geht es auf der Autobahn E-804/AP-68 bis zum Autobahnkreuz bei **Miranda de Ebro.** Nun weiter westwärts auf der Autobahn AP-1/E-5/E-80 über **Burgos** (günstiger Etappenplatz) und **Valladolid** bis **Tordesillas** (günstiger Etappenplatz).

In Tordesillas endlich verlassen wir die Autovia E-82 und folgen der bis **Toro** vorzüglich ausgebauten Nationalstraße E-82/N-122 über **Zamora** zum spanisch-portugiesischen Grenzpunkt bei **San Martin del Pedroso/Quintanilha**.

Bragança, Ausgangspunkt der in diesem Reiseführer beschriebenen Tour durch Portugal, ist nur noch 23 km entfernt und auf der gut ausgebauten Straße N-218-1/E-82/IP-4 rasch zu erreichen.

An **Anreisekilometern** fallen z. B. von Hamburg nach Bragança rund 2.400 km an und ab München bis Bragança sind es gut 2.100 km. Für die Strecke wird man mit einem Wohnmobil oder einem Caravangespann also kaum weniger als 4 Tage einkalkulieren müssen.

Mein Tipp! Im August, dem Ferienmonat der Franzosen, ist man gut beraten, seinen Etappenplatz nicht ausgerechnet an der Küste zu suchen, so schwer das vielleicht auch fällt. In der Hochsaison ist in den Badeorten in der Regel jedes Bett belegt und man orientiert sich besser landeinwärts.

Sehenswerte Highlights unterwegs und Routenvarianten in Spanien

Wer in der beneidenswerten Lage ist, sich sowohl auf der Anreise als auch auf der Rückreise etwas Zeit gönnen zu können, sollte in Frankreich zum Beispiel in der **Loire-Region**, etwa **zwischen Orléans und Tours** (Kathedralen, prächtige Renaissanceschlösser, Kulinarisches aus Küche und Keller), Station machen.

Viele Anregungen, Tipps und Touren dazu finden Sie auch im Band **„Mobil Reisen: Loiretal"** aus dieser Reiseführerreihe.

Und noch ein Tipp! Denjenigen, die mit den Tagen nicht geizen müssen, seien eine sehr interessante Anreisevariante und ein lohnender Rückreiseweg durch Spanien verraten.

Wer wie oben vorgeschlagen im Norden Portugals einreisen will, kann dem **„Jakobsweg"** folgen. Interessante Stationen dort sind **Pamplona** (Hauptstadt der Region Navarra, Stierkampfmetropole, schöne Innenstadt, Museen, Kathedrale), **Logroño** (Hauptort der Weinbauregion La Rioja, Weinfest am 21. September, sehenswerte Innenstadt), **Burgos** (prächtige Kathedrale, historische Innenstadt)**, Carrión de los Condes, León** (Innenstadt mit Kathedrale) **Astorga** (Bischofspalast nach Plänen Antonio Gaudís, Kathedrale, Diözesanmuseum) und schließlich **Santiago de Compostela** (Kathedrale, Jakobsgrab, hübsche Altstadt).

Der geschichtsträchtige „Jakobsweg", ein uralter Pilgerweg, der durch ganz Nordspanien zum Grab des Hl. Jakobus in Santiago de Compostela führt, ist alleine schon eine Reise wert.

Ab Santiago de Compostela fährt man dann südwärts und über **Vigo** nach Portugal. Oder man nimmt den Weg südostwärts über **Orense** nach **Verin** und weiter nach **Chaves** in Portugal.

Die in diesem Band geschilderte Portugal-Rundreise führt in ihrer letzten Etappe über Elvas nach Guarda.

Verzichtet man auf diesen letzten Teil der Etappe, bietet es sich an, die Rückreise vom grenznahen Elvas über das spanische Badajoz zu führen.

Interessant ist dann der weitere **Rückreiseweg** durch Spanien über **Mérida** (römische Ruinen, Amphitheater, Brücke, Aquädukt, Museum), **Cáceres** (sehenswerte Altstadt, Adelspaläste), **Trujillo** (Extremadurastädtchen der Conquistadores), **Guadalupe** (sehenswertes Kloster) und **Toledo** (Altstadt, Kathedrale, Stadtansicht am Rio Tajo), oder über **Salamanca** (herrliche Fassade der Kathedrale, alte Universität, wunderschöner Stadtplatz Plaza Mayor)**, Ávila** (imposante, kilometerlange mittelalterliche Stadtmauer) und **Segovia** (sehenswerter Alcázar, Kathedrale) – alles alte, historische und sehenswerte Städte mit bewegter Vergangenheit.

Einzelheiten und Hintergrundinformationen über den Jakobs-Pilgerweg und über die Städte am oben geschilderten Rückreiseweg finden Sie auch in den Bänden **„Mobil Reisen: Spanien - Nord"** bzw. **„Mobil Reisen: Spanien - Süd"** aus dieser Reiseführer-Reihe.

Einige relativ verkehrsgünstig gelegene Campingplätze, die man als Etappenplätze auf den Anreise- bzw. Rückreisestrecken anlaufen kann:

Oteppe (Belgien)

Camping L'Hirondelle Château [N 50° 35' 8" E 5° 7' 10"], Tel. 085-71 11 31; 1. Apr. – 31. Okt.; guter Übernachtungsplatz, nicht allzu weit nördlich der Autobahn A-15/E-42 entfernt. Ausfahrt Nr. 7, ab Oteppe Beschilderung Château folgen.

Olivet bei Orléans (Frankreich)

Camping Municipal Olivet [N 47° 51' 22" E 1° 55' 31"], Tel. 02 38 63 53 94; Anf. April – Mitte Okt.; Autobahn A-71/E-9 Ausfahrt 2 (Olivet), in Olivet beschildert; ebene Wiesen am Ufer der Loiret.

Montbazon bei Tours (Frankreich)

Camping de la Grange Rouge [N 47° 17' 25" E 0° 42' 59"], Tel. 02 47 26 06 43; 1. Mai – Mitte Okt.; südlich von Tours, A-10/E-05 Ausfahrt 23 (Montbazon) und ca. 7 km auf der N-10 bis Montbazon; Wiesen am Fluss Indre.

Bordeaux

Camping International de Bordeaux Lac [N 44° 53' 51" W 0° 35' 2"], Tel. 05 57 87 70 60; 1. Jan. – 31. Dez.; A-630/E-5 Ausfahrt 5 (Bordeaux-Fret), noch 1,5 km beschildert, am nördlichen Ortsrand; im Birkenwald mit Teichen; gut ausgestatteter Übernachtungsplatz.

Bidart bei Biarritz

Yelloh! Village Ilbarritz [N 43° 27' 11" W 1° 34' 25"], Tel. 05 59 23 00 29; Anf. Apr. - Ende Sept.; A-63/E-5/E-70 Ausfahrt 4 (Biarritz) zur Straße N-10 Richtung Bidart, beschildert; Terrassenanlage und Wiesen; gut ausgestatteter Übernachtungsplatz.

Capbreton bei Biarritz

Wohnmobil-Stellplatz Aire de Camping-car Plage des Océanides [N 43° 38' 8" E 1° 26' 48"], Ave. des Alouettes; ca. 2 km südwestlich des Ortes; befestigter, schattenloser Platz am Meer hinter einem Dünengürtel mit Platz für 30 Wohnmobilen, Gebühr wird von Stadtbeamten kassiert, V & E-Einrichtungen, Bäcker liefert Brot.

Beaune

Camping Municipal les Cent Vignes [N 47° 1' 58" E 4° 50' 21"], Tel. 03 80 22 03 91; Mitte März – 31. Okt.; Autobahn A-6/E-60 Ausfahrt 24 (Beaune Nord); am nördlichen Stadtrand beschilderte Zufahrt von der N-74; von einer hohen Mauer eingefasstes Wiesengelände im Wohngebiet; Restaurant.

Mâcon

Camping Municipal de Mâcon [N 46° 19' 50" E 4° 50' 37"], Tel. 03 85 38 16 22; 15. März – 30. Okt., Autobahn A-6/E-15 Ausfahrt Mâcon-Nord, und noch 2 km Richtung Mâcon, beschildert; weitläufige städtische Campinganlage, größtenteils eben, mit Laubbäumen, teils durch hohe Hecken begrenzte Parzellen; einfache Standardausstattung; Laden, Restaurant Schwimmbad angrenzend; Supermarkt gegenüber; V & E für Wohnmobile; meist stark frequentiert, weil günstiger Übernachtungsplatz nahe Autobahn.

Bias bei Mimizan Plage

Camping Municipal le Tatiou, [N 44° 8' 43" W 1° 14' 25"], Tel. 05 58 09 04 76, www.campingletatiou.com; Ostern-30. Sept.; A-63 Richtung Bayonne Ausfahrt 15, Richtung Mimizan, südwärts D-652 Richtung Bias und weiter bis Lespecier Plage; günstiger Etappenplatz; weitläufiges, ebenes Waldgelände mit weitstehenden, hohen Pinien, nummerierte Stellplätze; ca. 10 ha – 250 Stpl.; Standardausstattung; Restaurant, Imbiss und Einkaufsmöglichkeit Juni - Sept., Schwimmbad, Fahrradverleih, Tennis.

Mimizan-Plage

Wohnmobil-Stellplatz Parking Hélistation [N 44° 12' 28" W 1° 17' 45"], Rue des Lacs; asphaltierter, schattenloser Parkplatz hinter einer Sanddüne mit Platz für ca. 80 Wohnmobile, 50 m vom Strand entfernt, nahe eines Hubschrauberlandeplatzes. Gebührenpflichtig. V & E Einrichtungen. Restaurants in Gehnähe.

Ondres bei Bayonne

Camping du Lac [N43° 33' 56" W1°27' 12"], Tel. 05 59 45 28 45, www.camping-du-lac.fr; Mitte März – Ende Okt.; A-63 Richtung Bayonne Ausfahrt 7 und weiter Richtung Ondres-Centre und D810 weiter; Mischwaldgelände; ca. 6 ha – 60 Stpl.; Standardausstattung, Laden und Restaurant Juli - Aug., Schwimmbad, Fahrradverleih, V & E für Wohnmobile. Mietcaravans- und bungalows.

Spanien

Burgos

Camping Municipal Fuentes Blancas [WP 111 / N 42° 20' 25.5" W 3° 39' 28.1"], Tel. 947 48 60 16, www.campingburgos.com; ganzjährig; städtischer Platz ca. 3,5 km östlich der Stadt an der Straße Richtung Cartuja Miraflores, ebenes Gelände unter Pappeln; ca. 4 ha – 300 Stpl.; Standardausstattung; Laden, Imbiss, Schwimmbad.

Tordesillas

Camping El Astral, [N 41° 29' 44" W 5° 0' 18"], 1. Jan. – 31. Dez.; Tel. 983 77 09 53; am südlichen Stadtrand, von der N-620 (Tordesillas – Salamanca) Ausfahrt 151, beschilderter Abzweig (wie Parador); günstiger Etappenplatz im Südwesten der Stadt jenseits des Duero-Flusses; ebenes, durch Hecken parzelliertes Wiesengelände mit lichtem Laubbaumbestand, durch einen Zaun vom Duero getrennt; ca. 3 ha – 110 Stpl.; Standardausstattung; Laden, Restaurant, Imbiss, Schwimmbad. **V & E** für Wohnmobile. Parador Nacional in 300 m Entfernung.

Mérida

Camping Complejo Mérida [N 38° 56' 8" W 6° 18' 18"], 1. Jan. – 31. Dez.; östlich der Stadt an der alten N-V bei KM 336; eingezäuntes, fast ebenes Gelände bei einem Restaurant; ca. 2 ha – 80 Stpl.; gute Standardausstattung; Restaurant, Schwimmbad. Mietcaravans.

Salamanca

Camping Regio [WP 198 / N 40° 56' 52.0" W 5° 36' 51.9"], Tel. 923 13 88 88, www.campingregio.com; 1. Jan. – 31. Dez.; Zufahrt Salamanca Sur von der Umgehungsstraße N-630 in Richtung Ávila auf die N-501 und noch 4 km ostwärts, bei KM 90 am östl. Ortsrand von **Santa María de Tormes**; hinter dem Hotel Regio; erdiges, leicht schräges Gelände mit teils hohen, teils noch jungen Pappeln; ca. 3 ha – 200 Stpl.; Standardausstattung; Restaurant im Hotel, Schwimmbad, Laden, Imbiss, Tennis. Mietbungalows. **V & E für Wohnmobile**.

Segovia

Camping El Acueducto [WP 232 / N 40° 55' 54.0" W 4° 05' 33.6"], Ctra. de la Granja KM 112, Tel. 921 42 50 00, www.campingacueducto.com; 1. Apr. – 30. Sept.; südöstlich Segovia an der Straße CL-601 Richtung La Granja/Madrid, zwischen KM 112 u. 113; neben dem Restaurant „Lago"; leicht geneigtes, gestuftes Gelände mit etwas Schatten; ca. 3 ha – 190 Stpl.; Standardausstattung; Laden, Imbiss, Schwimmbad. **V & E für Wohnmobile**

TOUR 1: BRAGANÇA -CHAVES

Länge der Tour: Rund 100 km.
Entfernung Zamora (Spanien) – Chaves ca. 200 km

Die Route: Aus dem spanischen **Zamora** kommend über die N-122/E-82 und über **Alcañices** und **San Martin del Pedroso** zur spanisch-portugiesischen Grenze bei **Quintanilha** – IP-4/E-82 bis **Bragança** – N-103 über **Vinhais**, **Rebordelo** und **Tronco** bis **Chaves.**

Reisedauer: Mindestens ein Tag.

Höhepunkte: Das Stadtbild von **Bragança** und seine **Burg** ** – die Fahrt durch die **Landschaft des Trás-os-Montes** – **Chaves** und seine Tâmega-Brücke.

ONDE A TERRA SE ACABA E O MAR COMEÇA ..."

„Wo Erde aufhört und das Meer beginnt
Und Phöbos in den Ozean versinkt
Dies ist meine selige Heimat
Einst hieß es Lusitanien, ..."

Aus Louís de Camões'„Die Lusiaden", III. Gesang, Strophen 20 und 21, in der Übersetzung von Otto Freiherr von Taube, Sonderausgabe der Wissenschaftlichen Buchgesellschaft, Darmstadt 1992, ISBN3-534-08154-4.

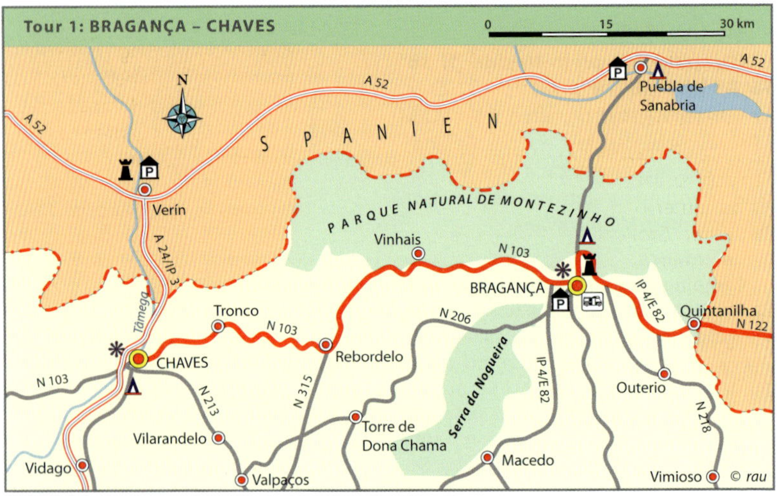

Durch das „Land hinter den Bergen"

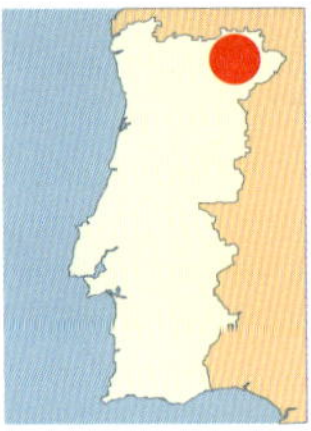

Trás-os-Montes nennt sich diese Landschaftsregion im Norden Portugals, was nichts anderes als „Hinter den Bergen" bedeutet. Und das ist diese Provinz nun im wahrsten Sinne des Wortes. Lange sagte man im Trás-os-Montes: „Bis hierher ist nicht einmal Christus gekommen". Und selbst als nach dem Beitritt Portugals zur EG am 1. Januar 1986 die ersten Milliarden aus Brüssel flossen, dauerte es eben auch hier seine Zeit, bis man die Segnungen des 20. Jahrhunderts vor allem in Form von Infrastrukturverbesserungen im „Land hinter den Bergen" zu spüren bekam.

Mehrere Gebirgsrücken durchziehen die Region von Nordost nach Südwest und machen sie heute noch unwirtlich und umständlich erschließbar. Sicher ist es dieser geographischen Gegebenheit mit zu verdanken, dass die Provinz Trás-os-Montes heute noch ein wenig den Eindruck des fünften Rades am Wagen macht und etwas vergessen wirkt.

Achtung Zeitunterschied! Zwischen Spanien und Portugal besteht ein Zeitunterschied von einer Stunde (z. B. Spanien 12 Uhr, Portugal 11 Uhr).

Kleinlandwirtschaft ist es, von der die Bevölkerung hier lebt. An die Hänge der grünen, tief einschneidenden Täler schmiegen sich die wenigen kleinen Dörfer mit ihren Häusern aus Granitstein. Auf den rauen Höhen weiden Schafherden, in den vegetationsreichen Tälern werden Obst, Mais und Gemüse angebaut und an den steilen Hängen der Flusstäler, z. B. am Douro, wächst der Wein. Aber auch Mandel- oder Olivenbäume werden kultiviert.

Durch Terrassierung wurde den Berghängen Anbaufläche abgerungen. Das „Land hinter den Bergen" ist nicht das Land der Großgrundbesitzer. Der Boden ist viel zu schwer zu bewirtschaften und damit wohl auch nicht übermäßig ertragreich und rentabel. Von den etwa 35.000 Kleingehöften in der Region ist knapp die Hälfte nicht einmal ganze drei Hektar groß, bzw. hat kaum mehr als drei Hektar, die bewirtschaftet werden können.

Aber nicht nur die landschaftlichen Gegebenheiten, sondern auch eine seit Generationen beibehaltene Erbteilung, führt zu solchen unrentablen Minihöfen. Was wunder, dass die meisten der jungen Leute aus diesem Landesteil ihr Glück als Gastarbeiter in anderen europäischen Ländern suchen, allen voran Frankreich. Und über den Umweg der im Ausland arbeitenden Familienmitglieder kommt bescheidener Wohlstand ins Land hinter den Bergen zurück.

Dem Reisenden fallen in vielen Orten moderne Wohnhäuser auf, die mit ihren weißen Mauern, neuzeitlichen Dächern und geschniegelten Vorgärten gar nicht so recht zu den übrigen Häusern der Dörfer passen wollen. Diese modernen Wohnhäuser, nicht selten im mondänen Bungalow- oder Landhausstil gehalten, sind das äußere Zeichen für die Investitionen der Abgewanderten in ihren Heimatorten.

Im bäuerlichen Alltag aber ist die Zeit nicht so rasch fortgeschritten. Zweirädrige Ochsenkarren, mit denen man notgedrungen gemächlich aufs Feld fuhr und das Grünfutter oder die Ernte einbrachte, sind noch nicht allzu lange aus den Dörfern verschwunden. Und im abgelegenen ländlichen Bereich ist der Esel noch heute ein unverzichtbares Transportmittel.

Lange war es tatsächlich so, dass fast ein Drittel der Bevölkerung weder lesen noch schreiben konnte. Fließendes Wasser oder ein eigener Telefonanschluss waren noch in den 70er Jahren in vielen Privathaushalten unüblich.

Route: *Ausgangspunkt der in diesem Reiseführer beschriebenen Tour durch Portugal beginnt in Bragança. Am einfachsten fährt man vom spanischen Zamora auf der N-122/E-82 über* **Alcañices** *nach Nordwesten. Bei* **San Martín del Pedroso** *überquert man bei KM 537 den Grenzfluss Rio Manzanas/Maçãs und ist in Portugal. Auf der Straße IP-4/E-82 im äußersten Nordosten des Landes geht es durch eine der abgelegensten und lange Zeit rückständigsten Gegenden Portugals, die Region Trás-os-Montes, nach* **Bragança**.

Falls Sie der nachstehend geschilderten Alternativstrecke nicht folgen, bitte weiter mit **„Hauptroute"** und Bragança weiter hinten.

Landschaftlich reizvolle Alternativstrecke

Alternativroute: *Etwas zeitaufwändiger, dafür aber landschaftlich recht reizvoll ist der Weg von* **Zamora** *über* **Ricobayo, Miranda do Douro** *und* **Vimioso** *nach* **Bragança**.

Westlich von Zamora verlassen wir die gut ausgebaute N-122/E-82 und folgen ab **Ricobayo** am gestauten Rio Esla der Straße CL-529/ZA-324 westwärts nach Miranda do Douro.

Die Landschaft ändert ihr Gesicht, wird felsdurchsetzt. Riesige Granitfindlinge liegen in der Landschaft und in den Feldern verstreut, die von Natursteinmäuerchen begrenzt sind und das Landschaftsbild prägen, wie zum Beispiel bei dem verschlafenen Dorf **Villalcampo**.

Lediglich der erste Streckenabschnitt zwischen Ricobayo und dem ersten Staudamm bei Villalcampo verläuft auf einer etwas schmalen, aber doch zweispurigen Straße.

Schließlich erreicht man den Fluss Río Duero/Douro, der hier die Grenze zwischen Spanien und Portugal und eine eindrucksvolle Felsschlucht bildet und durch einen imposanten, 80 m hohen Kraftwerksdamm gestaut wird. Die Straße quert auf der Dammkrone den Fluss und zieht hinauf in die portugiesische Grenzstadt Miranda do Douro.

Miranda do Douro liegt hoch über der Douroschlucht. Oben an der Felskante erkennt man das Hotel Estalagem Santa Catarina (ehemals Pousada) an der Durchgangsstraße N-218 mit prächtigem Blick hinab zum Fluss. Im Sommer werden **Bootsfahrten** durch die eindrucksvolle Douroschlucht mit ihren turmhohen, steilen Felswänden angeboten.

Sehenswert in Miranda do Douro sind vor allem die **Kathedrale [N41° 29' 35.60" W6° 16' 23.17"]** (beachtenswerte Altarwand), das Regionalmuseum **Museo Regional da Terra de Miranda [N41° 29' 39.48" W6° 16' 27.63"]** und die stattliche **Festung [N41° 29' 47.34" W6° 16' 30.80"]**.

Alternativroute: *Ab Miranda do Douro durch Portugals hügelige, grüne Provinz Trás-os-Montes auf der N-218 über* **Vimioso** *und* **Argozelo** *(etwas schmale Ortsdurchfahrt) nach* **Bragança**.

HAUPTROUTE

Mein Tipp: Von der IP-4/E-82, die Bragança im Norden umgeht, zweigt man Richtung Zenturm ab, und fährt am besten gleich zum **Parque de Merendas** am Ostrand der Stadt unterhalb

Braganças mauerumgebene Altstadt

Die Burg von Bragança

PRAKTISCHE HINWEISE – MIRANDA DO DOURO

Posto de Turismo, Largo do Menino Jesus da Cartolinha, 5210-191 Miranda do Douro, Tel. 273 43 11 32; www.cm-mdouro.pt, www. visitportugal.com.

HOTELS

Hotel Parador Santa Catarina ****, 12 Zi., Largo da Pousada, Tel. 273 43 10 05, www.estalagemsantacatarina.pt; komfortables Haus in schöner Lage über dem Douro-Fluss; Terrasse, Restaurant, Schwimmbad, Parkplatz.

CAMPING

Parque de Campismo Santa Luzia [WP 001 / N41° 29' 33.40" W6° 17' 3.19"], Rua do Parque de Campismo, Tel. 273 41 23 73; 1. Juni – 30. Sept.; gut beschilderte Zufahrt von der N-221 Richtung Sendim, auf der Zufahrt schöner Blick auf die Altstadt mit Kathedrale; städtischer Campingplatz am Rande eines Wohngebietes im Westen der Stadt, knapp 3 km ins Stadtzentrum; Platz in Terrassen und geneigte Grasflächen mit etwas Baumbestand; ca. 1,5 ha – 130 Stpl.; einfache Standardausstattung.

der markanten Burg. Dort findet man gute **Parkmöglichkeiten**, einen **Picknick- und Wohnmobilstellplatz [WP 002 / N41° 48' 14.9" W6° 44' 45.8"]** sowie Toiletten etwas oberhalb des Parkplatzstreifens auf dem Weg hinauf zur Burg (Fußweg kaum 5 Minuten). Parken ist zwar auf dem Vorplatz vor der Burg erlaubt. Die Stadttore sind aber so eng, dass die Zufahrt nur mit Pkw problemlos möglich ist.

Bragança, etwa 34.000 Einwohner groß und rund 690 m hoch gelegen, ist die Hauptstadt der Provinz Trás-os-Montes.

Bragança ist keine quirlige Provinzmetropole, sondern wird mit ihrem etwas verschlafen wirkenden Temperament ziemlich genau dem Eindruck, den das „Land hinter den Bergen" hinterlässt, gerecht. Dennoch, moderne Zeiten auch in Bragança. Es gibt einen Flugplatz mit wöchentlichen Verbindungen nach Porto und Lissabon, einen Bahnhof und mehrmals täglich Busverbindungen nach Porto, Lissabon und Guimarães.

Nach der Stadt Bragança benannte sich ein mächtiges Herzogengeschlecht, das **Haus Bragança**, das 1442 das Herzogtum Bragança zum Lehen erhielt. Nach der Regentschaft Philipp II. von Spanien über Portugal (1580 – 1640) stellten die Braganças die Könige von Portugal bis 1910, immerhin 270 Jahre lang. Und im 19. Jh. kam aus ihren Reihen auch noch der Kaiser von Brasilien. Das Herrschergeschlecht trug zwar den Namen der Stadt Bragança, residiert aber haben die Braganças hier so gut wie nie. Ihren Sitz hatten sie in Vila Viçosa in der Provinz Alentejo.

Von der neueren Unterstadt führt der mit „Castelo" gekennzeichnete Weg hinauf zur Burg.

Von der neueren Unterstadt oder von den erwähnten Parkplätzen östlich unterhalb der Burg gelangt man durch enge Stadttore in der gut erhaltenen, gewaltigen **Stadtmauer** hinauf in die enge, verwinkelte **Altstadt**.

Die **Burg von Bragança [N41° 48' 14.90" W6° 44' 55.59"]** *(geöffnet 9 – 12 + 14 - 17 Uhr)* mit mächtigen Mauern und dem gut 33 m hohen viereckigen **Wohnturm**, der die Silhouette der Altstadt prägt, wurde ausgangs des 12. Jh. erbaut. Heute ist darin ein **Militärmuseum** eingerichtet. Der Turm kann bestiegen werden. Vom Turm, aber auch von den Burgmauern genießt man schöne Ausblicke.

Links vom Turm in einem kleinen Park vor der Burganlage sieht man ein eigenartiges Gebilde, eine **Säule** auf einem Granitsockel, der früher wohl mal einem iberischen Eber ähnelte. Dieser gotische „Pelourinho" war nichts anderes als ein Pranger, an den die Bösewichte angebunden und dem Gespött der Bevölkerung ausgesetzt wurden. Solche Säulen findet man noch häufig in portugiesischen Städten. Sie waren nicht nur Schandpfahl, sondern auch äußeres Zeichen für die Gerichtsbarkeit der jeweiligen Stadt.

Ebenfalls oben in der Altstadt, gegenüber dem Kastell, fällt die Marienkirche **Santa Maria do Castelo** auf. Sie stammt aus dem 16. Jh. Sehenswert sind das **Portal** mit den gewundenen Säulen und vor allem die **prächtig ausgemalte Holzdecke** des Tonnengewölbes im Inneren mit Motiven zu Mariä Himmelfahrt sowie der üppig dekorierte **Barockaltar**. Beleuchtungsautomat (Gebühr) rechts vom Eingang.

Ein überaus interessantes, ungewöhnliches Gebäude findet sich gleich hinter der Marienkirche. Es handelt sich um das alte Rathaus **Domus Municipalis**. Der fünfseitige Bau stammt aus dem 12. Jh. und dürfte damit wohl Portugals ältestes Rathaus sein. Das romanische Bauwerk steht auf den Fundamenten

Domus Municipalis, Portugals ältestes Rathaus, dahinter die Marienkirche

einer uralten Zisterne. Das Innere bildet ein großer Ratssaal. An den Außenwänden erkennt man ein umlaufendes Band von Medaillons und Rundbögen. Für Besichtigungen gewöhnlich nicht geöffnet.

Von der imposanten Burg von Bragança sollte man einen kleinen Spaziergang durch die Gassen hinab ins Zentrum der Stadt machen.

Achten Sie links an der Stadtmauer außerhalb des Stadttores auf die Statue Ferdinandos, des 2. Herzogs von Bragança von 1464. Auf dem Wege in die Unterstadt passiert man das besuchenswerte **Museu do Abade de Baçal [N41° 48' 20.48" W6° 45' 10.52"]** *(geöffnet Di - Fr 10 - 17 Uhr, Sa + So 10 - 18 Uhr)*. Das Volkskundliche Museum ist untergebracht in einem ehemaligen bischöflichen Stadtpalais in der Rua Conselheiro Abílio Beça Nr. 27. Zu sehen gibt es Skulpturen, darunter einen in Granit gehauenen iberischen Eber, dann Gemälde, Möbel- und Bronzesammlungen und sakrale Kunstwerke.

Das Kirchenportal der Marienkirche Santa Maria do Castelo

Vom Museum ist es nicht mehr weit zur **Praça da Sé**, dem schönen Hauptplatz der Stadt. Mitten auf dem Platz, der umgeben ist von Geschäften und Restaurants, erhebt sich eine mittelalterliche **Pestsäule**. Und an der Seite des Platzes liegt unübersehbar die **Sé**, die **Kathedrale von Bragança [N41° 48' 21.40" W6° 45' 24.64"]**. Auffallend im ansonsten schlichten Inneren der Kathedrale sind der üppig verzierte **Hochaltar** und die Seitenaltäre, sowie die **bemalte Holzdecke**.

In einer anderen der neun Kirchen von Bragança, in der **Kirche São Vicente**, soll im 14. Jh. Kronprinz Pedro heimlich seine Geliebte Inês de Castro geheiratet haben. Näheres über das Schicksal der beiden finden Sie bei der Beschreibung von Alcobaça weiter hinten im Buch.

Einen herrlichen **Blick auf die Stadt** und die prächtige mittelalterliche Burganlage von Bragança mit ihrer komplett erhaltenen Ringmauer hat man von den Anhöhen im Südosten der Stadt aus. Am einfachsten folgt man der Beschilderung zur Pousada und folgt der Straße weiter bergwärts. Etwa zwei Kilometer weiter oben liegt die **Kapelle São Bartolomeu N41° 47' 51.22" W6° 44' 43.87"]**, die man letzten Endes über einen Treppenweg erreicht.

PRAKTISCHE HINWEISE – BRAGANÇA

Posto de Turismo [N41° 48' 27.62" W6° 45' 14.62"], Avenida Cidade de Zamora, 5300-111 Bragança, Tel. 273 38 12 73, www.cm-braganca.pt. *Geöffnet Juni - Sept. Mo - Sa 9 - 13 + 14 - 18 Uhr, sonst Mo - Fr 9 - 13 + 14 - 17.30 Uhr, Sa 10 - 12.30 Uhr.*

Feste, Folklore

Jahrmarkt, ländliche Messe, Anfang Mai.

Fest zu Ehren des Schutzpatrons der Stadt mit Prozessionen, Ende August.

RESTAURANT

Zu den einladenden Lokalen der Stadt zählt u. a. das **Restaurant Solar Bragançano**, Tel. 273 32 38 75, bei der Kathedrale an der Praça da Sé, 34, gute, portugiesische Küche, fast nostalgisches Ambiente, erschwingliche Preise, Gartenterrasse.

HOTELS

Pousada de São Bartolomeu ** [N41° 48' 10.26" 6° 45' 15.18"]**, 28 Zi., Estrada do Turismo, Tel. 273 33 14 93, www.pousadas.pt; neuzeitliches Gebäude am Südostrand der Stadt auf einer Anhöhe ruhig und ansprechend gelegen, von der Restaurantterrasse und von den meisten Zimmern schöner Blick zur Burg und auf die Stadt. Schwimmbad. Parkplatz. Zu den regionalen Spezialitäten des Restaurants zählen z. B. „Bacalhau recheado à Transmontana" (gefüllter Bacalhau mit geräuchertem Schinken), „Vitela no tacho" (Kalbfleisch-Schmorpfännchen).

Classis ***, 20 Zi., Av. João de Cruz, 102, Tel./Fax 273 33 16 31, www.hotelclassis.com; einfacheres Mittelklassehotel, zählt aber nach der Pousada zu den besten Adressen am Ort.

São Lázaro ***, 264 Zi., Av. do Sabor, Tel. 273 30 27 00, www.hotelsaolazaro.com; Mittelklassehotel mit gutem Preis-Leistungsverhältnis, Restaurant, WLAN. Parkplatz.

Ibis Braganca ***, 70 Zi., Rotunda do Lavrador, Transmontano, Tel. 273 30 25 20, www.ibishotel.com; zentrale Lage, Restaurant, Bar, WLAN. Parkplatz.

WOHNMOBIL-STELLPLATZ

Área de Serviçio e Pernoita para Autocaravanas Parque de Merendas [WP 002 / N41° 48' 14.9" W6° 44' 45.8"], Rua Miguel Torga. Stellplatz am Ostrand von Bragança unterhalb auf der Rückseite der Burg, natursteingepflasterter, fast ebener, gebührenfreier Parkplatz für ca. 15 Wohnmobile, beleuchtet, **V & E-Säule**, ständig uneingeschränkt zugänglich, Picknickwiese und sechs weitere Parkplatzterrassen angrenzend, V & E-Station, Toiletten am etwas oberhalb auf dem Weg zur Burg gelegenen Parkplatzstreifen.

CAMPING

Parque de Campismo do Inatel Bragança [WP 003 / N41° 50' 37.7" W6° 44' 50.1"], Estr. de Rabal, Meixedo, Tel. 273 00 10 90; 1. Juni – 30. Sept.; rund 6 km nördlich der Stadt gelegen, von der Umgehungsstraße IP-4 zur N-103-7 und 6 km nordwärts Richtung Portelo; in einem weiten, grünen Tal am Rio Sabor unterhalb der Straße gelegen, wenig ebene Stellflächen; ca. 2 ha – 150 Stpl.; Standardausstattung. Laden, Imbiss, Aufenthaltsraum, Fahrradverleih, Bademöglichkeit, 3 Fremdenzimmer. Bushaltestelle Nähe Platzeingang.

Route: *Von Bragança auf der Straße N-103 westwärts über* **Vinhais, Rebordelo** *und* **Tronco** *nach* **Chaves**, 96 km.

Vinhais, ein kleines Städtchen mit zwei Barockkirchen, findet man in schöner Lage hoch oben in der Hügellandschaft.

Die nun auf einem Bergkamm verlaufende, gut ausgebaute, aber kurvenreiche Landstraße bietet weite Ausblicke in die grüne Berglandschaft von Trás-os-Montes. Im Norden zieht sich die Serra da Coroa (Coroa 1.272 m) bis hin zur spanischen Grenze. Der Bergzug ist Teil des Naturschutzgebietes **Parque Natural de Monteshinho**. Und weit im Süden sieht man an klaren Tagen bis zu den Höhen der Serra da Estrela.

Etwa 15 km vor Chaves kann man nördlich der N-103 beim Ort Bolideira den **Pedra Bolideira [N41° 46' 38.5" W7° 18' 58.5"]** bestaunen, einen gigantischen Felsbrocken, der angeblich mit der Hand bewegt werden kann. Leider blieben alle Versuche des Autors erfolglos.

Schließlich bemerkt man bei **Aguas Frias,** ca. 12 km vor Chaves südlich der N-103, auf einem Hügel die Ruinen der **Burg Monforte** aus dem 13. Jh.

Chaves (Provinz Vila Real, ca. 15.000 Einwohner) wurde schon von den Römern als **Heilbad** geschätzt. Sie nannten die Siedlung am Tâmega-Fluss *Aquae Flaviae.* Der heutige Stadtname Chaves bedeutet so viel wie „Schlüssel" und weist wahrscheinlich darauf hin, dass sich das hübsche Städtchen am Tâmega schon immer als der „Schlüssel zum Norden" Portugals verstanden hat.

Der im spanischen Italica bei Sevilla geborene römische Kaiser Trajan (56 – 117) ließ eine **Steinbrücke** mit 18 Bögen über den Tâmega bauen, was die verkehrsstrategische Bedeutung der Stadt an der Römerstraße von Braga nach Nordspanien dokumentiert. Von den 18 Bögen der Brücke stammen immerhin noch 12 aus römischen Tagen. Lediglich die Steinbrüstung wurde durch ein Eisengeländer ersetzt. Noch heute ist Chaves' alte Römerbrücke nicht nur eine Sehenswürdigkeit sondern auch ein unersetzlicher Flussübergang mitten in der Stadt.

Chaves, wohl eine der ältesten Städte in Portugal, wurde 1160 von den Mauren eingenommen, die sich aber nicht lange halten konnten. Der portugiesische Feldherr Nuno Álvares Pereira eroberte die Stadt zurück und übergab sie dem Haus Bragança.

Anfang des 14. Jh. ließ König Dinis die **Festung Forte des S. Francisco [N41° 44' 34.0" W7° 28' 11.3"]** errichten, wohl um dem kastilischen Königshaus unmissverständlich zu signalisieren, dass Chaves Teil des Herzogtums Portucale zu bleiben habe. Von der Festung ist nur noch der massive, viereckige Wehrturm **Torre de Menagem** übriggeblieben, der sich heute mitten in den verwinkelten, engen Sträßchen der Altstadt erhebt.

Der Torre de Menagem in Chaves

Einen größeren öffentlichen, kostenlosen **Parkplatz [WP 004 / N41° 44' 22.51" W7° 28' 1.98"]** findet man am Tâmega-Fluss unweit flussaufwärts der Römerbrücke. Aus Bragança kommend zweigt man am östlichen Stadtrand vor der neuen Flussbrücke von der N-103 hinab zum Fluss, fährt unter der Straßenbrücke hindurch weiter zu den Straßenparkplätzen am Junta da Madalena. Zu Fuß ist das Stadtzentrum um die Misericórdia-Kirche von dort in 10 Minuten zu erreichen.

Im Festungsturm **Torre de Menagem** (Parkmöglichkeiten) ist ein **Militärmuseum** *(tgl. a. Mo. 9 - 12.30, 14 - 17.30 Uhr)* eingerichtet, das auf vier Stockwerken Kriegsgerät präsentiert. **Schöner Rundblick** von der Dachplattform.

In der Festung von Chaves residierte im 15. Jh. der erste Herzog von Bragança, ein illegitimer Sohn König Joãos I. Das Palais, das die Braganças damals bewohnten, ist noch erhalten. Es beherbergt heute das Landesmuseum **Museu da Região**

Flaviense [N41° 44' 23.72" W7° 28' 19.13"] *(Mo - Fr 9 - 12.30 Uhr, 14 - 17.30 Uhr).* Man zeigt prähistorische Steinfragmente und andere archäologische Funde, vor allem aus der Römerzeit. Weiter sind eine Münzsammlung sowie Heimatkundliches aus der Region zu sehen.

Gleich neben dem Museum, an der recht imposant wirkenden **Praça de Camões**, dem Mittelpunkt der Altstadt mit dem Denkmal des ersten Herzogs von Bragança, Dom Afonso, steht die **Misericórdia-Kirche**. Sie stammt aus dem 17. Jh. und erregt wegen ihrer schönen Fassade mit gedrehten Säulen am Portal, den ganz mit blauen **Azulejos** bedeckten Innenwänden mit Bibelszenen, dem vergoldeten Altaraufsatz und der bemalten Decke Aufmerksamkeit. Unweit der Misericórdia-Kirche findet man die eher unscheinbare Gemeindekirche **Igreja Matriz** mit einem Schandpfahl davor.

Anschließend sollte man noch ein wenig durch die engen Geschäftsstraßen bummeln. Typisch an den Häusern sind die vielen Balkönchen mit schmiedeeisernen Gittern und die Holzerker.

Der Ruf von Chaves als **Heilbad** ist bescheiden, obwohl die Wirksamkeit des mit einer Temperatur zwischen 22 Grad und über 70 Grad Celsius aus dem Boden sprudelnden Thermalwassers bei rheumatischen Erkrankungen und Beschwerden der Verdauungsorgane bekannt ist. Thermalbadeanlage im Kurpark am Tâmega-Fluss.

Weitere **Heilbäder** finden sich südlich von Chaves an der N-2 in **Vidago** (Hotels, Pensionen, Golfplatz, Kurbetrieb Anf. Juni – Mitte Oktober) und in **Pedras Salgadas** (bekanntes Kurbad mit Thermen, Pensionen, Kurbetrieb Ende Mai – Mitte Oktober).

PRAKTISCHE HINWEISE – CHAVES

Posto de Turismo [N41° 44' 34.6" W7° 28 16'.8"], Terreiro de Cavalaria, 5400-531 Chaves, Tel. 276 34 06 61, www.chaves.pt.

Feste, Folklore: Todos os Santos, Allerheiligenfest Anfang November.

RESTAURANTS

Gut und relativ preiswert isst man z. B. im **„Carvalho"** in der Alameda do Tabolado, Tel. 276 32 17 27.

HOTELS

Aquae Flaviae *,** 167 Zi., Praça do Brasil, Tel. 276 30 90 00, www.hoteis-premium.com; größtes Haus am Platz, weithin sichtbar an der Ausfallstraße N-103 Richtung Braga, komfortables Mittelklassehotel, gutes Restaurant, Schwimmbad, Tennis, Garage, WLAN. Parkplatz.

Mein Tipp! **Forte de S. Francisco** ****, 58 Zi., Forte de São Francisco, Alto da Pedisqueira, Tel. 276 33 37 00, www.fortesaofrancisco.com; angenehmes, zeitgemäß-komfortables Haus in recht ruhiger Lage, eingerichtet innerhalb der Festungsmauern aus dem 16. Jh. in einem ehemaligen Konvent, Gartenterrasse, Schwimmbad, Tennis, WLAN. Parkplatz. **Panoramarestaurant „Cozinha do Convento"**, Spezialität: Räucherschinken aus Chaves. Gut sortierter Weinkeller in der ehemaligen unterirdischen Zisterne des Konvents.

CAMPING – VILA NOVA DE VEIGA BEI CHAVES

Parque de Campismo Quinta do Rebentão [WP 005 / N41° 42' 04.8" W7° 30' 01.7"], Tel. 276 32 27 33, www.cccchaves.com; 1. Jan. – 31. Dez.; von Chaves auf der N-2 ca. 5 km südwestwärts Richtung Vila Real, beschilderter Abzweig und noch rund 500 m zum Platz; weitläufiges Gelände in einem ansteigenden Taleinschnitt, gepflegtes Wiesengelände mit Baumbestand, auch auf Terrassen; ca. 3,5 ha – 100 Stpl.; Standardausstattung; Fahrradverleih, 6 Miethütten. **V & E für Wohnmobile**. Miethütten. Restaurant und öffentliches Schwimmbad neben dem Platz.

TOUR 2: CHAVES – GERÊS – VIANA DO CASTELO

Länge der Tour: Rund 230 km, ohne Abstecher.

Die Route: Über die Straße N-103 bis **Cerdeirinhas** – N304/308-1 über **Gerês** in den **Peneda-Gerês-Nationalpark** – N-308-1 über den Grenzübergang **Portela do Home** und **Fondevila** (Spanien) nach **Lindoso** (Portugal) – N-203/IC-28 bis **Ponte de Lima** – A-27/IP-9 bis **Viana do Castelo.**

Reisedauer: Mindestens ein Tag, besser zwei Tage und Aufenthalt im Peneda-Gerês-Nationalpark.

Höhepunkte: Fahrt durch die **Serra do Barroso** – Ausflüge im **Peneda-Gerês-Nationalpark** – **Speicherhäuser ***** und **Burg * in Lindoso** – Spaziergang durch **Ponte de Lima** – Spaziergang durch **Viana do Castelo** und Aussicht vom **Monte de Santa Luzia **.**

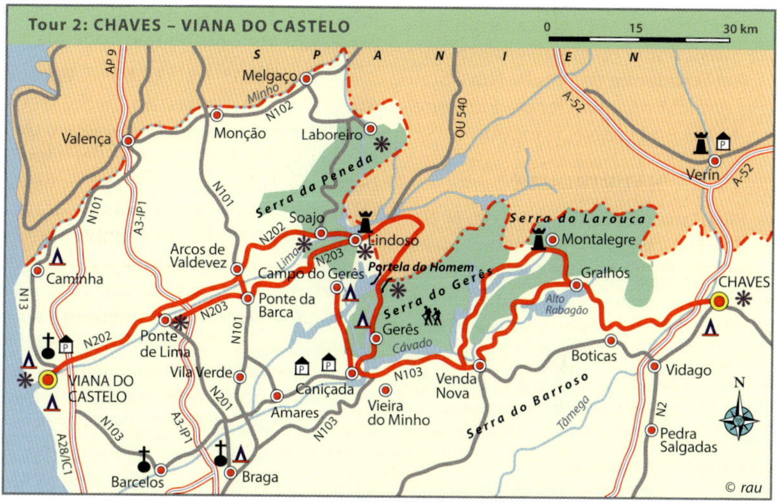

Route: *Von Chaves über die N-103 Richtung Braga westwärts über* **Sapiãos, Gralhós, Pisões** *und* **Venda Nova** *bis* **Cerdeirinhas**, *100 km.*

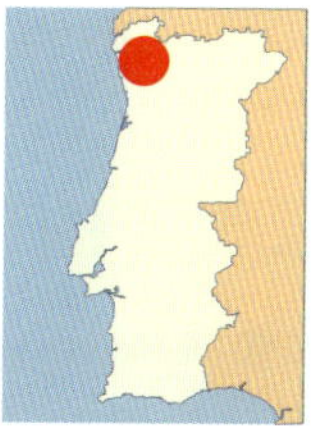

Auf der überaus kurvenreichen N-103 ist ein rasches Fortkommen kaum möglich. Die Straße führt zunächst durch das Tâmega-Tal und zieht dann über **Sapiãos** hinauf ins bewaldete Bergland der Serra de Leiranco mit Höhen über 1.120 m.

Den ursprünglichen, ruralen Charakter der Trás-os-Montes Landschaft und die Abgeschiedenheit dieser bäuerlichen Region erlebt man recht eindringlich auf der Weiterfahrt nach **Gralhós**.

Umweg über Montalegre

Bei **Gralhós** ist ein wegen der kurvenreichen, teils engen Landstraßen etwas mühsamer Umweg auf der Straße N-308 nordwärts über das nur 9 km entfernte, fast 1.000 m hoch gelegene Dorf **Montalegre [N41° 49′ 31.7″ W7° 47′ 17.8″]** möglich. Die ansprechende Fahrt lohnt wegen der abgeschiedenen Berglandschaft der Serra do Larouco und der schon von weitem sichtbaren **Burgrui-**

ne von Montalegre, von der man weite Ausblicke ins Umland genießen kann.

Weiterfahrt westwärts nach **Sezelhe**. Dort zweigt unsere Route links nach Süden ab und führt über die einspurige Staumauer des Barragem de Alto Cávado und durch eine Hügellandschaft mit Laubwäldern und dazwischen verstreuten Dörfern Richtung **São Pedro** und **Paradela [N41° 45' 49.2" W7° 56' 36.3"]**.

In Paradela bergwärts (südwärts N-308-4). Es beginnt eine **sehr schöne Bergfahrt** mit weiten Ausblicken in die Serra do Gerês und zurück zum Stausee von Paradela. Im späten Frühling sind die Berghänge und Wegränder hier übersäht mit bunt blühenden Blumen und Büschen und lila Heidekraut. Für die Fahrt sollte man aber etwas Zeit haben. Die Straßen sind recht kurvenreich.

Am Staudamm des Venda Nova Stausees erreicht man wieder die kurvenreiche N-103 und unsere „Hauptroute".

HAUPTROUTE

Bleibt man ab **Gralhós** auf der N-103, stößt man wenige Kilometer weiter westlich auf den **Barragem do Alto Rabagão**, den ersten einer ganzen Reihe von Stauseen, die hier in der grenznahen Bergregion angelegt wurden. Die N-103 umfährt den See am Nordufer, passiert bei **Pisões** die Staumauer, erreicht rund 16 km weiter **Venda Nova** und nach weiteren 6 km erneut einen Damm, der den kleineren **Barragem de Venda Nova** staut, der von schön bewaldeten Ufern umgeben ist. Die Straße N-103, die ab Venda Nova kurvenreich an den Hängen der Serra da Cabreira (1.261 m) entlang führt, spart nicht mit landschaftlichen Reizen. Überall sind die Bergflanken durch liebevoll angelegte Terrassenkulturen bewirtschaftet.

Man erreicht den Abzweig nach **Ventosa**. Nur wenige Kilometer weiter zweigt kurz vor **Cerdeirinhas** die Straße N-304 nordwärts nach **Caniçada** ab.

Kurvenreich geht es in engen Kehren steil hinunter ins Tal des aufgestauten Rio Cávado, vorbei an der Auffahrt zur **Pousada de São Bento [N41° 38' 49.5" W8° 11' 06.7"]**. Man überquert den **Stausee**, der hier drei Arme bildet und damit ein äußerst reizvolles Landschaftsbild schafft und erreicht nach 9 km – nun auf der N-308-1 nordwärts fahrend – über **Vilar da Veiga** den Kurort **Gerês**.

Gerês [N41° 43' 28.81" W8° 9' 45.11"] (auch Caldas do Gerês) liegt, umgeben von üppig bewaldeten und bewachsenen Berghängen, tief eingebettet in einem malerischen Gebirgstal mitten im **Peneda-Gerês-Nationalpark**. Gerês ist nicht nur Ausgangspunkt für Ausflüge im Nationalpark, es ist auch **Kurort** mit Trinkhalle, Kolonnaden und schönem, waldreichen Kurpark. Die Wasser der fluorhaltigen Thermalquellen von Gerês werden vor allem bei Leberleiden angewendet. Kurbetrieb zwischen Mai und Oktober.

Ab Caniçada über die N-304 und über S. Bento da Porta Aberta ca. 15 km über enge Bergstraße nach **Campo do Gerês**, die Straße nach Campo do Gerês folgt einer alten Römerstraße.

PRAKTISCHE HINWEISE – GERÊS

Posto de Turismo [N41° 43' 28.89" W8° 9' 45.77"], Av. Manuel Fr. da Costa, 4845-067 Gerês, Tel. 912 50 86 44, www.geres.pt; *geöffnet nur während des Kurbetriebs von Mai und Oktober.*

Centro de Informação do Parque, Informationen über den Peneda-Gerês-Nationalpark. Parque Nacional da Peneda-Gerês, Avenida António Macedo, 4704-538 Braga, Tel. 253 20 34 80; www.natural.pt/en.

HOTELS

Universal ***, 80 Zi., Av. Manuel Francisco da Costa 115, Tel. 253 39 02 20, www.hoteisgeres.com/universal; Mittelklassehotel mit einfachem Komfort, Tennis, Parkplatz. – Zahlreiche weitere Unterkünfte.

Im Peneda-Gerês-Nationalpark bei Caniçada

Caniçada / Gerês

Pousada de São Bento ****, Tel. 253 64 78 67, www.pousadas.pt; oberhalb der N-304 und ca. 2 km nach dem Abzweig von der N-103. Das Haus mit 29 Gästezimmern liegt am Südrand des Peneda-Gerês Nationalparks in schöner, waldreicher Umgebung hoch über dem Barragem da Caniçada in Halbhöhenlage mit Blick auf den Stausee. Die Pousada ist in einem ehemaligen Jagdhaus eingerichtet. Rustikaler Aufenthalts- und Speisesalon; Tennis, Schwimmbad, Restaurant. Spezialitäten: „Bacalhau á Narcisa" (geräucherter Kabeljau), Caldo verde á Minhota" (Kohlsuppe nach Minho-Art), „Vitela no forno com batala, arroz com lourero e esparregado" (Kalbsbraten mit Kartoffeln, Reis mit Lorbeerblättern und Spinat-Purée).

Bouro bei Amares

Bouro liegt rund 12 km westlich von Caniçada an der N-308 Richtung Amares.

Pousada Mosteiro de Amares *****; 30 Zi., Tel. 253-37 19 70, www.pousadas.pt; eingerichtet im ehemaligen Zisterzienserkloster aus dem 12. Jh. in Amares. Schwimmbad, Tennis, Restaurant, WLAN. Parkplatz. Spezialitäten u. a.: „Bacalhau á moda do convento" (geräucherter Kabeljau nach Klosterart), „Cabrito de caldeirada á moda da aldeia" (Eintopf mit Ziegenfleisch nach Bauernart), „Rojões com papas de serrabulho" (Schweinebraten mit Knödeln), „Formigos" Eiersüßspeise. Im ehemaligen Kapitelsaal war bislang ein Klostermuseum eingerichtet.

CAMPING

Gerês

Parque de Campismo Vidoeiro [WP 006 / N41° 44' 12.2" W8° 09' 30.4"]; Tel. 253 39 12 89, 15. Mai – 15. Okt.; 2 km nördl. von Gerês, Einfahrt durch ein Gehöft, unbefestigte schlechte, für Gespanne etwas beschwerliche Zufahrt über enge Brücke; mehrere kleine Terrassen in einem engen, dicht bewaldeten Tal, oberhalb eines romantischen Gebirgsbaches; sehr idyllisch und abseits gelegen; ca. 1 ha – 50 Stpl.; einfache Standardausstattung.

CAMPING

Campo do Gerês – Terras de Bouro

Parque de Campismo Cerdeira [WP 007 / N41° 45′ 47.0″ W8° 11′ 25.5″], Tel 253 35 10 05, www.parquecerdeira.com; 1. Jan. – 31. Dez.; am Westrand des Nationalparks (Straße 307) 640 m hoch, sehr ruhig und ansprechend in einem herrlichen, von Bergen umgebenen, waldreichen Hochtal gelegen. Langgestrecktes, ebenes, parkähnliches Gelände an einem Bergbach, mit schönem, teils dichtem Baumbestand, gepflegter Gesamteindruck, separater Platzteil für Zelte; ca. 5 ha – 200 Stpl.; gute Standardausstattung; Laden, Restaurant, Schwimmbad; rustikale Miethütten. **V & E für Wohnmobile**. Guter Standort für Wanderungen und Ausflüge im Nationalpark. Bushaltestelle in Platznähe.

Parque Nacional da Peneda-Gerês – Portugals erster Nationalpark

1971 wurde ein rund 70.000 qkm großes Gebiet an der spanischen Grenze nordöstlich von Braga unter Naturschutz gestellt und zum Nationalpark erklärt. Das Areal umfasst im wesentlichen die Bergzüge der Serra da Peneda, der Serra Soajo, der Serra Amarela und der Serra do Gerês und reicht in die Verwaltungsdistrikte von Braga, Viana do Castelo und Vila Real.

Das äußerst niederschlagsreiche Gebiet hier im Norden des Landes (größte Regenmenge jährlich in ganz Portugal) weist lange tiefe Täler auf, die von nach Südwesten fließenden Wasserläufen wie dem Rio Lima, dem Rio Homem, dem Rio Cávado, dem Rio de Fafião oder dem Rio Cabril, um nur die wichtigsten zu nennen, gebildet werden.

Die reichlichen und ergiebigen Niederschläge lassen eine artenreiche und üppige Vegetation gedeihen. Das ganze Gebiet ist äußerst waldreich.

Im Park leben noch Wildpferde, Königsadler, Wildkatzen, Wildschweine, Hirsche.

Für geübte Wanderer bieten sich vielfältige Möglichkeiten für Touren, teils auf markierten Wanderwegen, den sog. **trilhos**.

Wanderkarten und Auskünfte bekommt man außer in den Touristenbüros in Gerês und Ponte da Barca auch bei der Parkverwaltung in Braga: *Parque Nacional da Peneda-Gerês, Avenida António Macedo, 4704-538 Braga, Tel. 253 20 34 80, Fax 253 61 31 69.*

Am leichtesten zugänglich im östlichen Teil des Peneda-Gerês-Nationalparks ist im Bereich der **Serra do Gerês** bislang das **Tal von Gerês** zwischen Caniçada und Portela do Homem an der spanischen Grenze. Man erreicht es über die N-308-1.

Ein gutes Stück weiter nordwestlich liegt die **Serra da Peneda**. Dieser Teil des Peneda-Gerês-Nationalparks erstreckt sich zwischen **Arcos de Valdevez,** dem **Rio Lima**, der die Nordgrenzen Portugals zu Spanien bildet und **Lindoso** am aufgestauten Rio Lima.

Alternative Reisewege

Die nächste Station auf unserer Reise, **Lindoso** mit seinen sehenswerten Speicherhäusern, ist von Gerês aus auf dem als **„Hauptroute“** beschriebenen, reizvollen Reiseweg allerdings etwas umständlich und nur mit einem kurzen Abstecher über spanisches Territorium zu erreichen. Die Höhenzüge der Serra Amarela sind im Wege. Wer abgeschiedene Landschaften liebt und kurvenreiche Sträßchen nicht scheut, ist aber auf dieser Route richtig, zumal an einem schönen, sonnigen Tag.

Einfacher, wenn auch um einiges länger, ist der Weg von Gerês zurück zur N-103, weiter nach **Braga** und auf der N-201 nordwärts bis **Puente de Lima**. Von dort fährt man entweder direkt westwärts nach Viana do Castelo, dem Ziel dieser Reiseetappe, oder man fährt ostwärts über **Ponte da Barca** nach **Lindoso** und von dort zurück bis **Viana do Castelo**.

HAUPTROUTE

Route: *Von* **Gerês** *auf der N-308-1 nordwärts bis* **Portela do Homem**.

Hinter Gerês steigt die Straße an, führt vorbei an der Zufahrt zum Campingplatz Vidoeiro und folgt dem enger werdenden Bergtal. Durch das Tal windet sich ein idyllischer, wildromantischer Bergbach. Es lohnt anzuhalten, etwa beim Campingplatz oder fünf, sechs Kilometer weiter und zum Bach mit seinen kleinen Wasserfällen hinunterzusteigen.

In mehreren Haarnadelkurven geht es teils steil weiter bergan zur Anhöhe **Portela de Leonte** (855 m). Ab hier wird die Straße etwas schlechter. Laubbäume mit oft tiefhängenden Ästen säumen die schmale Straße.

Wer auf Abenteuersuche ist, kann rund 9 km nördlich von Gerês westwärts auf ein unbefestigtes Sträßchen abbiegen, das bald über eine schmale Bachbrücke führt, zeitweise der durch alte Meilensteine markierten früheren **Römerstraße** Astorga – Braga oberhalb des Stausees Barragem Vilarinho das Furnas folgt und schließlich **Campo do Gerês** (Camping, siehe oben) erreicht. Für größere Fahrzeuge, Wohnmobile über 2 m Breite zum Beispiel oder gar für Gespanne, scheint das unbefestigte Sträßchen aber nicht geeignet!

Unsere Hauptroute führt aber auf der N-308-1 weiter nordwärts. Nach rund 3 km erreichen wir die Brücke über den Rio Homem. Ein lauschiges idyllisches Plätzchen, mit schönem Blick auf den Bach und den kleinen Wasserfall.

Kaum 1 km weiter oben (11 km seit Gerês) liegt **Portela do Homem [WP 008 / N41° 48' 30.8" W8° 07' 53.8"]**, der ehemalige, nun verlassene Grenzposten am Übergang von Portugal nach Spanien. Auch hier weisen alte Meilensteine darauf hin, dass über die Passhöhe schon zur Römerzeit eine Straße führte.

Auf spanischer Seite führt die nun gut ausgebaute Straße hinab nach **Torneiros** und weiter nach **Lobios [N41° 54' 06.4" W8° 05' 03.6"]** (13 km). Man passiert Reste einer alten Römerstraße an der OU-312.

In Lobios geht es westwärts zurück nach Portugal und nach **Lindoso** (15 km).

Die imposante **Burg von Lindoso [WP 009 / N41° 51' 57.1" W8° 11' 56.7"]** liegt auf einer Anhöhe über der Stadt im nordwestlichen Teil des Peneda-Gerês-Nationalparks nahe der spanischen Grenze. Ein Besuch lohnt, ebenso wie der Blick von den Burgmauern ins Umland und zum Barragem do Alto Lindoso, dem Stausee des Rio Lima und seiner Nebenflüsse.

„Espigueiros", typische Getreidespeicherhäuser in Lindoso

Unterhalb der Burg trifft man auf eine Ansammlung von mehr als fünfzig malerischen **Speicherhäuschen**, den sog. „Espigueiros".

Neben den aus großen, grauen Granitblöcken errichteten Bauernhäusern fallen in dieser ländlichen Region bei manchen Orten die sog. **„Espigueiros"** auf. Die aus dem Gestein der Gegend, meist grauer Granit, erbauten Vorratshäuschen wurden errichtet, um Feldfrüchte aufzubewahren und vor den gröbsten Unbilden des Wetters zu schützen. Und um unliebsame Nager von den Vorräten fernzuhalten, stehen die Speicher auf steinernen Pfeilern. Die Pfeiler wiederum werden unterhalb des Speichers von großen Steintellern abgeschlossen, die von Mäusen, Ratten und anderen ungebetenen Vierbeinern nicht oder nur sehr schwer überwunden werden können.

Espigueiros werden in aller Regel zum Trocknen und Lagern von Maiskolben verwendet. Fast immer sind die Speicher von einem Satteldach bedeckt, das oft mit einem Kreuz am Giebel geschmückt ist. Eine besonders schöne Ansammlung solcher Espigueiros findet man, wie erwähnt, unterhalb der Burg von **Lindoso** und im einige Kilometer weiter nordwestlich gelegenen Dorf **Soajo**.

Abstecher nach Soajo

Rund 8 km westlich von von Lindoso bietet sich Gelegenheit zu einem kurzen Abstecher hinab ins Tal des Rio Lima und auf der anderen Hangseite hinauf nach **Soajo**.

Auf der Fahrt über die schmale kurvenreiche Straße bieten sich immer wieder herrliche Ausblicke ins grüne Flusstal. Die terrassierten Talhänge werden landwirtschaftlich intensiv genutzt. Sie prägen das Landschaftsbild und bieten darüber hinaus einen reizvollen Anblick.

Oben, im hübsch gelegenen Dorf **Soajo**, sieht man eine kleine Ansammlung von **Espigueiros** unmittelbar an der Durchgangsstraße.

Falls Sie an einem Sonntag Vormittag durch Soajo kommen, werden Sie die Gassen voller Marktstände vorfinden. Der Sonntag ist nämlich seit alters her der Tag eines traditionsreichen **Bauernmarktes**.

In dieser Gegend des Landes züchtet man eine besondere Art von Berg- und Hütehunden. Die Tiere erreichen die Größe eines Bernhardiners, erinnern aber auch an einen Berner Sennenhund, haben ein dichtes, langhaariges Fell und sehen ansonsten recht freundlich aus.

HAUPTROUTE

Route: *Von Lindoso auf der N-203 westwärts über* **Entre Ambos-os-Rios** *und* **Ponte da Barca** *bis* **Ponte de Lima**.

Ponte de Lima, das kleine Marktstädtchen am Rio Lima mit kaum 3.000 Einwohnern, leitet seinen Namen von der alten **Römerbrücke** her, die den Fluß überspannt. Brückenteile aus der Römerzeit sind noch erhalten. Längst aber führt der Verkehr über eine neuzeitliche Brücke weiter flussabwärts.

Zwischen den beiden Brücken ist eine breite, großzügige Allee mit Flusspromenade angelegt. Hier findet alljährlich Mitte September der traditionsreiche ländliche Markt **„Feiras Novas"** statt, siehe auch unten unter „Feste, Märkte".

Am Rio Lima findet man beiderseits der Römerbrücke einen sehr großen kostenlosen **Parkplatz [WP 011 / N41° 46′ 04.6″ W8° 35′ 07.1″]**.

CAMPING

Entre-Ambos-os-Rios

Lima Escape-Parque de Campismo de Entre Ambos-os-Rios [WP 010 / N41° 49′ 18.0″ W8° 19′ 02.8″], Tel. 258-58 83 61; 15. Mai – 30. Sept.; westlich der Stadt, Zufahrt von der N-203 beschildert; Wiesengelände mit Baumbestand im Tal des Stausees des Rio Lima; ca. 5 ha – 350 Stpl.; Standardausstattung, Laden, Imbiss, nahe Bademöglichkeit.

In Ponte de Lima

Einige Nobelbauten, sog. **solares**, aus dem 16. und 17. Jh., der großen Zeit der Stadt, findet man im alten Stadtzentrum an der Praça da República (Platz der Republik). Dazu zählen der **Palast der Viscondes** aus dem 16. Jh. und das **Palais der Grafen von Aurora [N41°46'1.24" W8°35'0.89"]** aus dem späten 17. Jh. Die gotische Kirche **Santo António dos Capuchos** stammt aus dem 14. Jh.

Die im wesentlichen aus dem 16. Jh. stammende und mit sehenswerten maurischen Azulejomotiven ausgeschmückte Kirche **São Francisco des Terceiros [N41° 45' 54.91" W8° 35' 12.93"]** in der Avenida de 5 Outubre dient heute als **Museum** für sakrale Objekte und Kirchenmobiliar.

Und wer sich besonders für die Küche der Region interessiert, sollte im neuen Museum über die Gastronomie der Region Minho vorbeischauen.

In dieser Gegend der Region Minho findet man zahlreiche sog. **casas rusticas,** stattliche alte **Landhäuser**, die oft alteingesessenen Gutsbesitzerfamilien gehören und heute auch an Touristen vermietet werden. Den Gast erwarten in den Paços und Quintas, den Palais und Herrenhäusern, eine gepflegte, distinguierte Atmosphäre.

Die in aller Regel recht komfortabel eingerichteten, auch unter dem Begriff **Turismo do Habitação** firmierenden

PRAKTISCHE HINWEISE – PONTE DE LIMA

Posto de Turismo, Rua Doutor Cândido da Cruz, 4990-062 Ponte de Lima, Tel. 258 94 23 35; www.cm-pontedelima.pt.

Feste, Märkte

Großer **Wochenmarkt,** jeden zweiten Montag, gilt als der größte Markt weit und breit. Ob der Montag, an dem Sie vielleicht gerade in Ponte de Lima sind Markttag ist, merken Sie spätestens am chaotischen Verkehr.

Feiras Novas, die „Neue Messe", jedes Jahr Mitte September, ein traditionsreicher ländlicher Markt, dessen Ursprünge im 12. Jh. zu suchen sind. Feierliche Prozessionen, Folklore, Stierkämpfe und ein Feuerwerk begleiten das Fest.

RESTAURANTS

Encanada, Mercado Municipal 7, Tel. 258 94 11 89, am Rio Lima, klein, aber oho, vor allem die Fischgerichte.

HOTELS

Axis Ponte de Lima Golf Resort Hotel ****, 40 Zi., Quinta de Pias, Tel. 258 90 02 50, www.axishoteis.com/en/Axis-Hotels/; südlich des Ortes über die N-201 zu erreichen; Golfhotel der feinen Art mit Restaurant, Schwimmbad, Wellnesseinrichungen, Sauna und Türkischem Bad, Tennis, WLAN, Parkplatz.

*VIANA DO CASTELO – **1** Rathaus – **2** Bahnhof – **3** Hauptpost – **4** Praça da República – **5** Misericórdia-Kirche – **6** Paço do Concelho – **7** Casa de João Lopes – **8** Igreja Matriz – **9** Museu Municipal – **10** Nossa Senhora da Agonia – **11** ehem. Seilbahnstation zum Aussichtsberg Santa Luzia – **12** S. Domingos Kirche – **13** Theater – **14** Touristeninformation – **15** Kastell – **16** Praça General Barbosa – **17** Hospital*

Herrenhäuser haben alle Zimmer mit Bad. Man serviert Frühstück, gelegentlich Abendessen. Und die Gastgeber sprechen in aller Regel mehrere Fremdsprachen. Als Gast findet man in den Mitgliedern dieser alteingesessenen Familien kaum einen kompetenteren Ansprechpartner, wenn man Interesse für die Besonderheiten der Region zeigt. Manche der Häuser verlangen einen Mindestaufenthalt von z. B. drei Nächten. Näheres über Turismo do Habitação im Turismo-Büro in Ponte de Lima.

Route: *Ab Ponte de Lima auf der Schnellstraße A-27/IP-9, die entlang des Rio Lima durch eine stark zersiedelte Gegend führt, westwärts. Nach ca. 24 km erreichen wir das durch starke Urbanisierung unschön ausufernde* **Viana do Castelo** *an der Costa Verde.*

Viana do Castelo, ca. 16.000 Einwohner und Provinzhauptstadt, liegt an der nördlichen Seite des Mündungstrichters des Rio Lima.

Seit altersher ist es der Atlantik oder besser die Seefahrt, von der die Stadt profitiert. War es zu Beginn lediglich der Fischfang, so kam später ein reger Seehandel mit der Hanse, mit Genua und Venedig, vor allem aber mit den neu entdeckten überseeischen Besitzungen, vor allem mit Brasilien, dazu, der Wohlstand und Ansehen in die Stadt brachte.

Im 16. Jh. gar überflügelte Viana als Seehandels- und Schifffahrtszentrum seinen Erzrivalen weiter im Süden, die Weinstadt Porto. In dieser Blütezeit der Stadtgeschichte investierten Adel und Kaufleute in einem solchen Maße in den Handel, dass der Aufstieg der Stadt unaufhaltsam schien. Dies war auch die Zeit, in der die schönsten und prächtigsten Bauten der Stadt entstanden, die den Reichtum Vianas auch nach außen hin unmissverständlich dokumentierten. Das Ansehen der Stadt war im

Praça da República, Viana do Castelo

16. Jh. so groß, dass selbst König Manuel gelegentlich hier residierte. Und noch heute ist es der Stadtkern mit seinen mit Eisenbalkonen und manuelinischen Fenstern geschmückten Bürgerhäusern und den Renaissancepalais' und Kirchen, der den Reiz der Stadt ausmacht.

Nach einer Zeit der Stagnation nach der Abspaltung Brasiliens von Portugal und nach den Aufständen und Unruhen im vergangenen Jahrhundert ist Viana do Castelo heute längst wieder ein wichtiger Hafen des portugiesischen Hochseefischfangs und der Kabeljaufischerei. Auch eine Marinebasis ist hier stationiert. Zudem fassen alte Industriezweige wieder Fuß, wie die Holzverarbeitungs-, Keramik- und Metallindustrie, der Schiffsbau und die Textilverarbeitung. Die zahlreichen, teils aus der Frühzeit stammenden Befestigungsanlagen und Kastelle zur Sicherung der Lima-Mündung gaben der Stadt Viana ihren Beinamen „do Castelo".

Stadtbesichtigung

Große, gebührenpflichtige **Parkplätze [WP 012 / N41° 41' 43.0" W8° 49' 07.5"]** findet man am Jachthafen am Rio Lima. Die nahe Innenstadt lässt sich von dort zu Fuß in ca. 5 Minuten erreichen. Weitere Parkplätze gibt es am Westrand der Innenstadt nördlich des Campo do Castelo (Kastell) [N41° 41' 25.54" W8° 50' 10.88"].

Die wichtigsten Sehenswürdigkeiten der Stadt liegen südöstlich der verkehrsberuhigten Passeio das Mordomas da Romeria, die von der zentralen **Praça da República (4) [N41° 41' 37.09" W8° 49' 41.39"]** stadteinwärts bis in die Nähe des Bahnhofs **„Estaçao" (2)** führt und mit ihrer Verlängerung südwärts quer durch die Altstadt bis zur Promenade am Rio Lima reicht.

Das Eckhaus am Nordende der Passeio das Mordomas da Romeria ist das **Távoras-Palais** aus dem 16. Jh. Es dient heute als **Rathaus (1) [N41° 41' 40.96" W8° 49' 46.70"]**.

Am einfachsten beginnt man mit dem Stadtrundgang am **Posto de Turismo (14) [WP 013 / N41° 41' 28.06" W8° 49' 41.79"]** an der Praça da Liberdade, ein gutes Stück südwestlich des oben erwähnten Parkplatzes und folgt der verkehrsreiche Hauptstraße Avenida dos Combatantes da Grande Guerra stadteinwärts. Wenig später folgen wir der rechts abzweigenden Rua da Picota hinein in die Altstadt und kommen kurz darauf zum Trachtenmuseum **Museo do Traje de Viano do Castelo**.

Wenig später erreicht man die **Praça da República (4) N41° 41' 37.09" W8°**

49' 41.39"]. Dieser schöne, harmonische Stadtplatz ist von repräsentativen Bauten aus dem 16. Jh. umgeben. In seiner Mitte steht auf einem fünfstufigen Sockel ein hübscher Brunnen aus der gleichen Zeitepoche. Der Brunnen ist ein Werk des Bildhauers und Baumeisters João Lopes der Ältere.

Rechterhand erkennt man das **Hospiz Misericórdia (5)**. Der vom Stadtbaumeister João Lopes dem Jüngeren konzipierte, markante Bau wurde ausgangs des 16. Jh. im Renaissancestil ausgeführt. Bemerkenswert die Eckfassade, die auf fünf Arkadenbögen ruht, darüber zwei Loggien-Etagen aufweist und durch einen kleinen Giebel abgeschlossen wird. Daneben führt ein reich verziertes manuelinisches Portal in die mit schönen Azulejos ausgestattete **Misericórdia-Kirche**.

Festtracht aus Viana do Castelo. Foto: ICEP

Unmittelbar neben dem Hospiz Misericórdia liegt der markante, eckige Bau des **Paços do Concelho (6)**, das ehemalige Rathaus der Stadt. An der nüchternen, fast schmucklosen Front dominieren drei spitzbogige Portale, darüber jeweils Balkone. Über der mittleren Balkontür das Wappen König Joãos III. Die Karavelle über dem linken Balkon, ist wohl als Hinweis darauf zu verstehen, dass zur Zeit der großen portugiesischen Entdeckungen viele der Karavellen ab Viana zu „neuen Ufern" aufbrachen.

Geht man die Straße rechts vom alten Rathaus entlang (an der Ecke liegt das einladende **Restaurant „Os três Potes"** und etwas weiter das **Restaurant „Cozinha das Malheiras"**, s. u.), stößt man nach ca. 100 m, an der Rua de Gago Coutinho, auf die **Casa de João Lopes (7),** schönes Barockpalais aus dem 18. Jh.

Wir gehen die Rua de Gago Coutinho noch ein kurzes Stück weiter nach rechts (südwärts) und biegen wenig später abermals rechts in die Rua de São Pedro ein (manuelinische Dekorationen am Eckhaus **Casa dos Costas Barros**). Die Straße führt uns auf die Rua Sacadura Cabral.

Nun abermals rechts und zurück Richtung Stadtplatz Praça da República (4). Auf dem Wege dorthin erkennt man kurz darauf rechts die Gemeindekirche **Igreja Matriz (8) [N41° 41' 35.65" W8° 49'3 8.53"].** Sie stammt größtenteils aus dem 15. Jh., hat eine reich verzierte Fassade und im Inneren Schnitzarbeiten und Malereien aus späterer Zeit.

Bemerkenswert sind auch die alten **Stadthäuser** in der Nachbarschaft der Kirche, die aus der Blütezeit der Stadt, dem 16. Jh., stammen, wie z. B. die **Casa dos Luna [N41° 41' 35.51" W8° 49' 39.19"]** gegenüber der Kirche.

Man kann den nun schon bekannten Weg zurück zum Ausgangspunkt gehen.

Das besuchenswerte **Museu Municipal (9),** das **Stadtmuseum** *(geöffnet tgl. a. Mo. 9.30 - 12.30 Uhr, 14 - 17.30 Uhr, www.geira.pt)*, liegt außerhalb des alten Stadtkerns, etwa 10 Gehminuten westlich der Praça da República, am Ende der Rua Manuel Esprégueira. Das Museum ist in einem Stadtpalais aus dem 18. Jh. untergebracht, das ursprünglich der Familie Barbosa Macieis gehörte. Neben herrlichen Azulejo-Bildern, die die Wände vieler Räume schmücken, ist vor allem schönes altes Mobiliar und Keramik zu sehen. Außerdem werden Gemälde, Funde aus der Römerzeit, Steinplastiken u. ä. gezeigt.

Noch weiter außerhalb im westlichen Stadtbereich liegt die reich dekorierte Barockkirche **Igreja Nossa Senhora da Agonia (10) [N41° 41' 33.70" W8° 50' 16.48"]**. Sie ist Mittelpunkt des größten jährlich stattfindenden Festes von Viana do Castelo, den **„Festas do Nossa Senhora d'Agonia"**. Jedes Jahr Mitte August ist die Kirche Ziel einer weit über die Grenzen Vianas hinaus bekannten „Romaria", einer Wallfahrtsprozession, in der noch viel von den herrlich bunten Frauentrachten, von Folklore und Brauchtum des Oberen Minho zu sehen ist. Begleitet wird das mehrtägige Fest von Umzügen, Feuerwerk und Stierhatz.

Steht ausreichend Zeit zur Verfügung, empfiehlt sich sehr eine Fahrt zum **Miradouro Santa Luzia**. Der Aussichtsberg liegt nur ca. 5 km nördlich der Stadt und ist per Auto zu erreichen. Die einstmals auf die Anhöhe führende Standseilbahn (Talstation an der Hauptstraße Avenida 25 de Abril, nordöstlich vom Bahnhof) ist wegen technischer Mängel bis auf weiteres außer Betrieb. Auch bei unserem jüngsten Besuch in Viana do Castelo war nicht in Erfahrung zu bringen, ob, und wenn ja, wann die Bahn evtl. wieder in Betrieb genommen wird. Auf der Höhe liegt die **Basilica de Santa Luzia [Parkmöglichkeit, WP 014 / N41° 42' 4.14" W8° 50' 4.62"]**, die im neo-byzantinischen Stil errichtet ist. In der Mitte dominiert eine gewaltige 60 Meter hohe Zentralkuppel. Man kann hinaufsteigen. An der Vorderfront und an den Seiten sieht man große Fensterrosetten. Zur Kirche führt eine gigantische Freitreppe hinauf. Von den Terrassen davor bietet sich ein weiter **Blick auf Viana do Castelo**, den Rio Lima und ins hügelige, bewaldete Umland.

Etwas oberhalb der Kirche findet man in aussichtsreicher Lage die **Pousada do Monte de Santa Luzia**.

Basilica de Santa Luzia, Viana do Castelo

PRAKTISCHE HINWEISE – VIANA DO CASTELO

Viana Welcome Center-Posto de Turismo [WP 013 / N41° 41' 28.06" W8° 49' 41.79"], Praça da Liberdade, 4900-040 Viana do Castelo, Tel. 258 09 84 15, www.cm-viana-castelo.pt/pt/posto-de-turismo. *Geöffnet März - Juni + Sept. - Okt. Mo - Sa 10 - 13 + 14 - 18 Uhr, Juli + Aug. tgl. 10 - 19 Uhr, sonst Mo - Sa 10 - 13 + 14 - 17 Uhr.*

Feste, Folklore

„Festas do Nossa Senhora d'Agonia", bekannte „Romaria" mit viel Folklore, jedes Jahr am Sonntag nach dem 15. August, mit großem Marktfest, Stierkampf, Folklorefestival, Feuerwerk, siehe auch weiter oben unter Igreja Nossa Senhora d'Agonia (10).

RESTAURANTS

Gut und zu erschwinglichen Preisen isst man im **Os três Potes**, Beco dos Fornos 7, rechts neben der Misericórdia-Kirche, Tel. 258 82 99 28; rustikales Ambiente. Eine gute Küche bietet auch das **Cozinha das Malheiras**, Rua Gago Coutinho 19, hinter der Misericórdia-Kirche, Tel. 258 82 36 80; gehobene Preislage, Dienstag Ruhetag.

HOTELS

Pousada do Monte de Santa Luzia ****, 51 Zi., Tel. 258 80 03 70, www.pestana.com/en/hotel/pousada-viana; stattliches Anwesen in herrlicher, relativ ruhiger Lage über der Stadt auf der Santa Luzia Anhöhe, mit Aussicht, Gartenterrasse, Schwimmbad, Tennis, Restaurant, WLAN. Parkplatz. Lokale Spezialitäten: „Lombo de porco assado á Vienense" (gegrilltes Schweinefilet mit Paprika), „Pescada gratinada á Princesa do Lima" (überbackener Fisch à la Princesa do Lima, mit Mayonnaisensauce), Obsttorte nach Viana Art.

Fein, und in gepflegtem Ambiente und darüber hinaus noch sehr zentral logiert man im **Estalagem Casa Melo Alvim** ****, 20 Zi., Av. Conde da Carreira 28, Tel. 258 80 82 00, www.meloalvimhouse.com; etwa zwischen Bahnhof und Hauptpost, Restaurant, WLAN. Parkplatz.

Flor de Sal ****, 60 Zi., Av. de Cabo verde 100, Tel. 258 80 01 00, www.hotelflordesal.com; gutes Mittelklassehotel am Strand Praia Norte, ca. 5 km westlich des Zentrums, Schwimmbad, Dampfbad, Fitnessbereich, Restaurant, Garten, Terrasse, WLAN. Parkplatz.

CAMPING ZWISCHEN VIANA DO CASTELO UND SPANISCHER GRENZE

Cabedelo Darque bei Viana do Castelo

Camping Orbitur Viana do Castelo [WP 015 / N41° 40' 43.2" W8° 49' 34.0"], Rua Diego Álvares, Tel. 258 32 21 67, www.orbitur.pt; 1. März – 31. Okt.; südl. Viana do Castelo und der Lima-Mündung, nach der Lima-Brücke von der N-13 südwestwärts abzweigen, noch 1,5 km, beschildert; sandiges, hügeliges, naturbelassenes Pinienwaldgelände, wenig ebene Stellflächen, Holzsteg durch Gehölz und über hohe Dünen zum ca. 200 m entfernten Meer; ca. 3 ha – 200 Stpl.; Laden, Restaurant; **V & E für Wohnmobile**; breiter, kilometerlanger Sandstrand, der bis zum Hafen reicht.

Der benachbarte Campingplatz **Inatel Cabedelo** ist stark mit Dauercampern belegt.

Vila Praia de Âncora

Camping Sereia da Gelfa [WP 016 / N41° 47' 45.4" W8° 51' 37.5"], Tel. 258 40 14 96; 1. Feb. – 15. Dez.; ca. 2 km südl. Vila Praia de Âncora Abzweig von der N-13 bei KM 80,3; ausgedehntes Pinienwaldgelände; ca. 7 ha – 500 Stpl.; Standardausstattung; Laden, Imbiss, Schwimmbad.

Caminha

Camping Orbitur Caminha [WP 017 / N41° 51' 59.4" W8° 51' 29.6"], Mata do Camarido, Tel. 258 92 12 95; 1. Jan. – 31. Dez.; ca. 3 km südlich Caminha, zwischen N-13, Bahnlinie und Rio Minho Mündung; welliges, sandiges Pinienwaldgelände; ca. 2,5 ha – 200 Stpl.; Standardausstattung; Laden, Restaurant; **V & E für Wohnmobile**; über Dünen zum Strand ca. 300 m.

Vila Nova de Cerveira-Covas

Parque Campismo de Covas [WP 018 / N41° 53' 17.8" W8° 41' 41.8"], Lugar de Pereiras, Covas, Tel. 251 94 15 55, www.parquecampismocovas.com; 1. Jan. - 31. Dez.; Zufahrt von der N-13 bei Caminha auf die N-301 16 km ostwärts Richtung Paredes de Coura bis Abzweig nordwärts nach Covas; Wiese und naturbelassene Flächen in lichtem Wäldchen; 2 ha - 80 Stpl.; einfache Standardausstattung, Schwimmbad. **V & E für Wohnmobile**. Mietbungalows.

TOUR 3: VIANA DO CASTELO – GUIMARÃES

Länge der Tour: Rund 150 km, ohne Abstecher.

Die Route: Über die Straße N-13 und über **Esposende** bis **Vila do Conde** – N-206 bis **Fontainhas** – N-306 bis **Barcelos** – N-103 bis **Braga** – N-101 bis **Guimarães.**

Reisedauer: Mindestens ein Tag.

Höhepunkte: Die **Strände** bei Póvoa de Varzim – der große **Wochenmarkt** ** am Donnerstag in **Barcelos – ** die **Kathedrale von Braga** ** – die **Kirchenfeste** in der Karwoche in **Braga** – die Wallfahrtskirche **Bom Jesus do Monte** ** – der **Herzogenpalast,** die **Burg** und die **Innenstadt** von **Guimarães** **.

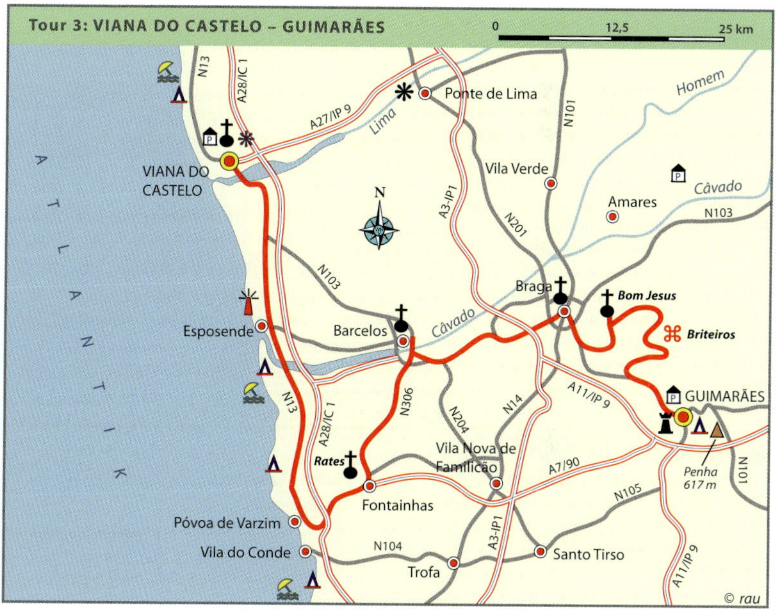

Die Region samt Küste zwischen Viana do Castelo und Póvoa de Varzim ist wenig attraktiv, unschön bebaut, zersiedelt und ein einziges unübersichtliches Konglomerat von Urbanisationen, das im Verkehr zu ersticken droht.

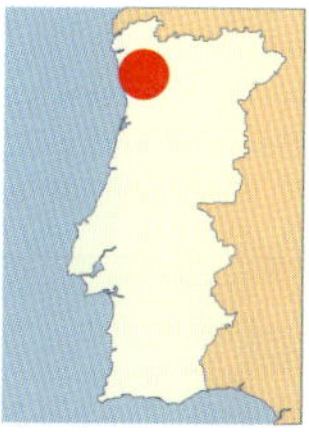

Route: *Der direkte Weg von Viana do Castelo nach Barcelos folgt der IC-1/N-103, 34 km.*

Der beschriebene **Umweg auf der Küstenstraße** *N-13 führt über die turbulenten Seebäder* **Esposende** *und* **Vila do Conde** *und lohnt eigentlich nur dann, wenn man sich an den dortigen Stränden aufhalten will.*

Von Vila do Conde geht es auf Landstraßen über **Fontainhas** *(N-206) und* **Pedra Furada** *(N-306) durch eine ländliche, bäuerliche Gegend nach* **Barcelos**.

Esposende (*Touristeninformation*, Avenida Eng. Eduardo Arandes e Oliveira 62, Tel. 253 96 13 54; www.visitesposende.com/en/), Seebad an der Cávado-Mündung mit großzügiger, aber nichtssagender Strandpromenade.

Praia de Ofir liegt auf der Südseite der Cávado-Mündung, die ebenso wie die Küste davor mit ihrem schönen Sandstrand gerne von Windsurfern aufgesucht wird. In der Cávado-Mündung wird gelegentlich noch nach Seetang gefischt (siehe auch unter Póvoa de Varzim).

Póvoa de Varzim, ca. 28.000 Einwohner, war lange Zeit, wie viele Orte an der Costa Verde, wenig mehr als ein Fischerdorf, das sich dann allerdings rasant zum größten Seebad nördlich von Porto entwickelt hat. Hervorzuheben ist der schöne, breite **Sandstrand** mit gepflegter **Strandpromenade**. Allerdings tragen die modernen, recht steril wirkenden Hochhäuser hinter dem Strand nicht gerade dazu bei, Póvoa de Varzim als besonders einladenden Ferienort erscheinen zu lassen. Wirklich lebhafter Badebetrieb ist in Póvoa de Varzim eigentlich nur im Hochsommer, vor allem im August, anzutreffen. Die Stadt verfügt über ein Spielkasino und moderne Hotels.

Póvoa de Varzim ist der Geburtsort des Dichters José Maria Eça de Queiróz, der von 1845 bis 1900 lebte und zeitweise in diplomatischen Diensten stand.

PRAKTISCHE HINWEISE – PÓVOA DE VARZIM

Posto de Turismo, Praça Marquês de Pombal, 4490-442 Póvoa de Varzim, Tel. 252 29 81 20, www.cm-pvarzim.pt. *Geöffnet Mo - Fr 9 - 13 + 14 -19 Uhr.*

Feste, Folklore

Neben feierlichen und prunkvollen **Karfreitags- und Osterprozessionen** ist die **Festa de São Pedro** Ende Juni ein farbenprächtiges Volksfest.
Das Hauptfest der Stadt, die **Festa de Nossa Senhora da Assunção** (Mariä Himmelfahrt), ist weit über ihre Grenzen von Póvoa de Varzim hinaus bekannt und wird Mitte August mit großer, feierlicher Prozession, Segnung der Fischerboote, Feuerwerk und Folklore gefeiert
Schließlich wird Mitte September mit einer Sonntagsprozession das **Fest „Unserer Lieben Frau der Leiden“** veranstaltet.

RESTAURANT

Casa da Ramada, im Stadtteil Argivai, Rua da Quintela, Tel. 252 62 41 45; beliebtes Lokal mit Terrasse, der Service wird gelobt.

HOTELS

Grande Hotel da Póvoa ***, 86 Zi., Largo do Passeio Alegre, Tel. 252 29 04 00, www.grandehoteldapovoa.com; Traditionshotel in schöner Lage am Meer, Restaurant, Bar, WLAN. Parkplatz.
Luso-Brasileira **, 62 Zi., Rua dos Cafés, 16, Tel. 252 69 07 10, www.hotel-lusobrasileiro.pt; gutes Haus der Mittelklasse, erschwingliche Zimmerpreise, zentral in Strandnähe und in der Nähe des Kasinos gelegen, ohne Restaurant, Fahrradverleih, WLAN. Parkmöglichkeit.

CAMPING

Estela bei Povoa de Varzim
Camping Orbitur Rio Alto [WP 019 / N41° 27′ 46.3″ W8° 46′ 20.3″], Tel. 252 61 56 99, www.orbitur.pt; 1. Jan. – 31. Dez.; ca. 10 km nördl. Póvoa de Varzim beschilderter Abzweig von der N-13 bei KM 13, noch 2,5 km meerwärts auf holpriger Pflasterstraße; leicht geneigtes, Grasgelände mit etwas Baumbestand, einige Hartstandplätze; ruhig gelegen; zeitgemäße Anlage mit Komfortausstattung; ca. 7 ha – 600 Stpl. + ca. 80 Dau.; Laden, Imbiss, Schwimmbad; zahlr. Miethütten; V & E **für Wohnmobile**; über eine hohe Düne zum 150 m entfernten Sandstrand.

Wer Zeit hat, kann sich die Mühe machen und den Weg zum betriebsamen Fischereihafen machen. Allderings kann man heute nur noch selten miterleben, wie der aus den Wassern der Cávado-Mündung gefischte Seetang meistens von Frauen mit Hilfe von Stielnetzen angelandet und zum Trocknen ausgebreitet wird, um später als Dünger verkauft zu werden. Die Arbeit der Seetangfischer, der „Sargaçeiros", hatte in Póvoa de Varzim lange Tradition.

Vila do Conde, ca. 26.000 Einwohner, liegt unweit südlich von Póvoa de Varzim an der Mündung des Rio Ave. Auch hier wird seit altersher Fischfang betrieben. Am Flussufer kann man die Werften sehen, auf denen die hölzernen Fischerboote ausgebessert und neue nach alten, bewährten Plänen auf Kiel gelegt werden. Außerdem gehören Baumwollspinnereien, Schokoladefabriken und vor allem das traditionsreiche Handwerk des Spitzenklöppelns mit zu den wirtschaftlichen Standbeinen der Stadt. Das **Museu das Rendas**, Rua de S. Bento in der Casa Vinhal, informiert über das Kunsthandwerk der Spitzenherstellung. Zu den Sehenswürdigkeiten zählt in erster Linie die Kirche des ehemaligen **Klosters Mosteiro de Santa Clara**. Der mächtige Bau liegt unübersehbar oberhalb der Brücke über den Rio Ave.

Die einschiffige gotische **Klosterkirche [Parkplatz, WP 020 / N41° 21' 10.79" W8° 44' 22.84"]** aus dem frühen 14. Jh. lässt durch ihr schmuckloses Äußeres, die glatten Außenwände ohne nennenswerte Fensteröffnungen (außer der Rosette am Westgiebel) und durch die Zinnen am Dachrand erkennen, dass die Kirche einstmals wohl als Teil einer Wehranlage konzipiert worden ist.

In der später unter Verwendung manuelinischer Stilelemente erbauten **Capela da Conceição,** der Seitenkapelle der „Unbefleckten Empfängnis", stehen die überaus reich verzierten Renaissance-Steinsarkophage des Klostergründers Dom Afonso Sanches, einem illegitimen Sohn König Dinis', und seiner Gemahlin Dona Teresa Martins, sowie die Gräber ihrer Kinder.

Vor der Kirche sieht man einen offenen **Kreuzgang** aus dem 18. Jh. In seiner Mitte steht ein Brunnen, der sein Wasser

PRAKTISCHE HINWEISE – VILA DO CONDE

Posto de Turismo [N41° 21' 11.64" W8° 44' 32"], Rua 25 de Abril 103, 4480-722 Vila do Conde, Tel. 252 24 84 73, www.cm-viladoconde.pt. *Geöffnet Mo - Fr 9 - 13 + 14 - 18 Uhr.*

Feste, Märkte

Festa de São João (Johannisfest), Ende Juni; ein großes regionales Volksfest zu Ehren des Schutzpatrons der Stadt, mit dem traditionsreichen Trachtenumzug der „Rendilheras", den Spitzenklöpplern.

Außerdem **Prozessionen** in der Karwoche und wöchentlich großer **Freitagsmarkt.**

HOTELS

Estalagem Do Brazão * [N41° 21' 11.30" W8° 44' 36.87"]**, 30 Zi., Av. Dr. João Canavarro, Tel. 252 64 20 16, www.estalagemdobrazao.pt; Mittelklassehotel, zentral gelegen, Bar, ohne Restaurant. WLAN. Parkplatz.

CAMPING

Vila Chã

Parque de Campismo Vila Chã [WP 021 / N41° 17' 52.9" W8° 43' 58.3"], Rua do Sol, 150, Tel. 229 28 31 63, www.campingvilacha.com; 1. Jan. – 31. Dez.; ca. 7 km südl. von Vila do Conde, Zufahrt von der N-13 bei KM 14,9 an der Ampel beschilderter Abzweig meerwärts; stark mit Dauercampern belegter Platz in Meeresnähe, ca. 3 ha – 50 Stpl. + 120 Dau.; Laden, Imbiss, Restaurant in der Nähe. Miethütten.

Grüne Provinz, „Grüner" Wein und viele Feste

Die Landschaft, durch die wir seit geraumer Zeit fahren, gehört zur alten historischen **Provinz Minho**, deren Kapitale Braga war. Die Provinz erstreckt sich südlich des Grenzflusses Minho, der ihr den Namen verlieh, und von der Costa Verde bis etwa zum Rio Tâmega.

Minho, das sind kilometerlange Sandstrände am Atlantik mit endlosen Pinienwäldern, dahinter üppige, vom Grün der Felder und Reben fast überwucherte Hügel und Täler, zahllose Kirchen und Wallfahrtsorte und eine nicht enden wollende Reihe von Kirchweihfesten mit farbenfrohen Trachten (Viana do Castelo) und prunkvollen Prozessionen (Braga) fast während des ganzen Jahres. Kaum ein Sommersonntag ohne Festas.

Terrassenlandschaft in der Minho-Region

Minho ist aber auch, wie das etwas „vergessene" Trás-os-Montes, das „Land des Regenschirms". Es gibt hier wirklich Gegenden, die so niederschlagsreich sind, dass der Regenschirm fast ein Bekleidungsstück der Leute geworden ist. Ob Hirte, ob Bauer, ob Radfahrer oder heimkehrende Marktfrau mit schwerer Kopflast, ob jung ob alt, der schwarze Regenschirm ist immer dabei. Und regnet es nicht und man braucht freie Hände, wird die Krücke des Schirmstockes einfach auf dem Rücken in den Jackenkragen gesteckt.

Die Region Minho ist aber auch das Land prähistorischer, keltiberischer Siedlungen, wie **Citânia de Briteiros** zwischen Braga und Guimarães, sowie rätselhafter Steinplastiken, wie dem riesenhaften **Eber von Murça**, den wohl Kelt-Iberer in grauer Vorzeit fabriziert haben.

Vor allem aber ist die Provinz Minho die Heimat, der Geburtsort der Nation. In Guimarães erblickte 1106 Dom Afonso Henriques das Licht der Welt, der später als erster König des jungen Reiches seine Geburtsstadt zur ersten Hauptstadt Portugals machte. Und mit Braga beherbergt die Provinz eines der großen religiösen Zentren des Landes.

über ein **Aquädukt** (18. Jh.) aus dem Norden der Stadt erhielt.

Am Platz im Zentrum der **Altstadt** mit **Rathaus** und **Misericórdia-Kirche** (beide 16. Jh.) ist die Johannes dem Täufer geweihte Gemeindekirche **Igreja Matriz [N41° 21' 14.04" W8° 44' 34.70"]** mit ihrem markanten Viereckturm sehenswert. Vor allem das überschwänglich dekorierte, plateresque manuelinische **Portal** der aus dem 16. Jh. stammenden Kirche verdient Beachtung.

Auf dem Platz vor der Kirche befindet sich ein **Pelourinho** aus dem 16. Jh., einer jener in portugiesischen Altstädten häufig anzutreffenden Schandpfähle.

In den Straßen und Gassen um den Platz, besonders in der Rua de Igreja (Kirchstraße), sieht man noch alte Granithäuser mit schön gearbeiteten Fassaden, Fenstern und Balkonen.

Gut essen und trinken in der Provinz Minho

Dabei bietet dieser Landstrich keineswegs nur etwas für den Kunstliebhaber oder Bildungshungrigen. Wer Gaumenfreuden frönt, kann hier nämlich Erfreuliches entdecken. Da gibt es den geräucherten Bacalhau (getrockneter Kabeljau, Stockfisch), herrliche Reisgerichte, Lamm- und Ziegenbraten, etc. Und zum Nachtisch kommt man an zumindest einer der vielen Süßspeisen wie z. B. dem „Himmelsspeck – Toucinho do Céu" aus Guimarães oder Amarante, an den köstlichen Biskuitkuchen „Pãoi de Ló" oder an den wunderbaren, mit süßer Eiermasse gefüllten Törtchen einfach nicht vorbei.

Und nicht nur im Minho sehr beliebt ist der **„Vinho Verde"**, ein frischer Wein, den diese Region hervorbringt. Nicht nur in Weingärten wird er angepflanzt und gepflegt, nicht selten ranken sich die Reben an den Alleebäumen der Landstraßen hoch und bilden ein grünes Dach.

Deftig Kulinarisches aus dem Land

Der Vinho Verde ist der Wein des Minho schlechthin. Vinho Verde bedeutet nichts weiter als „Grüner Wein". „Grün" bezieht sich hier aber keineswegs auf die Farbe des Weins. Vinho Verde gibt es auch als Rotwein. „Grün" bedeutet hier, dass die Trauben relativ früh geerntet werden, nicht allzu viel Sonne abbekommen, also wenig Zuckergehalt aufbauen und später einen schnell gärenden, nicht sehr alkoholreichen, leichten und spritzigen, etwas moussierenden, eher trockenen Wein hergeben. Vinho Verde passt ausgezeichnet zu den lokalen Gerichten, besonders aber zu Bacalhau. Ein bekannter Wein-Markennamen ist „Lancers".

Am Südende der langen Strandstraße schließlich liegt das schöne alte Kastell São João Baptista aus dem 18. Jh.

In **Azurara**, unweit südlich von Vila do Conde, kann man die bemerkenswerte **Kirche S. Francisco** mit schöner Giebelfassade aus dem 16. Jh. besichtigen und im benachbarten **Árvore** den schönen, von hübschen Häuserfronten umgebenen **Stadtplatz** ansehen.

Route: *Der weitere Verlauf unseres Reiseweges führt von Vila do Conde auf der N-206 nordostwärts über* **Rio Mau** *nach* **Fontainhas** *(10 km). In Fontainhas zweigt westwärts die Straße nach* **Rates** *ab.*

In **Rio Mau** findet sich das bemerkenswerte romanische Kirchlein **São Cristóvão**, das dem Hl. Christophorus geweiht ist.

Rates weist eine schöne romanische **Kirche** aus dem 12. Jh. auf. Benediktinermönche erbauten sie damals im Auftrag des Herzogs Heinrich von Burgund. Die Kirche ist dem Heiligen Petrus (São Pedro) geweiht.

Route: *Ab* **Fontainhas** *folgen wir der N-306 nordwärts bis* **Barcelos,** *16 km.*

Barcelos, das kleine Landstädtchen mit rund 11.000 Einwohnern, liegt am rechten Ufer des Rio Cávado mitten in

Barcelos' berühmter Töpfermarkt

einer üppigen Agrarlandschaft. Der wöchentliche **Donnerstagsmarkt** ist für die Landwirtschaft der ganzen Region von Bedeutung.

Barcelos war schon ausgangs des 13. Jh. Hauptort und Metropole der jungen Grafschaft Portucale. Um 1442 nahm der erste Herzog von Bragança hier Residenz. Obwohl seit altersher bedeutender Marktflecken, Stadtrechte erhielt Barcelos erst 1928.

Barcelos ist aber auch die Heimat des berüchtigten „Barcelos-Hahns", der als bunte Tonfigur zwischenzeitlich schon fast als Wahrzeichen Portugals bezeichnet werden kann. Das Keramikhandwerk hat alte Tradition in Barcelos. Aber neben Ton-Hähnen und Geschirr produziert das rege Kunsthandwerk der Region auch Korb- und Strohflechtwaren, Spitzenstickereien und kunstvoll bearbeitete Ochsenjoche, die „Jugos", die heute jedoch mehr von Touristen als von Bauern erworben werden.

Mein Tipp! Wer sich nicht die Mühe machen will und in den Orten der Umgebung direkt in den Töpfereien und Werkstätten nach Kunsthandwerk zu suchen, kann alle Produkte der Region auf dem oben schon erwähnten Wochenmarkt am Donnerstag auf dem Campo da República/Campo da Feira erstehen. Außer an Markttagen findet man hier **Parkplätze [WP 022 / N41° 32' 00.0" W8° 37' 06.0"]**. Und gleich noch ein praktischer Tipp zum Markttag: Parken Sie möglichst schon in der Nähe des Ortsrandes, wenn Sie mit dem Auto zum Markt fahren. In der Nähe des Marktplatzes Campo da República/ Campo da Feira einen Parkplatz zu finden ist dann aussichtslos, ebenso wie das rasche Überqueren der übrigens sehenswerten **Cávados-Brücke [N41° 31' 37.03" W8° 37' 20.55"]**. Auf jeden Fall sollte man aber einmal über die alte gotische Brücke (15. Jh., stark restauriert) zur südlichen Flussseite fahren oder gehen. Von dort hat man einen guten Blick auf den Fluss, die Brücke und den darüber aufragenden Resten des Herzogenpalastes.

Sehenswert in Barcelos ist die Gemeindekirche **Igreja Matriz [N41° 31' 42.77" W8° 37' 20.26"]** gleich hinter den Ruinen des Herzogenpalastes Paço dos Duques. Die Kirche stammt aus dem 13. Jh., erfuhr aber im 16. Jh. Umbauten und Veränderungen. Bemerkenswert sind das romanische **Portal** und im Inneren die überreich mit Schnitzwerk versehenen Seitenaltäre, die Seitenkapelle rechts mit schön gearbeitetem Chorgestühl und Altar und der **Azulejoschmuck** an den Wänden, der aber erst im 18. Jh. hinzugefügt wurde.

Die Geschichte vom Barcelos-Hahn

Die Geschichte vom Barcelos-Hahn hat der Stadt zu einer gewissen Popularität verholfen. Wer allerdings aufmerksam durch Nordspanien entlang des Jakobsweges reist, wird in Santo Domingo de la Calzada eine verblüffend ähnlich klingende Gockel-Story erfahren. Wie dem auch sei, die Geschichte geht in kurzen Worten so:

Vor langer Zeit erregte ein Verbrechen die Gemüter der Bürger von Barcelos, vor allem auch deswegen, weil man des Täters nicht habhaft werden konnte.

Eines Tages nun kam ein Mann aus der weiter nördlich in Spanien gelegenen Provinz Galicien durch Barcelos. Der etwas verschroben wirkende Fremde wurde festgenommen. Niemand glaubte seiner Beteuerung, er sei auf einer Pilgerreise nach Santiago de Compostela zum Grab des Heiligen Jakobus, um eine lange abgelegtes Gelübde endlich zu erfüllen. Der Galizier wurde in den Kerker geworfen und ohne viel Federlesens zum Tode durch den Strang verurteilt.

Als der Pilger nun zum Galgen geführt wurde war sein letzter Wunsch, noch einmal vor den Richter, der in verurteilt hatte, und vor den Stadtpräfekten treten zu dürfen. Der Wunsch wurde gewährt, der Mann ins Rathaus geführt. Dort saßen der Richter und der Präfekt in lustiger Gesellschaft gerade beim Mittagsmahl.

Der Mann aus Galizien beteuerte nochmals vehement seine Unschuld, wetterte gegen das Urteil und deutete schließlich auf ein Brathuhn, das knusprig goldbraun gebraten auf dem Tisch zum Verzehr bereit lag. Dabei rief er: „So wahr es ist, dass ich unschuldig bin, so sicher wird dieser Hahn krähen, wenn ich gehängt werde!" Die Quittung war ein schallendes Gelächter des Richters und seiner Gesellschaft. Aber niemand rührte das Brathuhn an.

Der Pilger trat nun seinen letzten Gang an und fand sein Ende am Galgen. Und was niemand für möglich gehalten hatte, der Hahn erhob sich auf dem Tisch und begann laut zu krähen. Plötzlich zweifelte niemand mehr an der Unschuld des Pilgers. Aber nun war es wohl zu spät. Dennoch stürzten Richter und Präfekt hinaus zum Galgen, an dem der Mann wie leblos baumelte. Wie durch ein Wunder aber hatte sich der Henkersknoten der Schlinge nicht ganz zugezogen und den Mann nicht gänzlich stranguliert. Der Galizier wurde vom Galgen genommen und konnte seine Pilgerfahrt nach Santiago de Compostela ungehindert fortsetzen.

Viele Jahre später kam der Galizier zurück nach Barcelos und errichtete dort der Legende nach eine Gedenkstätte für die Mutter Maria und für den Heiligen Jakobus (San Tiago).

PRAKTISCHE HINWEISE – BARCELOS

Posto de Turismo [N41° 31′ 49.4″ W8° 37′ 11.7″], Largo Dr. José Novais Nr. 8, 4750-310 Barcelos, Tel. 253 81 18 82, www.cm-barcelos.pt. *Geöffnet Mitte März - Sept. Mo - Fr 9.30 - 18 Uhr, Sa + So 10 - 13 + 14 - 16 Uhr.*

Feste, Märkte
„Romaria das Cruzes" um den 3. Mai, Prozessionen, Markt, Feuerwerk, folkloristische Umzüge mit Trachten, Masken und Riesenfiguren „Gigantones", Feuerwerk, Reitturnier.
Großer **Wochenmarkt** jeden Donnerstag.

RESTAURANTS

Gut und relativ preiswert isst man im **Restaurante e Cervejaria Pérola**, Av. D. Nuno Álvares Pereira 50, Tel. 253 82 13 63, gut bürgerliche Küche.

HOTELS

Bagoeira ***, 9 Zi., Av. Dr. Sídonio Pais 495, Tel. 253 81 12 36, www.bagoeira.com; zentral gelegenes Haus der Mittelklasse mit gutem Restaurant, das auf eine 400jährige Geschichte zurückblicken kann. WLAN. Parkplatz.

In der Nähe des zentralen **Marktplatzes** Campo da República/Campo da Feira findet man die aus den Anfängen des 18. Jh. stammende Kirche des ehemaligen Benediktinerklosters **Nossa Senhora do Terço [N41° 32′ 1.07″ W8° 37′ 6.89″]** (Rosenkranzkirche). Neben dem vergoldeten **Altaraufsatz** sind vor allem die **Azulejos** mit Szenen aus dem Wirken des Heiligen Benedikt, dem Ordensheiligen, bemerkenswert.

Südwestlich des Platzes der Republik liegt die im 18. Jh. entstandene **Kirche Bom Jesus da Cruz [N41° 31′ 54.58″ W8° 37′ 8.77″]** mit barocken Stilelementen.

In der Nähe ist von der alten Stadtbefestigung noch der **Torre da Menagem [N41° 31′ 51.33″ W8° 37′ 10.76″]**, ein Festungsturm aus dem 15. Jh., übriggeblieben.

Unter den alten, traditionell aus Granit errichteten **Stadthäusern** sind das „Solar dos Pinheiros" aus dem 15. Jh. oder die „Casa do Condestavel", das sog. „Haus des Kronfeldherrn" und Palais des 7. Grafen von Barcelos erwähnenswert. Weiter hervorzuheben ist der **Pelourinho,** der mittelalterliche Pranger.

Die **Ruinas Paço dos Duques de Barcelos [N41° 31′ 41.38″ W8° 37′ 18.73″]**, die Ruine des Fürstenpalais der Herzöge von Bragança, liegen wie weiter oben schon erwähnt, oberhalb der Brücke über den Rio Cávado. Der Komplex stammt aus dem 15. Jh. Heute findet man hier das eher bescheiden zu nennende **Archäologische Museum**, ein schlichtes Freilichtmuseum *(geöffnet tgl. 9 - 19 Uhr, im Winter bis 17.30 Uhr)*.

Rund 300 m entfernt findet man das **Museu de Olaria [N41° 31′ 44.72″ W8° 37′ 12.86″]**, früher „Ceramica Popular Portuguesa", mit volkstümlicher Keramik. Besondere Beachtung verdient natürlich die **Statue „Senhor do Galo"** (Herr des Hahnes), der an Barcelos' berühmte Legende vom Hahn, der einen Pilger rettet, erinnert.

Route: *Weiterreise von Barcelos über die N-103 ostwärts nach* **Braga**, *21 km.*

Braga, ca. 19.000 Einwohner, die Metropole der Minho-Region, ist heute nicht nur ein bedeutendes Wirtschaftszentrum im Norden Portugals, nach Porto natürlich, sondern auch Universitätsstadt und schon seit dem Mittelalter Sitz eines Erzbischofs und religiöses Bildungszentrum. Nicht umsonst trägt Braga die Beinamen „Stadt der Erzbischöfe" oder „Rom Portugals".

Die weit über 2.000 Jahre alte Stadt wurde sehr wahrscheinlich von Kelten gegründet, die ihre Siedlung *„Bracari"* genannt haben sollen. 250 v. Chr. wurde Bracari von römischen Truppen eingenommen und hieß nun gut dreihundert

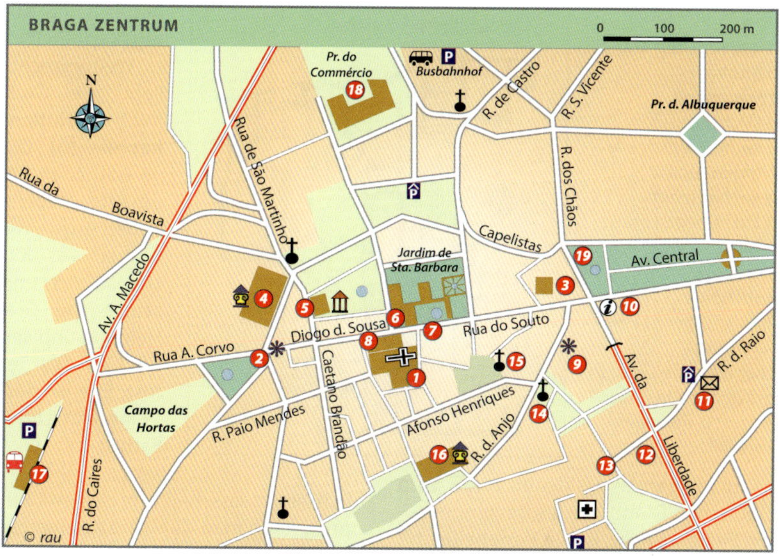

*BRAGA – **1** Kathedrale – **2** Arco da Porta Nova – **3** Torre de Menagem – **4** Biscainhospalais, Museum – **5** Rathaus und Brunnen – **6** Erzbischöfliches Palais – **7** Largo do Paço und Brunnen – **8** Misericórdiakirche – **9** Casa das Gelosias – **10** Information – **11** Hauptpost – **12** Brunnen Fonte do Idolo – **13** Palácio do Raio – **14** Santa Cruz-Kirche – **15** Kirche Nossa S.d. Conceiçao- – **16** Museum Pius XII. – **17** Bahnhof – **18** Markthalle – **19** Praça da República*

Jahre lang zu Ehren von Kaiser Augustus *„Bracara Augusta"*. Braga entwickelte sich nun rasch zum Verkehrsknotenpunkt, an dem nicht weniger als fünf Römerstraßen zusammentrafen. Bald war Braga Hauptstadt der römischen Provinz Galicien, die vom Douro bis zum Kantabrischen Gebirge reichte.

Nach dem Niedergang des Römischen Kaiserreiches bemächtigten sich Sueben der Stadt. Dann kamen Goten, die sich etwa 300 Jahre lang in Braga aufhielten.

Selbst die Mauren kamen bis Braga, nahmen die Stadt im Jahre 715 ein, konnten sich aber kaum ein Viertel Jahrhundert ihrer neuen Errungenschaft erfreuen. Der König von Oviedo, Don Afonso der Katholische, vertrieb 740 die Muselmanen, die aber 240 Jahre später noch einmal vor den Toren der Stadt standen, diesmal unter der Führung keines Geringeren als dem legendären Almansur, dem Kalifen von Córdoba. Später kam Braga an den König von León. Dessen Nachfolger, Dom Afonso IV., gab Braga und die ganze Provinz als Mitgift seiner Tochter Dona Teresa mit, die den Grafen Henrique von Burgund heiratete. Deren Nachkommen legten den Grundstein zum Königreich Portugal.

Bragas große Sehenswürdigkeit ist die **„Sé"**, Bragas ehrwürdige **Kathedrale (1) [N41° 32' 59.64" W8° 25' 38.67"].** Sie wurde auf Veranlassung des Grafen Dom Henrique und seiner Gemahlin Dona Teresa im 12. Jh. errichtet.

Der Kirchenbau entstand ziemlich genau an der Stelle, an der 400 Jahre zuvor Mauren eine Marienkirche zerstört hatten. Selbst in den Sprachgebrauch der Portugiesen ist die Kathedrale eingegangen. „So alt wie die Kathedrale von Braga" heißt es, wenn etwas als uralt bezeichnet wird.

Ursprünglich im romanischen Stil geplant und begonnen, weist die Kathedrale nach zahlreichen Um- und Anbauten auch Stilelemente späterer Kunstepochen auf, Gotik und Barock zum Beispiel. Romanisch sind das herrliche **Südportal „Porta do Sol"**, einzelne Fenster und der Kreuzgang.

Bragas Kathedrale
***a** Kapelle Dom Afonso*
***b** Brunnen*
***c** Kreuzgang*
***d** Kirchenmuseum*
***e** Katharinenkapelle*
***f** Königskapelle*
***g** Kirchenschiff*
***h** Sakramentskapelle*
***i** Nossa Senhora do Leite*
***j** Hochaltar*
***k** Kapelle des hl. Peter von Rates*
***l** Kapelle „São Geraldo"*
***m** Kapelle „Da Glória"*
***n** Gruft u. Reliquienkapelle*

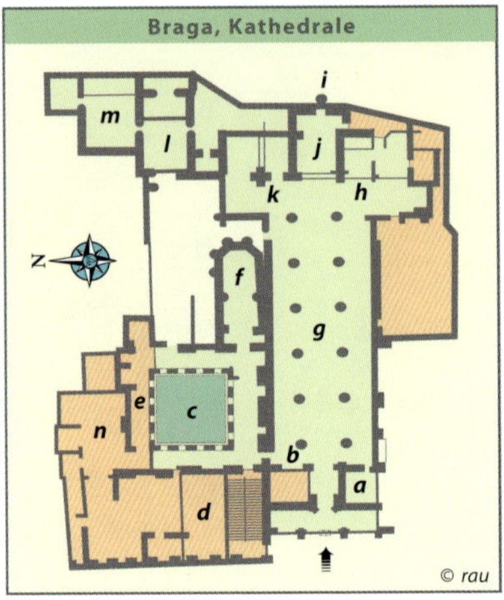

Im Inneren, rechts der im 16. Jh. vorn Erzbischof Diogo de Sousa umgebauten Eingangshalle, ist die **Kapelle (a)** mit dem gotischen Bronzesarkophag des Infanten Dom Afonso untergebracht. Das Grabmal stammt aus dem 15. Jh. Auf der gegenüberliegenden Seite der Kapelle ein manuelinisches **Brunnenbecken (b)**.

Neben dem Brunnen befindet sich der Durchgang zum **Kreuzgang (c)**.

Links sieht man den Treppenaufgang zu den Obergeschossen mit der Ausstellung des Kirchenschatzes *(geöffnet Sommer tgl. a. Mo. 9 - 12.30 Uhr, 14 - 18.30 Uhr, Winter bis 17:30 Uhr, www.se-braga.pt)*. Dieses **Kirchenmuseum (d)** zeigt eine ganze Reihe alter, kostbarer liturgischer Gegenstände, darunter eine Monstranz aus 8 Kilogramm vergoldetem Silber, übersät mit 450 Edelsteinen. Dann Prozessionskreuze und ein Eisenkreuz, von dem es heißt, Frai Henrique aus Coimbra habe damit die erste Messe in Brasilien nach der Entdeckung durch Pedro Alvares Cabral gefeiert. Außerdem sieht man eine große Anzahl mit Gold- und Silberfäden kunstvoll bestickte Messgewändern. Besichtigung des Domschatzes nur mit Führung.

In der Nordwestecke des Kreuzganges der Zugang zur **Katharinenkapelle (e)** mit Votivgaben wie z. B. riesige Kerzen und Nachbildungen von Armen, Beinen etc.

Auf der diagonal gegenüberliegenden Südostecke des Kreuzgangs befindet sich die **Königskapelle (f)**.

Weiter rechts liegt die Gruft mit **Reliquienkapelle (n)**. Die im gotischen Stil erbaute Kapelle beherbergt die Gräber des Kirchenstifters und seiner Frau, Graf Heinrich und seiner Gemahlin Teresa. Ebenso dort beigesetzt ist der Erzbischof Lourenço Vicente. Durch eine Glasscheibe in seinem Sarkophag kann man den einbalsamierten Leichnam erahnen. Der Kirchenmann focht mutig in der Schlacht von Aljubarrota bei Batalha (siehe dort).

Wir gehen zurück ins Kirchenschiff, das in der Barockepoche umgestaltet worden ist, und gehen nach vorne bis zum **Chor**. Rechts die **Kapelle der Heiligen Sakramente (h)** mit herrlichen Schnitzarbeiten. Der meisterhaft gearbeitete **Hochaltar (j)** zeigt in Ançã-Stein gehauene Szenen zu Christi Himmelfahrt, Apostelgestalten und darüber die Figur der „Heiligen Maria von Braga". Die Marienplastik gilt als ein herausragendes Kunstwerk in Portugal.

Links des Hochaltars die **Kapelle des Heiligen Peter von Rates (k)**, dem ersten Geistlichen von Braga. Die Azulejos dort stammen von Antonio Oliveira Bernardes, der zu seinen Lebzeiten berühmt war für sein Kachel-Design.

Weiter sind bemerkenswert das kunstvoll gearbeitete **Chorgestühl**, die **Orgel** aus dem 18. Jh. und schließlich die **Kapelle Nossa Senhora da Piedade**. Sie wurde im 16. Jh. im Auftrag des Erzbischofs Dom Diogo de Sousa als dessen Grabkapelle errichtet. Schöner Renaissance-Altar und beachtenswerter Deckenschmuck. Die liegende Figur Dom Diogos wird dem bedeutenden portugiesischen Renaissancekünstler Nicolau de Chanterene zugeschrieben.

Außerhalb des eigentlichen Kirchenraums befinden sich in der Nordostecke des Komplexes zwei Kapellen:

Die **Kapelle São Geraldo (l)** ist ein rein gotisches Bauwerk mit einem etwas verblichenen Fresco, das die Mutter Maria umgeben von Engeln darstellt.

Daneben die **Kapelle Da Glória (m),** ebenfalls ein gotischer Bau, der aus dem 14. Jh. stammt. An den Wänden Fresken im seltenen Mudejarstil. In der Mitte des Raumes das **Grabmal** des Erzbischofs und Erbauers der Kapelle, Dom Gonçalo Braga Pereira, Großvater des siegreichen Heerführers Nuno Álvares Pereira. Der Sarkophag des Bischofs ruht auf sechs Löwenfiguren. Obenauf sieht man die liegende Gestalt von Dom Gonçalo mit Mitra und Hirtenstab. Weitere Skulpturen am Sarkophag stellen biblische Gestalten und Szenen dar.

An der Außenseite der Apsis kann man von der Rua de São João aus die gotische Steinplastik **„Nossa Senhora do Leite" (i)** unter einem filigranen Steinbaldachin sehen. Die Marienfigur mit dem Jesusknaben gilt als religiöses Symbol der Stadt Braga.

Von der Kathedrale gehen wir die wenigen Schritte bis zur Rua Dom Diogo de Sousa, eine belebte Geschäftsstraße und Fußgängerzone, die an der Nordseite der Kathedrale vorbei führt. Am westlichen Beginn der Straße sieht man den **Arco da Porta Nova (2) [N41° 33′ 0.87″ W8° 25′ 45.70″]** aus dem 18. Jh., errichtet vom Erzbischof Dom José de Bragança, dessen Wappen oben zu sehen ist.

Geht man durch den Torbogen, sieht man links außerhalb den Campo das Hortas, einen kleinen Park mit einem hübschen Brunnen aus dem 16. Jh.

An der Ostseite des Campo das Hortas findet man eine ganze Reihe einladender **Restaurants**, in denen man zu erschwinglichen Preisen isst, z. B. das **Cruz Sobral**, das **Inácio** oder das **O Alexandre**.

Rechts, oder nördlich vom Torbogen, liegt in der Rua dos Biscainhos der

Die ehrwürdigen Kathedrale von Braga

Palacio dos Biscainhos (4) [N41° 33′ 4.52″ W8° 25′ 45.97″]. Dieses Stadtpalais aus dem 16. Jh. hat einen hübschen Patio mit Gartenanlage. An der Außenseite fünf Granitfiguren, innen Räume mit Azulejos aus dem 18. Jh. Heute ist hier das **Stadtmuseum** (Museu dos Biscainhos) mit archäologischen und volkskundlichen Exponaten, darunter Glas- und Tonwaren, Möbel u. ä. untergebracht *(geöffnet Di - So 10 - 12.15 Uhr, 14 - 17.30 Uhr)*.

Die Nordseite des Palacio dos Biscainhos grenzt an den Platz Praça Município. Dort wenden wir uns scharf rechts in die Rua Dom Frei Caetano Brandão. Links sieht man das **Rathaus (5)** und den hübschen Barockbrunnen **Fonte de Pelicano** davor.

Die Straße, die am Brunnen vorbei stadteinwärts führt, endet nach kaum 100 m am Komplex des Erzbischöflichen Palais. Wendet man sich dort nach rechts, trifft man nach wenigen Schritten gegenüber der Kathedrale wieder auf die Fußgängerzone der Rua Dom Diogo de Sousa.

Der **Paço Episcopal**, das **Erzbischöfliche Palais (6) [N41° 33′ 3.01″ W8° 25′ 34.66″],** besteht aus einer ganzen Grup-

Das „Brasileira", ein traditionsreiches, nostalgisches Kaffeehaus in Braga

pe von Gebäuden, so z. B. einem gotischen Flügel aus dem 14. Jh., in dem einst der Erzbischof Dom Gonçalo Pereira residierte. Vor allem im 17. und 18. Jh. wurde der Palast erweitert. Die Fassade zum Rathausplatz hin stammt aus dem 17. Jh., die Fassade, die den kleinen Platz **Largo do Paço (7)** umgibt, hingegen aus dem 18. Jh. Das Innere des Palais erfuhr nach einem Großbrand im 18. Jh. umfassende Veränderungen.

Heute beherbergt der Paço Episcopal eine ganz bedeutende öffentliche Bibliothek und die **Distrikt-Archive**, die zu den bedeutendsten Portugals zählen. Hier werden historische Dokumente der Erzdiözese Braga, die einst Einfluss bis weit nach Spanien hatte, ebenso aufbewahrt wie ein Dokument aus dem Jahre 835, in dem Dom Afonso III. von Asturien die Abtretung und die Grenzen der Grafschaft Braga beurkundet.

Außerdem wird hier die Charta über die Gründung des Königreichs Portugal aufbewahrt, die 1128 von Dom Afonso Henriques an den Erzbischof von Braga, Paio Mendes, überreicht wurde. Ein Dokument von weittragender historischer Bedeutung also.

Andere historische Dokumente in den Archiven sind Testamente, die königliche Hinterlassenschaften regeln, wie z. B. die von König Dinis. Das Papier ist in portugiesischer Sprache verfasst (Latein war sonst üblich) und mit 18. Januar 1299 datiert. Nebenbei erinnert dieses Testament auf diese Weise, dass König Dinis die portugiesische Sprache, hervorgegangen aus einem Dialekt der Porto-Gegend, zur offiziellen Landessprache erhob.

Zwei **Brunnen** gehören zum Komplex des Bischofs-Palais: Die „Fonte de Santa Barbara" in den gleichnamigen lauschigen Gärten hinter dem Palais und der **Brunnen auf dem Largo do Paço (7)** aus dem Jahre 1732, gestiftet vom Erzbischof Dom Rodrigo de Mouro Teles.

Schräg gegenüber, unmittelbar an die Kathedrale grenzend, erkennt man die **Misericórdia-Kirche (8) [N41° 33' 1.61" W8° 25' 37.07"]**, ein reich verzierter Renaissancebau aus dem 16. Jh. mit prächtigem Inneren.

Weiter geht es von dem kleinen Platz mit dem Brunnen die Rua do Souto nach Osten bis zur dritten Straße rechts, der Rua São Marcos. Wir gehen ein paar Schritte in diese Straße hinein und sehen auf der linken Seite (Ostseite) die durch ihre durchbrochenen Holzfensterläden recht eigenartig, verschlossen und abweisend wirkende **Casa das Gelosias (9)** oder auch „Casa do Crivos" genannt. Es ist das letzte Haus dieser Art in Braga.

Und ganz in Nähe des Abzweigs der Rua Sao Marcos findet man ein einladendes, nostalgisches Kaffeehaus, das traditionsreiche **„Brasileira" [N41° 33' 3.05" W8° 25' 24.50"]**.

Zurück zur Rua do Souto und weiter ostwärts zur nahen Avenida da Liberdade, die rechts abgeht. Links erstreckt sich der weite zentrale Stadtplatz **Praça da República (19).** An der Ostseite des Platzes, am Beginn der Avenida da Liberdade, liegt das **Touristeninformationsbüro (10) [N41° 33' 3.68" W8° 25' 21.49"]**. Wir gehen die breite Av. da Liberdade rechts hinab, vorbei am **Hauptpostamt (11),** das weiter rechts liegt, und am Ende des Gebäudeblocks abermals rechts in die Rua do Raio. Am Eck des Hauses 389 sieht man das Fragment eines frührömischen **Brunnens (12).** Man erkennt noch die Gestalt einer in eine Toga gehüllten Frau, die ein Kind auf dem Arm trägt. In Braga kennt man den Brunnen als „Fonte do Idolo".

Gleich darauf stoßen wir auf eine Querstraße, die uns hinter dem Postgebäude zum Platz Largo Carlos Amarante bringt. Vorher, linkerhand, die mit Azulejos geschmückte Fassade des Rokoko-Palais **Palácio do Raio (13)** oder auch „Casa do Mexicano" aus dem 18. Jh.

Am Largo de Santa Cruz, an der Ecke zur Rua do Anjo, sieht man die **Igreja Santa Cruz (14) [N41° 32' 57.53" W8° 25' 27.38"]**. Der Barockbau stammt aus dem 17. Jh. und weist üppiges, vergoldetes Schnitzwerk auf.

Weiter in Richtung Kathedrale. Am Platz São João do Souto rechts die **Kapelle Nossa Senhora da Conceição (15)**, mit manuelinischem Turm, schönen Steinplastiken und im Inneren Azulejos mit Motiven zur Geschichte von Adam und Eva.

Nebenan sind von der ehemaligen **Casa dos Coimbras** nur noch einige der herrlichen manuelinischen Fenster zu sehen.

Durch die Rua São João do Souto gehen wir auf die Ostseite der Kathedrale zu. Blick auf die Choraußenwand mit der Statue der „Senhora do Leite".

Geht man von der Kathedrale die etwas ansteigende Rua Gonçalves Pereira südwärts, erreicht man nach etwa 5 Gehminuten den kleinen Platz Campo de São Tiago. Hier ist im Seminargebäude das **Pius XII.-Museum (16) [N41° 32' 53.14" W8° 25' 35.33"]** eingerichtet *(geöffnet tgl. a. Mo. 9 - 12, 14 - 18 Uhr)*. Zu sehen sind frühgeschichtliche, bronzezeitliche und römische Sammlungen, sowie liturgische Gegenstände verschiedener Epochen.

Wer sich sehr für Kirchenbaukunst interessiert, findet in **Dume**, knapp 4 km nördlich von Braga nahe der N-201 Richtung Ponte de Lima, einen Kirchenbau, über dessen Baustil man sich nicht ganz einig ist – die **Kapelle São Frutuoso de Montélios**. Ursprünglich von Bischof Frutuoso von Dume im 7. Jh. errichtet, wurde die Kapelle in der Maurenzeit zerstört und erst im 11. Jh. wieder aufgebaut. Die Form des Grundrisses ähnelt einem griechischen Kreuz. Die vier Schiffe werden von einer zentralen Kuppel überragt. Obwohl verwittert und teils zerstört, neigt man doch dazu, hier ei-

PRAKTISCHE HINWEISE – BRAGA

Posto de Turismo [N41° 33' 3.68" W8° 25' 21.49"], Avenida da Liberdade 1, 4710-251 Braga, Tel. 253 26 25 50; www.cm-braga.pt. *Geöffnet Juni - Sept. Mo - Fr 9 - 19 Uhr, Sa + So 9 - 12.30 + 14 - 17.30 Uhr, Okt. - Mai Mo - Fr 9 - 12.30 + 14 - 18.30 Uhr, Sa + So bis 17.30 Uhr.*

Feste, Folklore

In der **Karwoche** (Semana santa) geradezu pompöse **Prozession** der ganzen Kirchengemeinde. Während der ganzen Woche sind alle Kirchen reich mit Blumen und Kerzen dekoriert und überall in der Stadt sind kleine Altäre aufgebaut, sog. „Passos", die Szenen aus dem Leiden Christi darstellen. Im ganzen Land bekannt ist die Prozession „Ecce-Homo" bei der barfüßige Büßer mit Fackeln durch die Straßen ziehen.

Das Hauptfest der Stadt Braga ist aber am 24. Juni, dem Namenstag Johannes des Täufers. Vom 23. bis 25. Juni feiert man drei Tage lang die **„Festas de São João"** mit Prozessionen, fröhlichen Umzügen, Illuminationen, Musik, Tänzen, einem Volksfest im Parque da Ponte und einem gewaltigen Feuerwerk zum Abschluss. Eines der bedeutendsten Feste der Minho-Region.

RESTAURANTS

Sao Frutuoso, Rua Costa Gomes 168, Tel. 253 62 33 72, www.saofrutuoso.com; Lokal mit portugiesischer Atmosphäre und lokalen Spezialitäten.

Cruz Sobral, Campo das Hortas 7/8, Tel. 253 61 66 48, www.restaurantesobral.com; alteingesessenes, beliebtes Restaurant mit langer Familientradition.

HOTELS

Bracara Augusta ****, 17 Zi., Av. Central 134, Tel. 253 20 62 60, www.bracaraaugusta.com; in Gebäude aus dem 14. Jh. eingerichtet mit stilvollem Ambiente in zentraler Lage, gutes Restaurant Centurium, sonntags geschlossen. Hübscher Garten, WLAN. Garage, Parkmöglichkeit.

Golden Tulip Braga ****, 63 Zi., Via Falperra St. Cristina de Longos, Tel. 253 24 07 00, www.goldentulipbraga.com; in ehemaligem Kloster aus dem 18. Jh., Schwimmbad, Wellnesscenter, Restaurant, WLAN, Parkplatz.

Hotel Dona Sofia *****, 34 Zi., Largo S. João do Souto, Tel. 253 26 31 69,www.hoteldonasofia.com; Mittelklassehotel, im historischen Viertel zentral gelegen. Bar, WLAN. Parkplatz.

CAMPING

Camping Municipal de Campismo da Ponte [WP 023 / N41° 32' 17.5" W8° 25' 19.8"], Tel. 253 27 33 55; 1. Mai – 30. Sept.; im südöstlichen Stadtbereich beim Stadion an der N-101 Richtung Guimarães; ca. 1 ha – 70 Stpl.; Terrassenanlage mit gutem Schatten durch Laub- und Nadelbäume; einfache Standardausstattung. **V & E für Wohnmobile.**

nes der seltenen portugiesischen Gotteshäuser im byzantinischen Stil zu erkennen. Man erfährt aber auch, dass es sich um einen frühgotischen oder mozarabischen Bau handeln könnte.

Nebenan steht die Franziskuskirche aus dem 18. Jh. mit altem Chorgestühl.

Route: **Guimarães**, *unsere Etappenziel, liegt knapp 25 km südöstlich von Braga und ist auf der N-101 rasch zu erreichen. Interessanter ist aber der kleine Umweg unserer Route über* **Bom Jesus** *im Osten Bragas und über* **Briteiros**.

Umweg über Bom Jesus do Monte

Die Wege zur Kirche Bom Jesus do Monte sind von Braga aus gut beschildert. Außer dem nachfolgend geschilderten Weg dahin kann man die Wallfahrtskirche auch über eine Bergstraße erreichen, die wenige Kilometer nordöstlich von Braga von der Ausfallstraße N-103 (Braga – Chaves) abzweigt.

Route: *Wir verlassen Braga in südöstlicher Richtung und nehmen die N-309, die nach der Flussbrücke am östlichen Rand des ausgedehnten Parque da Ponte stadtauswärts führt.*

Nach gut 5 km erreichen wir die bewaldeten Höhen der Monte da Falperra, eine in alten Zeiten angeblich durch Räuber und Wegelagerer unsicher gemachte Gegend. In der Nähe der scharfen Wegbiegung liegt die **Kirche Santa Maria Madalena da Falperra [N41° 31' 18.77" W8° 23' 15.17"]**. Die Barockkirche mit reicher Fassade, zu der eine Freitreppe hinaufführt, entstand im 18. Jh. im Auftrag des Erzbischofs Dom Rodrigo de Moura Teles von Braga.

Wir fahren nun nordwärts weiter, zunächst vorbei am 572 m hohen **Monte Sameiro**. Oben auf der Anhöhe liegt eine **Wallfahrtskirche [Parkplatz, WP 024 / N41° 32' 24.75" W8° 22' 7.38"]**. Nach Fátima ist sie das meistbesuchte Pilgerziel in Portugal. Für den Nicht-Pilger allerdings ist es weniger die neuzeitliche Kuppelkirche, als vielmehr der phantastische **Rundblick**, der den Weg hierher lohnt. Parkanlage, Spazierwege, Restaurant „Casal de São José".

Wenige Kilometer weiter erreichen wir die berühmte **Wallfahrtskirche Bom Jesus do Monte [Parkplatz, WP 025 / N41° 33' 23.5" W8° 22' 36.8"]**.

Man kann auch mit einer Zahnradbahnbahn (elevador) [Talstation, N41° 33' 16.77" W8° 22' 51.43"], die unterhalb der großen Freitreppe startet, hinauf zur Kirche gelangen. Die Bahn wurde schon 1882 gebaut und galt damals – erste ihrer Art in ganz Portugal – als ein Wunder der Technik. Die durch Wasserkraft angetriebene Bahn überwindet einen Höhenunterschied von 285 m, Fahrzeit 3 Minuten.

Auf einer etwa 400 m über dem Meeresspiegel liegenden, dicht bewaldeten Anhöhe erhebt sich der neoklassizistische Kirchenbau, der im 18. und 19. Jh. nach Plänen des Architekten Carlos Amarante entstanden ist. Das Innere der Kirche ist sehr schlicht und nüchtern. Beachtung verdienen allerdings die Gemälde, die aus dem 18. Jh. von Pedro Alexandrino stammen.

Neben der Kirche kann ein Museum für sakrale Kunst besichtigt werden.

Fast noch beeindruckender als die Kirche selbst ist die gigantische **Freitreppe**, die in schier endlosen Stufen, die manche Pilger auf Knien erklimmen, hinauf zum Vorplatz vor dem Kirchenportal führt. Es lohnt, sich der Mühe des Treppenaufstiegs zu unterziehen, nicht zuletzt der Aussichten wegen, die von den Plattformen aus möglich sind. Bei klarem Wetter geht der Blick bis zur Serra do Gerês im Norden und bis zur Küste bei Viana do Castelo.

Auf der großen Freitreppe, dem sog. „Heiligen Weg" passiert man – von unten nach oben gehend – eine Reihe von Kapellen, die in einer Art Kreuzweg die Leidensstationen Christi darstellen. Die Motive sind u. a. „Das Letzte Abendmahl und der Garten Gethsemane", „die Geißelung und Dornenkrönung", „der Kalvarienberg" und schließlich „die Kreuzigung".

Nach einer weiten, runden Terrasse beginnt eine gegenläufige Doppeltreppe, die „Treppe der fünf Sinne". Allegorische Brunnenfiguren symbolisieren das Sehen, das Hören, den Geruchssinn, den Geschmackssinn und endlich den Tastsinn.

Schließlich folgt die „Treppe der drei Tugenden", die Treue (Vertrauen, Glaube), die Hoffnung und die Liebe (Nächstenliebe), wieder mit Brunnen und allegorischen Figuren.

Die prächtige Freitreppe hinauf zur Kirche Bom Jesus do Monte

Danach die Terrasse „Terreiro de Moises" mit einem Springbrunnen. Vor der Kirche stehen Figuren, die Gestalten darstellen, die an der Verurteilung Jesu mitwirkten darunter Annas, Kaiphas, Herodes und Pilatus.

Die Idee, hier an den bewaldeten Hängen über der Bischofsstadt Braga eine Kapelle zu errichten, hatte ausgangs des 15. Jh. Dom Marthinho de Costa, damaliger Erzbischof von Braga. Sein Nachfolger, Erzbischof Dom João da Guarda rief eine Bruderschaft ins Leben, deren Aufgabe es war, um die Kapelle einen Waldpark anzulegen und diesen zu pflegen und zu verschönern.

Erst zweihundert Jahre später, um 1722, entschied Erzbischof Dom Rodrigo das damals von den Gläubigen schon hoch verehrte Heiligtum von Bom Jesus do Monte zu vergrößern, ließ bei den Planungen aber sehr darauf achten, dass die landschaftlichen Gegebenheiten in das neue Konzept eingebunden wurden. 1784 endlich wurde mit dem Bau der neoklassizistischen Kirche begonnen, die, wie erwähnt, nach Plänen des Baumeisters Carlos Amarante errichtet wurde.

HOTELS – BOM JESUS DO MONTE

Do Elevador ****, 22 Zi., Tel. 253 60 34 00, www.hoteisbomjesus.pt; komfortables Haus der gehobenen Mittelklasse nahe der Wallfahrtskirche, in ansprechender Lage mit Aussicht ins Tal und nach Braga, Restaurant, Parkplatz.
Do Parque ***, 45 Zi., Tel. 253 60 34 70, www.hoteisbomjesus.pt; komfortables Haus der gehobenen Mittelklasse, Restaurant im benachbarten Hotel do Elevador. WLAN. Parkplatz.

In der Nähe der Kirche Bom Jesus findet man einen kleinen See, Tennisplätze, schattige Waldwege und Hotels.

Route: *Der weitere Weg nach Guimarães führt von Bom Jesus do Monte ostwärts, vorbei am Abzweig zum Monte Sameiro, und über* **Sobreposta** *weiter bis* **Briteiros**, *ca. 13 km.*

Kurz vor Briteiros stufen sich an einem Hang die Reste der bronzezeitlichen Siedlung **„Citânia de Briteiros" [WP 026 / N41° 31' 38.1" W8° 18' 51.7"].** Auf den Mauerterrassen dieser frühgeschichtlichen Siedlung (ca. 8. – 4. Jh. v. Chr.) sollen einstmals weit über 100 aus Feldsteinen errichtete, zylinderförmige Wohnhütten gestanden haben. Zwei wurden rekonstruiert und lassen eine Ahnung vom ursprünglichen Erscheinungsbild der keltischen Siedlung aufkommen. Die Grabungsfunde sind in Guimarães zu sehen.

Route: *Man kann nun weiter auf der Landstraße N-309 südwärts bis Guimarães fahren oder ab Briteiros die Straße nach Südwesten nehmen, trifft im Thermalkurort* **Caldas das Taipas** *auf die Hauptstraße N-101 und erreicht dann nach knapp 8 km* **Guimarães.**

Guimarães [WP 041 / N41° 26' 30.3" W8° 17' 18.1"], eine Stadt mit etwa 54.000 Einwohnern und hübschem Innenstadtkern, kann für sich in Anspruch nehmen, 1106 der Geburtsort des ersten Königs von Portugal (Dom Afonso Henriques) und 1139 erste Hauptstadt des jungen Portugals gewesen zu sein. Und auf einer Mauer in der Stadt steht denn auch: „Aqui nasceu Portugal", hier wurde Portugal geboren.

Hervorgegangen ist Guimarães, oft stolz auch die „Wiege der Portugiesischen Nation" genannt, aus einer Klostergründung aus dem 10. Jh., die die galizische Gräfin Mumadona dem Be-

In Guimarães

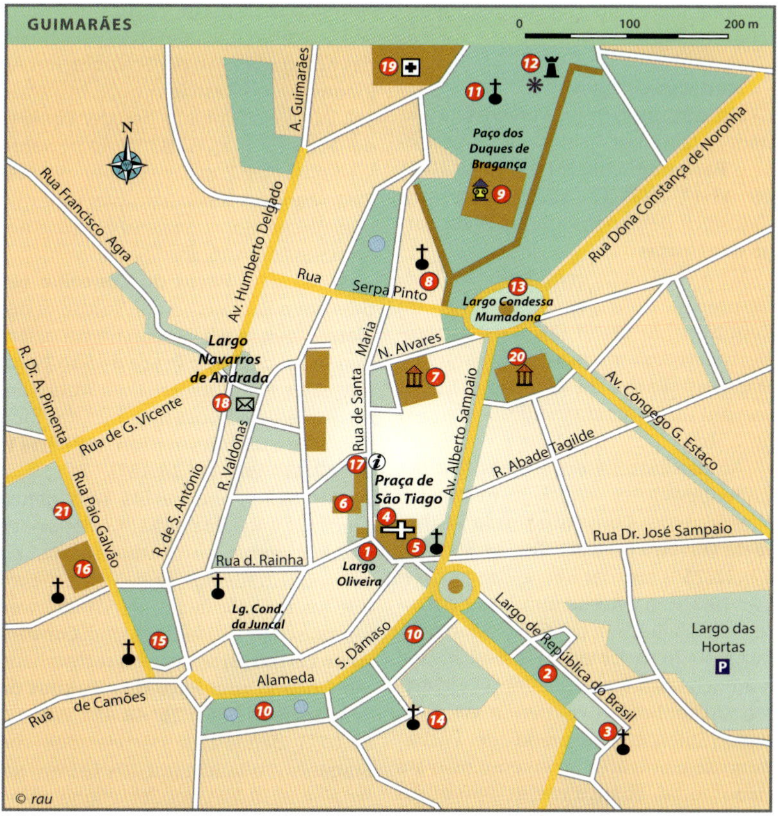

*GUIMARÃES – **1** Largo da Oliveira – **2** Largo da República do Brasil – **3** Dos Santos Passos-Kirche – **4** Nossa Senhora da Oliveira-Kirche – **5** Alberto Sampaio Regionalmuseum – **6** Paços do Concelho (Altes Rathaus) – **7** Rathaus – **8** Convento do Carmo (ehem. Karmeliter Kloster) – **9** Paço dos Duques – **10** Alameda da Resistência ao Fascismo – **11** São Miguel do Castelo-Kirche – **12** Kastell – **13** Praça de Mumadona – **14** Franziskuskirche – **15** Largo do Toural – **16** Martins Sarmento-Museum – **17** Information – **18** Postamt – **19** Krankenhaus – **20** Justizpalast – **21** Markthalle*

nediktinerorden stiftete. Erinnert man sich an die geschichtlichen Fakten des frühen 12. Jh., ist der Beiname „Wiege der Nation" nicht falsch gewählt. Heinrich von Burgund, der in einer kreuzzugähnlichen Mission Alfonso VI., König von Kastilien und León, im Kampf gegen die eingefallenen Mauren zu Hilfe gekommen war, hatte sich mit seiner Frau Teresa in Guimarães niedergelassen. Um 1106 kam ihr Sohn Afonso Henriques zur Welt, der bald Nachfolger seines Vaters wurde. Afonso Henriques erhob sich gegen die intriganten Machenschaften seiner Mutter, die offenbar die Loslösung der Grafschaft Portucale von Spanien hintertreiben wollte, und übernahm 1128 die Macht.

11 Jahre später besiegte Afonso Henriques die maurischen Verbände bei Ourique und wurde daraufhin von seinen Truppen zum König ausgerufen.

Wenig später mussten der spanische König und der Papst die Proklamation des Königreiches Portugal, schon im Interesse eines einigen christlichen Abendlandes, anerkennen.

Aus Guimarães stammt auch Gil Vicente, ein namhafter Dichter und Dramaturg, der im 16. Jh. am Königshof in

Lissabon lebte und als Vater portugiesischer Theaterkunst gilt.

Stadtbesichtigung

Mit dem Auto in die verwinkelte Altstadt zu fahren ist nicht ratsam. Eine größere **Parkmöglichkeit [WP 027 / N41° 26' 31.1" W8° 17' 15.7"]** bietet sich südöstlich der Innenstadt am **Platz Largo das Hortas**.

Vom Parkplatz geht man am einfachsten nach Westen zum **Largo da República do Brasil (2).** Weiter nordwestwärts kommt man zum zentralen Stadtplatz **Largo da Oliveira (1).** Hier beginnt unser Rundgang (Dauer ca. 1 ½ bis 2 Std.).

An der Ostseite des Platzes fällt der zinnenbewehrte, viereckige manuelinische Turm des **Convento Nossa Senhora da Oliveira (4) [N41° 26' 34.39" W8° 17' 33.75"]** auf, der Kirche Unserer Lieben Frau vom Olivenbaum. Von dem ursprünglich hier von der Gräfin Mumadona im 10. Jh. errichteten Klosterbau sind nur noch Fragmente erhalten. Die späteren Kirchenbauten wurden in verschiedenen Stilen, entsprechend ihrer Entstehungszeit, errichtet. So erkennt man am Hauptportal, ebenso wie in dem etwas befremdlich wirkenden, freistehenden, vierbogigen Vorhallenfragment, den Einfluss der Gotik.

Um den Namen der Kirche Nossa Senhora da Oliveira rankt sich eine Legende die besagt, dass ein Olivenbaum, der früher vor dem Portal an der Stelle der Vorhalle stand, plötzlich grüne Blätter getrieben haben soll, als in grauer Vorzeit ein westgotischer Heerführer gegen seinen Willen zum König ausgerufen wurde.

Das Monument auf dem Platz vor der Kirche erinnert an die siegreich beendete Schlacht von Salado im Jahre 1340 gegen die Mauren.

Rechts der Kirche schließt ein romanischer **Kreuzgang** an. Er alleine schon ist sehenswert. In angrenzenden Räumen ist das **Alberto Sampaio Regionalmuseum (5)** eingerichtet *(geöffnet Di - So 10 - 18 Uhr, www.masampaio.imc-ip.pt)*. Glanzstück des Museums ist ein vergoldetes Silbertriptychon mit Motiven aus dem Leben der Heiligen Familie, das König João I. in der Schlacht von Aljubarrota den Kastiliern geraubt haben soll. Auch ein Umhang, den der König in der Schlacht trug, wird hier aufbewahrt. Weiter ist eine kostbare Sammlung alter Sakralkunst zu sehen, darunter eine manuelinische Monstranz und ein silbernes Kreuz aus dern 16. Jh.

Unter dem **Paços do Concelho (6)**, dem alten Rathaus an der Nordseite des Platzes, gehen wir hindurch und gelangen so auf den Platz **Praça de São Tiago** mit einer Reihe malerischer Wohnhäuser. Außerdem findet man hier das Büro der **Touristeninformation (17) [N41° 26' 37.43" W8° 17' 34.18"].**

Wir halten uns rechts und gehen durch die enge Rua de Santa Maria nach Norden, vorbei am **Rathausplatz,** bis zur Hauptstraße Rua Serpa Pinto, die wir überqueren. Wir folgen der Straße weiter, zwischen Grünanlage und **Convento do Carmo (8)** bergan, bis rechterhand der Eingang zum **Paço dos Duques de Bragança (9) [N41° 26' 48.48" W8° 17' 31.07"]**, dem Palast der Herzöge von Bragança, auftaucht *(tgl. 10 - 18 Uhr, letzter Einlass 30 Min. vor Schließung, www.pduques.imc-ip.pt)*. Davor sieht man das Denkmal des trutzig dreinschauenden, mit Schild und Schwert bewehrten Dom Afonso Henriques.

Mit dem Bau der herzoglichen Residenz wurde unter dem ersten Herzog von Bragança, Afonso, im frühen 15. Jh. begonnen. Nachdem aber die Braganças ihren Sitz nach Vila Viçosa verlegt hatten, machte der Komplex nicht mehr viel von sich reden. Im Inneren sind vor allem herrliche Wandbehänge, Gobelins und Mobiliar aus dem 16. Jh., sowie interessante Deckenkonstruktionen zu sehen.

Geht man durch den schlichten Park weiter aufwärts, passiert man das turmlose **Kirchlein São Miguel do Castelo (11).** Angeblich soll in dem romanischen Bau aus dem 12. Jh. Afonso Henriques getauft worden sein.

Die trutzigen Mauern und nicht weniger als neun Türme auf der Anhöhe

Der Palast Paço dos Duques de Bragança in Guimarães

oberhalb der Kirche gehören zum alten **Kastell (12),** das schon im 10. Jh. angelegt worden ist. Der zentrale Wehrturm ist 27 m hoch und diente im 19. Jh. als Schuldturm.

Über den Platz **Praça de Mumadona (13)** und die Avenida Alberto Sampaio zurück zum Ausgangspunkt am Largo da República do Brasil.

Zu den weiteren Sehenswürdigkeiten von Guimarães zählt die **Igreja São Francisco (14) [N41° 26' 25.98" W8° 17' 35.18"],** die Franziskuskirche aus dem frühen 15. Jh. Umbauten im 17. und 18. Jh. veränderten das Gotteshaus nicht eben vorteilhaft. Dennoch lohnen der Azulejoschmuck im Inneren und die Sakristei eine Besichtigung. Die Kirche liegt unweit westlich des Largo da República do Brasil, etwa auf halbem Wege zum Touristenbüro in der Avenida Dom Afonso Henrique, Ecke Alameda de São Francisco.

Schließlich verdienen der hübsche Stadtplatz **Largo do Toural (15) [N41° 26' 29.30" W8° 17' 43.68"]** mit seinem interessanten Pflastermuster und natürlich das **Martins Sarmento Museum (16) [N41° 26' 33.55" W8° 17' 47.05"]** in der Nähe an der geschäftigen Rua Paio Galvão Erwähnung *(geöffnet Di - Sa 9:30 - 12, 14 - 17 Uhr, So 10 - 12, 14 - 17 Uhr, www.csarmento.uminho.pt)*. Das Museum, das unmittelbar an den Kreuzgang der São Domingokirche grenzt, ist benannt nach dem Archäologen Martins Sarmento, der sich bei den Ausgrabungen der keltiberischen Siedlung *Citânia de Briteiros* im 19. Jh. große Verdienste erwarb. Im Museum werden in erster Linie Funde von dieser frühgeschichtlichen Siedlung gezeigt.

Ausflug in den Parque da Penha

Lohnend ist ein Ausflug auf den im Südosten der Stadt gelegenen, über 600 m hohen **Penha**, eine Anhöhe in waldreicher Umgebung (Hotel de la Penha), die in einem Gebiet mit gigantisch großen, rundgeschliffenen und vom Moos überwucherten Granitfindlingen liegt. Möglichkeiten zu langen Spaziergängen und Wanderungen.

Den **Aussichtspunkt** im **Parque da Penha [Parkplatz, WP 028 / N41° 25' 54.6" W8° 16' 02.8"]** erreicht man, wenn man der N-101 ca. 4 km ostwärts Richtung Felgueiras/Amarante folgt und in Mesão Frio Richtung Penha bergwärts abzweigt, noch etwa 4 km.

Man kann den Penha auch per Gondelbahn (teleférico) von Guimarães aus erreichen [Talstation, N41° 26' 29.98" W8° 17' 9.42"). Und man findet auf dem Penha den Campingplatz von Guimarães [WP 029 / N41° 25' 42.0" W8° 16' 06.3"].

PRAKTISCHE HINWEISE – GUIMARÃES

Posto de Turismo [N41° 26' 37.43" W8° 17' 34.18"], Praça de São Tiago, 4810-242 Guimarães, Tel. 253 51 87 90, www.guimaraesturismo.com, www.cm-guimaraes.pt.

Feste, Folklore – São Torquato Fest, Anfang Juli und **São Gualter Fest,** Anfang August, 4-tägiges Stadtfest.

HOTELS

Hotel da Oliveira ****, 20 Zi., Rua de Santa Maria, Tel. 253 51 41 57, www.hoteldaoliveira.com; die einstige Pousada wurde in ein komfortables Haus der gehobenen Mittelklasse umgebaut, im Stadtzentrum am Largo da Oliveira in einem historischen Stadtpalais. Restaurant mit regionalen Spezialitäten, auch mit Plätzen unter den Arkaden. Fahrradverleih, WLAN. Parkmöglichkeit.

Pousada Mosteiro de Guimarães *****, 49 Zi., Rua Domingos Leite de Castro, Tel. 253 51 12 49, www.pousadas.pt; etwa 1 km außerhalb, recht ansprechend und ruhig im Penha Park gelegen, Firstclasshotel mit großem Komfort, eingerichtet im ehem. Augustinerkloster Santa Marinha de Costa mit schönem Azulejoschmuck in den Räumlichkeiten. Hotelgarten, Parkplatz. Restaurant. Regionale Spezialitäten: „Caldo verde com broa" (Grünkohlsuppe mit Maisbrot), „Bacalhau recheado com presunto" (Bacalhau gefüllt mit Schinken), „Rojões à Minhota" (Schweinefilet geschnetzelt mit gut gewürzten Würsten), Mandelkuchen.

Do Toural ****, 30 Zi., Lugar A.L. Carvalho, Tel. 253 51 71 84, www.hoteltoural.com; recht zentral am Westrand der Innenstadt gelegen, kein Restaurant. Öffentlicher Parkplatz am Largo da Condessa do juncal neben dem Hotel.

CAMPING

Penha

Camping Municipal de Penha [WP 029 / N41° 25' 42.0" W8° 16' 06.3"], Monte de Penha, Tel. 253 51 59 12; 1. Mai – 15. Sept.; südöstlich der Stadt gelegen, auf der N-101 ca. 4 km Richtung Felgueiras/Amarante, dann beschilderter Abzweig in Mesão Frio Richtung Penha, noch 3 km bergan, oben am Hotel de la Penha Campingschild an der mittleren Straße beachten; recht einfacher, ruhig gelegener Übernachtungsplatz in Höhenlage (617 m), schmale Terrassen (größtenteils nicht mit dem Auto zugänglich) an einem Berghang mit parkähnlichem Laubwald, guter Schatten; für Caravans und Wohnmobile etwa 10 Stellplätze auf fast ebener, fester Erdfläche unter hohen Laubbäumen zwischen Eingangsbereich und Sanitärgebäude; ca. 2,5 ha – 150 Stpl.; einfache Sanitärausstattung. Laden und Imbiss im Sommer, Schwimmbad. Bushaltestelle ganz in der Nähe des Platzeingangs.

Ausweichmöglichkeiten, bzw. **alternative Campings** findet man in **Amarante [N41° 16' 46" W8° 4' 13"]**, 38 km südöstlich von Guimarães (siehe nächste Tour 4, Guimarães – Porto) oder in **Arco de Baúhle [N41° 29' 11.66" W7° 57' 30.94"]**, Tel. 968 17 62 46, ca. 35 km östlich von Guimarães.

Arco de Baúhle

Camping Arco [WP 030 / N41° 29' 10.40" W7° 57' 29.89"], Lugar das Cruzes, R. Cinco de Outubro, Tel. 968 17 62 46; Anf. Apr. – Anf. Okt.; 30 km östl. von Guimarães Abzweig von der A-7/IC-5/E-805 und noch 3 km nordwärts zum Ort, dort am östlichen Ortsrand; überschaubares Wiesengelände in vegetationsreicher Hanglage oberhalb eines Flüsschens, ca. 30 Stellplätze, Schwimmbad

TOUR 4: GUIMARÃES – VILA REAL – PORTO

Länge der Tour:	Rund 260 km, ohne Abstecher.
Die Route:	Über die Straße N-101 bis **Amarante** – IP-4/E-82 bis **Vila Real** – N-322 bis **Sabrosa** – N323 bis **Pinhão** – N-222 durch das **Anbaugebiet des Vinho do Porto** bis **Peso da Régua** – N-108 über **Ribadouro** und **Entre-os-Rios** bis **Porto.**
Abstecher:	Ab Peso da Régua über **Lamego** nach **São João de Tarouca**.
Reisedauer:	Mindestens ein Tag, bei eingehender Besichtigung der Weinlandschaft am Douro besser zwei Tage.
Höhepunkte:	Das **Stadtbild von Amarante** * am Rio Tâmega – das Weingut **Solar de Mateus** * – die **Fahrt über Pinhão** ** – Spaziergang durch **Lamego** * – Fahrt entlang des **Douro-Tals** *.

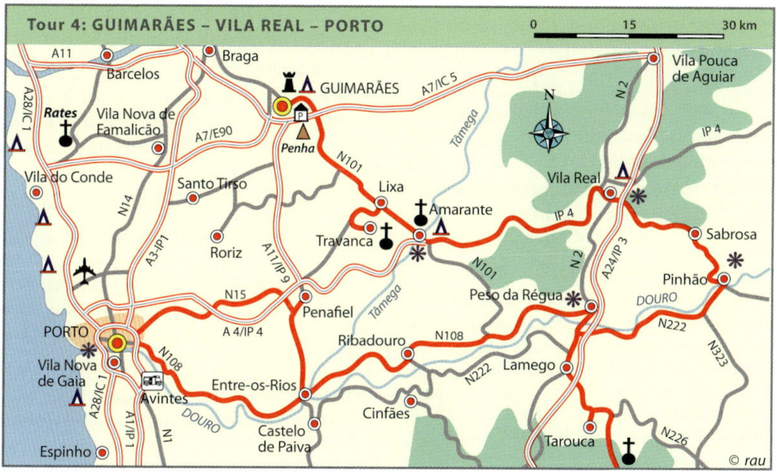

Alternative Routenführung: *Alternativ zu unserer Hauptroute kann der Weg nach Porto beträchtlich abgekürzt werden, wenn man Guimarães über die Schnellstraße A-7/E-90 in südwestlicher Richtung verlässt und nach rund 15 km der Autobahn A-3/IP-1/E-1 direkt nach Porto folgt, 73 km.*

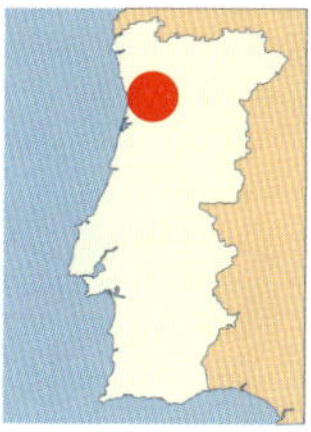

Der Weg unserer Hauptroute *aber führt von Guimarães über die kurvenreiche N-101 und über* **Trofa, Felgueiras** *und* **Lixa** *nach* **Amarante**, *33 km.*

Mein Tipp! In dem kleinen Ort **Trofa** ist seit jeher das Kunsthandwerk der **Spitzenstickerei** zu Hause. Wenn Sie daran Interesse haben, steigen Sie aus und machen Sie einen Spaziergang durch das Dorf. Gelegentlichkann man vor den Häusern sitzenden Frauen bei ihrer Arbeit, die viel Fingerfertigkeit verlangt, zusehen. Und natürlich verkauft man Ihnen auch gerne das eine oder andere Stück.

Abstecher nach Roriz

Und wer sich sehr für Kirchenbaukunst interessiert, sollte einen Abstecher über schmale Landstraßen westwärts und über **Caldas de Vizela** und **Campo** nach **Roriz** unternehmen (rund 25 km). Roriz wartet mit einer bemerkenswerten romanischen **Klosterkirche** **[N41° 20' 40.17" W8° 22' 51.06"]** aus dem 11. Jh. auf. Vor allem das Portal verdient Beachtung.

HAUPTROUTE

Auf der N-101 Richtung Amarante durchfährt man auf kurvenreicher, teils schlechter Landstraße eine recht unschön zersiedelte Gegend.

Kurz hinter **Lixa** kann man der N-15 rund 6 km nach Südwesten folgen, um dann ostwärts nach **Travanca** abzuzweigen. Das Dorf hat eine interessante **Kirche** aus dem 12. Jh., die ehemals zu einem Benediktinerkloster gehörte.

Amarante, ein kleines Provinzstädtchen mit ca. 17.000 Einwohnern, aber mit einer erfreulichen Vinho-Verde-Produktion, liegt beiderseits der grünen, recht steilen Ufer des Rio Tâmega.

Zu den großen Sehenswürdigkeiten der Stadt gehört denn auch die alte **Tâmega-Brücke [N41° 16′ 7.11″ W8° 4′ 39.63″]**. In drei gewaltigen, hohen Bögen überspannt sie den Fluss zwischen Gonçalo-Kloster und Altstadt. Eine frühere Brücke brach 1763 zusammen. Mit dem Bau der jetzigen Brücke wurde Ende des 18. Jh. nach Plänen des Architekten Carlos Amarante begonnen. Dieser wichtige Flussübergang machte Amarante zu einer Stadt von gewisser strategischer Bedeutung. Zur Zeit der französischen Invasion 1809 z. B. war die Brücke von Amarante ständig umkämpft.

Am Brückenende auf der rechten Flussseite erhebt sich der mächtige kuppelgekrönte Bau der Klosterkirche **São Gonçalo [N41° 16′ 9.20″ W8° 4′ 44.63″]**. Brücke, Kirche und Häuserfront am linken Flussufer prägen hier das Stadtbild.

Mit dem Bau der Kirche wurde auf Betreiben von König João III. im Jahre 1540 begonnen. Nach 80-jähriger Bauzeit war das Gebäude mit seiner interessanten Südwestfassade mit fünfbogiger Loggia und einem herrlichen, säulengeschmückten **Renaissanceportal** fertiggestellt. Die Gestalten an den Säulen der Loggia stellen König João III., Dom Sebastião, Dom Henrique und Filipe I. dar.

Im Giebel über dem Portal erkennt man die Gestalt des Heiligen Gonçalo. Gonçalo lebte im 13. Jh. in der Gegend von Amarante als frommer Einsiedler. Er ist der Schutzpatron der Stadt und der Jungvermählten.

Das Grabmahl des heilig gesprochenen Eremiten findet sich im Kirchenraum in einer Kapelle links des Chors. Manche jungen Leute kommen zum **Gonçalo-Grab** und versprechen sich von seiner Berührung eine rasche Heirat,

Blick von der neuen Rio Tâmega Brücke auf Amarante

so wie es die Überlieferung verspricht. Und am Namenstag des Heiligen, Anfang Juni, schenken sich Jungvermählte und auf Kindersegen hoffende Ehepaare phallusförmige Kuchen.

Das im 18. Jh. restaurierte Innere der Kirche hat vergoldeten Barockschmuck, eine schöne Orgel und Azulejos in der hohen Kuppel. An die Kirche grenzt ein romanischer **Kreuzgang**.

Hinter der Kirche liegt das **Museu Municipal Amadeo de Souza-Cardoso**. Das kleine Museum dient vor allem als Gemäldegalerie, in der Werke portugiesischer Künstler präsentiert werden, wie z. B. António Carneiro oder Amadeu de Souza-Cardoso (gest. 1918), der aus der Gegend von Amarante stammte und der sog. „Pariser Schule“ angehörte.

Die **Kirche de São Pedro** weist eine barocke Fassade und im einschiffigen Inneren Azulejoschmuck aus dem 17. Jh. auf.

Empfehlenswert ist ein Bummel auf der **Rua 31 de Janeiro**, die auf dem linken Flussufer zwischen neuer und alter Tâmega-Brücke verläuft. Man findet dort Cafés und Restaurants mit Terrassen über dem Fluss, von denen ein schöner Blick auf die Brücke, die Kirche und den Wochenmarkt möglich ist. Eine große Terrasse hat z. B. das Restaurant „Estoril“.

Route: *Der weitere Reiseverlauf führt ab Amarante auf der Schnellstraße IP-4/E-82 ostwärts und über die Anhöhe Alto do Espinho (895 m, Pousada) nach* **Vila Real**, *40 km* .

PRAKTISCHE HINWEISE – AMARANTE

Posto de Turismo [N41° 16′ 10.73″ W8° 4′ 42.38″], Alameda Teixeira de Pascoaes, 4600-011 Amarante, Tel 255 42 02 00, www.amarante.pt.

Feste, Folklore

Romaria de São Gonçalo, Prozession und Volksfest am ersten Wochenende im Juni.
Mittwochs und samstags **Wochenmarkt** oberhalb des Tâmega-Flusses.

RESTAURANTS

Auf der Suche nach einem Restaurant ist z. B. das Schlossrestaurant **Largo do Paço**, Largo do Paço 6, Tel. 255 41 08 30, www.largodopaco.com; Spitzenrestaurant mit einem Michelin-Stern, am linken Flussufer, eine der besten Adressen im Land, schöne Terrasse über dem Fluss, teuer.

HOTELS

Casa da Calçada *** [N41° 16′ 6″ W8° 4′ 41″]**, 26 Zi., Largo do Paço 6, Tel. 255 41 08 30, www.casadacalcada.com; Schlosshotel vom Feinsten mit Ein-Stern-Restaurant Largo do Paço (s.o.), Parkplatz. Teuer.

Pousada Marão * [N41° 16′ 32″ W7° 55′ 54″]**, 14 Zi., Serra do Marão, Tel. 255 46 00 30, www.pestana.com/en/hotel/pousada-marao; an der IP-4/E-82 ca. 20 km östl. Amarante in der Serra do Marão, liegt auf über 880 m Höhe in bewaldeter Berglandschaft in unmittelbarer Nähe der Schnellstraße. Parkplatz. Restaurant. Regionale Spezialitäten: „Trutas recheadas com presunto“ (mit Schinken gefüllte Forelle), „Caldeirada de cabrito“ (rustikaler Zicklein-Eintopf).

CAMPING

Camping Parque de Campismo Penedo da Rainha [WP 031 / N41° 16′ 49.4″ W8° 04′ 09.2″], Rua Pedro Alvellos, Tel. 255 43 76 30; 1. Feb. – 30. Nov.; beschilderter Abzweig von der N-101 im Stadtbereich an der neuen Tâmega-Brücke und noch etwa 1 km; weitläufiges, terrassiertes Gelände an einem Hang oberhalb des Rio Tâmega; einige gepflasterte Stellflächen für Wohnmobile; ca. 8 ha – 180 Stpl.; gute Standardausstattung; Restaurant. **V & E für Wohnmobile** am Platzeingang. Noch in Gehnähe zur Stadt.

Vila Real, Weinbaugemeinde mit ca. 18.000 Einwohnern am Südrand der Serra de Alvão und oberhalb der steilen Ufer des Rio Corgo gelegen, weist eine Reihe repräsentativer **Stadthäuser** aus dem 17. und 18. Jh. auf. Sie liegen vor allem in der Hauptstraße Av. Carvalho Araújo. Dort, am Südende des breiten Boulevards, findet man auch das **Rathaus**, das im altehrwürdigen **Paços do Conselho [N41° 17' 40.33" W7° 44' 47.57"]**, einem Renaissance-Palast aus dem 16. Jh., untergebracht ist. Haus Nummer 19 soll das Geburtshaus des Afrikafahrers und Entdeckers des Kongo-Flusses (1482) *Diogo Cão* sein.

Beachtung verdient im nordöstlichen Stadtbereich die **Kirche Igreja de São Pedro [N41° 17' 56.13" W7° 44' 36.29"]** mit bemerkenswerter Decke im Kirchenraum.

Ein ganz prächtiger Barockbau ist das **„Solar de Mateus"**, das dreiflügelige Stammhaus des Mateus-Weinguts **[WP 032 / N41°17'50.02" W7°42'43.57"]** *(geöffnet Führungen Juni – Sept. tgl. 9 – 19.30 Uhr, März, Apr, Mai + Okt. 9 - 13, 14 - 18 Uhr, übrige Zeit 10 - 13, 14 - 17 Uhr, www.casademateus.com)*. Das Anwesen liegt rund 4 km östlich von Vila Real. Schlechte Parkmöglichkeiten.

Die **Fassade** mit doppelter Freitreppe ist reich dekoriert. Im Inneren sind herrliche Decken, eine erlesene Bibliothek und elegantes Mobiliar zu besichtigen. Der wahrhaft noble Sitz der Grafen von Vila Real, der Familie Mateus, stammt aus dem 18. Jh. Direkt links neben dem Gebäude liegt eine Barockkapelle mit noch überschwänglicherer Fassade. Ein See, schön angelegte Gärten und Weinberge umgeben das Anwesen.

Aus den Weinbergen der Gegend kommt der vor allem im Ausland bekannte Mateus-Roséwein, der in den markanten bauchigen Bocksbeutelflaschen in alle Welt geht. In den Restaurants des Lande selbst wird Mateus-Rosé wenig angeboten. Manche portugiesischen Wirte sind der Ansicht, dass der Rosé kein besonders typischer Vertreter der Weine aus der Douroregion sei. Auf dem Flaschenetikett ist die Frontansicht des Palais „Solar de Mateus" abgebildet.

Eine Besonderheit der Gegend um Vila Real sind schwarze Töpferwaren.

PRAKTISCHE INFORMATIONEN – VILA REAL

Posto de Turismo [N41° 17' 48.32" W7° 44' 45.14"], Av. Carvalho Araújo 94, 5000-657 Vila Real, Tel. 259 32 28 19, www.cm-vilareal.pt.

RESTAURANTS

Eine der besten Adressen am Platz, auch nicht ganz billig, ist das **Restaurant Espadeiro**, Av. Almeida Lucena, Tel. 259 32 23 02, www.restauranteoespadeiro.com. Gediegenes Lokal mit hübscher Gartenterrasse.

HOTELS

Miracorgo ****, 166 Zi., Av. 1° de Maio 76 - 78, Tel. 259 32 50 01, www.hotelmiracorgo.com; bestes Haus am Platz mit gutem Komfort, in ansprechender Lage, Schwimmbad, Panoramarestaurant, WLAN. Parkplatz.

Miraneve **, 26 Zi., Rua Dom Pedro de Castro, Tel. 259 32 31 53, www.hotelmiraneve; ordentliches Mittelklassehotel, Restaurant, WLAN. Garage.

CAMPING

Camping Parque de Campismo de Vila Real [WP 033 / N41° 18' 13.3" W7° 44' 11.9"], Rua Dr. Manuel Cardona, Tel. 259 32 47 24; 1. März – 30. Nov.; von Vila Real Zentrum auf der EN2 bis zum Kreisverkehr an der GALP-Tankstelle, dort rechts (ostwärts) Campismo-Schild folgen und noch 600 m, Einfahrt talwärts, im nordöstl. Stadtgebiet von Vila Real am Rio Corgo in einem Wohngebiet gelegen; Terrassenanlage mit Baumbestand; ca. 2 ha – 100 Stpl. + Dau.; Standardausstattung; Restaurant, Kiosk, ganz in der Nähe Hallenbad. **V & E für Wohnmobile**. Bushaltestelle.

Alternativ zum direkten Weg von Vila Real auf der Schnellstraße A-24/IP-3 südwärts nach Peso da Régua (rund 28 km) lohnt der **Umweg durch das Anbaugebiet des Vinho do Porto nach Peso da Régua.** Planen Sie etwas mehr Zeit für die Strecke ein, sie ist oft recht kurvenreich.

Route: *Man nimmt ab* **Vila Real** *die N-322 in südöstlicher Richtung und vorbei am Solar de Mateus zunächst nach* **Sabrosa**.

Sabrosa gilt als **Geburtsort des Entdeckers Fernão de Magalhães** (Magellan). Hier soll er um 1480 das Licht der Welt erblickt haben. 1519 brach Magellan zu seiner ersten Weltumsegelung auf, in deren Verlauf er 1520 die Magellanstraße zwischen Feuerland und dem Südende des amerikanischen Kontinents entdeckte. Magellan starb 1521 während Kampfhandlungen.

Ab Sabrosa geht es auf der N323 südwärts in das bedeutende Weinbaustädtchen **Pinhão [WP 034 / N41° 11′ 25.9″ W7° 32′ 41.0″]** (sehenswerter **Azulejoschmuck am Bahnhof**) am Oberlauf des Douro.

Diese teils recht kurvenreiche Fahrt, vor allem auf dem Wegstück von Sabrosa hinab ins Douro-Tal bei Pinhão, führt mitten durch das Anbaugebiet des Vinho do Porto. Landschaftlich besonders reizvoll ist die Fahrt von Sabrosa bis Pinhão.

Ab Pinhão folgen wir der N-222, die am Südufer des Douro entlang westwärts und über **Folgosa** nach **Peso da Régua** führt. Unterwegs hat man immer wieder herrliche Ausblicke ins Douro-Tal, das von über und über mit Weinreben bepflanzten Hängen flankiert wird.

Azulejos am Bahnhof von Pinhão

Um **Peso da Régua [N41° 09′ 41.9″ W7° 47′ 28.9″]** an den steilen Hängen des Douro liegt das Zentrum des von der Weinbaukommission recht genau definierten Anbaugebiets des **Vinho do Porto**. Nur Trauben aus diesen Lagen allein dürfen zu Portwein verarbeitet werden.

Entsprechend vielfältig sind die Informationsmöglichkeiten über die verschiedenen Weingüter und deren Weine. Viele der Weingüter bieten auch

HOTELS

Sabrosa

Casa das Pipas * [N41° 14′ 31.74″ W7° 33′ 48.01″]**, 12 Zi., Celeirós do Douro, Tel. 259 93 70 00, www.quintadoportal.com; rustikale Pension auf dem Weingut Quinta do Portal im Dourotal. Schwimmbad, Restaurant, WLAN. Parkplatz.

PRAKTISCHE HINWEISE - PESO DA RÉGUA

Posto de Turismo [N41°9'50.76" W7°47'32.13"], Rua da Ferrairinha, 5050-261 Peso da Régua, Tel. 254 31 28 46, www.visit-douro.com.

Informationsstelle über Portwein und Douro-Wein:
Rota do Vinho do Porto, Largo da Estação- Apartado 113, Tel. 254 32 47 74, www.rvp.pt.

RESTAURANTS

Recht gut essen kann man z.B. im **Taberna do Jéréré**, Rua Marquâes de Pombal, 38 3, sonntagsabends geschlossen oder im **Douro In** in der Av. Joáo Franco.

HOTELS

Régua Douro ****, 67 Zi.; Largo da Estação, Tel. 254 32 07 00, www.hotelreguadouro.pt; komfortables Haus der gehobenen Mittelklasse, ansprechende Lage am Dourofluss, Gartenterrasse, Schwimmbad, Restaurant, WLAN. Parkplatz.

Fremdenzimmer an. Es werden Besichtigungstouren zu diversen Weingütern organisiert. Details dazu mit den aktuellen Terminen und Preisen erfährt man im Touristenbüro.

Abstecher über Lamego nach São João de Tarouca

Abstecher: *Ab Peso da Régua über die Schnellstraße A-24/IP-3/E-801 südwärts nach* **Lamego**, *ca. 13 km.*

Das kleine Landstädtchen **Lamego** mit kaum mehr als 10.000 Einwohnern, in dem im Jahre 1143 Afonso Henrique zum ersten König von Portugal ausgerufen wurde, liegt inmitten einer üppig grünen Hügellandschaft und ist bekannt für seinen ausgezeichneten Schaumwein und seine feinen geräucherten Schinken. Namhafte Sektkellereien sind *Raposeira* und *Murganheira*.

Schaumwein oder Sekt wird hier auf zwei verschiedenen Wegen hergestellt, einmal auf natürlichem Wege durch Gärung in der Flasche oder in Großtanks (espumante natural) oder durch Zusatz von Kohlensäure (vinho espumoso).

Im Zentrum der Stadt mit dem kleinen Park findet man die **Kathedrale [N41° 5' 47.54" W7° 48' 24.25"]** aus dem 12. Jh., mit interessantem Chorgestühl, Kreuzgang und gotischer Fassade.

Neben **Kirchen** aus der Zeit der Renaissance und des Barock und zahlreichen noblen **Stadthäusern**, die noch aus der „guten alten Zeit" stammen, als Lamego eine recht renommierte Residenzstadt war, ist das **Museu de Lamego [N41° 5' 50.65" W7° 48' 22.18"]** von Interesse *(geöffnet Di - So 10 - 12.30, 14 - 18 Uhr)*. Das Stadtmuseum ist eingerichtet in einem schönen, ehemals bischöflichen Barockpalais aus dem frühen 18. Jh. und präsentiert vor allem eine bemerkenswerte Sammlung flämischer **Gobelins** aus dem 16. Jh. Eine weitere sehenswerte Abteilung befasst sich mit der Malerei des 16. bis 18. Jh. Hervorzuheben sind die Werke von Vasco Fernandes. Außerdem Ausstellungen über Keramik, sakrale Kunst, Möbel, Goldschmiedearbeiten u. ä.

Sehenswert wegen ihrer üppigen Innendekoration mit vergoldetem Schnitzwerk, reichem Azulejoschmuck und der bemalten Decke mit Szenen aus dem Leben Christi ist die **Capela do Desterro**.

Lamego ist aber nicht nur eine hübsche Weinstadt, sondern auch ein bedeutender Wallfahrtsort Portugals. Schauplatz und Ziel einer großen **Wallfahrt** ist jedes Jahr am 8. September die **Kirche Nossa Senhora dos Remédios [N41° 5' 30.26" W7° 48' 59.45"]**. Zur Barockkirche, die etwas außerhalb von Lamego auf einem Hügel liegt, führt eine große, nicht enden wollende Freitreppe mit angeblich 700 Stufen hinauf. Der Blick von dort über die Stadt bis zum

Douro-Tal lohnt den etwas mühsamen Weg. Die historische Wallfahrt ist auch Anlass zu einem der buntesten **Volksfeste** in Lamego.

Die **Capela de São Pedro de Balsemão [N41° 6' 24.81" W7° 46' 59.49"]** liegt nur rund 3 km östlich von Lamego. Der Kirchenbau, der in seiner heutigen Form im wesentlichen aus dem 17. Jh. stammt, soll auf den Resten eines christlichen Heiligtums aus westgotischer Zeit (7. Jh.) errichtet worden sein. Somit wäre die Kapelle das älteste Gotteshaus in Portugal. Sehenswert sind die Westfassade, das Grabmal des Bischofs von Porto, Alfonso Pires (14. Jh.), der reich verzierte Hochaltar und die bemalte Decke des dreischiffigen Kirchenraums.

Abstecher: *Wer sich sehr für portugiesische Kirchenarchitektur interessiert, sollte den Abstecher bis* **São João de Tarouca** *ausdehnen. Der Ort liegt rund 17 km südöstlich von Lamego. Man folgt zunächst der N-226 bis* **Mondim da Beira** *und zweigt dort südwärts ab nach São João de Tarouca.*

Von Bedeutung ist in **São João de Tarouca [WP 059 / N40° 59' 42.8" W7° 44' 49.3"]** die **Kirche** des ehemaligen Zisterzienserklosters, das bereits im 12. Jh. gegründet worden war. Die Kirche wurde im 17. Jh. im Stil des Barock umgebaut und verändert. Besondere Beachtung verdienen der **Azulejoschmuck** z. B. im nördlichen Querschiff und in der Sakristei, die prächtige **Altarwand** aus dem 16. Jh., das Gemälde **„São Pedro"**, das dem Maler Gaspar Vaz zugeschrieben wird, und schließlich das **Grabmal Dom Pedros**, Herzog von Bragança (14. Jh.) und illegitimer Sohn von König Dinis. Dom Pedro gilt als der große portugiesische Dichter des Mittelalters.

Abstecher: *Zurück auf dem bekannten Weg bis* **Peso da Régua.**

HAUPTROUTE

Für die Weiterreise ab Peso da Régua westwärts ist der am Nordrand des Dourotales verlaufende Weg auf der N-108 dem Weg entlang an den Hängen der südlichen Talseite (N-222) vorzuziehen.

Die Straße N-108 über **Frende, Sta. Cruz do Douro, Ribadouro, Paços de**

PRAKTISCHE INFORMATIONEN – LAMEGO

Posto de Turismo [N41° 05' 48.7" W7° 48' 27.6"], Avenida Visconde Guedes Teixeira, 5100-074 Lamego, Tel. 254 61 40 14; www.cm-lamego.pt.

Feste, Folklore

Fest zu Ehren **Nossa Senhora dos Remédios,** Anfang September (meist 8. September), mit Triumphprozession und folkloristischem Volksfest. Bei der Prozession werden Altäre von außergewöhnlicher Größe und mächtigem Gewicht mitgeführt, die von Ochsen gezogen werden müssen. Dafür wurde eigens eine Sondererlaubnis aus Rom erteilt, heißt es.

HOTELS

Villa Hostilina ***, 7 Zi., Rua de S. José, Tel. 254 65 50 23, www.villahostilina.com; schönes Landhaushotel aus dem 19. Jh. oberhalb des Douroflusses, Kellerbar, Hotelgarten mit Schwimmbad und Tennisplatz, Fitnesseinrichtungen. Kein Restaurant. WLAN. Parkplatz.

Lamego **,** 88 Zi., Quinta da Vista Alegre, Tel. 254 65 61 71, www.hotellamego.pt/en/; rund 2 km nördlich von Lamego über die N-2 zu erreichen; sehr komfortables Haus in ansprechender Lage. Schwimmbäder, Tennis, gepflegtes Restaurant, Garage, Parkplatz.

CAMPING

Camping Dr. João de Almeida [035 / N41° 05' 25.4" W7° 49' 18.7"], Serra das Meadas, Tel. 254 61 39 18; 1. Juni – 30. Sept.; westl. der Stadt, Wiesengelände mit Baumbestand, ca. 1 ha – 80 Stpl.; einfache Standardausstattung. Imbiss.

Gaiolo und **Entre-os-Rios** (rund 100 km) führt meist hoch über dem Douro entlang und bietet immer wieder sehr schöne Ausblicke in das Flusstal und auf die terrassierten Uferhänge mit ihren schier endlos erscheinenden Weingärten.

Entre-os-Rios, ein Thermalkurort, liegt am Zusammenfluss von Rio Tâmega und Rio Douro.

Über **Foz do Sousa** und **Jovim** erreicht man, weiter am Douro entlang fahrend, nach rund 30 km schließlich **Porto** an der berühmten Douro-Brücke.

Wesentlich schneller lässt sich Porto allerdings erreichen, wenn man ab Peso da Régua auf der N-101 nordwestwärts nach **Amarante** fährt (37 km) und sich dort der Schnellstraße A-4/IP-4/E-82 über **Penafiel** nach **Porto** bedient (60 km).

Geschichtsbeflissenen empfiehlt sich bei **Penafiel** (Ausfahrt 13 der A-4/IP-4) ein kurzer Abstecher südwestwärts über **Rãs** nach **Paço de Sousa**. Neben einem Wehrturm findet man in dem kleinen Ort die stattliche romanische **Kirche [N41° 9‘ 57.79“ W8° 20‘ 40.65“]** eines ehemaligen Benediktinerklosters.

Die schon im 11. Jh. gegründete Kirche beherbergt innen, neben dem Portal, das **Grabmal von Egas Moniz,** einem Vertrauten und Unterhändler Afonso Henriques, dem späteren König. Egas Moniz hatte dem König in León den Treueid seines Herrn Afonso überbracht. Wie man weiß, hielt sich Afonso nicht lange an den Schwur und erhob sich gegen den spanischen König, um die Abtrennung seiner Grafschaft von Spanien zu betreiben. Moniz jedoch hielt sich als Überbringer für den Eid verantwortlich und begab sich als Pfand und als büßende Geisel freiwillig in die Hand des spanischen Königs.

Zu den bescheidenen Sehenswürdigkeiten in **Penafiel** zählen einige schöne Stadthäuser mit schmiedeeisernen Balkonen und die Misericórdia-Kirche mit kachelgeschmückter Kuppel.

Weinberge Im Dourotal bei Régua

TOUR 5: PORTO

Reisedauer: Mindestens zwei Tage.

Höhepunkte: Die **Kathedrale mit Kreuzgang** ** – Stadtblick vom **Clérigos-Turm** * – der „**Arabische Saal**" in der **Alten Börse** *** – die **Cais da Ribeira** ** – die **Portweinkellereien** in Vila Nova de Gaia – eine Fahrt mit der **Gondelbahn Teleférico** *** – von Vila Nova de Gaia aus **Blick über den Douro zur Stadt** *** – **Blick auf die Ponte Dom Luís I. ***, den Fluss und die Stadt vom Kloster Serra do Pilar aus.

„Braga betet, Coimbra singt, Lissabon ist vergnügt und Porto arbeitet".

Porto, ca. 230.000 Einwohner, mit Außenbezirken rund 750.000 Einwohner, ist Portugals zweitgrößte Stadt, nach Lissabon. Wirtschaftlich gesehen dürfte Porto aber immer noch die bedeutendste Stadt des Landes, zumindest aber der Nordregion sein.

Natürlich ist es vorwiegend der **Portwein**, von dem die Stadt lebt. Am linken Douro-Ufer in **Vila Nova de Gaia**, stehen die Kellereien der großen Weinhäuser. Hier wird der Wein ausgebaut und gelagert und von hier wird er in alle Welt exportiert. Mehr darüber unter „Portwein" am Ende der Stadtbeschreibung. Heute sind andere Industriezweige hinzugekommen, z. B. Reifen- oder Chemieindustrie, Fischerei und Fischverarbeitung, Keramikherstellung, Textilverarbeitung. Aber auch das traditionsreiche Handwerk der filigranen Gold- und Silberschmiedekunst steht noch hoch im Kurs. Wohl nicht ganz umsonst sagt man in Portugal: Bra-

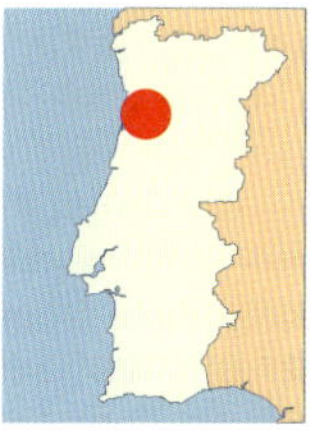

Blick von Vila Nova de Gaia über die Dächer der Portweinkellereien auf Portos Altstadt

ga betet, Coimbra singt, Lissabon ist vergnügt und Porto arbeitet.

Das eigentliche Porto mit seinem alten Stadtkern Ribeira liegt am nördlichen, recht steilen Douro-Ufer und erstreckt sich mit seinen Vorstädten bis an die Mündung des Stromes. Drei riesige Bogenbrücken und eine spektakuläre, neue Hängebrücke weiter im Osten verbinden die Stadt mit dem Südufer.

Portos Brücken

Die stählerne Eisenbahnbrücke **„Ponte D. Maria Pia"** stammt vom Turmbauer Gustave Eiffel, ist 61 m hoch und 354 m lang und wurde 1877 eingeweiht.

Die eigentliche Hauptbrücke mit zwei Fahrbahnebenen, die stählerne **„Ponte Dom Luís I." (14) [N41° 08' 27.0" W8° 36' 35.0"]** führt in hohem Bogen vom Kloster Serra do Pilar ins Zentrum. Diese Brücke stammt von einem Mitarbeiter Eiffels namens Seyrig, hat eine obere Fahrbahnlänge von 392 m, wurde 1886 eingeweiht und ist zu einem der Wahrzeichen Portos geworden.

Und schließlich entlastet die erst 1963 fertiggestellte Betonbrücke **„Ponte da Arrábida"** mit einem 270 weiten Spannbogen und 500 m langer Fahrbahn die Innenstadt vom ärgsten Durchgangsverkehr. Sie wurde nach Plänen des portugiesischen Ingenieurs Edgar Cardoso errichtet.

Und erst vor wenigen Jahren kam im Osten der Stadt die Autobahnbrücke **„Ponte do Freixo"** hinzu.

Bis zur Inbetriebnahme der Ponte Dom Luís I. wurde der Verkehr über den Douro mittels Barken und Fähren aufrechterhalten. 1809 z. B. musste der Engländer Wellington auf einer aus Portwein-Frachtkähnen zusammengestellten Pontonbrücke den Fluss queren, um gegen die unter Marschall Soult einmarschierten französischen Truppen antreten zu können. Auf der Flucht vor den anrückenden Truppen stürmten viele Bewohner der Stadt in solcher Panik über die Pontonbrücke, dass Hunderte von ihnen in den Fluten des Douro ertranken. Eine Gedenktafel an der Luís I.-Brücke erinnert noch heute an das Drama.

Dass der „Rio do Ouro" (Douro), der „Goldfluss" also, nicht nur ein friedlicher Strom sein kann, mussten die Fährleute mehr als einmal erfahren. Hochwasser, Stürme und Fluten vom Atlantik ließen den Wasserspiegel manchmal so hoch ansteigen, dass die Kais von Ribeira und die Keller von Vila Nova de Gaia gegenüber überflutet waren. Auch im vergangenen Jahrhundert soll der Wasserspiegel schon bis zur unteren Fahrbahn der Luís I.-Brücke gestiegen sein. Markierungen an der Sandeman-Kellerei zeigen die Hochwasserstände.

Solche Widrigkeiten sind dem Betrieb eines Handelshafens, wie es Porto seit je war, natürlich abträglich. Dazu kam, dass sich jährlich Tonnen von Schlamm und Gestein an der Flussmündung stauten und die Schifffahrt in Gefahr brachten.

Das Freihalten der Fahrrinne wurde schließlich so aufwendig, dass man sich entschloss, etwas nördlich der Mündung an der Atlantikküste den **Hafen von Leixões** zu bauen. Er ist heute der Haupt-, Handels- und Fischereihafen von Porto. Die angelandeten Fisch- und Sardinenladungen werden in den nahen Konservenfabriken von Matosinhos gleich verarbeitet.

Portos Geschichte und wie Portugal zu seinem Namen kam

Die traditionsreiche Funktion als wichtiger Hafen an der Mündung des Douro hat Porto schließlich auch seinen Namen eingebracht.

Die Römer gründeten hier ihren **„Portus Cale",** den Hafen von Cale. Daraus leitete sich der alte Stadtname **„Portucale"** ab. Da nun die Stadt seit jeher an der portugiesischen Atlantikküste eine bedeutende Rolle im Lande spielte, deren Ausstrahlung bis weit ins Inland reichte, hieß bald die ganze nördliche Provinz zwischen Rio Minho und Rio Douro „Portucale".

Portucale nannte auch Dom Afonso Henriques sein junges Königreich. Die Schlussfolgerung, Portugal verdanke seinen Namen letztendlich der Stadt Porto, ist also nicht vermessen.

Blick über die Ponte Dom Luís I. und über den Douro-Fluss auf Porto

Im 14. und 15. Jh. trug Porto als Hafen, Werft und Seemannsstadt viel zur Verwirklichung der Pläne bei, eine große Entdeckerflotte zu bauen. In Porto, oder zumindest in der näheren Umgebung der Stadt, erblickte Prinz Heinrich, später „der Seefahrer“ genannt, das Licht der Welt. Er erkannte den Wert der hiesigen Werften und machte sie sich zunutze. 1415 ermunterte er die Stadt, eine Flotte auszurüsten, mit der der Infante in See stach, um Ceuta an der afrikanischen Nordküste von den Mauren zu erobern.

Seit jener Zeit haben die Bewohner von Porto auch ihren Spitznamen weg. Eingeweihte nennen sie „Tripeiros“, was soviel wie „Kuttel-Esser“ bedeutet. Zur Ausrüstung der Flotte wurde nämlich alles Fleisch bis auf die Innereien für die Schiffsbesatzungen benötigt. Die Bürger der Stadt mussten sich also mit den „Kutteln“ (Kaldaunen, Innereien) zufrieden geben. Man machte aus der Not eine Tugend und kreierte „Tripas a Moda do Porto“, Kutteln nach Porto-Art, noch heute eine Spezialität der Stadt.

1703 besann sich Porto auf die traditionell guten Beziehungen des Landes zu Großbritannien. Und um den dortigen, sehr aufnahmefähigen und äußerst lukrativen Weinmarkt für sich zu sichern, entschloss man sich zu einem gegenseitigen Abkommen, dem „Vertrag von Methuen“. Der sah vor, England mit Portwein zu beliefern, was von den Engländern mit Wolle bezahlt werden sollte. Der Handel funktionierte, bis etwa 15 Jahre nach Vertragsabschluss immer mehr englische Unternehmer nach Porto kamen und langsam nicht nur den Weinhandel, sondern auch die Erzeugung des Weines mehr und mehr kontrollierten. Portugal sah sich gezwungen einzuschreiten. Unter dem Marquês de Pombal wurde eine portugiesische Monopolgesellschaft gegründet. Das aber stieß auf den erbitterten Widerstand der kleinen Weinbauern, die unabhängig bleiben wollten und sich in einem blutigen Aufstand gegen die staatliche Gängelei wehrten, allerdings vergeblich.

Rebellionen gab es in Porto auch später noch, wenn auch aus anderen Gründen. 1820 erhob man sich und forderte die Einführung einer liberalen Verfassung. Aufgrund des Drucks der „Junta do Porto“ wurde eine solche 1822 denn auch im ganzen Lande eingeführt. Schon sechs Jahre später protestierte und demonstrierte Porto wieder öffentlich, diesmal gegen das absolutistische Gehabe von König Miguel I. Resultat: 1833 wurden auch in den königlichen Kanzleien liberalere Töne angeschlagen und König Miguel musste ein Jahr später ins Exil gehen. Aber selbst weitere Aufstände konnten nicht bewirken, dass die Monarchie schon früher als erst 1910 abgeschafft wurde.

Tipps zur Stadtbesichtigung

Wer mit öffentlichen Verkehrsmitteln anreist, erreicht Porto z. B. über den internationalen **Flughafen Francisco Sá Carneiro**. Er liegt ca. 15 km nordwestlich der Stadt.

Die schnellste Verbindung zwischen Flughafen und Innenstadt bietet die **Metro** Linie E-Violet (Flughafen – Estádio do Dragão). Sie verkehrt täglich von 06 Uhr bis 01 Uhr. Und die Fahrt vom Flughafen in die Innenstadt von Porto zum Bolhão Bahnhof oder Trinidade dauert 30 Minuten. Tickets bekommt man an den Fahrkartenautomaten in den Metrostationen. Eine Fahrt (Z4) kostete zuletzt 2,20 Euro, gültig für eine Stunde und 15 Minuten.

Darüber hinaus verbinden die **Buslinien** 601 und 602 den Flughafen mit der Stadt. Fahrkarten (1,75 Euro) kauft im Bus. Für eine Taxifahrt zwischen Flughafen und Innenstadt wird man um die 25 Euro bezahlen.

Innerhalb der Stadt und der Vororte wird der öffentliche Nahverkehr mit Bussen (STCP), drei Straßenbahnlinien und mit der U-Bahn (Metro do Porto) aufrechterhalten.

Busse und Straßenbahnen verkehren zwischen 05 Uhr und 00.30 Uhr (einige Linien nur bis 21 Uhr).

Die Metro verkehrt zwischen 06 Uhr und 01 Uhr, ein Fahrschein kostet ab 2.20 Euro, je nach Tarifzone. Es gibt auch Pauschaltickets mit Gültigkeiten von einem Tag (7,00 Euro) bzw. 3 Tagen (15,00 Euro), zu erhalten in der Trinidate Metrostation oder am São Bento Bahnhof.

Ein Straßenbahn-Einzelfahrschein kostete zuletzt 2,50 Euro, ein Busticket ab 1,75 Euro, je nach Tarifzone.

Preise und Streckennetze können sich ändern! Bitte vor Ort nochmals nach dem neuesten Stand erkundigen.

Neu ist in Vila Nova de Gaia die **Gondelseilbahn Teleférico de Gaia**, die vom südlichen Douro-Ufer aus hoch über dem Fluss und dem roten Dächermeer der Portweinkellereien hinauf zur Südseite der Ponte Dom Luís I. fährt. Die

Blick über den Douro-Fluss zur historischen Altstadt - mit dem Bischöflichen Palais (rechts oben), der Kathedrale (Mitte oben) und dem Clérigos-Turm links oben

PORTO – ***1*** *Information* – ***2*** *Rathaus* – ***3*** *Praça da Liberdade* – ***4*** *Praça de D. João I.* – ***5*** *Clérigos-Kirche* – ***6*** *Kathedrale* – ***7*** *Grilos-Kirche* – ***8*** *Museum Guerra Junqueiro* – ***9*** *Statue des Infanten Dom Henrique* – ***10*** *Markthalle* – ***11*** *Palácio da Bolsa (Börse)* – ***12*** *Franziskuskirche* – ***13*** *Casa do Infante* – ***14*** *Brücke Dom Luís I.* – ***15*** *Serra d. Pilar Kloster (Aussicht)* – ***16*** *Santa Clara-Kirche, Stadtmauer „Muralha Fernandina"* – ***17*** *Bahnhof São Bento* – ***18*** *Praça d. Almeida Garrett* – ***19*** *Praça d. Batalha* – ***20*** *S. Ildefonso-Kirche* – ***21*** *Misericórdia-Kirche* – ***22*** *Kirchen Carmo und Carmelitas* – ***23*** *Museum de Soares dos Reis* – ***24*** *Largo und Igreja de S. Pedro de Miragaia* – ***25*** *Hauptpost* – ***26*** *Praça General H. Delgado* – ***27*** *Talstation der Seilbahn Teleférico de Gaia*

Aussicht von der Seilbahn auf den Fluss, die Brücke und auf Portos Altstadt ist gigantisch. Mehr darüber finden Sie unter Vila Nova de Gaia weiter hinten.

Für Vielbesucher lohnt sich sicher die **Porto Card**. Diese Pauschalkarte, die für die Dauer von einem Tag (10,50 Euro), zwei Tagen (17,50 Euro) oder drei Tagen (21,50 Euro) zu haben ist, bietet freien oder ermäßigten Eintritt zu diversen Baudenkmälern und Museen, Stadtrundfahrten, Portweinkellereien. Darüber hinaus können mit der Porto Card öffentliche Busse, Bahnen sowie die Metro im Stadtgebiet benutzt werden.

Zu kaufen ist die Porto Card in den Touristenbüros, an den Bahnhöfen und am Ankunftsterminal des Flughafens Sá Carneiro Airport.

Mein Tipp! zur Stadtbesichtigung: Benützen Sie öffentliche Verkehrsmittel oder Taxis. Mit dem eigenen Auto zur Stadtrundfahrt aufzubrechen, macht wegen der Parkplatzproblematik keinen großen Spass. Am erholsamsten ist für den Autofahrer eine Stadtbesichtigung am Sonntag. Allerdings sind sonntags einige der Sehenswürdigkeiten geschlossen.

Wer die Stadt lieber auf **Rundfahrten mit Fremdenführer** kennen lernen will, kann aus einem reichen Angebot von Stadtrundfahrten und Ausflügen wählen. Von der halbtägigen Stadtrundfahrt, über Ganztagestouren, geführte Stadtrundgänge durch das historische Zentrum und durch die Weinkellereien, Rundfahrten mit Oldtimer Straßenbahnen bis hin zu ein oder mehrtägigen Ausflügen auf dem Douro oder mit der Bahn ins Portwein-Anbaugebiet bei Régua mit Besuch bekannter Kellereien reicht das Angebot. Und wer nicht so gern zu Fuß geht, kann sich einer geführten Segway-Tour durch das alte Porto anschließen.

Praça da Liberdade

Die neusten Preise und Termine erfährt man in den Touristenbüros oder bei einem Blick in Portos Webseite www.portoturismo.pt.

Und wenn Sie sich zufällig an einem 23. oder 24. Juni in Porto aufhalten, können Sie das größte Stadtfest, das Porto jedes Jahr feiert, das **São João Fest** miterleben. Das traditionsreiche Fest zu Ehren des Heiligen Johannes beginnt schon in der Nacht vor dem 23. Juni. Die Straßen, Innenhöfe und Plätze der Stadt sind dann geschmückt mit Blumengirlanden und überall singen und tanzen Folkloregruppen. In den Straßen ertönen Pop-, Rock- und Jazzklänge. Es gibt Umzüge und Paraden. Und zum Schluss beendet ein riesiges Feuerwerk das Johannisfest. Übrigens trägt die Gastronomie von Porto das ihrige zum Fest bei. Zwischen vielen Restaurants ist im Laufe der Jahre ein richtiggehendes Wettkochen um das beste Johannis-Menü entbrannt.

Für einen Aufenthalt in Porto sollte man mindestens zwei Tage einplanen. Auch der im folgenden beschriebene Stadtrundgang ist wesentlich erholsamer, wenn man ihn auf zwei oder mehr Tage verteilt!

Stadtspaziergang

Im ersten Moment erschrickt man etwas, wenn man – vielleicht noch an einem der nicht eben seltenen regnerisch-trüben Tage – hinein in die Stadt fährt. Alte, verstaubte Pracht wohin man sieht. Alles wirkt etwas schmuddelig, hat kräftig „Patina" angesetzt. Stinkende Lkw's, Busse, lärmender Verkehr. Diese Stadt soll die wohlhabendste, wirtschaftlich potenteste des Landes sein? Der Gedanke ans Weiterfahren, schnell wieder hinaus, schleicht sich ein. Der auf den ersten Blick verständlichen Versuchung sollte man aber keinesfalls nachgeben. Hat man nämlich diesen ersten „Schock" überwunden und schaut sich in den Straßen und Gassen genauer um, betrachtet die Stadt von ihren Türmen, Brücken und Flussufern aus, dann fallen

Details ins Auge, dann erst entfaltet Porto seine Reize, zeigt seinen derben, etwas vermoderten Charme.

Wir starten am Rathausplatz, **Praça General H. Delgado (26)**. Der langgestreckte, leicht abfallende Platz wird auf beiden Seiten vom Boulevard Avenida dos Aliados flankiert und an seiner Nordseite vom **Rathaus (2) [N41° 8' 59.35" W8° 36' 38.56"]** mit seinem rund 70 Meter hohen Turm abgeschlossen. An der Ostseite des Platzes sieht man das **Hauptpostamt (25)**.

Und an der Westseite, gegenüber dem Rathaus, findet man in der Rua Clube dos Fenianos 25 das Hauptbüro der **São Bento (17) [N41° 08' 43.7" W8° 36' 38.5"]**. Darüber mehr auf dem Rückweg.

Wir gehen aber zunächst von der Praça da Liberdade westwärts (rechts) und folgen der ansteigenden Rua dos Clérigos. Oben auf der Anhöhe ragt der weithin sichtbare und die Silhouette der Altstadt beherrschende **Turm** der **Igreja dos Clérigos (5),** Rua S. Filipe de Nery, **[N41° 08' 44.3" W8° 36' 54.0"]** auf *(geöffnet 8.45 - 12.30, 15.30 - 17 Uhr, Sommer bis 19 Uhr)*. Zur Glockenstube des 75,6 m hohen Kirchturms führen 225 Stufen hinauf. Man sollte sich die Mühe des Aufstiegs machen. Der Rundblick von oben,

Praça de Gomes Teixeira mit Blick zu den Kirchen Carmo e Carmelitas

Touristeninformation (1) [WP 036 / N41° 9' 0.48" W8° 36' 40.22"].

Wir gehen nun die breite mit Grünanlagen geschmückte Avenida dos Aliados südwärts bis zum Freiheitsplatz **Praça da Liberdade (3) [N41° 08' 45.7" W8° 36' 41.2"]**. Dort steht auf einem hohen Sockel das stolze Reiterstandbild Dom Pedros IV., König von Portugal zwischen 1826 und 1828 und Kaiser von Brasilien.

Geht man an der Praça da Liberdade ostwärts (links), kommt man zur **Congregados-Kirche**, zur Einkaufsstraße **Rua 31 de Janeiro** und zur **Praça de Almeida Garrett (18)** vor dem **Bahnhof** vor allem über die Dächer der Altstadt zum Douro-Fluss und bis zu den Weinkellereien von Vila Nova de Gaia am Südufer lohnt und verschafft einen ersten orientierenden Überblick über die Stadt. Die Clérigos-Kirche ist – wie der Turm – ein Rokokobau aus dem 18. Jh., erbaut vom Architekten Nicolau Nazoni. Zu sehen gibt es in der Kirche mit selten ovalem Grundriss ein Altarbild und einige Messgewänder.

Vor allem wer sich für Kirchenbaukunst und Azulejoschmuck interessiert, sollte von der Clérigos-Kirche über die Rua das Carmelitas noch ein kurzes Stück

Fast 150 Jahre alt, die nostalgische, einladende Buchhandlung Lello & Irmão. Foto: ICEP

weiter nach Nordwesten gehen, vorbei an dem kleinen Park Praça de Lisboa neben der Universität bis zum hübschen Platz **Praça de Gomes Teixeira**. An der Westseite sieht man die sehenswerten **Kirchen Carmo und Carmelitas (22) [N41° 08' 49.9" W8° 36' 59.2"]**, die unmittelbar nebeneinander liegen. Die Carmo-Kirche ist ein Rokokobau aus dem 18. Jh. mit sehenswerter Fassade, beachtenswerten Altären und reich mit Azulejos geschmückter Seitenfassade. Die Carmelitas-Kirche, Kirche der barfüßigen Karmeliterinnen, stammt aus dem 17. Jh. und ist wegen ihres Übergangsstils von der Klassik zum Barock interessant.

Geht man rechts an den Kirchen vorbei und etwa 200 m nach Norden, gelangt man zur langgestreckten Praça de Carlos Alberto. Hier ist im Haus Nr. 71, dem ehemaligen Palais Viscondes de Balsemão, eine interessante **Münzsammlung** untergebracht *(geöffnet Mo - Fr 9 - 17.30 Uhr, Sa 13 - 20 Uhr)*. Zu sehen sind neben historischen und teils antiken Münzen und Medaillen aus Griechenland, Rom, Spanien, der arabischen Welt und aus Portugal auch Banknoten, Druckplatten für Banknoten, Wertmarken u. ä.

Zurück zur Praça de Gomes Teixeira und den Kirchen Carmo und Carmelitas.

Mein Tipp! Wenn Sie von den Kirchen durch die Rua das Carmelitas wieder zurückgehen Richtung Clérigos-Turm, achten Sie auf den **Buchladen Lello & Irmão [N41° 8' 48.47" W8° 36' 53.64"]**, Haus Nr. 144 mit stattlicher Fassade. Der wunderschöne, nostalgische Laden steht seit 1869 im Dienste des Literaturgeschäfts. Das schönste aber für den fußmüden Touristen ist das kleine Café im ersten Stock.

Portos Altstadt

Von der Clérigos-Kirche gehen wir fast bis zur Praça da Liberdade zurück, kurz vorher aber rechts hinab über die Largo dos Loios zur geschäftigen Hauptstraße Rua Mouzinho da Silveira. Der verkehrsreichen Hauptstraße folgen wir ein Stück rechts hinab, bis linkerhand ein großer Brunnen auftaucht. Dort gehen wir in die enge Gasse hinein, die durch die malerische, verwinkelte **Altstadt** hinauf zur Kathedrale führt.

So wie weite Teile Portugals eigentlich ein lebendiges Freilichtmuseum sein könnten, genauso könnten die alten Gassen Portos bis hinab zur Häuserzeile am Douro ein mit Leben erfülltes Museum sein.

Typisch für das Altstadtviertel sind die schmalen, verschachtelten Häuser, mit wie Vogelkäfige wirkende, aufeinandergesetzte „Penthäusern" und schmalen Balkonen mit Eisengittern. Oft ist die ganze Hausfassade behängt mit Wäsche, was das bunte Bild noch lebhafter macht. Überall Kinder, Vogelkäfige, Hunde, Radio- oder TV-Lärm aus den offenen Fenstern.

Auf den ersten Blick sieht das alles äußerst romantisch, nostalgisch und gemütlich aus. Und wenn Staub, Enge und fehlende Sanitärhygiene romantisch sind, ist die Altstadt von Porto ein sehr romantisches Viertel. Irgendjemand hat einmal gesagt: „Das sog. Lokalkolorit ist nicht selten die Armut anderer Leute." Setzt man aber etwas kritischere Maßstäbe an, lüftet sich der schönende Schleier des Nostalgischen von der nüchternen Realität. Zugegeben, das gilt nicht nur für Porto und nicht nur für Portugal allein.

Auf dem letzten Stück Wegs führen Treppen hinauf zum **Terreiro da Sé**, dem schönen, terrassenartigen Platz vor der Sé, der **Kathedrale (6) [N41° 08' 34.1" W8° 36' 42.3"].** Schauen Sie sich dort oben um, blicken Sie über die schöne Steinbalustrade hinunter zum Douro und in die Altstadtgassen. An jeder Ecke ein neues Motiv. Die etwas tiefer liegenden Türme an der Westseite zum Beispiel gehören zur **Grilos-Kirche (7),** einem Barockbau des 17. Jh. von Baltasar Alvares. Es ist die Kirche eines jesuitischen Priesterseminars. Besichtigung nur nach Voranmeldung.

Auf dem Platz vor der Kathedrale erhebt sich auf einem Treppenpodest ein schön gearbeiteter barocker **Pelourinho** (Pranger) mit gewundenem Schaft und gekrönter Spitze.

Die **Sé, die Kathedrale** *(geöffnet Apr., Mai, Juni + Okt. tgl. 9 - 12.30 und 14.30 - 19 Uhr; Juli - Sept. Mo -Sa 9 -19 Uhr, So 9 -12.30 Uhr und 14.30 - 19 Uhr; Nov. - März tgl. 09 -12.30 Uhr und 14.30 bis18 Uhr),* mit ihren beiden wuchtigen, viereckigen Türmen ist in ihren Grundzügen ein romanischer Bau aus dem 12. Jh. Bei umfangreichen Umbauten im 17. und 18. Jh. wurden allerdings auch andere Stilelemente eingegliedert. So ist das **Hauptportal** barock, während die **Fensterrosette** darüber noch aus der ursprünglichen romanischen Bauperiode stammt. Vor allem im Inneren der Kirche wurden in der Kunstepoche des Barock Veränderungen vorgenommen und Mitte des 18. Jh. die Barockloggia an der Nordseite nach Plänen von Nazoni angefügt. In der Kathedrale heiratete 1387 König João I. Philippa von Lancaster.

Bewundernswert ist außer dem vergoldeten **Hochaltar** der **Altaraufsatz** in der Sakramentskapelle im nördlichen Querschiff. Er stammt aus dem 17. Jh., ist ganz aus Silber gearbeitet und wie es heißt, soll 100 Jahre daran gearbeitet worden sein.

Durch das südliche Querschiff gelangt man in den sehenswerten gotischen **Kreuzgang** (14. Jh.) mit schönen Azulejomotiven aus dem Leben der Mutter Maria. Der Kreuzgang schließt eine halbe Stunde früher als die Kathedrale!

Der Platz Terreiro da Sé mit der Prangersäule vor der Kathedrale

Azulejoschmuck im Kreuzgang der Kathedrale von Porto

Bevor man aber südwärts Richtung Fluss abbiegt, kann man, je nach Interessenlage, einen kurzen Abstecher nordwärts (rechts) zum Largo de São Domingos machen. An seiner Nordseite sieht man die **Misericórdia-Kirche (21) [N41° 08' 36.3" W8° 36' 52.3"]**, die Kirche der Barmherzigkeit, am Ende der Rua das Flores *(geöffnet Mo - Fr 9 - 12.30 Uhr und 14 - 17.30, Sa + So 8 - 12 Uhr)*. Der Barockbau aus dem 18. Jh. ist ein Werk des Baumeisters Nicolau Nazoni.

Wir gehen weiter südwärts und hinab Richtung Fluss. Rechts taucht der kleine Park **Praça do Infante Dom Henrique (9)** auf, mit einem Standbild des Infanten Henrique. Nördlich vom Park liegt die Markthalle **Mercado Ferreira Borges**.

An der Westseite des Parks verläuft die Rua de Ferreira Borges. Dort befindet sich eine der großen Sehenswürdigkeiten Portos, der repräsentative Bau des **Palácio da Bolsa (11) [N41° 08' 28.4" W8° 36' 55.1"]**, der **Börse** *(geöffnet Apr. - Okt. Mo - Fr 9 - 18 Uhr; Nov. - März Mo - Fr. 9 - 12.30 und 14 - 17.30 Uhr; www.palaciodabolsa.com)*. Nicht versäumen sollte man die Besichtigung des dortigen **„Arabischen Salons"**, oder auch „Maurischen Saals", mit einer geradezu verschwenderischen Wand- und Deckendekoration. Gezeigt wird während der Führung auch die Porträt-Galerie und der ehrwürdige Saal des Handelsgerichts. Das Gebäude der alten Börse beherbergt heute die Handelskammer von Porto. Führungen alle halbe Stunde, Dauer gut 20 Minuten.

Südlich in der Rua do Infante Dom Henrique schließt an die Börse die **Franziskus-Kirche (12) [N41° 08' 26.1" W8° 36' 57.2"]** an. Eingang um die Ecke *(geöffnet März - Okt. tgl. 9 - 19 Uhr; Juli + Aug. bis 20 Uhr; Nov. - Feb. bis 18 Uhr. Ein-*

Der gewaltige Bau an der Südseite der Kathedrale zum Fluss hin ist das alte Bischöfliche Palais **Velho Paço Episcopal (8).**

An dessen Ostseite findet man in der Rua de Dom Hugo 32 das **Museum „Guerra Junqueiro"(8)** *(geöffnet tgl. a. Mo. 10 - 12.30 und 14 - 17.30 Uhr, letzter Einlass 30 Min. vor Schließung)*. Das Museum ist untergebracht in einem Barockbau und zeigt vor allem eine Kunstsammlung von Guerra Junqueiro (portugiesischer Schriftsteller des 19. Jh.), darunter portugiesische Silberarbeiten, Keramiken, Mobiliar, Reliefs etc.

Vom Platz vor der Kathedrale gehen wir durch das Gassengewirr zurück und hinab in die Stadt, möglichst vorbei an der Igreja São Lourenço dos Grilos (7). Man stößt dann auf den unteren Teil der Geschäftsstraße Rua Mouzinho da Silveira, der wir abwärts Richtung Douro folgen.

tritt). Die **Igreja de São Francisco** zählt zu den bemerkenswertesten Kirchenbauten in Porto.

Die Kirche des ehemaligen Franziskanerklosters entstand im 13. Jh. im gotischen Stil. Häufige Änderungen führten aber dazu, dass der Bau eigentlich erst 1410 wirklich beendet werden konnte. Adelsfamilien wie die Sousas wählten ab dem 15. Jh. die Kirche als Begräbnisstätte. Sicher war mit dem Begräbnisplatz eine stattliche Spende an das Kloster verbunden. Da der Franziskanerorden in jener Zeit offenbar Schwierigkeiten mit dem Bischof der Stadt hatte und keine Unterstützung von dieser Seite erwarten durfte, nutzte man gerne diese Einnahmequelle und verkaufte nach und nach Parzellen im Kirchenschiff als Grabstätten. So ist auch der erste Eindruck beim Betreten des Kirchenschiffs anders als sonst in Kirchen.

Man betritt die Kirche durch das westliche Hauptportal über dem eine Fensterrosette an der ursprünglich gotischen Fassade zu sehen ist. Im Inneren kann der Blick – falls die Kirchenbänke ausgeräumt sind – frei über den Fußboden schweifen, der in ein ordentliches Raster von Grabstätten aufgeteilt ist.

Blickt man dann nach oben an die Decke, hinauf zu den Bögen und Säulen und haben sich die Augen erst an das Halbdunkel gewöhnt, erkennt man auch Einzelheiten an den Altären. Der Schmuck der vergoldeten Barockschnitzereien ist dunkel geworden, aber in einer überschwänglichen Vielfalt vorhanden. Vor allem im 17. und 18. Jh. wurden diese fast überladen wirkenden Dekorationen angebracht. Sie überdecken zwar die klare Linie des gotischen Baus, spiegeln aber den Reichtum des Adels und der Stadt Porto jener Zeit wider.

Wir gehen im Uhrzeigersinn um den Kirchenraum. Gleich links die **Grabkapelle** von Luís Alvares de Sousa. An der Nordwand folgen nun drei **Seitenaltäre**: Zunächst das Altarbild Nossa Senhora do Soccoro, dann das Altarbild Arvore de Jesse (Stammbaum von Jesse). Die Baumwurzeln entspringen dem liegenden Leib von Jesse, auf den Zweigen die Figuren der 12 Könige von Juda. Auf beiden Seiten eine verwirrend reiche Dekoration. Schließlich das Altarbild Nossa Senhora da Rosa.

Wir betreten nun das Querschiff. Der Hauptaltar wird von Seitenaltären flankiert. Links der Benedikt-, Antonius- und Franziskus-Altar, rechts u. a. die Dreikönigs-Kapelle. Vor dem Hochaltar Bodenplatten, die die Gruften reicher Adeliger markieren.

Wir gehen an der Südwand zurück zum Ausgang. Hier sieht man zunächst das Altarbild Mariä Verkündigung. Es stammt, wie die anderen Altäre auch, aus der Zeit um 1750. Nun passiert man die Seitenkapelle Nossa Senhora da Soledade, danach das Altarbild der Märtyrer von Marokko und schon fast am Ausgang in einer Nische eine Statue des Hl. Franziskus.

Im weiteren Verlauf unseres Stadtrundgangs überqueren wir nun unterhalb der alten Börse die Rua Infante Dom Henriques etwa in Höhe der Barockkirche São Nicolau, folgen der Straße wenige Schritte ostwärts und biegen dann rechts in die Rua da Alfândega ein. Dort sieht man linkerhand das Haus Nr. 10, die **Casa do Infante (13) [N41° 8' 26.58" W8° 36' 52.37"]** *(geöffnet tgl. a. Mo 10 - 13 und 14 - 17.30 Uhr, letzter Einlass 30 Min. vor Schließung).* Das Haus, Anfang des 14. Jh. als Zollhaus errichtet, später zur Münze umfunktioniert, soll angeblich das Geburtshaus des Infanten Heinrich der Seefahrer sein.

Man kann aber genauso gut etwas weiter in die Rua de S. João einbiegen, die ebenfalls hinunter zum Douro-Kai und damit in den alten **Stadtteil Ribeira** führt.

Hübsch ist es hier vor allem am Platz **Praça da Ribeira [N41° 08' 26.9" W8° 36' 46.6"]**, dem Mittelpunkt des Viertels am Douro-Ufer und an der Uferstraße **Cais da Ribeira**, die vom Platz bis zur Brücke Dom Luís I. (14) führt.

Hier ist überall pulsierendes Leben, Hausfassaden mit Eisenbalkonen, Blumen, Wäsche und Azulejoverkleidung, Gemüsestände, Souvenirläden, Kneipen, Restaurants, Fischverkäufer. Hier

Portos Altstadt an den Cais da Ribeira

muss man einfach herumschlendern. Und vielleicht finden Sie ein Lokal, in dem Sie bei Caldo Verde, Bacalhau, Tripas und einem guten Glas Wein die Anstrengungen des Stadtrundgangs vergessen.

Vielleicht versuchen Sie es einmal im *Dom Tonho*, Cais da Ribeira 13, in der *Taverna do Bébodos,* Cais Da Ribeira 24, im *Mercearia,* Cais da Ribeira 32, gut und preiswert, im *Terreirinho* am kleinen, gleichnamigen Platz oder im *Mal Cozinhado,* in der typischen Altstadtstraße Rua do Duteirinho 13, manchmal Fado.

Vom Kai an der Praça da Ribeira verkehren **Ausflugsboote,** mehrmals täglich außer Montag zur Tour „Ribadeiro".

Auf der anderen Flussseite liegt **Vila Nova de Gaia**. Will man mit dem Auto dahin gelangen, nimmt man die untertunnelte Rua Infante Dom Henrique. Sie führt auf die untere Fahrbahnebene der Dom Luís I.-Brücke. Von dort kommt man am einfachsten nach Vila Nova de Gaia.

Wie schon erwähnt, befinden sich in Vila Nova de Gaia die großen Lagerhäuser der bedeutenden **Portweinkellereien [N41° 08' 15.1" W8° 36' 50.4"]** von Calem, Sandeman, Taylors, Ramos Pinto und Ferreira. Die meisten Firmen erlauben auf Führungen einen Blick in die mit Holzfässern bis unter die Decke vollgestapelten Kellerräume. Besichtigungen werktags während der üblichen Geschäftszeiten, Kostproben werden kredenzt.

Fast noch faszinierender als eine Kellereibesichtigung ist vom Douroufer aus der **Blick auf die Altstadt von Porto** mit ihren Häusern, Kirchen und Türmen, die sich wie ein Amphitheater am anderen Ufer des Douro hinaufstuft. Die Rabelo-Barken, die altehrwürdigen Portweinkähne, die hier vereinzelt noch im Douro vertäut liegen, dienen nur noch der Staffage, der Dekoration.

Weiter flussabwärts ist die Anlegestelle der Ausflugsboote, die von Mai bis Oktober zur „Dreibrückenfahrt" ablegen.

Vom Douro-Ufer aus sieht man oberhalb des Südendes der Dom Luís I.-Brücke den Bau des **Klosters Nossa Senhora da Serra do Pilar (15) [N41° 08' 16.2" W8° 36' 16.8"]**. Von dort oben hat man den wohl schönsten **Blick auf den Douro**, die Brücke und die Stadt Porto. Hier oben findet man auch die Bergstation der neuen Gondelbahn sowie die Metrostation Jardim do Morro. Evtl. per Taxi oder mit dem Trolleybus über die obere Fahrbahn der Dom Luís I.-Brücke zurück zur **Praça de Almeida Garrett (18).**

Teleférico de Gaia

Eine neue Attraktion am Douroufer im Stadtteil Vila Nova de Gaia ist die **Kabinenseilbahn Teleférico**. Gleich neben der **Talstation** der Seilbahn an der Praça Super Bock, etwas westlich der großen Portweinkellereien, findet man ein Parkhaus und einen Busparkplatz.

Die insgesamt 562 m lange Seilbahn, die bei Vollbetrieb zwölf Kabinen für jeweils acht Personen tragen kann, verbindet das Douroufer mit der **Bergstation** auf einer Anhöhe an der Südseite der markanten Brücke Ponte Dom Luís I beim **Jardim do Morro** (Metrostation) am Kloster Serra do Pilar.

Die Fahrt dauert – je nach Passagieraufkommen zwischen drei und sechs Minuten. Unterwegs hat man einen ganz prächtigen Blick auf den Douro, die roten Dächer der Portweinkellereien und hinüber nach Porto und die Altstadt Ribeira.

Die Seilbahn verkehrt im Sommer laufend zwischen 8.30 Uhr und 20 Uhr, im Winter bis 18 Uhr, eine einfache Fahrt kostete zuletzt 5 Euro, hin und zurück 8 Euro.

Auf dem Weg von Gaia zurück in die Innenstadt von Porto kann man rechts der Straße noch Reste der alten Stadtbefestigung erkennen. Mit dem Bau der Befestigungsanlage **„Muralha Fernandina"** wurde schon im 14. Jh. begonnen. König Fernando vollendete 1376 die 3 km lange und bis zu 11 m hohe Stadtmauer. Ausgangs des 18. Jh. fiel die Befestigung der Stadtmodernisierung zum Opfer.

Ganz in der Nähe der Stadtmauer liegt am Largo 1° de Dezembro die **Igreja de Santa Clara (16) [N41° 8' 33.20" W8° 36' 33.81"]**, die **St. Klara Kirche** *(geöffnet Mo - Fr 10 - 12 Uhr und 15.30 - 19 Uhr, Sa + So 10 - 12 Uhr)*. Die Klosterkirche stammt aus dem 15. Jh. Das Kirchenportal ist wegen seines Übergangsstils vom Gotisch-Manuelinischen Stil zur Renaissance interessant. Im Innenraum sind vergoldete Schnitzaltäre zu sehen.

Die **Congregados-Kirche** an der Ecke zur Praça da Liberdade hat Azulejoschmuck, ebenso die **Bahnhofshalle** des schräg gegenüber liegenden Zentralbahnhofs **Estação São Bento (17) [N41° 08' 43.7" W8° 36' 38.5"].** Große Azulejomotive im Eingangsbereich.

Man kann nun über die Geschäftsstraße **Rua 31 de Janeiro** ostwärts zum Platz **Praça da Batalha (19)** gehen. Die **Kirche De Santo Ildefonso (20) [N41° 8' 45.93" W8° 36' 24.23"]** dort hat Azulejoschmuck.

Nach Norden führt die Hauptgeschäftsstraße Rua de Santa Catarina. In

Blick von Vila Nova de Gaia auf die Brücke Dom Luís I.

Portwein

Vinho do Porto, Portwein also, bezeichnet keine Weinsorte, sondern vielmehr die Herkunft des Weins, noch präziser, den Hafen, über den, und ausschließlich über den, Portwein exportiert werden darf. Die Trauben aus denen der Wein gewonnen wird, reifen viel weiter landeinwärts in einem gesetzlich exakt festgelegten Anbaugebiet, dessen Lagen sich an den Hängen des Flusses Douro zwischen Barqueiros und Barca de Alva erstrecken. Das Zentrum des Anbaugebietes ist **Pinhão**, mit namhaften Weingütern (Quintas). Die Nordgrenze bildet Vila Real, im Süden schließt Lamego das Anbaugebiet des Vinho do Porto ab.

Historische Portweinkähne auf dem Douro

Es heißt, Heinrich von Burgund habe Reben aus seiner Heimat mitgebracht, die auf den Vulkanböden des Douro-Ufers ausgezeichnet gediehen. Die hohen Temperaturen im Sommer, die an den Talhängen erreicht werden, taten ein Übriges. So wurde im Laufe der Jahre, nicht zuletzt durch die harte Arbeit der Weinbauern, ausgezeichneter Wein produziert.

Nach der Lese im Herbst werden die Trauben vermostet. Natürlich geschieht das auch am Douro längst nicht mehr durch die hübschen Beine und nackten Füße der Mädchen, sondern maschinell. Das wiederum lässt alte Genießer wehklagen, durch die Maschinen würden auch Kerne und Stängel der Trauben zerdrückt, was den Geschmack des Mosts beeinträchtige. Der „Musto"

der Gegend finden sich viele **Spezialitätenlokale und hübsche Kaffeehäuser**. In der Querstraße Rua de Passos Manuel liegt eines der bekanntesten Lokale für die Spezialität „Tripas a moda do Porto" – das „Tripeiro" [N41° 8′ 48.22″ W8° 36′1 8.15″], Passos Manuel 195.

In der Passos Manuel Nr. 142 findet man das distinguierte Restaurant „Escondidinho" [N41° 8′ 48.54″ W8° 36′ 22.31″] (Sonntag Ruhetag). Und in der Rua de Santa Catarina 112 liegt eines der hübschesten Cafés von Porto, das „Majestic" [N41° 8′ 49.82″ W8° 36′ 23.81″].

Weitere Sehenswürdigkeiten

Im nordwestlichen Bereich der Innenstadt liegt nicht weit westlich des gärt in großen Stahl- oder Betonbehältern, bis die gewünschte Reife erreicht ist. Dann wird der Gärungsprozess durch Zugabe von Branntwein, Mischverhältnis etwa 1 : 5, unterbrochen.

Im Frühjahr dann kommt der Weinverschnitt per Tanklastzug in die Lagerkeller (Armazens) von Vila Nova de Gaia. Auch hier moderne Zeiten. Seit dem Bau der Staumauer ist der traditionelle Transport der Fässer auf dem Douro mit den so typischen Segelschiffen (Rabelos) nicht mehr so ohne weiteres möglich. In riesigen Behältern und Holzfässern, die bis zu 100.000 Liter fassen können, lagert nun der Wein und reift heran.

Normalerweise ist Portwein nach zwei Jahren ausgebaut und wird dann auf Flaschen gezogen. Wurde allerdings ein Erntejahr vom Portwein-Institut zum *Vintage-Jahr* ernannt, einem Jahrgang mit hervorragender Weinqualität, altert der Wein, der dann aber nur aus einem Jahrgang stammen darf, in der Flasche nochmals bis zu 15 Jahren. **Vintage-Port** ist also in aller Regel alter Port mit feinem Bukett und tiefroter Farbe. Ein klassischer Dessertwein.

Late Bottled Vintage (L.B.V.) – man merkt schon, die Engländer haben kräftig im Portweingeschäft mitgemischt, denn alle Portweinarten tragen heute noch englische Bezeichnungen – L.B.V. also ist Portwein eines Jahrgangs, der länger im Fass lagert und frühestens nach vier Jahren in Flaschen abgefüllt werden darf. Bei Vintage-Weinen muss das Erntejahr auf dem Etikett angegeben sein.

Portwein gibt es nicht nur rot, sondern auch rosé und weiß, also „red", „ruby" und „white".

Normaler Port, ob rot oder weiß, ist gewöhnlich ein Verschnitt von Weinen verschiedener Jahrgänge. So erreicht man eine gleichbleibende Qualität. Weißen Port gibt's von süß (sweet – doce), bis trocken (dry – seco), ebenso roten Port, der aber gewöhnlich immer die Süße hat, die von einem Dessertwein erwartet wird.

Eine von Kennern besonders geschätzte Qualität ist der sog. **„Tawny"**. Dieser Portwein lagert länger im Fass als normaler Ruby-Port, verliert dadurch von seiner roten Farbe und gewinnt in der Feinheit des Aromas. Tawny (engl. für *lohfarben*) gibt es halbtrocken (medium dry – meio seco) und süß, ein Wein, der nicht nur nach einem guten Essen geschätzt wird.

Außerdem gibt es noch vom Portwein-Institut besonders geprüfte Qualitäten. Sie tragen dann einen Hinweis auf dem Etikett, z. B. das Erntedatum, den Hinweis, dass im Fass gealtert, oder eine Altersangabe wie 10, 20 oder 40 Jahre alt.

Antonius-Hospitals in der Rua de Dom Manuel II. das **Museu Soares dos Reis (23) [N41° 8' 51.45 W8° 37' 17.57"]**, eines der bedeutendsten Museen in Porto *(geöffnet Di 14 - 18 Uhr, Mi - So 10 - 18 Uhr, letzter Einlass 30 Min. vor Schließung)*. Untergebracht ist es im ehemals königlichen Palais „Carrancas" aus dem 18. Jh. In erster Linie werden Gemälde portugiesischer Künstler des 19. Jh. und Werke des Bildhauers *Soares dos Reis* ausgestellt. Schön sind auch die Sammlung portugiesischer Fayencen aus der Zeit zwischen 16. und 19. Jh., die Porzellansammlung und die Goldschmiedearbeiten.

Nicht weit vom Museum Soares dos Reis entfernt erstreckt sich der **Stadtpark „Palácio de Cristal" [N41° 8' 54.09" W8° 37' 31.61"].**

Ein gutes Stück westlich des Stadtparks findet man in der Rua de Entre-Quintas Nr. 220 das sog. **„Romantische Museum" [N41° 8' 51.44" W8°**

37'4 2.87"] *(geöffnet Di - So 10 - 12.30 Uhr und 14 - 17.30 Uhr, letzter Einlass 30 Min. vor Schließung)*. In dem hübsch in einem Park gelegenen Anwesen wird mit Einrichtungsgegenständen portugiesischer, französischer und englischer Herkunft aus dem 19. Jh. versucht, Lebensstil und Ambiente wohlhabender Kaufmannsfamilien der damaligen Zeit anschaulich zu machen. Wie man liest, verbrachte hier Charles Albert, König von Piemont und Sardinien seine letzten Tage im Exil. Er starb hier am 28. Juli 1849.

Weiter südlich, in der Rua de Monchique 45/52 am Douroufer, liegt das **Portweinmuseum [N41° 8' 41.42" W8° 37' 36.29"]** *(geöffnet Di - So 10 - 12.30 Uhr und 14 - 17.30 Uhr, letzter Einlass 30 Min vor Schließung)*. Hier erfahren Sie alles über die Entwicklung des Weinanbaus im Dourotal und des Portweinhandels, der bis heute maßgeblich mit zur Prosperität der Stadt Porto beiträgt.

Eine besuchenswerte Kirche, die dem Interessierten Einblick in die reiche Kirchenbaukunst Portos gewähren, ist die **Cedofeita-Kirche [N41° 9' 20.83" W8° 37' 18.67"]**. Sie stammt aus dem 12. Jh. und gilt als die älteste Kirche Portos. Die Kirche liegt etwas abseits normaler Touristenpfade und ein gutes Stück nordwestlich der Innenstadt an der Rua de Anibal Cunha etwa auf halbem Wege zwischen Praça da República und der kreisrunden Praça de Mouzinho de Albuquerque mit der martialisch-monumentalen Denkmalsäule. Sie erinnert an die Schlacht gegen die französischen Invasoren 1809.

Ein gutes Stück westlich der Innenstadt findet man zwei weitere Museen.

Die **Fundação António de Almeida** *(vorübergehend geschlossen!)* in der Rua do Tenente Valdim 325 zeigt in einem ansprechend in einem Park gelegenen Museumsbau die bemerkenswerte Kunstsammlung von Antonio de Almeida (1891 – 1968). Ausgestellt sind u. a. Kunstgegenstände aus Porzellan, Gemälde, antike Münzen, Schmuck, Textilien u. a.

Weiter westlich in der Nähe der Ausfallstraße Avenida de Boavista liegt in der Rua de Dom João de Castro 210 die **Fundação de Serralves [N41° 9' 35.29" W8° 39' 35.09"]** *(geöffnet Di - Fr 10 - 17 Uhr, Sa + So 10 - 20 Uhr; www.serralves.pt)*. Das Museum für zeitgenössische Kunst, u. a. mit einer Jugendstilsammlung, zeigt in einem modernen Rahmen Werke portugiesischer und internationaler Künstler .

Ausflüge ab Porto

Neben den im Stadtrundgang erwähnten **Bootstouren auf dem Douro** bietet es sich an, einen Abstecher zu den **Stränden von Foz do Douro [N41° 8' 55.41" W8° 40' 31.32"]**, nördlich der Douromündung zu machen. Man kann auch mit den STCP-Bussen der Linien 1M, 200, 203, 204 und 500 dahin gelangen. Mit dem eigenen Auto an die Strände von Foz do Douro zu fahren ist vor allem an Sonntagnachmittagen ein zweifelhaftes und zeitraubendes Vergnügen. Der Autoverkehr und der Betrieb auf der Strandpromenade lassen darauf schließen, dass am Wochenende halb Porto hierher pilgert.

Der Strand beginnt gegenüber der großen Sandbank, die die Douromündung zum Meer hin schon fast völlig abschließt und an der mächtige Wellen auslaufen, und zieht sich bis über das Castelo do Queijo nach Norden. Ob das Badevergnügen durch den nahen Hafen von Matosinhos beeinträchtigt wird, mag jeder für sich entscheiden. In Foz do Douro spielt sich auch ein guter Teil des Nachtlebens von Porto ab.

Mein Tipp! Wer sich länger in Porto aufhalten kann, sollte eine **Bootstour durch das Douro-Tal** (Dauer von wenigen Stunden bis zu mehreren Tagen) oder einen **Tagesausflug per Bahn** nach Peso da Régua unternehmen. Die Strecke ist interessant und führt recht lange durchs Douro-Tal. Nimmt man einen frühen Expresszug ab Porto, kann man mittags gemütlich in Régua essen und nachmittags wieder die zweistündige Zugfahrt zurück nach Porto antreten.

PRAKTISCHE HINWEISE – PORTO

Information

Im Stadtzentrum: **Posto de Turismo [WP 036 / N41° 9' 0.48" W8° 36' 40.22"]**, Rua Clube dos Fenianos 25, 4000-172 Porto, Tel. 223 39 34 72; www.visitporto.travel**.** *Geöffnet: Tgl. 9 - 24 Uhr.*

Im Stadtteil Ribeira: **Posto de Turismo [N41° 08' 27.56" W8° 36' 52.89"]**, Praça da Ribeira, 4050-297 Porto, www.visitporto.travel. *Geöffnet Mai - Sept. tgl. 10 - 19 Uhr, Okt. tgl. 10 - 18 Uhr.: Ende Juni bis Ende September tgl. 9 - 20 Uhr, Mitte September bis Mitte Juni tgl. 9 - 19 Uhr.*

Bei der Kathedrale Sé (früheres Rathaus): **Posto de Turismo [N41° 8' 34.82" W8° 36' 41.91],** Terreiro da Sé, 4050-573 Porto, Tel. 223 39 34 72, www.visitporto.travel. *Geöffnet Mai - Okt. tgl. 9 - 20 Uhr, Nov. - Apr.- 9 - 19 Uhr.*

Feste, Folklore

Festa de São João, Fest zu Ehren des hl. Johannes, in der Nacht vom 23. zum 24. Juni, ein recht fröhliches, lautes Fest, mit Lampions, Johannisfeuer und Musik, das eigentlich schon am 16. Juni beginnt. Nach alter Tradition schlägt man sich gegenseitig mit Melissenkraut und Lauch auf den Kopf. Diese werden immer mehr durch Plastikhämmerchen ersetzt.

In **Foz do Douro** feiert man um den 25. August die **Festa de São Bartolomeu** mit buntem Umzug und einem anschließenden „Kollektiv-Bad" im Meer, um sich symbolisch vom Boshaften des vergangenen Jahres zu reinigen.

RESTAURANTS

Escondidinho, Rua de Passos Manuel 144, Tel. 222 00 10 79, www.escondidinho.com; ein sehr distinguiertes Haus mit guter Küche, gehobene Preislage.

O Tripeiro, Rua de Passos Manuel 195, Tel. 222 00 58 86, www.restaurantetripeiro.com; deftige Küche und wie der Name schon sagt sind Kutteln, „Tripas a Moda do Porto", eine Spezialität des Hauses, Sonntag Ruhetag.

Café Majestic, Rua Santa Catarina 112, Tel. 222 00 38 87, www.cafemajestic.com; weniger ein Restaurant, dafür das vielleicht schönste Kaffeehaus in Porto. Unbedingt besuchen! – Und viele andere Restaurants.

Vila Nova de Gaia

D. Tonho em Gaia, Av. Diogo Leite, Tel. 223 74 48 35, www.dtonho.com; direkt am Dourofluss unterhalb der Brücke Dom Luis I. mit herrlichem Blick über den Douro zur Altstadt von Porto. Modernes Ambiente, hervorragende Küche. Keine eigene Parkmöglichkeit.

HOTELS

Hotels im Innenstadtbereich:

Da Bolsa ***, 36 Zi., Rua Ferreira Borges 101, Tel. 222 02 67 68, www.hoteldabolsa.com; angenehmes, einfaches Haus mit erschwinglichen Zimmerpreisen in günstiger Lage bei der alten Börse, Gehnähe zum Ribeira Viertel, kein Restaurant, keine hauseigenen Parkmöglichkeiten. Versuchen Sie, im Da Bolsa ein Zimmer im obersten Stockwerk mit Blick zum Douro zu bekommen.

Grand Hotel do Porto ***, 94 Zi., Rua de Santa Catarina 197, Tel. 222 07 66 90, www.grandehotelporto.com; gutes, zentral in der lebhaften Einkaufsstraße gelegenes Mittelklassehotel der gehobenen Preisklasse, keine hauseigenen Parkmöglichkeiten. Restaurant, Fitnesseinrichtungen.

Ipanema Porto ***, 150 Zi., Rua Campo Alegre 156, Tel. 222 07 50 59, www.hoteisfenix.com; komfortables Haus der gehobenen Mittelklasse, mittlere Preislage, relativ zentral gelegen. Restaurant, Fahrradverleih, WLAN. Parkplatz.

Infante de Sagres *****, 62 Zi., Praça D. Filipa de Lencastre 62, Tel. 222 39 85 00, www.hotelinfantesagres.pt; zentral gelegenes, traditionsreiches Firstclasshotel mit luxuriösem Komfort, obere Preisklasse, Restaurant, Terrasse, WLAN, Parkmöglichkeit.

Hotels westlich der Innenstadt:

Tiara Park Atlantic Porto *****, 225 Zi., Av. da Boavista 1466, Tel. 226 07 25 00, www.tiara-hotels.com; gepflegtes Firstclasshotel mit allen Annehmlichkeiten eines modernen Hauses, Restaurant, Bar, Parkplatz.

Boa-Vista ***, 71 Zi., Esplanade Do Castelo 58, Tel. 225 32 00 20, www.hotelboaavista.com; alteingesessenes, solides Mittelklassehotel an der Douromündung, Dachterrasse mit Pool und Café, Restaurant, Fitnesscenter, WLAN, Parkplatz.

Vila Nova de Gaia

The Yeatman *****, 70 Zi., Rua do Choupelo, Tel. 220 13 31 00, www.theyeatman-hotel.com; genau gegenüber der malerischen Altstadt von Porto wurde dieses Luxushotel inmitten der Portweinkellereien erbaut. Die geräumigen Zimmer haben Blick auf Porto. Vorzügliches Restaurant, Wellnessbereich, Schwimmbad, Terrasse, Weinkeller, Garage. Teuer.

CAMPING BEI PORTO

Lavra/Angeiras

Camping Orbitur Angeiras [WP 037 / N41° 16′ 1.52″ W8° 43′ 11.46″], Rua de Angeiras, Tel. 229 27 05 71; 1. Jan. – 31. Dez.; rund 15 km nordwestlich von Porto, bei **Lavra** beschildert; ausgedehntes Gelände, größtenteils mit Bäumen bestanden, teils eben, teils in flachen Terrassen; ca. 7 ha – 300 Stpl. + zahlr. Dau.; Standardausstattung, Laden, Restaurant, Schwimmbad, **V & E für Wohnmobile**. Zum Meer rund 500 m.

Madalena/Vila Nova de Gaia

Camping Orbitur Madalena [WP 038 / N41° 06′ 27.3″ W8° 39′ 19.9″], Rua do Cerro, Tel. 227 12 25 20; 1. Jan. – 31. Dez.; rund 11 km südwestlich von Porto/Vila Nova de Gaia, Zufahrt von der IC-1 (Porto – Espinho) Ausfahrt Madalena und noch 5 km, beschilderte Zufahrt, im Neubaugebiet von Madalena rechts ab zum Platz; weitläufiges, so gut wie naturbelassenes, nicht überall ganz ebenes Gelände unter hohen, weitstehenden Eukalyptusbäumen und Pinien; ca. 20 ha – 650 Stpl. + zahlr. Dau.; Standardausstattung; Laden, Restaurant, Imbiss, Mietcaravans, **V & E für Wohnmobile**. Bushaltestelle (Busse nach Porto) vor dem Platzeingang. Zum Strand ca. 400 m.

WOHNMOBIL-STELLPLATZ

Avintes

Wohnmobil-Stellplatz Parque Biológico de Gaia [WP 039 / N41° 05′ 48.9″ W8° 33′ 19.1″], Rua de Santo Tirso; **Zufahrt:** Von der A-20/IP-1 Ausfahrt Avintes und noch ca. 1 km N-222 Beschilderung Parque Biológico de Gaia, östlich von Vila Nova de Gaia gelegen; durch Bepflanzung parzellierter Rasengitterplatz für ca. 11 Wohnmobile am Botanischen Garten von Avintes; **Gebühr:** pro Stellplatz und pro Person inkl. Eintritt zum Botanischen Garten, hier Restaurant. **Ausstattung:** Strom, Frischwasserversorgung, Chemikalausguss, Abwasserentsorgung. Dusche. Restaurant und Café im Botanischen Garten, Supermarkt ca. 800 m entfernt. Ganzjährig befahrbar.

TOUR 6: PORTO – GUARDA

Länge der Tour:	Rund 230 km. Abstecher nach Caramulo 40 km einfach. Abstecher ins Vale do Côa 76 km einfach.
Die Route:	Autobahn A-29/IC-1 über **Ovar** bis **Fermelã** – A-25/IP-5 bis **Aveiro** – A-25/IP-5/E-80 über **Viseu** und **Mangualde** bis **Guarda.**
Abstecher:	An die **Ria de Aveiro**. Nach **Caramulo**. Ins **Vale do Côa**.
Reisedauer:	Mindestens ein Tag. Bei eingehenden Stadtbesichtigungen und Abstechern zu den Stränden oder nach Caramulo bzw. ins Vale do Côa besser zwei oder mehr Tage.
Höhepunkte:	**Aveiros Innenstadt** * – die **Strände** an der **Costa de Prata** ** – ein Abstecher in die **Serra Caramulo** * – ein Spaziergang durch **Viseu** ** – die **Kathedrale** im historischen **Guarda** ** – die prähist. **Steinritzungen im Vale do Côa.**

Route: *Von Porto auf der A-29/IC-1 südwärts Richtung* **Espinho**.

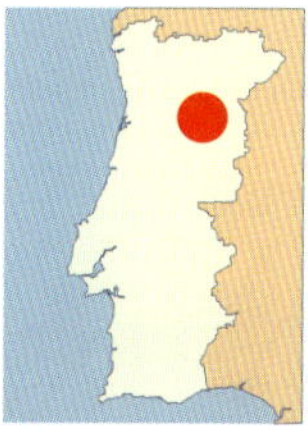

Espinho ist ein viel besuchtes, wenn auch nicht eben mondänes Seebad. Der **Strand** ist kilometerlang und schön breit. Direkt am Strand liegt das große, öffentliche Freibad „Solario Atlantico". Es ist sicher nicht umsonst angelegt worden, denn Baden im Meer ist nicht ganz ungefährlich. Wellengang und starke Unterströmungen sind tückisch. Man sollte also ggf. die roten Warnflaggen der Küstenwache nicht ignorieren. Außerdem ist auch die Wassertemperatur des Atlantiks selbst im Sommer nur etwas für nordseegeeichte Wasserratten. Manchmal trübt auch der starke Wind die Badefreuden.

Sportlich und nobel gibt sich Espinho auf seinem **18-Loch-Golfplatz**, zwei Kilometer südlich der Stadt. Der Platz bietet dem passionierten Golfer auf dem zweitältesten Grün Europas (seit 1890) gute Möglichkeiten. Während der benachbarte 9-Loch-Platz von Könnern natürlich nicht ganz ernst genommen wird.

PARKTISCHE HINWEISE – ESPINHO

Posto de Turismo [N41° 0′ 26.10″ W8° 38′ 33.82″], Rua 23 No. 271, 4500-803 Espinho, Tel. 227 33 58 72, www.cm-espinho.pt.

HOTELS

Praia Golfe ****, 133 Zi., Rua 6, Tel. 227 33 10 00, www.praiagolfe.com; komfortables Haus der gehobenen Mittelklasse in ansprechender Lage am Strand von Espinho, Schwimmbad, Whirlpool, Wellnesseinrichtungen, Restaurant, Bar, WLAN. Parkplatz, Garage.
Solverde Spa ****, 174 Zi., Ave. da Liberdade 212, Tel. 227 33 80 00, www.solverde.pt; gediegenes Firstclasshotel in schöner Lage am Meer, Garten mit Schwimmbad, Restaurant, Bar, Wellnesscenter, WLAN. Parkplatz.

CAMPING

Camping Municipal Espinho [WP 040 / N41° 00′ 50.6″ 8° 38′ 15.0″], Rua Nova da Praia, Tel. 227 33 58 71; 1. Jan. – 31. Dez.; am nördl. Stadtrand; mehrstufige Wiesen, teils schattig durch Eukalyptus; ca. 3,5 ha – 200 Stpl.; Standardausstattung; Restaurant, Kiosk, Schwimmbad. Zum Meer 500 m.

Espinho bietet außerdem ein ganzjährig geöffnetes **Spielkasino** (Roulette, Bakkarat, Spielautomaten etc.) mit Nachtclub, Revuen und Restaurant.

Zum Zurechtfinden in der Stadt mit ihrem schachbrettartigen Straßenraster sei noch erwähnt, dass die Straßen keine Namen haben, sondern Nummern, wie z. B. Rua 21 oder Avenida 8.

Abstecher von Ovar an die Ria de Aveiro

Abstecher: *Rund 9 km südlich von Espinho und nach der Ausfahrt Nr. 7 nach* **Sta. Maria da Feira** *(siehe unter „Abstecher nach Arouca") kann man die Schnellstraße A-29/IC-1 nach Westen verlassen und auf der Straße N-109 über* **Ovar** *und weiter auf der N-327 meerwärts Richtung* **Furadouro** *(Camping weiter hinten) und an der* **Lagune Ria de Aveiro** *entlang, die sich linkerhand nach Süden erstreckt, bis* **Torreira** *fahren. Die Straße endet noch 13 km weiter in* **São Jacinto** *(Camping Orbitur, s. u.). Dort gibt es aber* ***keine Brücke oder eine Auto-Fährverbindung*** *über die Flussmündung nach Praia de Barra oder nach Aveiro! Um nach Aveiro zu kommen, müsste man also den ganzen Weg zurück bis Ovar fahren, um von dort auf der A-29/IC-1 und der A-25/IP-5 nach* **Aveiro** *zu gelangen!*

Auffallend verschieden von den bisher gesehenen Landschaften und einmalig in ganz Portugal ist die weite Ebene der **Ria de Aveiro**. Nur gelegentlich unterbrochen von den weißen Kegeln aufgehäuften Meersalzes, erstreckt sich das weitverzweigte Lagunengebiet nördlich Aveiro über eine Fläche von rund 6.000 Hektar. Die Wassertiefe der Lagune beträgt kaum zwei Meter. Oft erscheint die Landschaft unwirklich, wenn an einem bewölkten Tag Wasserspiegel und grauer Himmel ineinander zu verschwimmen scheinen. Die mit unzähligen Kanälen durchzogene Lagune ist ein fischreiches

Lange Zeit typisch in der Ria de Aveiro, die bunten Schnabelboote „moliceiros"

„Silberküste" und Beira-Provinzen

Die Küste südlich von Porto bis weit hinab nach Ericeira und ihr Hinterland sind bekannt als **„Costa de Prata"**, die Silberküste. Den nördlichen Teil des gut 280 km langen Küstenstrichs umfasst die **Provinz Beira Litoral** mit den Städten Aveiro und Coimbra (Distrikthauptstadt). Landeinwärts schließt die bis an die spanische Grenze reichende **Provinz Beira Alta** an. Wichtige Zentren sind dort Guarda und die Provinzhauptstadt Viseu.

Die dritte der Beira-Provinzen ist **Beira Baixa**. Sie schließt südlich an Beira Alta an und reicht bis zum Tejo-Fluss. Provinzhauptstadt hier ist Castelo Branco.

Landschaftlich unterscheidet sich vor allem die Küstenprovinz **Beira Litoral**. Sie ist überwiegend eben, hat kaum nennenswerte Erhebungen, dafür hohe Dünengürtel an der mit Pinienwäldern bedeckten Küste. Die zahlreichen Wasserläufe wie der Mondego oder der Vougo ermöglichen Reisanbau, vor allem um Aveiro und Coimbra.

Völlig verschieden sind dagegen die Provinzen **Beira Alto** und **Beira Baixa**. Es sind ausgesprochene Bergregionen mit der Serra de Estrela (Torre, 1991 m), der Serra da Lousa oder der Serra da Gardunha. Zwischen diesen Bergzügen erstrecken sich herrliche Täler. Beira beutet übrigens soviel wie „das Land an der Küste".

Gewässer, in dem sich Süßwasserfische ebenso tummeln, wie einige Arten von Salzwasserfischen.

In den Salinen wird durch Verdunstung des Seewassers Meersalz gewonnen. Und den Bauern liefert die Lagune Tang, der als Dünger dient. Die Tangfischer sind es auch, die mit ihren flachen bunten Schnabelbooten zum Wahrzeichen der Ria de Aveiro geworden sind. Heute sieht man sie nur noch sehr selten, wenn sie, etwa bei Torreira, mit ihren „moliceiros" (moliqo – Seetang) ausfahren, mit überdimensionalen Rechen den Seetang ernten und dann, fast bis zum Kentern beladen, per Segel oder Ruder zurückkehren.

Vor den Unbilden des rauen Atlantiks wird die Ria de Aveiro durch einen gigantischen, 45 km langen und rund 1,5 km breiten **Dünengürtel** geschützt, vor dem sich kilometerlange **Sandstrände** hinziehen. Beliebte **Badestrände** findet man beim Fischerort **Torreira** (s. u.), bei **São Jacinto** und südlich der Lagunenmündung beim Ferienort **Praia de Barra**, in **Costa Nova** mit seinen lustig angestrichenen Strandhäusern und noch weiter südlich in **Praia de Mira**.

Falls man dem Abstecher an die Ria de Aveiro oder dem nachstehend beschriebenen Abstecher nach Arouca nicht folgt, bitte weiter mit **„Hauptroute"** weiter hinten.

Abstecher nach Santa Maria da Feira und Arouca

Abstecher: *Von der A-29/IC-1 an der Ausfahrt 7 ostwärts ins 6 km entfernte* **Santa Maria da Feira.**

Santa Maria da Feira wartet mit einer der schönsten „Ritterburgen" des Landes auf *(geöffnet im Sommer Di - Fr 9.30 - 12.30, 13.30 - 18 Uhr, Sa + So 10 - 12.30, 13.30 - 18.30 Uhr, übrige Zeit bis 17 bzw. 17.30 Uhr, www.castelodafeira.com)*. Das **Castelo do Santa Maria da Feira [WP 041 / N40° 55' 15.1" W8° 32' 36.4"]** stammt aus dem 11. Jh. und wurde im 15. Jh. so umgebaut und erweitert, wie wir es heute sehen. Die ganze Anlage wird beherrscht von einem gewaltigen, viereckigen Wohnturm, der wiederum von vier Ecktürmen flankiert wird. Schöner Ausblick vom Turm. Rundgang auf der Wehrmauer möglich.

HOTELS

Murtosa-Torreira

Pousada Ria de Aveiro **,** 19 Zi., Bico do Muranzel, Tel. 234 86 01 80, www.pestana.com/de/hotel/pousada-ria; ca. 5 km südlich von Torreira an der Straße N-327, in einem neuzeitlichen, nüchternen Bau an der Lagune, Hotelterrasse, Schwimmbad, Tennis, Restaurant. Regionale Spezialitäten: „Caldeirada de enguias" (Fischeintopf vom Aal) und natürlich die Süßspeisenspezialität dieser Region, „Ovos moles".

CAMPING

Furadouro bei Ovar

Parque de Campismo do Furadouro [WP 042 / N40° 52' 37.4" W8° 40' 09.5"], Rua das Camarinhas, Tel. 256 59 60 10; 1. Jan. – 31. Dez.; bei Ovar von der N-109 meerwärts abzweigen und noch ca. 5 km; mit Bäumen und Büschen bestandenes, etwas welliges Gelände; viele Dauercamper; einfache Sanitärausstattung, Restaurant, Imbiss, Waschmaschine, Trockner; ca. 3,5 ha – 300 Stpl.; Laden, Imbiss, Restaurant, Tennis. **V & E für Wohnmobile**. Rund 500 m zum Strand.

Weitere Plätze findet man weiter nördlich bei **Cortegaça** und **Esmoriz**, die aber fast vollständig mit Dauercampern belegt sind!

Praia da Torreira/Torreira

Camping Praia da Torreira [043 / N40° 45' 51.33" W8° 42' 11.55"], Rua da Saudade, Tel. 234 83 83 97; 1. Jan. – 31. Dez.; von der N-109 über Ovar südwärts Richtung São Jacinto; einfacher Übernachtungsplatz, hinter der Dorfkirche, sandiges, welliges Gelände, teils Schatten durch Bäume; ca. 3 ha – 250 Stpl., einige Dauercamper; Standardausstattung; Imbiss, Waschmaschine, Trockner, Fahrradverleih, WLAN; **V & E für Wohnmobile**. Mietbungalows. Zur Lagune Ria de Aveiro oder zum Meeresstrand je ca. 1 km.

Großer Strandparkplatz [N40° 45' 53.25" W8° 42' 30.54"] neben der Grundschule am Nordwestrand des Ortes, wird auch als Wohnmobil-Stellplatz genutzt.

São Jacinto

Camping Orbitur São Jacinto [044 / N40° 40' 47.9" W8° 43' 05.8"], Estrada Nacional 327, KM 20, Tel. 234 83 82 84; 1. Apr. – 30. Sept.; in Ovar oder in Estarreja von der N-109 meerwärts und über die Lagunen-/Küstenstraße nach São Jacinto; sandiges, welliges Pinienwaldgelände fast am Ende der Landzunge zwischen Lagune und Meer; ca. 2,5 ha – 200 Stpl.; Standardausstattung; Laden, Imbiss, Waschmaschine, Miethütten; **V & E für Wohnmobile**. Zum Meer gut 2 km.

Abstecher: *Für Liebhaber sakraler Baukunst ist ein Abstecher von Santa Maria da Feira über* **São João de Madeira** *und über die Straße N-227 und N-224 ostwärts nach* **Arouca** *sehr lohnend, ca. 40 km. Stadteinfahrt nach Arouca nur für Fahrzeuge* ***bis 3,5 t**!*

Die Lage von **Arouca** an bewaldeten Berghängen ist reizvoll. Vor allem aber lohnt das romanische **Kloster Convento de Arouca [N40° 55' 42.05" W8° 14' 49.35"]** *(geöffnet tgl. a. Mo. 10 - 12, 14 - 17 Uhr)* den etwas beschwerlichen Weg hierher. Ein großer **Parkplatz [WP 045 / N40° 55' 37.3" W8° 14' 58.1"]** liegt in der Rua Eça de Queiros, unweit südwestlich des Klosters.

Schon im 8. Jh. wurde hier ein Kloster gegründet, das aber in der Maurenzeit zerstört, im 12. Jh. von Zisterziensern wieder restauriert und nach einem Feuer im frühen 18. Jh. größtenteils neu aufgebaut wurde.

Eine der populärsten Abtissinnen des Klosters war im 13. Jh. *Mafalda*, die

Tochter König Sanchos I. Mafalda war mit dem wesentlich jüngeren König von Kastilien, Enrique I., verheiratet und somit nicht nur Äbtissin des Klosters, sondern auch Königin von Kastilien. Nach ihrem Tode wurde sie heiliggesprochen. Ihr mumifizierter Leichnam ruht in einem Silbersarg im Kloster.

Besonders sehenswert in der Klosterkirche sind der vergoldete **Barockaltar,** die **Grabkapelle** von Königin Mafalda und vor allem das reich mit Schnitzwerk und Gemälden verzierte **Chorgestühl**.

Ein **Museum** im Obergeschoss zeigt sakrale Gegenstände und Gemälde portugiesischer Künstler aus dem 15. Jh.

HAUPTROUTE

Route: *Der Verlauf unserer Hauptroute führt von* **Espinho** *– vorbei an* **Ovar** *– auf der A-29/IC-1 südwärts bis* **Fermela** *(37 km) und dort auf der A-25/IP-5 (elektronische Maut!) westwärts nach* **Aveiro** *(13 km).*

Aveiro – Bereits im 10. Jh. wird Aveiro im Testament der legendären Gräfin Mumadona erwähnt. Aber bis weit über die Zeit der Vertreibung der Mauren hinaus bleibt Aveiro nichts weiter als ein Fischerdorf. Schon damals wusste man aber, die Lagune zur Salzgewinnung zu nutzen. Vom 14. bis ins 16. Jh. entwickelt sich Aveiro zu einem bedeutenden Fischerei- und Salzexporthafen. Aveiros Flotte fischt bis vor Neufundland's Küsten.

1472 wird das Ansehen der Stadt noch bedeutender. Die Infanta Dona Joana, Tochter König Afonsos V., tritt als Nonne in den Jesus-Konvent der Stadt ein. Sie stirbt dort 1490.

Seit je hing die Lebensfähigkeit des Hafens von Aveiro natürlich von der Passage durch die Lagune ins offene Meer ab. 1575 geschah dann das Unglaubliche. Verheerende Stürme warfen eine Sandbank auf und verschlossen die Fahrrinne ins Meer. Die Lagune, gespeist vom Rio Vouga, dehnte sich aus, aber der Hafen von Aveiro war von großen Schiffen nicht mehr zu erreichen. Der Niedergang des Hafens und damit der Niedergang der Stadt – erst 30 Jahre zuvor war Aveiro zum Herzogtum erho-

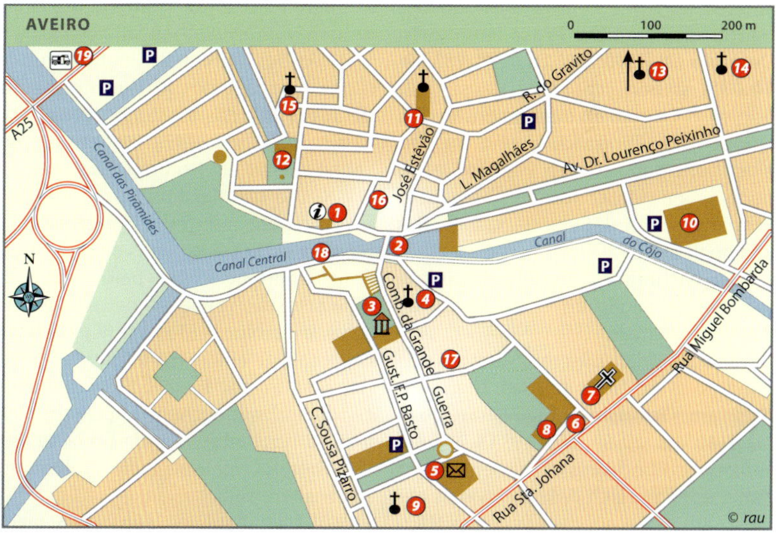

*AVEIRO – **1** Information – **2** Praça Humberto Delgado – **3** Rathaus – **4** Misericórdia-Kirche – **5** Postamt – **6** Praça do Milenário – **7** Kathedrale – **8** Jesus Konvent, Museum – **9** Karmeliterkirche – **10** Markthalle – **11** Largo da Apresentação – **12** Fischmarkt am Largo da Praça do Peixe – **13** Carmo-Kirche – **14** Evangelical-Kirche – **15** São Gonçalo-Kirche – **16** Praça 14 de Julho – **17** Hotel Imperial – **18** Ausflugsboote – **19** zum Wohnmobil-Stellplatz*

ben worden – war vorprogrammiert. Im Laufe der Jahre sank die Einwohnerzahl Aveiros von 11.000 auf unter 4.000.

Erst 1808 hatten die Bemühungen um eine Öffnung der Schifffahrtsrinne Erfolg. Langsam begann Aveiro wieder zu wachsen. Ein Sohn der Stadt und Verfechter der Liberalisierung des Landes im 19. Jh., José Estévão, sorgte für die Anbindung ans Schienennetz. Neben dem traditionellen Salzhandel, dem Reisanbau, der Fischerei und der Keramikindustrie kamen nun nach und nach Fischfabriken, Werften sowie eisen- und stahlverarbeitende Industriezweige hinzu.

Am Kanal São Roque im Norden der Stadt sieht es nach Alltag und Arbeit aus. Hier liegen die Salzlagerhäuser. Besonders lebendig ist es hier, wenn mit Booten von den nahen Salinen das Salz angelandet wird.

Der zentrumsnahe Parkplatz **Estacionamento Canal de São Roque [046 / N40° 38‘ 35.9“ W8° 39‘ 30.2“]** liegt am Nordwestrand der Stadt. Zufahrt durch die Stadt.

Das Zentrum Aveiros entbehrt nicht eines gewissen Charmes. Vor allem an den Kais des Zentralkanals an der Hauptbrücke mit der **Praça Humberto Delgado (2) [N40° 38‘ 28.62“ W8° 39‘ 14.03“]** stehen schmucke Häuser mit noblen Fassaden. An den Molen, an den Treppen am Zentralkanal und an den einst bunt gemusterten Pfählen liegen noch einige „Moliceiros“ mit bemaltem Schnabelbug vertäut und machen das Bild noch bunter.

Die wichtigsten **Sehenswürdigkeiten** Aveiros liegen im Stadtteil südlich des Zentralkanals.

Wir beginnen unseren Stadtspaziergang aber am Nordufer des Zentralkanals am **Touristeninformationsbüro (1) [N40° 38‘ 29.6“ W8° 39‘ 15.7“]** und setzen den Rundgang fort, indem wir am Kanal entlang nach links (ostwärts) gehen. Achten Sie auf die hübschen **Häuserfassaden**, die von der gegenüberliegenden Uferseite noch besser zu sehen sind. Dazu überqueren wir den Kanal am **Platz Humberto Delgado (2) [N40° 38‘ 28.62“ W8° 39‘ 14.03“]**. Diesseits des Kanals liegt das Hotel Arcada und jenseits rechts oben liegt an der Praça da República mit der Statue von José Estévão die turmgeschmückte Fassade das **Rathauses (3)** aus dem späten 18. Jh.

Schräg gegenüber vom Rathaus, an der Ostseite des Platzes, fällt das hohe Portal der turmlosen **Misericórdia Kirche (4) [N40° 38‘ 26.05“ W8° 39‘ 12.68“]** auf. Es zählt zu den schönsten frühbarocken Portalen in Nordportugal. Die Kirche entstand in der Zeit der spanischen Herrschaft in Portugal (1599 – 1632) nach Plänen von Filipe Terzi. Im Inneren sieht man glasierte Fliesen, **Azulejos**, aus dem 17. Jh., einen **Hochaltar** mit reichem Schnitzwerk und auf einem der Seitenaltäre eine Passionsfigur, eine Skulptur von Künstlern der sog. Italienischen Schule.

Wir gehen über die Rua Combatantes da Grande Guerra weiter stadteinwärts, vorbei am **Hotel Imperial (17)** und am **Postamt (5),** bis zur Rua Santa Johana, hier links zur **Praça do Milenário (6).** Voraus die **Sé,** die **São Domingo Kathedrale (7) [N40° 38‘ 22.48“ W8° 39‘ 0.68“],** mit schöner barocker Fassade. Auf dem Platz davor steht ein Kreuz im gotisch-manuelinischen Stil des 15. Jh.

Links der Kathedrale liegt der historische Komplex des **Antigo Convento de Jesus (8),** das Kloster, in dem Prinzessin Joana von 1472 bis 1490 ihren Lebensabend als Nonne verbrachte. In der Kirche des Klosters ist die Prinzessin in einem meisterhaft gearbeiteten **Marmorsarkophag**, der von sitzenden Engeln getragen wird, beigesetzt. Die phantastischen Einlegearbeiten aus verschiedenfarbigem Marmor machen das Grabmal zu einem sehenswerten Höhepunkt in der Kirche. Einen geradezu überschwänglichen Barockschmuck weisen **Hochaltar**, Wände und Decken im „Oberen Chor“ sowie die Säulen und Seitenaltäre auf.

Kostbare Azulejos sieht man nicht nur in der Kirche, sondern vor allem auch im Refektorium des Klosters.

Im Kloster ist auch das eigentliche **Museum [N40° 38‘ 22.28“ W8° 39‘ 2.69“]** *(Museu de Aveiro - Santa Joa-*

Am Canal Central in Aveiro

na Princesa) (geöffnet Di - So 10 - 13, 14 - 17.30 Uhr) untergebracht mit Gemälden, darunter einem Porträt der Prinzessin Joana von Nuno Gonçalves, einer Porzellan- und Keramiksammlung, einer Ausstellung sakraler Gegenstände und einer Abteilung barocker Kunstwerke.

Weitere bemerkenswerte **Barockkirchen** in Aveiro sind die **Karmeliterkirche (9)** an der Praça Marquês de Pombal, die Doppelkirche Santo António und São Francisco am Rande des Stadtparks und schließlich die **Kapelle Senhora das Barrocas** im Nordosten der Stadt.

Wer mit dem Zug ankommt, sollte den interessanten Azulejoschmuck am **Bahnhof** nicht übersehen.

Zu den kulinarischen Spezialitäten der Stadt gehören nicht nur Fischgerichte wie Aalsuppe oder marinierter Aal, sondern vor allem die weithin bekannte **Süßspeise „Ovos Moles“**, eine herrliche Creme aus Eiern und anderen Zutaten. Traditionsgemäß wird sie aus kleinen bemalten Fässchen gegessen.

Ausflüge ab Aveiro

In den Sommermonaten (Juni bis September) werden täglich **Bootsausflüge** auf der Lagune durchgeführt. Startpunkt ist der Zentralkanal, Abfahrt gewöhnlich um 10 Uhr, Rückkehr gegen 15 Uhr. Preise, Infos und Tickets im Turismo.

PRAKTISCHE HINWEISE - AVEIRO

Posto de Turismo [N40° 38′ 29.6″ W8° 39′ 15.7″], Rua João Mendonça 8, 3810-200 Aveiro, Tel. 234 42 07 60, www.turismodocentro.pt.

Feste, Folklore

Feira de Março, Frühjahrsfest mit Volksfestcharakter und Industriemesse, 7 Tage Ende März.

In Ovar **Karnevalsumzüge**, sowie Prozessionen in der Karwoche.

RESTAURANTS

Mercantel, Rua António dos Santos Lé 16, Tel. 234 42 80 57, gute Küche, mittlere Preislage, Spezialitäten aus dem Meer. Montagabends geschlossen.

Marisqueira Maré Cheia, Rua José Rabumba, Tel. 234 38 40 30, ganz in der Nähe des Canal Central, gute Küche, man serviert neben Fischgerichten auch Krusten- und Schalentiere. Mittwochs geschlossen.

HOTELS

Afonso V. ***, 78 Zi., Rua Dr. Manuel das Neves 65, Tel. 234 42 51 91, www.hotelafonsoV.com; zählt mit zu den besten Adressen in Aveiro, komfortables Haus der gehobenen Mittelklasse. WLAN. Kein Restaurant und Parkplatz.
Aveiro Palace ***, 41 Zi., Rua Viana do Castelo 4, Tel. 234 42 18 85, www.hotelaveiropalace.com; das frühere Arcada Hotel wurde 2011 in elegantem Stil renoviert, zentrale Lage am Canal Central, WLAN. Kein Restaurant, ohne hauseigene Parkmöglichkeit.
Imperial ***, 85 Zi., Rua Dr. Nascimento Leitão, Tel. 234 38 01 50, www.hotelimperial.pt; Mittelklassehotel in zentraler Lage, Restaurant. Keine hauseigene Parkmöglichkeit. Keine Haustiere.
Meliã Ria & Spa ****, 128 Zi., Rua da Fonte Nova, Tel. 234 40 10 00, www.meliaria.com; im östlichen Ortsbereich, modernes Gebäude in schöner Lage am Ria-Canal, Restaurant, Fitness- und Wellnessbereich. Parkmöglichkeit.

WOHNMOBIL-STELLPLÄTZE

Aveiro
Wohnmobil-Stellplatz Aveiro [WP 047 / N40° 38' 36.1" W8° 39' 31.1"], großer **Parkplatz** für Wohnmobile zwischen der A-25 und dem Canal de São Roque am Nordwestrand von Aveiro. **Zufahrt:** Vom Stadtzentrum aus zu erreichen über die Rua João Mendonça, R. de Magalhães, R. João Afonso und R. do Dr. Bernardino Machado. Zum Zentrum ca. 1 km. **Ausstattung:** Keine Einrichtungen. **Gebühr:** Zum Zeitpunkt unseres Besuches keine Gebühren.

Praia da Vagueira bei Vagos
Wohnmobil-Stellplatz Àrea de Autocaravanas [WP 048 / N40° 32' 58.2" W8° 46' 15.9"], Rua do Labrego, M 592. **Zufahrt**: Von A-17 (Aveiro – Figueria da Foz) Ausfahrt Sosa und über Sosa, Vagos und Vagueira auf der Strandstraße ca. 1 km südwärts. Südlich von Aveiro gelegen. **Platz:** Schattenloser Schotterplatz am Strand, südlich eines Feriendorfes und Badeparks (Parque Aquático) gelegen mit Platz für ca. 30 Wohnmobile. Beleuchtet. Ganzjährig zugänglich. **Gebühr:** Pro Wohnmobil, zzgl. Strom, Wasser und Dusche. **Ausstattung:** Frisch- und Abwasserversorgung, Dusche, Chemikalausguss, Strom, WLAN.

Estarreja bei Aveiro
Wohnmobil-Stellplatz Parque de Autocaravanas [WP 049 / N40° 45' 14.05" W8° 34' 0.81"], Rua Dr. António Madureira; **Zufahrt:** Von der A-1 (Porto – Coimbra) Ausfahrt Estarreja, N109 südwärts, Esterreja durchqueren und am südöstlichen Ortsende zur Rua Luis Camoes und Rua da Fontinha rechts bis Kreisverkehr. **Platz:** Am Kreisverkehr Parkplatz mit 6 reservierten, befestigten Stellplätzen für Wohnmobile. **Gebühr / Ausstattung:** Für Stellplatz und pro Wohnmobil inkl. Frischwasser und Strom. Schlüssel für Platz im Café Piscina gegenüber oder Tel. 967 08 94 77. Max. Aufenthalt 48 Std.

CAMPING BEI AVEIRO

Ílhavo/Praia da Barra
Parque de Campismo Praia da Barra [WP 050 / N40° 38' 18.9" W8° 44' 42.1"], Rua Diogo Cão, 125, Tel. 234 36 94 25; 1. Jan. – 31. Dez.; ca. 10 km westlich von Ílhavo; von der N-109 über Aveiro zum Strand von Barra; 1 ha - 20 Stpl.; einfache Standardausstattung. **V & E für Wohnmobile**. Nahe der Südseite der Lagunenmündung.
Vagueira bei Vagos
Camping Orbitur Vagueira [WP 051 / N40° 33' 29.5" W8° 44' 42.5"], Rua do Parque de Campismo, Tel. 234 79 75 26; 1. Jan. – 31. Dez.; ca. 10 km südl. von Aveiro, von der N-109 meerwärts und noch ca. 5 km; weitläufiges, sandiges Pinienwaldgelände; ca. 10 ha – 250 Stpl. + Dau.; Standardausstattung. Laden, Restaurant, Tennis, Mietcaravans; **V & E für Wohnmobile**.

Praia de Mira (Palheiros de Mira)
Camping Orbitur Praia de Mira [WP 052 / N40° 26' 40.7" W8° 47' 54.1"], Dunas de Mira, Tel. 231 47 12 34; 1. Apr. – 30. Sept.; von der N-109 in Mira meerwärts, ca. 7 km; bewaldetes, sandiges Gelände; ca. 3 ha – 200 Stpl.; Standardausstattung; Laden, Restaurant, Imbiss, Mietcaravans und Miethütten; **V & E für Wohnmobile.** Durch Pinienwald zum nahen Strand.

Mira
Camping Vila Caia [WP 053 / N40° 26' 47.4" W8° 45' 26.5"], Tel. 231 45 15 24, www.vilacaia.com; 1. Jan. – 1. Dez.; ca. 3 km westl. Mira an der Straße 334 zum Strand Praia de Mira; 6 ha – 320 Stpl.; Standardausstattung. Laden, Restaurant, Imbiss, Tennis, Fahrradverleih; Miethütten; **V & E für Wohnmobile.** Zum Meer ca. 3 km.

Die ehemaligen Tangfischkähne in Aveiro dienen heute als Ausflugsboote

Ílhavo liegt ca. 7 km südl. Aveiro an der N-109. Sehr interessantes **„Museu Maritimo de Ílhavo" [N40° 36' 16.11" W8° 39' 57.65"]** *(geöffnet Di - Fr 10 - 18 Uhr, Sa 14 - 18 Uhr, www.museumaritimo.cm-ilhavo.pt).*

Vista Alegre – Sehenswert ist hier das **Museum** der renommierten **Porzellanmanufaktur Vista Alegre Atlantis [N40° 35' 30.35" W8° 40' 57.32"]** *((geöffnet Mai - Sept. Di - Fr 9 - 18 Uhr, Sa + So 9 - 12.30, 14 - 17 Uhr, übrige Zeit Di - Fr 9 - 18 Uhr, Sa + So 10 - 12.30, 14 - 18 Uhr, www.vistaalegreatlantis.com).*

HAUPTROUTE

Route: *Der weitere Verlauf unseres Reiseweges durch Portugal führt von Aveiro auf der A-25/IP-5/E-80 (elektronische Maut!) ostwärts nach* ***Viseu****, 88 km.*

Ab Ausfahrt 13 der A-25/IP-5/E-80 ist ein **kurzer Abstecher** nordwärts auf der N-16 über **Vouzela** (weite Ausblicke auf die umliegende Berglandschaft, z. B. bis zur Serra da Arada im Norden) in das Thermalbad **Termas** und evtl. weiter bis **São Pedro do Sul** möglich, 16 km.

In dem kleinen **Kurort Termas** gibt es heilsame Thermalquellen, deren Wasser für Linderung bei Rheumatismus und Erkrankungen der Atemwege sorgen sollen. Kursaison ist von Anfang Mai bis Ende Oktober. In dem schon zu Römerzeiten bekannten Thermalbad ist ein Badepool des ersten portugiesischen Königs Afonso Henriques zu besichtigen.

Viseu (ca. 100.000 Einw.) am Rio Pavia, einem Nebenfluss des Rio Dão, der wiederum in den Mondego mündet, hat eine lange Stadtgeschichte.

Erwähnt wird Viseu seit der Römerzeit. Damals soll hier ein Schafhirte namens Viriatus eine Palisadenfestung errichtet und sie mit einer kleinen Schar von Verteidigern gegen die Römer besetzt haben. Spuren der runden Befestigung „Cava do Viriato" sind im Norden der Stadt noch zu finden. Ein Denkmal dort erinnert an den tapferen Hirten, der allerdings 138 v. Chr. einem Mord zum

Opfer fiel. Die Römer fanden Mittel und Wege, Gefolgsleute des Viriatus zu bestechen, die ihren Heerführer denn auch bedenkenlos vergifteten.

Andere Quellen nennen den letzten Westgotenkönig Roderich (um 710 n. Chr.) als Stadtgründer. Er hatte sich hier gegen die vordringenden Mauren verschanzt.

Viseu ist der Geburtsort bedeutender Persönlichkeiten in der Geschichte Portugals. König Duarte (1433 – 1438) erblickte hier ebenso das Licht der Welt wie der Historiker João de Barros (1496 – 1570). Einer der herausragenden portugiesischen Maler des 16. Jh. stammt ebenfalls aus Viseu – Vasco Fernandes (1475 – 1541), genannt „o Grão Vasco" (der Große Vasco).

Heute ist Viseu Distrikthauptstadt, merkantiler Mittelpunkt der landwirtschaftlichen Produktion der Region und vor allem Zentrum und Umschlagplatz des Dão-Weinbaus.

Die Parkplatzsituation ist auch in der Innenstadt von Viseu recht problematisch. Ein großer **Parkplatz [WP 054 / N40° 39' 54.1" W7° 54' 44.5"]** befindet sich am nördlichen Rand der Innenstadt (Umgehungsstraße N2) an der Avenida Emídio Navarro.

Die Misericórdia Kirche in Viseu

Sehenswertes in Viseu

Wir beginnen unseren Stadtspaziergang am zentralen Stadtplatz **Rossio (4) [N40° 39' 28.4" W7° 54' 49.7"]**, der eigentlich richtig **Praça da República** heißt.

Der Rossio-Platz ist umgeben vom **Rathaus (16)**, vom Justizpalast und von der São Francisco Kirche im Süden. An der Nordostseite des Platzes sieht man eine lange, **azulejo-geschmückte Mauer (20) [N40° 39' 28.14" W7° 54' 48.46"]**. Das Viertel nordöstlich dahinter ist der alte Stadtteil Viseus, mit recht engen Altstadtsträßchen und mit malerischen Winkeln.

Wir gehen von der Praça da República ein Stück die Rua Formosa nach Osten und wenden uns nach der **Praça 2 de Maio (3)** links in die Rua Dr. Luiz Ferreira. Sie führt direkt zum Platz Praça do Dom Duarte (2) unterhalb der Kathedrale (7). Empfehlenswert ist es, etwa auf halbem Wege nach dem 2. Mai Platz, durch die kleine Seitengasse rechts zur parallel verlaufenden **Rua Dom Duarte** zu gehen und ihr bis zum Platz **Praça do Dom Duarte (2)** zu folgen. In der Rua Dom Duarte ist an den Resten eines alten Turmgebäudes ein **Fenster (5)** mit manuelinischem Schmuck zu sehen. Angeblich stammt das Fenster vom Geburtshaus König Duartes. Der etwas erhöht gelegene **Platz Adro da Sé (6)** vor der Kathedrale (7) ist umgeben von den bedeutendsten Sehenswürdigkeiten Viseus.

Der Platz vor der Kathedrale dient auch als Parkplatz, der allerdings nur durch enge verwinkelte Altstadtsträßchen zu erreichen ist.

Rechts die **Sé (7), die Kathedrale [N40° 39' 35.4" W7° 54' 40.1"]** *(geöffnet 9 - 12, 14 - 17 Uhr)*, deren Fassade durch die beiden viereckigen Türme recht wuchtig wirkt. In ihren Ursprüngen ist die Kathedrale ein romanischer Bau aus dern 12. Jh., der aber vor allem im 17. Jh. bedeutende

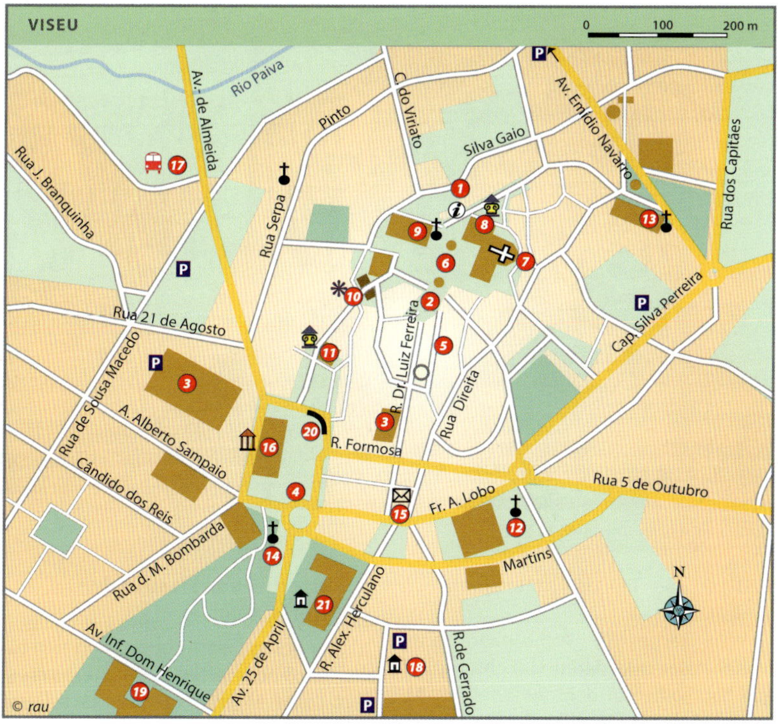

*VISEU – **1** Information – **2** Praça do Dom Duarte – **3** Praça 2 de Maio – **4** Praça da República (Rossio) – **5** Manuelinisches Fenster – **6** Adro da Sé – **7** Sé, Kathedrale – **8** Museum Grão Vasco – **9** Misericórdia-Kirche – **10** Stadttor do Soar – **11** Almeida Moreiro Haus (Museum) – **12** Carmo-Kirche – **13** Santo António-Kirche – **14** São Francesco Kirche – **15** Postamt – **16** Rathaus – **17** Busbahnhof – **18** Pousada de Viseu– **19** Lyzeum – **20** Azulejowand – **21** Hotel Grão Vasco*

Veränderungen erfuhr. Im Inneren sind die Knoten- und Seilornamente – ein typisches Stilelement der Manuelinischen Kunstepoche – an den Deckenbögen bemerkenswert. Beachtung verdienen weiter ein barocker **Altaraufsatz**, dann der in einem kleinen Museum untergebrachte **Kirchenschatz,** sowie der südlich anschließende zweigeschossige Renaissance-Kreuzgang mit Azulejoschmuck aus dem 18. Jh. und ionischen Säulenkapitellen.

Im Norden schließt an die Kathedrale der Flügel des ehemaligen **Bischöflichen Palais „Três Escalões“ (8)** an. Es beherbergt heute das **Grão Vasco Museum** *(geöffnet Di 14 - 17.30 Uhr, Mi - So 10 - 12.30, 14 - 17.30 Uhr)*. Vor allem werden hier Werke der im 16. Jh. in Blüte stehenden „Schule von Viseu“ gezeigt, dann natürlich Arbeiten von Vasco Fernandes, bekannt als „Grão Vasco“ und anderen portugiesischen Künstlern, wie Gaspar Vaz, der wie Vasco im 16. Jh. wirkte. Im Museum, das sich über drei Stockwerke erstreckt und kürzlich renoviert wurde, werden auch Keramiken, Antiquitäten und Skulpturen gezeigt.

Gegenüber der Kathedrale sieht man die im Vergleich zu ihrer Umgebung fast zierlich wirkende **Misericórdia-Kirche (9)** mit einer sehr schönen Barockfassade. Rechts neben der Kirche ist ein Büro der **Touristeninformation (1) [N40° 39‘ 36.90“ W7° 54‘ 40.95“]** zu finden.

Wir gehen an der Südseite der Misericórdia-Kirche vorbei und über die Rua Nunes de Carvalho zurück zum Platz Praça de República. Dabei passieren wir die **Porta do Soar de Cima (10),** ein altes

Wand mit Azulejomotiven in Viseu

Stadttor und Teil der mittelalterlichen Stadtmauer.

Wer gerne die Atmosphäre alter Wohnhäuser und deren Einrichtung um sich hat, sollte auf dem Rückweg im **Almeida Moreira Museum (11) [N40° 39' 30.38" W7° 54' 48.11"]** haltmachen.

Abstecher von Viseu in den Kurort Caramulo

Wer etwas Zeit mitbringt und sich für alte Autos oder seltene Gemälde interessiert, sollte einen Abstecher nach Caramulo unternehmen.

PRAKTISCHE HINWEISE – VISEU

Welcome Center Turismo do Centro - Viseu [N40° 39' 36.90" W7° 54' 40.95"], Casa do Adro - Adro da Sé, 3500-195 Viseu, Tel. 232 42 09 50, www.turismodocentro.pt.

RESTAURANTS

Murhala da Sé, Adro da Sé 24, Tel. 232 43 77 77, in der Altstadt hinter der Misericórdia-Kirche; gute Küche zu erschwinglichen Preisen; Sonntagabends und zwei Wochen im Oktober geschlossen.

HOTELS

Pousada de Viseu ****, 81 Zi., Rua do Hospital, Tel. 232 42 11 28, www.pestana.com/en/hotel/pousada-viseu; in einem ehemaligen Hospital de São Teotónio aus dem 18. Jh. eingerichtetes Firstclasshotel, Restaurant, WLAN. Parkplatz. Regionale Spezialitäten: „Bacalhao à Lagareiro (gekochter Stock- und Tintenfisch) oder „Rancho à Moda de Viseu" (Karoffel-Hühner-Kohl-Eintopf) und natürlich die Süßspeisenspezialität dieser Region „Castanhas de Ovos".

Meliá Confort Grão Vasco **,** 106 Zi., Rua Gaspar Barreiros, Tel. 232 42 35 11, www.hotelgraovasco.pt; angenehmes, komfortables, zentral gelegenes Haus der gehobenen Mittelklasse, Hotelterrasse, Schwimmbad, Restaurant, WLAN. Parkplatz.

Onix ***, 73 Zi., Via Caçador, Tel. 232 47 92 43, www.hotelonix.pt; ca. 4 km östlich der Stadt, über die N-16 (Viseu - Mangualde) zu erreichen; einfacheres, aber recht komfortables Mittelklassehotel mit sehr moderaten Zimmerpreisen, Schwimmbad, Restaurant, WLAN. Parkplatz.

CAMPING BEI VISEU

Casfreires-Ferreira d'Aves bei Vila Nova de Paiva

Camping Quinta Chave Grande [WP 055 / N40° 49' 20.03" W7° 41' 45.17"], Rua do Barreiro, Tel. 232 66 55 52, www.chavegrande.com; 1. Apr. – 15. Okt.; rund 25 km nordöstlich von Viseu gelegen, auf der N-229 rund 20 km nach Nordosten bis kurz vor Sátão, weiter auf Landstraße nordostwärts über den Rio Vouga und über Lamas de Ferreira zum Platz. Meist ebene Wiesen, teils in Terrassen in ruhiger, ansprechender Lage in bewaldeter Hügellandschaft, Schatten durch einige Laubbäume; ca. 8 ha – 150 Stpl., Standard-Sanitärausstattung, **V & E für Wohnmobile**; Imbiss, Tennis, Schwimmbad; Mietcaravans. Guter Ausgangspunkt für Wanderungen.

Abstecher: *Man verlässt Viseu in südwestlicher Richtung oder die Autobahn A-25/IP-5/E-80 an der Ausfahrt 17 und folgt der IP-3/E-801 18 km bis* **Tondela**. *Dort geht es westwärts auf der N-230 kurvenreich durch schöne, einsame Landschaft hinauf in die Berge der* ***Serra do Caramulo****. Nach 19 km kommt man über* **Campo de Beisteros** *in den Luftkur- und Wintersportort* **Caramulo**.

Caramulo (Posto de Turismo) liegt von Wälder umgeben in 750 Metern Höhe. Der nahe Hausberg Cabeço da Neve erreicht 997 Meter und der benachbarte Caramulinho gar 1.075 Meter, prächtige Aussicht.

Das **Museu do Caramulo [N40° 34' 10.32" W8° 10' 18.54"]** *(geöffnet im Sommer tgl. 10 - 13, 14 - 18 Uhr, im Winter tgl. 10 - 13, 14 - 17 Uhr, www.museu-caramulo.net)* besteht aus einem Automuseum und einem Kunstmuseum. Das **Automuseum** zeigt rund 60 Oldtimer. Der älteste Veteran stammt aus der Jahrhundertwende. Zu den Glanzstücken des Museums zählen ein Nachbau des ersten Autos in Portugal, ein Peugeot von 1899, ein Bugatti 35B, ein gepanzerter Mercedes-Benz und Cadillac von Präsident Salazar und ein Rolls-Royce, der von Staatschefs, Päpsten und von der englischen Königin anlässlich ihrer Staatsbesuche in Portugal benutzt wurde, u.v.a.. Ebenfalls zu sehen gibt es eine schöne Motorradsammlung.

Das angeschlossene **Kunstmuseum**, das einst von einem Kurarzt namens Lacerda angelegt wurde – angeblich mit Spenden dankbarer, wohlhabender Patienten wie es heißt – zeigt eine ganz bemerkenswerte Sammlung mittelalterlicher Bildhauerwerke portugiesischer Künstler, Wandteppichen, Gemälde (darunter Arbeiten von Grão Vasco, aber auch von Dalí und Picasso) und andere Kunstgegenstände.

HAUPTROUTE

Route: *Weiterreise von Viseu auf derA-25/IP-5/E-80 (elektronische Maut geplant!) nach Osten, vorbei an* **Mangualde** *(18 km), das Tal des Mondego-Flusses und südlich vorbei an* **Celorico da Beira** *(53 km) nach* **Guarda** *(77).*

Die ländliche Kleinstadt **Mangualde** hat einen hübschen Stadtkern. Sehenswert ist der Adelspalast **Palácio dos Condes de Anadia [N40° 36' 15.57" W7° 45' 56.11"]** mit Barockfassade und Azulejoschmuck im recht pompösen Inneren sowie die ebenfalls aus der Barockzeit stammende Barmherzigkeitskirche **Igreja de Misericórdia**. Die romanische Gemeindekirche stammt aus dem 13. Jh.

Sollten Sie hier zum Essen einkehren, fragen Sie oder schauen Sie auf der Karte nach *„Marra"* (Schweinerippchen, Koteletts), eine beliebte Spezialität aus dieser Gegend.

Unser Reiseweg nähert sich den nördlichen Ausläufern der **Serra da Estrela**. Die Landschaft wird karger, felsiger. Dennoch, wo immer möglich sind Olivenhaine oder terrassierte Weinfel-

HOTELS – MANGUALDE

Hotel Cruz da Mata **, 28 Zi., Lugar de Cruz da Mata, Tel. 232 61 95 60, www.hotelcruzdamata.com; bescheidenes Mittelklassehotel, Schwimmbad, Tennis, Restaurant, WLAN. Parkplatz.

Hotel Senhora do Castelo *,** 83 Zi., Monte Senhora do Castelo, Tel. 232 61 99 50, www.cotel.pt; etwa 3 km östlich an der N-16, recht komfortables Haus der gehobenen Mittelklasse, dennoch mit moderaten Zimmer- und Restaurantpreisen, ansprechend und ruhig in den Bergen der Serra da Estrela e Caramulo gelegen, Schwimmbäder, Tennis, Restaurant, WLAN. Parkplatz.

der angelegt. Dazwischen vereinzelte Gehöfte.

Bei **Fornos de Algodres** geht es hinab ins Tal des Rio Mondego. Später bietet sich an der Ausfahrt 26 Gelegenheit zu einem kurzen Abstecher nordwärts ins nahe Celorica da Beira.

Celorico da Beira ist seit jeher ein wichtiger Verkehrsknotenpunkt. Früher war der Ort wohl auch von strategischer Bedeutung, wie die alte Wehranlage auf einer Anhöhe (weite Ausblicke) nördlich der Stadt beweist.

Das ganze grenznahe Gebiet zu Spanien ist geradezu gespickt mit **Burgen** und Festungen. Nach Süden z. B. findet man nahe der N-17 Kastells in Linhares, Folgosinho oder Gouveia, nach Norden, entlang der N-102/IP-2 in Trancoso, Marialva oder Melhor.

Guarda (ca. 26.000 Einw.), das 1.100 m hoch am Nordrand der Serra da Estrela liegt, gilt als die höchstgelegene Stadt Portugals. Selbst im Sommer, wenn in Tomar oder in den Städten im Hinterland des Alentejo, etwa in Évora, Tagestemperaturen um die 40° erreicht werden, bleibt es hier angenehm kühl und abends wird es immer spürbar frisch.

In Portugal sagt man, Guarda sei kalt und hässlich, stark und reich. Dass es hier kalt ist, merkt man noch im Juli. Dass die Stadt hässlich sei, stimmt nicht ganz. Eher ist sie grau wegen des Granitgesteins vieler ihrer Häuser und der grauen Kathedrale. Und die „starken und reichen" Zeiten scheinen vorbei zu sein. Sie galten wohl im Mittelalter, als Guarda ein wichtiges Bollwerk nahe der spanischen Grenze war. Aber es sind noch Reste der einstigen Stadtbefestigung vorhanden, etwa der Ferreiros-Turm (Schmiede-Turm), oder die alten Stadttore Porta de Estrela (Sternentor) und Porta do Rei (Königstor).

Bedeutendste Sehenswürdigkeit in Guarda ist die **Sé,** die **Kathedrale [N40° 32' 18.52" W7° 16' 11.51"]** *(geöffnet tgl. 9 - 12, 14 - 17 Uhr).* Der mächtige, aus grauem Granitgestein errichtete Bau wirkt eher wie eine trutzige Wehrkirche als eine Kathedrale. Die wuchtigen,

HOTELS – CELORICO DA BEIRA

Mira Serra ***, 42 Zi., Rua Calouste Gulbenkian 12, Tel. 271 74 26 04, www.hmiraserra.com; an der N-17, ansprechend gelegenes, komfortables Mittelklassehotel, Restaurant, Terrasse, WLAN. Garage, Parkplatz.

Residencial Parque *, 27 Zi., Rua Sacadura Cabral, Tel. 271 74 21 97, Garni, einfach, gut, preiswert, Bar, WLAN. Parkplatz.

CAMPING – MELO/NABAÌNHOS

Camping Quinta das Cegonghas [WP 056 / N40° 31' 14.5" W7° 32' 29.3"], Nabaínhos, Tel. 238 74 58 86, www.cegonhas.nl; 1. Jan. – 31. Dez.; von Celorico da Beira ca. 21 km auf der N-17 Richtung Coimbra, bei KM 114 Richtung Nabaínhos/Melo südwärts abzweigen, dann Beschilderung folgen; Terrassengelände mit Bäumen und Büschen bei einem Gehöft; 4 ha – 50 Stpl.; einfache Standardausstattung; Restaurant, Schwimmbad, WLAN. Unter holländischer Leitung.

mehreckigen Türme unterstreichen diesen Eindruck.

Begonnen wurde mit dem Bau 1390 im gotischen Stil und erst 150 Jahre später war das Werk vollendet. Ergänzungen in anderen Stilrichtungen kamen in der langen Bauperiode hinzu. So hat das Hauptportal manuelinischen Schmuck. Das Nordportal dagegen ist gotisch. Die großen Schilde an den Turmbasen rechts und links des Hauptportals tragen die Wappen des Bischofs Dom Pedro Vaz Gavião, der während der Fertigstellung des Baus im Amt war.

Gotischem Stilempfinden entsprechend ist das Innere hoch aufragend und schlicht. Interessant die gewundenen Säulen, auf denen der Bogen zum Chor hin ruht. Aufmerksamkeit verdient die hohe **Altarwand**, ein Meisterwerk der Steinmetzkunst der Renaissance-Epoche des 16. Jh. Im nördlichen Seitenschiff führt ein Renaissance-Portal in die **Pinas-Kapelle** mit einem gotischen Sarkophag mit liegender Gestalt.

An der Ostseite des Platzes **Praça Luís de Camões,** dem Platz vor der Kathedrale, ist in einem alten Granitbau mit Arkaden und Eisenzaun das **Touristeninformationsbüro [N40° 32' 19.97" W7° 16' 8.85"]** untergebracht.

Schließlich lohnt ein Bummel durch die Straßen und Gassen zwischen Kathedrale und Hotel do Turismo, zur **Porta da Estrela** oder hinauf zu den Ruinen der alten **Burg [Parkplatz, N40° 32' 13.58" W7° 16' 20.51"]** oberhalb der Kathedrale. Schöner Blick über die Stadt.

Die Portalfassade der Kathedrale in Guarda

Besuchenswert sind außerdem die **São Vicente Kirche [N40° 32' 24.15" W7° 16' 5.37"]** mit Azulejos aus dem 18. Jh. mit religiösen Motiven und das **Museu da Guarda [N40° 32' 14.17" W7° 16' 1.47"]**, *geöffnet tgl. a. Mo. 10 - 12, 14 - 17 Uhr.* Das Stadtmuseum ist untergebracht in einem Bau aus dem 17. Jh., das ehemals als Bischofsseminar genutzt wurde. Zu sehen gibt es Gemälde aus dem 19. und 20. Jh., darunter Werke von Columbano, António Carneiro, Carlos Reis u. a., dann Skulpturen und archäologische Funde, sowie eine Münz- und Waffensammlung.

PRAKTISCHE HINWEISE – GUARDA

Posto de Turismo/Welcome Center [N40° 32' 19.97" W7° 16' 8.85"], Praça Luis de Camões, 6300-725 Guarda, Tel. 271 20 55 30, www.turismodocentro.pt.

RESTAURANTS

Bekannt für seine gute Küche ist das **Colmeia**, Estrada de Galegos, südlich des Zentrums Richtung Galegos. Gemütliches Ambiente, beste Gerichte vom Stall und Meer.

HOTELS

Vanguarda ***, 82 Zi., Av. Monsehor Mendes do Carmo, Tel. 271 20 83 90, www.hotelvanguarda.com.pt; relativ neues, modern gestaltetes Mittelklassehotel an der nördlichen Peripherie von Guarda, Zimmer mit schönem Blick

auf die Stadt, gutes Restaurant, freundlicher Service, Parkplatz. Zur Stadt und zu einer Shopping-Mall ca. 10 Min. Fußweg.
De Turismo *,** 105 Zi., Largo do Município, Tel. 913 69 91 20, www.hturismoguarda.com; komfortables Haus der gehobenen Mittelklasse, zentral gelegen, Schwimmbad, Restaurant, Garage.
Santos ****, 27 Zi., Rua Tenente Valadim 14, Tel. 271 20 54 00, www.residencialsantos.com; gediegenes Haus in alten Mauern, gutes Preis-Leistungsverhältnis, WLAN. Kein Restaurant. Parkmöglichkeit.

CAMPING

Parque Campismo Municipal da Guarda [WP 057 / N40° 32' 10.7" W7° 16' 36.2"], Avenida Estádio Muncipal, Tel. 271 22 12 00; 1. Jan. – 31. Dez.; am südwestl. Stadtrand am Kreisverkehr beschilderter Abzweig, beim städt. Park mit Freibad/Hallenbad; zwei Geländestufen unter hohen, teils eng stehenden Bäumen, separater Teil für Zelte, zwischen Stadtpark mit öffentlichem Schwimmbad und Stadion, wenige auch für große Wohnmobile geeignete Stellflächen, viel besuchter Durchgangsplatz; ca. 2 ha – 70 Stpl.; sehr einfache, veraltete Sanitärausstattung. Laden u. Restaurant im Sommer. Einfache **V & E für Wohnmobile** am Platzeingang.

WOHNMOBIL-STELLPLATZ – VILAR FORMOSO

Wohnmobil-Stellplatz Àrea de Serviçio Àrea Armazéns Zázá [WP 058 / N40° 36' 55.3" W6° 50' 19.0"], Av. das Tílias. **Zufahrt:** Vilar Formoso liegt 43 km östlich von Guarda an der portugiesisch-spanischen Grenze. Von der A-25/IP 5 letzte Ausfahrt 34 auf die N-332 und bis zum nordwestlichen Ortsrand, Stellplatz liegt auf der Nordseite der Straße. **Ausstattung:** Ebener, sandiger Platz für 15 Wohnmobile, von niederer Mauer eingefasst. Frischwasserversorgung, Grauwasser- und Chemikaltoilettenentsorgung, Strom. **Gebühr:** Gebühr pro Wohnmobil für 24 Std. mit Strom. Wasser Extragebühr. Restaurants und Läden nahebei.

AUSFLÜGE AB GUARDA

Bei ausreichend zur Verfügung stehender Zeit lohnen Ausflüge zu den **Burgen in der Umgebung** von Guarda.

Das Städtchen **Sabugal** z. B. liegt rund 32 km südöstlich von Guarda und ist über die N-233 zu erreichen. Zu sehen ist dort die Burg **Castelo de Cinco Quinas [N40° 21' 5.34" W7° 5' 41.13"]** mit einem mächtigen fünfeckigen Wehrturm aus dem 13. Jh.

Castelo Mendo, ca. 38 km östl. von Guarda gelegen und über die Schnellstraße A-25/IP-5/E-80 zu erreichen, oder **Castelo Bom**, noch einige Kilometer weiter östlich, warten mit Resten mittelalterlicher Festungen aus der Zeit König Dinis I. auf.

Fährt man auf der N-16/IP-5 weiter bis zur nahen spanischen Grenze erreicht man **Vilar Formoso** (Wohnmobil-Stellplatz siehe oben). 15 km nordwestlich der Grenzstadt liegt an der Straße N-332 das Landstädtchen **Almeida [Parkplatz vor der Porta de São Fraancisco, N40°43'23.03" W6°54'16.99"]** hübsch auf einem Hügel. Die viel umkämpften Festungsanlagen dort sind noch intakt und sehenswert. Wegen der engen Dorfstraßen und Zufahrtstore besichtigt man den Ort am einfachsten zu Fuß.

Zum Übernachten lädt in Almeida die **Pousada Senhora das Neves** **** mit ihren 21 Zimmern ein (Tel. 271-57 42 83, moderner Bau, Restaurant, Parkplatz.)

Mein Tipp! Fährt man von Almeida zurück nach Guarda, sollte man die nach Südwesten führende N-340 nehmen. Sie führt nach der Überquerung des Rio Côa durch eine fast außerirdisch anmutende Felslandschaft.

Abstecher in die Steinzeit ins Val do Côa

Wer sich sehr für frühe Zeugnisse der Menschheitsgeschichte interessiert, sollte diesen Abstecher in den **Archäologiepark Vale do Côa** unternehmen.

Ohne Voranmeldung ist allerdings nur das futuristisch gestaltete moderne **Museum do Côa** im Archäologiepark zu besichtigen. Die Felsritzungen selbst sind nur auf begleiteten Touren zu sehen, für die Reservierungen ratsam sind, um den Weg nicht umsonst zu machen.

Route: *Der schnellere Weg nach* **Vila Nova de Foz Côa** *führt von Guarda zunächst nordwestwärts über die Schnellstraße A25/IP5/E80 19 km bis zur Ausfahrt 27 und von dort auf der N-102/IP-2/E-802 64 km nach Norden. Das Museo do Côa liegt 3 km östlich von Vila Nova de Foz Côa.*

Umständlicher, dafür abwechslungsreicher ist der Weg von Guarda über die N-221 in nordöstlicher Richtung und über **Pinhel** *bis* **Figueira de Castelo Rodrigo**, *54 km. Dort nordwestwärts auf die N-332 und über* **Vilar de Amargo**, **Almendra** *und* **Castelo Melhor** *nach Vila Nova de Foz Côa, ca. 35 km.*

Pinhel, ein altes, kleines Städtchen mit etwa 2.500 Einwohnern, mitten in einem Wein- und Olivenanbaugebiet gelegen, hat noch einige interessante Bauten erhalten, die auf seine lange Geschichte hinweisen. Auch in Pinhel machte die Nähe zur spanischen Grenze Befestigungen nötig. Reste eines **Kastells** und einer **Burg**, die König Dinis im 14. Jh. anlegen ließ, sind noch erhalten.

Besonders um den Stadtplatz mit seinem alten Pranger stehen noch einige schöne Häuser aus dem 17. und 18. Jh. mit schmiedeeisernen Balkonen und den Wappen der früheren Besitzer an den Wänden. Im eher bescheidenen **Stadtmuseum [N40° 46' 32.88" W7° 3' 45.63"]** sind archäologische Funde aus der Umgebung, Keramiken, Waffen und Kunstgegenstände aus Kirchen der Gegend zu sehen.

In **Castelo Rodrigo** lohnt ein Abstecher auf eine Anhöhe nordöstlich des Ortes. Von dort genießt man einen weiten Blick ins Land.

In **Castelo Melhor** befindet sich einer der Abfahrtspunkte [N41° 01' 31.7" W7° 04' 00.2"] der Jeep-Touren zu den Felszeichnungen Penascosa und Ribeira de Piscos im Archäologiepark Vale do Côa.

Parque arqueológico do Vale do Côa

In der sehr abgeschiedenen, so gut wie menscheleeren Umgebung des Tales des Rio Cão südöstlich des Städtchens **Vila Nova de Foz Côa** wurden vor noch nicht allzu langer Zeit an den felsigen Uferwänden Steinritzungen, oder Steinzeichnungen, entdeckt, die in die graue Vorzeit des Paläolithikums datiert werden. Die Wissenschaft kennt diese Zeitperiode als die älteste bislang bekannte Zeit der Menschheitsgeschichte. Schon alleine aus diesem Grunde zählen die Steinritzungen im Val do Côa, die unvorstellbare 30.000 und mehr Jahre alt sein sollen, zu den bedeutendsten und wertvollsten ihrer Art weltweit.

1996 wurde das Côa-Tal zum Archäologiepark erklärt und zwei Jahre später in die Liste des UNESCO-Weltkulturerbes aufgenommen

Dargestellt sind in erster Linie die Umrisse von Tieren. Manche Spuren sind allerdings so flach in den Stein geritzt, dass sie nur schwer erkennbar und deutbar sind.

Insgesamt sollen bislang im Tal des Rio Côa, der unweit nördlich in den Rio Douro mündet, in einem Gebietsdreieck zwischen den Orten Vila Nova de Foz Côa, Muxagata und Castelo Melhor annähernd tausend Ritzbilder gefunden worden sein. Selbst im benachbarten spanischen Grenzgebiet wurden ähnliche Steinzeichnungen entdeckt. Den Besuchern ist in Portugal aber nur ein kleiner Teil davon in drei Sektoren auf begleiteten Jeep-Touren zugänglich.

Zentrum des Archäologieparks Vale do Côa ist der 3 km östlich von Vila Nova de Foz Côa gelegene, supermoderne Bau des **Museu Vale do Côa [Parkplatz, WP 059 / N41° 4' 47.18" W7° 6' 44.57"]**, Tel. 279 768 260 *(geöffnet Di - So 9 - 12.30 Uhr und 14 - 17.30 Uhr, letzter Einlass 30 Min. vor Schließung, Eintritt ca. 5,- Euro)*; www.arte-coa.pt. Das Museum bietet dem Besucher neben Ausstellungen eine Aussichtsterrasse, Bücherei, Getränkeautomaten, Schließfächer, Cafeteria und Restaurant (geplant), Souvenirladen sowie Informationen über die Exponate. Bald soll ein Audio-Guide System zur Verfügung stehen.

Die größte Attraktion aber sind **Jeep-Touren zu den Felszeichnungen.**

Abgesehen davon, dass die Besichtigungen der prähistorischen Felsritzungen (Petroglyphen) im Vale do Côa vor allem im Sommer recht anstrengend sein können, ist ein Besuch dort nur in Begleitung von Führern möglich. Die Besucher werden in dem so gut wie unerschlossenen Gebiet mit Geländewagen in die Nähe der zugänglichen Felsritzungen gebracht. Anschließend sind teils noch kleine Wanderungen durch ziemlich unwegsames Gelände nötig. Die tägliche Besucherzahl und der Platz in den wenigen Fahrzeugen sind begrenzt. Die Warteliste der Besucher kann lang sein. Aus diesem Grunde ist es sehr empfehlenswert, ja notwendig, sich rechtzeitig anzumelden unter Tel. +351 279 768 260 oder über visitas.pavc@igespar.pt.

Montags finden keine Touren zu den Felszeichnungen statt.

Vor allem in den Sommermonaten können die Temperaturen im Flusstal höllische Werte erreichen. Dringend empfohlen wird deshalb die Mitnahme von ausreichend Getränken, eine Kopfbedeckung, Sonnenbrille, evtl. Sonnencreme, leichte Kleidung, gute Schuhe. Und Kinder unter drei Jahren können auf die Jeep-Touren nicht mitgenommen werden.

Besucht werden können im Côa-Tal die Felszeichnungen von **Canada do Inferno** (Startpunkt Côa Museum), **Penascosa** (Startpunkt Empfangszentrum Castelo Melhor, liegt rund 14 km südöstlich von Vila Nova de Foz Côa an der N332) sowie **Ribeira de Piscos** (Startpunkt Empfangszentrum Muxagata, liegt rund 5 km südlich von Vila Nova de Foz Côa und nur unweit östlich der N-102).

Manche der Steinritzungen sind nur schwer auszumachen und nur bei entsprechenden Licht-/Schattenverhältnissen gut zu erkennen. Aus diesem Grunde werden die Steinritzungen von Canada do Inferno und Ribeira de Piscos nur in den Morgenstunden besucht, während die von Penascosa nur nachmittags angefahren werden.

Am leichtesten kann Penascosa erreicht werden, nur kurzer Weg vom Auto zu den Felsritzungen.

Etwas weiter zu Fuß und auch etwas anstrengender ist der unebene Weg zu der Stelle von Canada do Inferno. Die Felszeichnungen liegen hier an einem Hang und sind nur auf einer etwas mühsamen, wenn auch nur knapp halbstündigen Wanderung über Stock und Stein zu erreichen.

Auf dem Weg sieht man Spuren von Bauarbeiten. Als man hier 1992 mit den Vorbereitungen zu einem Staudammprojekt begann, stieß man auf die einmaligen Felsritzungen. Daraufhin wurde das Bauprojekt – allerdings erst nach langen Protesten – nicht weiterverfolgt.

Am längsten und anstrengendsten ist der Weg nach Ribeira de Piscos. Er wird nur Besuchern, die gut zu Fuß sind und keine gesundheitlichen Probleme haben, empfohlen.

Dauer der Jeep-Touren etwa zwei Stunden. Der Preis für eine Jeep-Tour belief sich bislang auf 10,- Euro pro Person, Kombi-Ticket Museum und Jeep-Tour 12,- Euro.

Vor allem in den heißen Sommermonaten und wenn man in der Nähe eine Bleibe gefunden hat, kann eine nächtliche Jeep-Tour ein besonderes Erlebnis sein. Nächtliche Touren zu den Felsritzungen von Penascosa starten am Museum bei Sonnenuntergang, dauern drei Stunden und kosten 17,- Euro pro Person.

Änderungen bei den Touren, Führungen, Fahrpreisen und Eintrittszeiten sind möglich!

Route: *Der Rückweg nach Guarda kann über die N-102 und die schnelle A25/IP5/E80 führen.*

TOUR 7: GUARDA – COIMBRA

Länge der Tour: Rund 210 km, ohne Abstecher.

Die Route: Über die Straße N-18 bis **Belmonte** – N-232/N-338/N-339 über **Manteigas** und **Torre de Serra** bis **Seia** – N-17 bis **Oliveira do Mondega** – IP-3/E-801 bis **Penacova** (Aus fahrt 11) – N-110 bis **Coimbra.**

Reisedauer: Mindestens ein Tag.

Höhepunkte: Die **Burg Belmonte** * – die Fahrt über das **Estrela Gebirge** *** – **Coimbra** und seine alte **Universität** ** – ein Aufenthalt im **Palasthotel von Buçaco** ***.

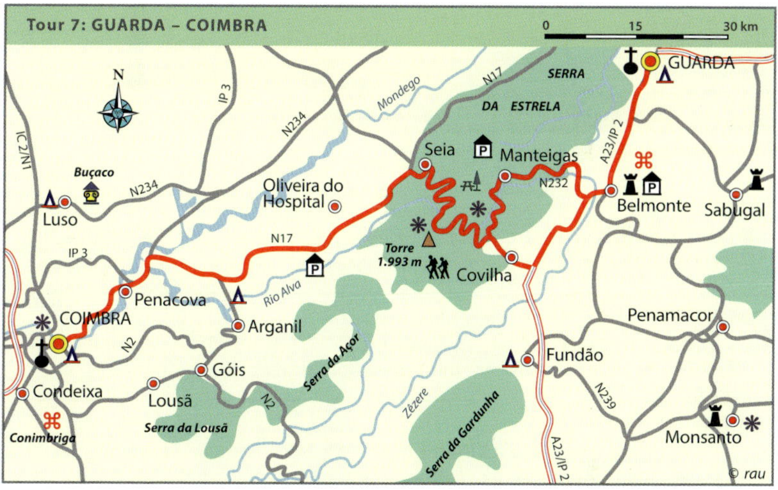

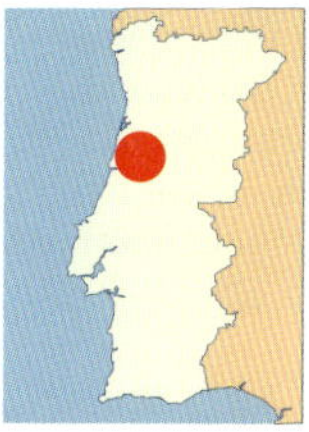

Route: *Von Guarda auf der N-18 südwärts Richtung* **Covilha**. *Schon nach etwa 4 km genießt man einen schönen Blick ins Tal Vela Mourão. Nach etwa 23 km taucht östlich der Straße unübersehbar das* **Kastell von Belmonte** *auf.*

Kurz vor Belmonte sieht man östlich nahe der Hauptstraße auf einer Anhöhe die stattlichen Mauern des immer noch eindrucksvollen römischen Wachturms **Centum Cellas [N40° 22' 40.2" W7° 20' 30.8"]**.

Es bietet sich an, einen kurzen Abstecher in das nur etwa 4 km entfernte Dorf **Belmonte** zu machen. Der Ort liegt hübsch auf einem Hügel. Belmonte nimmt für sich in Anspruch, Geburtsort des Brasilienentdeckers Pedro Álvares Cabral zu sein. Ein Denkmal des berühmten Navigators steht im Ort.

Vom **Kastell [WP 060 / N40° 21' 35.2" W7° 20' 53.9"]** *(geöffnet 15. 4. - 14. 9. tgl. 9.30 - 13, 14.30 - 18 Uhr)*, das König Dinis I. ausgangs des 13. Jh. anlegen ließ, ist der Wehrturm noch gut erhalten. Von der Festungsanlage bieten sich schöne Ausblicke auf den Ort und bis zu den Höhenzügen der Serra da Estrela im Westen.

In der ganz in der Nähe der Burg gelegenen **Gemeindekirche São Tiago** sind ein Grabdenkmal Cabrals und das Grab seiner Mutter zu finden. Die eigentliche Begräbnisstätte des Entdeckers liegt in Santarém. Die Kirche São Tiago selbst

Kastell Belmonte. Foto: ICEP

PRAKTISCHE HINWEISE - BELMONTE

Posto de Turismo, Castelo de Belmonte, 6250-054 Belmonte, Tel. 275 91 14 88, www.cm-belmonte.pt. *Geöffnet tgl. 9.30 - 12.30 + 14.30 - 17.30 Uhr.*

RESTAURANT

Casa do Castelo, Largo de Santiago, Tel. 275 18 16 75, www.casadocastelo.net; hübsches Restaurant mit Terrasse oben an der Burg. Zimmer.

HOTELS

Pousada Convento de Belmonte *****, 24 Zi., Serra da Esperança, Tel. 275 91 03 00, www.pestana.com/de/hotel/pousada-belmonte; 2 km südlich des Ortes an der Straße nach Caria, sehr komfortables Haus in ansprechender Lage, teuer, in den Mauern eines alten Klosters eingerichtet, teils Blick zur Serra da Estrela im Westen; Schwimmbad, Restaurant, WLAN. Parkplatz.
Hotel Belso ***, 53 Zi., Ginjal, Tel. 275 91 22 06, www.hotelbelsol.com; gut 3 km nordöstlich der Stadt an der N-18, Mittelklassehotel mit einfacherem Komfort, ansprechend gelegen, Hotelgarten, Schwimmbad, Tennis, Restaurant, WLan. Parkplatz.

stammt aus der romanischen Bauperiode des 13. Jh. Aus jener Zeit sind noch Freskenreste erhalten.

Direkter Weg ins Estrela-Gebirge

Route: *Verzichtet man auf den allerdings empfehlenswerten (etwas weiter unten beschriebenen) Umweg über Monsanto, nimmt man außerhalb von Belmonte die N-232, die nordwestwärts über* **Valhelhas** *und* **Manteigas** *hinein in das liebliche Tal* **Vale Formosa** *führt, mit Blick auf die Berge der Serra da Estrela. Manteigas erreicht man nach rund 17 km.*

Valhelhas (Campingmöglichkeit Parque de Campismo do Rossio de Valhelas [N40° 24' 18.0" W7° 24' 23.2"], Tel. 275 48 71 60, 1. Mai – 30. Sept.; Platz der Gemeinde am westlichen Ortsrand nahe der N-232) ist ein kleines Bergdorf mit einer uralten Steinbrücke aus der Römerzeit über den Rio Zêzere. Der Rio Zêzere und der Rio Mondego sind übrigens die längsten Flüsse Portugals, deren gesamter Lauf auf portugiesischem Territorium liegt. Sie entspringen in der Serra da Estrela und münden an der Küste Portugals ins Meer. Alle anderen großen Flüsse kommen aus Spanien oder münden in Wasserläufe von dort. Hinter Valhelhas beginnt ein landschaftlich schöner Aufstieg nach **Manteigas [N40° 24' 08.9" W7° 32' 14.8"]**. Der 775 m hoch gelegene Kurort schmiegt sich wie ein Amphitheater an die steil aufragenden Abhänge des Estrela-Gebirges.

Route: *Von Manteigas Abzweig auf die N-338 und durch den etwas engen Kurort* **Caldas de Manteigas** *(Beschilderung Vale Glaciar) südwärts, am Rio Zêzere entlang und durch das runde Gletschertal* **Vale glaciário do Zêzere** *hinauf in die Bergwelt der Serra da Estrela. Die schmale N-338 bis hinauf zur Einmündung der N-339 erscheint für große Wohnmobile oder für Caravangespanne recht beschwerlich.*

Mein Tipp! Es folgt eine wunderschöne, sehr lohnende Fahrt, die ich (schönes Wetter und klare Sicht vorausgesetzt) zu den **schönsten Strecken** in ganz Portugal zählen möchte. Man sollte sie auch in dieser Richtung und nicht umgekehrt fahren. So hat man nämlich ständig die imposante Bergkulisse vor sich.

Am Beginn der herrlichen Passfahrt hinauf zu den Gipfeln (Wintersperre gewöhnlich November bis Mai) des **Estrela-Gebirges** geht es durch das fast schnurgerade, sanfte, grüne Tal des noch sehr „jungen" Rio Zêzere. Die fast weichen Rundungen des Talbodens, der stellenweise übersät ist mit großen Granitfindlingen, weist darauf hin, dass einst gewaltige Gletscher dieses Gebirgstal formten. Man sieht noch vereinzelt Reste alter Gehöfte entlang des klaren Bergbaches.

Die Steigungen der etwas schmalen Bergstrasse sind recht moderat.

An der ersten Kehre der nun folgenden Serpentinen ist inmitten wunderschöner Bergnatur unterhalb des 1.926 m hohen Cantaras ein Picknickplatz und eine bescheidene *Campingmöglichkeit* eingerichtet. Hier ist auch einer der Zugänge für Wanderer in den „Parque Natural da Serra da Estrela". In der Nähe die Wasserfälle „Cascatas da Candieira".

Oben auf dem Bergsattel dann ein kleines Winterferiendorf, Seilbahnen zu den Skigebieten und an der Weggabelung ein Berggasthof. Hier trifft die Straße N-339 aus Covilhã auf unsere Hauptroute, siehe unten.

Alternativer Umweg ins Estrela-Gebirge über Covilhã

Alternativroute: *Eine abkürzende Routenalternative gegenüber dem Weg über Manteigas. Von Belmonte auf der N-18 16 km nach Südwesent bis* **Covilhã**.

Covilhã am Südosthang des Estrela-Gebirges ist vor allem Ausgangsort und Standquartier für die Wintersportgebiete von **Penhas da Saúde**. Wirtschaftlich ist neben der Käseproduktion (Spezialität „queijo da serra", ein Schafskäse) vor allem die Wollverarbeitung von großer Bedeutung.

PRAKTISCHE HINWEISE – COVILHÃ

Posto de Turismo, Av. Frei Heitor Pinto, 6200-113 Covilhã, Tel. 275 31 95 60, www.cm-covilha.pt; www.turismodocentro,pt.

HOTELS

Estalagem Varanda dos Carqueijais ****, 50 Zi., Tel. 469 61 03 608, www.varanda-dos-carqueijais.h-rsv.com; ca. 7 km auf der N-339 nach Nordwesten, bergwärts Richtung Penhas da Saúde; einladendes, komfortables Haus der Mittelklasse in schöner, ruhiger Lage, Schwimmbad, Tennis, Restaurant, WLAN. Parkplatz.

Turismo da Covilhã ****, 104 Zi., Tel. 275 33 04 06, www.hotelturismocovilha.com; etwa 4 km südöstl. der Stadt, komfortables Haus der gehobenen Mittelklasse, Restaurant. WLAN. Parkplatz.

CAMPING

Covilhã

Camping Pião [WP 061 / N40° 17' 14.56" W7° 31' 37.58"], Tel. 275 31 43 12; 1. Jan. – 31. Dez.; ca. 4 km nordwestlich von Covilhã Zufahrt von der N-339 Richtung Penhas da Saúde; Platz des örtlichen Campingclubs, 1.420 m hoch gelegen, gestuftes Wiesengelände mit Baumbestand; 2 ha – 80 Stpl.; Standardausstattung, Laden, Restaurant, Schwimmbad.

Fundão

Camping Quinta do Convento Fundatur S.A. [WP 062 / N40° 07' 54.8" W7° 30' 42.5"], Tel. 275 75 31 18; 1. Jan. – 31. Dez.; knapp 20 km südlich Covilhã und knapp 2 km südwestl. von Fundão an der N-238 (Rua do Convento) gelegen; gestuftes Wiesengelände mit relativ dichtem Baumbestand, 600 m hoch gelegen, ca. 2 ha – 130 Stpl.; Standardausstattung. Laden und Imbiss in der Hauptsaison.

Alternativroute: *Ab Covilhã folgen wir der N-339 nach Nordwesten Richtung* **Torre** *und* **Seia** *und passieren dabei den Wintersportort* **Penhas da Saúde**, *19 km (Hotel, Jugendherberge).*

HAUPTROUTE

Route: *13 km nordwestlich von Covilhã stößt unsere Hauptroute aus Manteigas auf die N-339, der wir weiter westwärts und hinauf ins Sternengebirge (Serra da Estrela) folgen.*

Die atemberaubend schöne Fahrt geht vorbei an den im Nordosten aufragenden Gipfeln *Nossa Senhora da Boa Estrela, Cântaros* und *Cântaro Magro* weiter bergauf.

Endlich erreicht man das Hochplateau des höchsten Berges Portugals, den 1.993 m hohen **Torre de Estrela [WP 063 / N40° 19' 20.3" W7° 36' 45.3"]**. Eine Stichstraße führt zur eigentlichen Gipfelregion mit Parkplatz, Restaurant und den Türmen einer Wetterstation. Die Straßen hier oben können je nach Heftigkeit des vorausgegangenen Winters noch zu Sommerbeginn von teilweise fast 4 m hohen Schneewänden flankiert werden je nach Winterstrenge.

Die **Rundumsicht** von der baumlosen Bergkuppe ist bei klarem Wetter

Die einsame Kapelle San Antonio im Estrela-Gebirge

PRAKTISCHE HINWEISE – SEIA

Posto de Turismo [N40° 25' 7.94" W7° 42' 9.31"], Rua Pintor Lucas Marrão, 6270-513 Seia, Tel. 238 31 77 62, www.cm-seia.pt/posto-de-turismo/seia. *Geöffnet Mo - Sa 9 - 12.30 Uhr + 14 - 17.30 Uhr, So 9 - 13 Uhr.*

HOTELS

Eurosol Seia Camelo ***, 79 Zi., Av. 1° de Maio 16, Tel. 238 31 01 00, www.eurosol.pt; komfortables Mittelklassehotel, ansprechend gelegen, Schwimmbad, Tennis, Restaurant (Montag Ruhetag), Parkplatz.
Estalagem de Seia **, 34 Zi., Av. Dr. Afonso Costa, Tel. 238 31 58 66; komfortables Mittelklassehotel, Schwimmbad, Restaurant. Parkplatz.

unvergesslich und grandios. Nach Westen hin liegt einem halb Portugal zu Füßen und nach Osten blickt man wie aus der Vogelperspektive auf andere Berggipfel und Gebirgszüge.

Im weiteren Verlauf der sich nun wieder langsam senkenden Passstraße passiert man den Stausee Lagoa Comprida, der gleich drei Staumauern aufweist. Langsam wird die Vegetation wieder üppiger.

Man erreicht das kleine Bergdorf **Sabugueiro** und gut 10 km weiter den Ort **Seia** in reizvoller Halbhöhenlage.

Einen größeren, relativ zentral gelegenen **Parkplatz [WP 064 / N40° 25' 6.52" W7° 42' 23.95"]** findet auf dem Platz Largo da Feira vor dem Friedhof (Rua do Paruq Municipal).

Sehenswert in Seia ist die **Misericórdia-Kirche [N40° 25' 10.36" W7° 42' 4.65"]** aus dem 18. Jh. Aus der romanischen Kunstepoche stammt die Kapelle São Pedro nebenan.

Je nach Interessenlage lohnt ein Besuch der Museen in Seia:

Museo do Brinquedao [N40° 25' 8.48" W7° 42' 6.53"], Largo de Santa Rita, ein Museum mit großer Puppen- und Spielzeugabteilung mit Exponaten aus aller Welt *(geöffnet Di - So 10 - 18 Uhr; www.cm-seia.pt/que-visitar/museu-do-brinquedo).*

Museo do Pão [N40° 25' 3.89" W7° 41' 40.26"], Quinta Fonte do Marrão, Rua de Sant' Ana, ein interessantes Museum über das Lebensmittel Brot und seine Geschichte in der Welt, Restaurant *(geöffnet Di - Fr +So 10 - 18 Uhr, Sa 10 - 22 Uhr; www.museudopao.pt).*

Route: *Kurz nach Seia stoßen wir auf die N-17, der wir in westlicher Richtung folgen. Lange verläuft die Straße auf einem Bergrücken, so dass der Blick sowohl nach Norden ins Mondego-Tal als auch nach Süden ins Tal des Rio Alva offen ist.*

Später wird die Straße zur IP-3. Ihr folgen wir weiter westwärts, verlassen sie an der Ausfahrt Nr. 11, um südwärts über **Penacova** *und auf der N-110 durch das Mondego-Tal nach* **Coimbra** *weiterzureisen.*

HOTELS

Vila Pouca da Beira
Pousada Convento Vila Pouca da Beira ****, 24 Zi., Calçada do Convento, Tel. 238 67 00 80, www.pestana.com/en/hotel/pousada-vila-pouca-da-beira; in Venda do Galizes von der N-17 südwärts auf die N-230; sehr komfortables Hotel, eingerichtet in einem ehemaligen Bischofspalais aus dem 18. Jh., Schwimmbad, Tennis, WLAN. Parkplatz. Restaurant, lokale Spezialitäten u. a.: „Farinheria frita" frittierte Grützwurst mit Grieben und Bratapfel, „Truta salteada em azeite e amêdoas" Forelle in Olivenöl mit Mandeln.

CAMPING

Oliveira do Hospital/ São Gião
Camping São Gião [WP 065 / N40° 20' 47.9" W7° 48' 25.3"], Tel. 234 85 11 54; 1. Jan. – 31. Dez.; in Höhe von Oliveira do Hospital von der N-17 südost-

wärts Richtung São Gião und über den Rio Alva; kleiner Platz am linken Ufer des Rio Alva; ca. 0,5 ha – 50 Stpl.; Standardausstattung; Laden, Imbiss.

Ponte das Três Entradas bei Avô
Avô ist ein hübscher, kleiner Ort an den Westausläufern der Serra da Estrela und am Rio Alva mit alten Steinbrücken.

Santa Ovaia
Camping Ponte das Três Entradas [WP 066 / N40° 18' 25.43" W7° 52' 17.47"], Tel. 238 67 00 50, www.pontedas3entradas.com; 1. Jan. – 31. Okt.; in Venda de Galizes von der N-17 südwärts, über die N-230 Richtung Avô und noch 4 km flussabwärts; so gut wie eben, mit Baumbestand, in ansprechender Lage am Fluss, 500 m hoch gelegen; ca. 1,5 ha – 75 Stpl.; Standardausstattung, Laden Restaurant, Tennis.

Sarzedo/Arganil
Camping Municipal Arganil [WP 067 / N40° 14' 30.73" W8° 4' 5.70"], Tel. 235-20 57 06; 1. Jan. – 31. Dez.; von der N-17 (Sao Pedro de Alva – Guarda) auf die N-342 südostwärts Richtung Sarzedo abzweigen; Platz der Gemeinde, fast ebenes Gelände mit lichtem Baumbestand nahe des Rio Alva; ca. 2,5 ha – 110 Stpl.; einfache Standardausstattung; Tennis. **V & E für Wohnmobile**. Miethütten.

Penacova
Parque de Campismo de Penacova [WP 068 / N40° 15' 59.35" W8° 16' 42.17], Estrada da Carvoeira, Tel. 239 47 74 64; Zufahrt von der N-2 südl. von Penacova knapp 1 km flussabwärts der Straßenbrücke über den Rio Mondego; schmaler Wiesenstreifen mit Laubbäumen unterhalb der N-2 zwischen Straße und Rio Mondego; ca. 1 ha – 100 Stpl.; Standardausstattung, Laden, Imbiss.

Die Universitätsstadt **Coimbra** mit etwa 106.000 Einwohnern liegt beiderseits des Rio Mondego.

Der alte Stadtkern gruppiert sich um eine Anhöhe auf dem rechten, nordöstlichen Flussufer. Oben über der Altstadt dominiert der gewaltige Gebäudekomplex der Alten Universität, überragt von deren Uhrturm.

Bei einem Besuch sollte man aber nicht versäumen, auch auf die westliche Flussseite zu fahren. Von dort hat man einen guten Blick auf die ansteigenden Häuserzeilen der Altstadt mit der Universität.

In die Annalen der Geschichte ging Coimbra ein, als es 1130 zur Hauptstadt Portugals ernannt wurde. 116 Jahre lang, bis 1255, hatte die Stadt dieses Privileg inne. Der wirkliche Aufstieg begann 1290 mit der Gründung der Universität durch König Dinis I. Die drittälteste Universität Westeuropas (Oxford 1249, Cambridge 1284) blieb bis 1911 auch die einzige des Landes. Namhafte Personen des öffentlichen Lebens Portugals studierten oder lehrten in Coimbra – unter ihnen **Antonius von Padua**, der Poet **Luís de Camões**, der im 16. Jh. in der Ballade „Die Lusiaden" die Entdeckungsreise Vasco da Gamas verherrlichte, der Philosoph **Antero de Quental**, der Schriftsteller **Eça de Queiróz**, der frühere Premierminister **Oliveira Salazar** oder dessen Nachfolger **Marcello Caetano**.

Und Coimbra ist der Geburtsort von nicht weniger als sechs gekrönten Häuptern. Auch *Sá de Miranda*, ein Poet des 16. Jh., dann der Komponist *Carlos Seixas* (1704 – 1742) und der Bildhauer *Machado de Castro* (1732 – 1822) sind Söhne der Stadt, die in Coimbra das Licht der Welt erblickten.

Die bildenden Künste hatten in Coimbra vor allem im 16. Jh. einen sehr hohen Stellenwert. Eine Gruppe von französischen Bildhauern fanden sich damals in Coimbra mit hiesigen Künstlern zusammen und schufen, angelehnt an die sog.

*COIMBRA – **1** Information – **2** Alte Universität – **3** Neue Kathedrale – **4** Museum – **5** Alte Kathedrale – **6** Misericórdia-Kirche – **7** Torre d'Anto – **8** Sub Ripas Palast – **9** Almedina Tor – **10** Rathaus – **11** São Tiago-Kirche – **12** Santa Cruz Kloster – **13** Hauptpost – **14** Markthalle – **15** Botanischer Garten – **16** Alter Aquädukt – **17** São Bartolomeu-Kirche – **18** Neue Bibliothek – **19** Bahnhof – **20** Praça do Comércio*

„italienische Schule", einen eigenständigen Stil der Dekoration, die sog. „Coimbra-Schule". Vor allem Kirchenportale oder Altaraufsätze wurden ab dem frühen 16. Jh. im Stil der Coimbra-Schule gearbeitet.

Coimbra war aber nicht nur ein Zentrum der Künste, der Wissenschaft und des Schöngeistes. Coimbra war auch eines der drei Zentren der Inquisition in Portugal.

Abgesehen von seinem historischen Universitäts- und Altstadtviertel unterscheidet sich die Stadt heute nicht sehr von anderen portugiesischen Städten mit bescheidener Industrie (Textil- und Porzellanindustrie in erster Linie).

Da das Parken in den engen Altstadtgassen sehr problematisch, um nicht zu sagen unmöglich ist, wird man eine Stadtbesichtigung (Dauer rund 3 Stunden) am besten zu Fuß antreten und außerhalb der Altstadt parken. **Parkmöglichkeiten [WP 069 / N40° 12' 00.7" W8° 25' 45.7"]** finden sich etwa am Westufer des Rio Mondego südlich der Brücke Ponte Sta. Clara. Eine Fußgängerbrücke führt hinüber ans Ostufer zur Innenstadt.

Ein weiterer **Parkplatz [N40° 12' 14.25" W8° 25' 33.36"],** der zwar etwas näher zur Innenstadt liegt, aber oft vollbelegt ist, liegt gegenüber am Ostufer des Rio Mondego.

Stadtspaziergang

Wir beginnen unseren Stadtrundgang an der **Alten Universität (2) [N40° 12' 28.5" W8° 25' 29.6"]** *(geöffnet Apr. - Okt. tgl. 9 19 Uhr, Nov. - März tgl. 10 - 16 Uhr, www.uc.pt)*. Eintrittskarten erhält man im Besucherbüro im Gebäudeflügel links vor dem Portal Porta Férrea. Eintritt für Universitätskapelle und Bibliothek sowie separater Eintritt für Aula. Man muss schon durch die ehrwürdige **Porta**

Férrea an der Ostseite in den Innenhof des Universitätskomplexes hineingehen um dahinterzukommen, warum die Universität zu den Sehenswürdigkeiten der Stadt gezählt wird. Denn der moderne Platz davor mit den kahlen, neuzeitlichen Universitätsgebäuden wäre den Weg hierher nicht wert.

Der Innenhof der Alten Universität ist an drei Seiten von Gebäuden umgeben, von denen der nordwestliche Flügel rechts, der ehemalige Renaissancepalast König Joãos III. von 1540 ist. Gehen Sie erst an die freie Seite links voraus, und betrachten Sie, solange noch nicht moderne Neubauten den Ausblick versperren, die unter Ihnen liegende Stadt am Mondego.

Gerade gegenüber der Durchfahrt in den Innenhof fällt an dem breiten Westflügel ein wunderschönes manuelinisches **Portal** auf, das zur sehr sehens-

Prächtig, prächtig - die alte Bibliothek der Universität von Coimbra. Foto: ICEP

werten **Universitätskapelle** führt. In ihrem Inneren sind Azulejos aus dem 17. Jh. zu sehen und eine fein gearbeitete Empore mit der Orgel

Nebenan kleines **Museum** mit sakraler Kunst.

Weiter links neben der Kapelle ist die **Universitätsbibliothek** untergebracht. König João V. stiftete sie im Jahre 1724. Sie zählt wohl zu den schönsten Bibliotheken in ganz Europa und ihre Besichtigung ist ein lohnendes Erlebnis. In einer reichen Barockdekoration, teils mit Schnitzereien aus brasilianischem Ebenholz, Deckengemälden, imitierten chinesischen Lackarbeiten, sind die Kostbarkeiten der Bibliothek (ca. 150.000 Bände) in drei Sälen aufgereiht.

Unübersehbar in der Nordwestecke des Innenhofs erhebt sich der markante, weithin sichtbare **Uhrturm**, dessen Stundenglocke von den Studenten „Cabra" (die Ziege) genannt wird, nach deren Schlag sich noch heute die Unterrichtsstunden richten.

Rechts führt eine breite Freitreppe zur **Via Latina**, einem Arkadengang, in dem früher nur Latein gesprochen werden durfte und in den **Rektoratsflügel**. Dieser Gebäudeteil beherbergt die Vorlesungsräume, die teils um einen lichten Innenhof gruppiert sind, sowie die Repräsentations- und Festsäle der Universität.

Auf Führungen wird die **„Sala dos Capelos"** gezeigt, eine Halle mit Deckenmalereien aus dem 17. Jh. und mit den Porträts aller portugiesischen Könige an den Wänden. In der „Sala dos Capelos" werden den erfolgreichen Examinanden alljährlich die Abschlussdiplome feierlich überreicht.

Zum Besichtigungsprogramm gehört auch ein phantastischer **Stadtblick** von einem schmalen, hohen Balkon an der Nordseite des alten Rektoratsgebäudes.

Heute sind im Universitätsbetrieb Coimbras weit über 7.000 Studenten eingeschrieben. Und wie in anderen Universitätsstädten gibt es auch hier alte Traditionen im Studentenleben. In einem Jahrhunderte alten Ehrenkodex war zum Beispiel auch festgelegt, wie ein Student in Coimbra zu leben hatte. Natürlich sind die Zeiten vorbei, als die Studenten in langen schwarzen Capes zu den Vorlesungen gingen und nicht ohne Stolz auf ihre Einschnitte an den

Blick zur Sé Velha, der Alten Kathedrale von Coimbra

Umhängen blickten, die angeblich erfolgreiche romantische Abenteuer signalisierten.

Nach wie vor gepflegt wird die alte Tradition des Fado-Gesangs. Der Ausdruck „Coimbra singt" kommt nicht von ungefähr. Allerdings unterscheidet sich der Fado der Studenten Coimbras vom Fado Lissabons. In Lissabon klingt er melancholisch und nicht eben melodiös, während der Fado in Coimbra eher wie eine sentimentale Ballade klingt.

Im Mai endet das Studentenjahr mit dem Fest „Queima das Fitas". Dann wird ausgelassen gefeiert und nach alter Tradition schneiden die graduierten Studenten die bunten Bänder ab, die ihre Fakultät kennzeichneten und verbrennen sie in lautem Zeremoniell. Bei den Farben der Bänder bedeutet Rot Rechtswissenschaften, Gelb Medizin, Blau Literaturwissenschaften etc.

Zurück zu dem von modernen Uni-Gebäuden umgebenen Platz vor der Alten Universität. Von dort gehen wir die Rua Couraça dos Apótolos ein kurzes Stück nach Norden. Rechts taucht der Largo da Feira (auch Largo da Sé Nova) auf. An seiner Nordseite erhebt sich die sog. **Neue Kathedrale (3) [N40° 12' 33.31" W8° 25' 28.25"].**

An der linken (westlichen) Seite des Platzes liegt das **Museu Nacional de Machado de Castro (4) [N40° 12' 31.85" W8° 25' 30.80"],** das wohl bedeutendste Museum der Stadt *(geöffnet Di - So 9:30 - 17:30 Uhr, http://mnmachadodecastro.imc-ip.pt)*. Eingerichtet ist es im ehemaligen Bischofspalais aus dem 16. Jh., an dessen Südseite ein hübscher Patio mit Brunnen und doppelstöckiger Säulenhalle auffällt. Von dort öffnet sich der Blick auf die tiefer liegende Alte Kathedrale und bis zum Rio Mondego.

Im Inneren des Museums werden kostbare Skulpturen-Sammlungen gezeigt. Die Exponate stammen aus Kunstperioden vom 14. Jh. über die Zeit der „Coimbra Schule" des 16. Jh. bis zu Werken aus dem 18. Jh. Im Obergeschoss sind Gemälde, Porzellan, Teppiche, Azulejos, Mobiliar und sakrale und liturgische Kunstgegenstände zu sehen. Aber auch die Ausstattung der Räume an sich (Decken, Wände) ist sehenswert. Im Untergeschoss Funde aus frühgeschichtlichen Epochen.

Links, zwischen Museum und einem der Universitätsgebäude, führt die Rua Borges Caneiro hinab zur **Sé Velha**, der **Alten Kathedrale (5) [N40° 12' 32.2" W8° 25' 38.2"]** *(geöffnet Mo - Do + Sa + So 10 - 18 Uhr, Fr 10 - 16 Uhr)*. Dieser wuchtige, ernste Bau wurde während der Regentschaft von König Afonso I. Mitte des 12. Jh. von französischen Bau-

Das romanische Portal der Sé Velha, Coimbra

meistern im romanischen Stil errichtet. Der eher einer Burg als einem Gotteshaus ähnliche Bau zählt zu den wichtigsten Denkmälern portugiesischer Romanik. Im Inneren gehört der vergoldete gotische **Hochaltar** zu den Kostbarkeiten der Kirche. Im angrenzenden herrlichen **Kreuzgang** (Eintritt) war einst angeblich die erste Druckpresse der Universität aufgestellt. Im völligen Gegensatz zum sonstigen Bild der Kirche steht deren **Nordportal**, eines der frühen Renaissancewerke in Portugal, ausgeführt von Jean de Rouen.

Auf dem kleinen, abschüssigen Platz vor der Kathedrale suchen wir an dessen Nordwestecke die Rua dos Coutinhos (der Treppenweg links davon wäre eine Abkürzung) und folgen ihr bis zur Rua do Loureiro. Wir gehen dort zweimal scharf links und vorbei an der **Misericórdia-Kirche (6)** in die Rua de Sobre-Ripas. Nach dem Tordurchgang in der schmalen Gasse liegt rechts der **Torre de Anto (7) [N40° 12' 35.49" W8° 25' 41.73"]**, ein letzter Rest der alten Stadtbefestigung, der heute ein Kunsthandwerkszentrum beherbergt.

Ein kurzes Stück weiter, sieht man, abermals rechts, ein schönes manuelinisches **Portal** aus dem 16. Jh., das zum **Sub Ripas Palais (8)** gehört.

Am nächsten Treppenweg gehen wir rechts hinab. An dem kleinen, lebhaften Platz den man gleich darauf erreicht, gehen wir rechts und durch das alte **Almedina Tor (9) [N40° 12' 31.82" W8° 25' 43.49"]**, einem mittelalterlichen Stadttor mit Türmchen.

Wir kommen auf die Haupteinkaufsstraße Rua Visconde da Luz. Sie zieht sich nordwärts bis zum **Rathaus (10) [N40° 12' 39.49" W8° 25' 44.68"]** an der Praça 8 de Maio. Die südliche Verlängerung der Rua Visconde da Luz trägt den Namen Rua Ferreira Borges und reicht bis zum Largo Portagem Nähe Rio Mondego. Wir gehen aber zunächst nordwärts bis zum Rathaus, vorbei an der linkerhand gelegenen romanischen **Kirche São Tiago (11),** oder nehmen den Bus.

Hinter dem Rathaus liegt das **Mosteiro de Santa Cruz (12)**, das Heiligkreuz-Kloster *(geöffnet tgl. 10 - 12, 14 - 18 Uhr)*. Schon im 12. Jh. hatte sich hier eine klösterliche Gemeinde niedergelassen. Auf den Gebäuderuinen dieser ersten Abtei entstand dann im 16. Jh. das Kloster.

In der Klosterkirche liegen die ersten portugiesischen Könige begraben, Afonso Henriques (gest. 1185) und Sancho (gest. 1211). Die **Grabstätten** sind sehenswert. Ebenfalls sehenswert ist das **Chorgestühl** von François Lorete mit Szenen aus Vasco da Gamas Entdeckungsreisen. Beachtung verdienen weiter eine **Renaissancekanzel** von Nicolas Chanteréne und Jean de Rouen und der **Kreuzgang** aus dem 16. Jh. im manuelinischen Stil.

Östlich der Klosteranlagen liegt die **Hauptpost (13),** daneben die **Markthalle (14).**

Hat man an den eingangs erwähnten Parkplätzen an der Mondego-Brücke das Auto abgestellt, kann man ab Rathaus mit Bussen dorthin zurück gelangen.

Weitere Sehenswürdigkeiten

Bei längerem Aufenthalt lohnen außerdem folgende Sehenswürdigkeiten einen Besuch:

Botanischer Garten (15) [N40° 12' 21.54" W8° 25' 13.18"], eine schön begrünte Terrassenanlage unweit südöstlich der Altstadt, tgl. von 9 Uhr bis Sonnenuntergang geöffnet.

Am **westlichen Mondegoufer** kann man besichtigen:

Santa Clara-a-Velha [N40° 12' 4.74" W8° 25' 56.87"] – Gotische Kirche, in der Inês de Castro begraben lag, bis sie nach Alcobaça überführt wurde (siehe dort).

Santa Clara-a-Nova [N40° 12' 10.67" W8° 26' 14.50"] – Kloster der Armen Klarissinnen, Barockkirche mit Silbersarkophag der später heiliggesprochenen Königin Isabel.

Portugal dos Pequeninos [N40° 12' 8.56" W8° 26' 3.88"] – Portugal im Kleinen, Kinderattraktion mit Miniaturbauten wichtiger portugiesischer Monumente.

Südlich dieses Freizeitparks liegt der Park **„Quinta das Lágrimas"** (Villa der Tränen), etwas für Romantiker. Hier in diesem kleinen idyllischen Park soll Inês de Castro, die heimliche Geliebte des Infanten Pedro, an einem kalten Januartag im Jahre 1355 ihren Häschern in die Hände gefallen und ermordet worden sein. Zumindest Luís de Camões legt in seinem Epos „Die Lusiaden" den Schauplatz der Tat hierher.

Am Largo da Portagem, Coimbra

PRAKTISCHE HINWEISE – COIMBRA

Posto de Turismo do Centro de Portugal [N40° 12' 24.9" W8° 25' 45.6"], regionales Verkehrsamt, Largo da Portagem, 3000-337 Coimbra, Tel. 239 48 81 20, www.turismodocentro.pt, *(geöffnet 15. Juni - 14. Sept. Mo -Fr 9 - 20 Uhr, Sa + So 9 - 18 Uhr; 15. Sept. - 14. Juni Mo - Fr. 9 - 18 Uhr, Sa + So 9.30 - 13 Uhr + 14 - 17.30 Uhr.*

Posto de Turismo, TC - Turismo de Coimbra, Casa Aninhas, 3, Praça 8 de Maio, 3000-300 Coimbra, Tel. 239 85 75 00, www.turismodecoimbra.pt.

Feste, Folklore

Queima das Fitas, lautes, feuchtfröhliches Studentenfest mit Verbrennen der Studentenbänder, Anfang Mai, www.queimadasfitascoimbra.org.

Festa da Rainha Santa/Fest der Heiligen Königin, Prozession vom Santa Clara Kloster zu Ehren der Königin Isabela, Volkstänze, um dem 4. Juli, nur jedes zweite Jahr in geraden Jahren.

RESTAURANTS

Dom Pedro, Av. Emídio Navarro, Tel. 239 82 91 08, am Mondegoufer, man sitzt in angenehmer Umgebung und genießt die gute Küche mit regionalen Spezialitäten.

O Serenata, Largo da Soto 6, Tel. 239 82 67 29, stadtbekannt für seine Bacalhau-Gerichte. Bacalhau ist getrockneter Kabeljau und Basis für unzählige portugiesische Gerichte (siehe unter „Essen und Trinken").

O Trovador, Largo da Sé Velha 15/17, Tel. 239 82 54 75, www.restaurantetrovador.com/de/, am Platz vor der alten Kathedrale, einfache, aber gute Küche zu erschwinglichen Preisen, Fado-Musik. – Und viele andere Restaurants.

Übrigens, eine Spezialität der Studentenstadt Coimbra sind ihre **Tascas**, winzige, einfache, von außen unscheinbare Kneipen, in denen man sich trifft und lustig und laut einen zusammen trinkt. Für den Besucher ist es ohne ortskundige Begleitung relativ schwierig eine urige *tasca* zu finden, weil sie so gut wie nicht beschildert sind. Am ehesten können Sie fündig werden, wenn Sie spät abends durch die Gassen gehen, z. B. westlich der Praça do Comércio, und dort, wo's besonders laut herausdringt, etwas genauer hinschauen.

Eines der einladendsten Kaffeehäuser der Stadt ist das **Café Santa Cruz**, Praça 8 de Maio, Tel. 239 83 36 17, www.cafesantacruz.com.

HOTELS

Die Mehrzahl der Hotels und Pensionen liegt in der Av. Emídio Navarro (vom Largo de Portagem stadtauswärts), am Platz vor dem Bahnhof Largo das Ameias und an der Ausfallstraße Av. Fernão de Magalhães (IC-2 Richtung Porto). Mit hoteleigenen Parkplätzen warten nur die besseren Häuser auf.

Astória *,** 60 Zi., Av. Emídio Navarro 21, Tel. 239 85 30 20, www.astoria-coimbra.com; dieses zentral gelegene Mittelklassehotel ist in einem hübschen, alten Stadthaus eingerichtet. Restaurant.

Tryp Coimbra *,** 83 Zi., Av. Armando Gonsalves, Lote 20, Tel. 239 48 08 00, www.trypcoimbra.com; komfortables Mittelklassehotel, mittlere Preislage. Restaurant, Garage.

Best Western Dom Luís *,** 100 Zi., Santa Clara, Tel. 239 80 21 20, www.hotelluis.pt; südwestlich der Innenstadt im Stadtteil Santa Clara auf der Westseite des Rio Mondego und relativ verkehrsgünstig an der N-1/IC-2, der Ausfallstraße Richtung Leiria/Lissabon, gelegen, gepflegtes Komforthotel mit relativ moderaten Preisen, Restaurant, WLAN. Parkplatz.

Mein Tipp! **Quinta das Lágrimas** *****, 52 Zi., Rua António Augusto Gonçalves, Tel. 239 80 23 80, www.quintadaslagrimas.pt; im Stadtteil Santa Clara am westlichen Mondegoufer. Kleines, luxuriöses Haus in einem Adelspalast aus dem 18. Jh.. Renommiertes, exquisites Restaurant „Arcadas da Capela", Wellnesscenter, Schwimmbad, WLAN. Parkplatz. Romantiker können eigentlich kaum woanders als hier übernachten. Laut Luís de Camões, Portugals Nationaldichter, soll im Park des Anwesens die Romanze zwischen dem Prinzen Pedro und seiner Geliebten Inês de Castro durch die Ermordung der Dame ein jähes Ende gefunden haben (siehe auch unter Alcobaça).

CAMPING

Parque Municipal de Campismo de Coimbra [WP 070 / N40° 11' 20.0" W8° 23' 58.4"], Rua da Escola-Alto do Areeiro, Tel. 239 08 69 02; 1. Jan. - 31. Dez.; am südöstlichen Stadtrand, über Stadtringautobahn von der IC-2 zu erreichen, Einfahrt am Kreisverkehr an der Jumbo-Tankstelle; großzügig angelegte, fast schattenlose Terrassenanlage; 7 ha - 300 Stpl.; Standardausstattung. Laden, Restaurant, Schwimmbad, Internetcafé, Fahrradverleih, Minigolf, Tennis. **V & E für Wohnmobile**. Mietbungalows.

Das Palast-Hotel Buçaco

WOHNMOBIL-STELLPLATZ COIMBRA

Wohnmobil-Stellplatz Parque Verde do Mondego [WP 071 /N40° 11' 57.77" W8° 25' 43.60"], Av. Ines de Castro. **Zufahrt:** Von der A-1 (Porto – Coimbra] Ausfahrt Coimbra, IC2/N341 Richtung Zentrum, kurz vor der Fluss brücke südwärts über die Rua Guarda Inglesa, vorbei am Estadio Universitáno zum Platz an der Aav. Inês de Castro. Der Platz liegt südwestlich des Stadtzentrums, unweit des westlichen Ufers des Mondego-Flusses, Nähe „Portugal dos Pequenitos"-Freizeitpark und Klostermuseum Santa Clara a Velha. **Platz:** Gepflasterter, schattenloser, von etwas Grün begrenzter Parkplatz für ca. 20 Wohnmobile, beleuchtet. **Gebühr:** Kostenlos. **Ausstattung:** Frischwasserversorgung und Brauchwasserentsorgung, Chemikalausguss. Unweit südlich am Mondegoufer Restaurant und öffentliches Schwimmbad. Zum Stadtzentrum über die Mondego-Fußgängerbrücke ca. 30 Min. zu Fuß.

Abstecher in den Park von Buçaco

ROUTE: *Über die IC-2/N-1 Richtung Porto ca. 18 km nach Norden und in* **Mealhada** *über die N-234 ostwärts nach* **Luso**.

Luso (Turismo, zahlreiche Hotels, Camping s. u.) ist ein kleiner Thermalkurort, dessen radioaktive Quellwässer bei Nierenbeschwerden angewandt werden.

Nur wenige Kilometer südöstlich von Luso liegt der **Parque Nacional do Buçaco [Zufahrt, WP 072 / N40° 22' 46.84" W8° 22' 34.34"]** *(geöffnet Apr. - Sept. tgl. 8 - 19 Uhr, Okt. - März tgl. 8 - 18 Uhr; www.fmb.pt)*, ein überaus idyllischer Platz für ausgedehnte Spaziergänge im Schatten eines weitläufigen, gepflegten **Waldparks** mit herrlichem, altem Baumbestand. Für Eilige führt auch eine Straße durch den Park und zu seinen Sehenswürdigkeiten.

Im 17. Jh. begannen Mönche der Barfüßigen Karmeliter einen unscheinbaren Berghang in der Serra de Buçaco in eine herrliche Parklandschaft zu verwandeln. Antrieb war das Credo des Ordens, durch Arbeit und Meditation zu sich selbst zu finden.

Aus diesem Blickwinkel kann auch Verständnis für die drakonischen Strafen für Frauen aufkommen, denen Papst Gregor XV. die Exkommunikation androhte, wenn sie den Park auch nur be-

BUÇACO PARK
1 Bergtor
2 Farnsee
3 Tal der Farne
4 Kalter Brunnen
5 Einsiedelei
6 Karmeliter Kloster und Palast Hotel
7 Zederntal
8 Wasserfall
9 Hl. Sylvester Brunnen
10 Königin Tor
11 Militärmuseum
12 Denkmal
13 Sula Tor
14 Cruz Alta Tor
15 Cruz Alta und Aussicht
16 Kreuzweg
17 Coimbra Tor
18 Grottentor
19 Festungstor

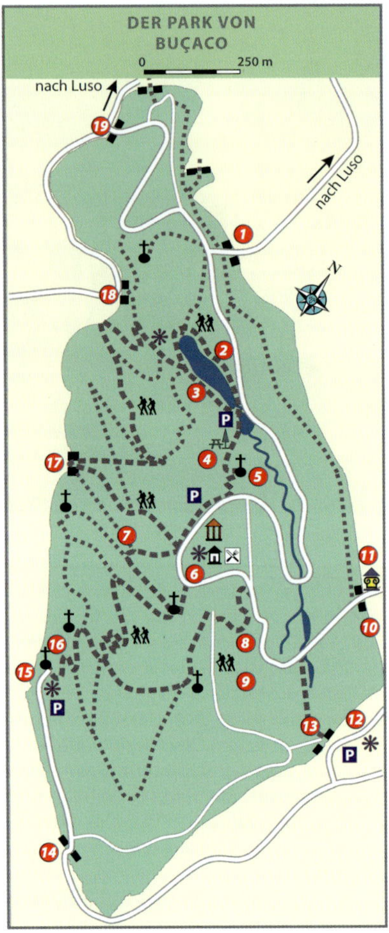

treten und den Frieden der Mönche stören würden.

Angeblich hatten die Mönche die Verpflichtung, jedes Jahr mindestens einen Baum zu pflanzen. Im Laufe der Zeit entstand so ein Refugium der seltensten Pflanzen und Bäumen. Heute findet der Besucher in dem romantischen, kleinen Paradies an die 700 Baum- und Pflanzenarten, darunter herrliche Farne, Zedern oder Zypressen (cypressus lusitanicus).

Der **„Tempel der Stille"**, wie der Park auch schon genannt wurde, erlebte am 27. September 1810 die Schlacht portugiesischer und englischer Truppen unter der Führung Wellingtons gegen die französischen Einheiten unter Masséna. Der verlustreiche Kampf hatte den Abzug der Franzosen aus Portugal zur Folge. Sollte die französische Niederlage damals ein Vorzeichen auf Waterloo sein?

Ein kleines **Militärmuseum (11) [N40° 22' 46.8" W8° 22' 34.3"]** außerhalb der Ostmauer und ein Obelisk südlich davon, erinnert an das Gefecht von 1810.

Kommt man von Luso, fährt man durch das **Berg-Tor (1) [N40° 22' 46.81" W8° 22' 34.19"]** in den Park ein und hält sich danach links. Nach kaum einem halben Kilometer liegt rechts unterhalb der Straße, mitten in üppigem Grün, ein romantischer **kleiner See (2)** und etwas weiter oben ein lauschiges **Farntal (3).** Bergan staffeln sich die Treppen einer Wasserkaskade. Man kann an ihr entlang nach oben steigen bis zur **Einsiedelei „Mariä Himmelfahrt" (5).**

In weitem Bogen fährt die Straße durch den dichten Wald aufwärts und stößt schließlich auf das ehemalige **Karmeliter-Kloster** und auf das prächtige **Schlosshotel Buçaco (6) [N40° 22' 33.54" W8° 21' 52.16"].**

Nach den Befreiungskämpfen in Porto, denen im Jahre 1822 die Einsetzung einer liberalen Verfassung folgte, waren religiöse Orden in Portugal nicht mehr gerne gesehen und die Mönche der Barfüßigen Karmeliter verließen Buçaco. Einige Zellen des ehemaligen Klosters, die die Mönche gegen die Winterkälte mit Kork auskleideten, sind noch erhalten.

In einer der Klosterzellen soll Wellington vor der Schlacht 1810 genächtigt haben.

Ein Vertrauter bei Hofe namens Ferdinand, auf dessen Konto auch der Palácio da Pena in Sintra geht, beauftragte den italienischen Maler Luigi Manini, das Kloster in eine königliche Residenz zu verwandeln. Es entstand ein Prunkbau im manuelinischen Stil mit einer herrlichen mehrbogigen Loggia und azulejogeschmückten Arkaden mit Szenen aus Camões' „Lusiaden".

Übrigens war der Palast erst 1909 fertiggestellt. Von dem damals amtierenden, gerade 20-jährigen König Manuel II. wurde er aber kaum einmal aufgesucht, höchstens zu einem Schäferstündchen. Schon 1910 musste Manuel II., letzter König Portugals, nach England ins Exil gehen, wo er im Alter von 43 Jahren starb.

Mein Tipp! Etwa seit den 40er Jahren des 20. Jh. ist in dem ehemals königlichen Palast in feinem manuelinischem Stil ein nobles Hotel eingerichtet, das renommierte **Palace Hotel do Buçaco** *****, 64 Zi., Mata do Bussaco, Tel. 231 93 79 70, www.bussacopalace.com; vorzügliches **Restaurant,** wunderschöne Terrasse, Tennis, Garage, Parkplatz.

Das Luxushotel mit seinen prächtigen Räumlichkeiten, wie dem imposanten Speisesaal, der Bar, dem Vestibül mit dem Empfang, liegt ruhig und abgeschieden in waldreicher Umgebung mitten im Park von Buçaco. Es ist ein ausgezeichneter Ausgangspunkt für ausgedehnte Spaziergänge in dem hügeligen Waldpark.

Vom Hotel führen zahlreiche **Spazierwege** durch den ansteigenden Waldpark. Ein Weg folgt in vielen Windungen einem alten **Kreuzweg (16)** hinauf zum 545 m hoch gelegenen **Cruz Alta (15) [N40° 22' 15.24" W8° 21' 56.03"].** Von dort hat man einen ganz einzigartigen **Rundblick** z. B. nach Westen in die Ebenen am Atlantik oder nach Südosten zu den Höhen der Serra da Estrela.

Der Aussichtspunkt ist auch per Auto erreichbar (etwa 6 km vom Hotel). Dazu fährt man weiter bergan, verlässt den Park durch das Königinnen-Tor (10) und zweigt vor dem Militärmuseum (11) rechts ab, passiert den Obelisken zum Gedenken an die Buçaco-Schlacht (12), umrundet den Park an seiner Südseite und fährt auf der Anhöhe durch das schmale Cruz-Alta-Tor (14) wieder in den Park, und links zum Kreuz und Aussichtspunkt.

Abstecher nach Conímbriga

Route: *Ca. 14 km südlich von Coimbra liegt der Marktflecken* **Condeixa-a-Nova** *(Pousada, siehe unten) und etwa 2 km südöstl. davon das Ruinenfeld von* **Conímbriga**.

Conímbriga [WP 074 / N40° 05' 55.2" W8° 29' 24.6"] ist die größte Rö-

HOTELS

Condeixa-a-Nova

Pousada de Santa Cristina *****, 45 Zi., Rua Francisco Lemos, Tel. 239-94 40 25, Fax 239-94 30 97, www.pousadas.pt; in einem restaurierten Landgut, Schwimmbad, Tennis, Parkplatz. Restaurant. Regionale Spezialitäten: „Tibornada de bacalhau" (gegrillter Kabeljau in Olivenöl), „Malandrinho" (Tintenfischreis mit Filetstücken) oder Zicklein „Lousa" mit Maisbrot und Sprossen von weißen Rübchen und „Barriga de Freira", eine Gebäckspezialität.

CAMPING

Luso

Parque de Campismo de Luso [WP 073 / N40° 22' 55.06" W8° 23' 8.60"], Pampilhosa, Quinta do vale do Jorge, Tel. 231 10 75 51; 1. Jan. – 31. Dez.; von Luso auf der N-234 westwärts, beschilderter Abzweig; teils terrassiertes Gelände mit Kiefern; 3 ha – 200 Stpl.; einfache Standard-Sanitärausstattung. Laden, Restaurant, Waschmaschine, Internetecke. Mietbungalows. Günstig gelegen für den Besuch des Nationalparks Buçaco.

Bodenmosaiken in Portugals größter Römersiedlung Conímbriga

mersiedlung, die bislang in Portugal ausgegraben wurde *(geöffnet Ruinen: Mitte März bis 15. Sept. Di - So 10 - 13, 14 - 18 Uhr, Winterhalbjahr Di - So 9 - 13, 14-20 Uhr; Museum/Café: Sommer Di - So 10 - 13, 14 - 17 Uhr, Winter 9 - 13, 14 - 18 Uhr, www.conimbriga.pt)*. Sie geht zurück auf das 3. Jh. nach Christus. Nach der Zerstörung durch die Sueben um 460, geriet der Platz in Vergessenheit. Im Jahre 1900 dann wurde mit Ausgrabungsarbeiten begonnen. Bislang sind einige Villen, besser die Fundamente davon, ausgegraben worden. Dort sind vor allem im *„Haus der Fontänen"* herrliche **Bodenmosaiken** zu sehen. Außerdem sind Reste von Thermen und Bädern, des Forums, von Tempeln, eines Aquädukts und der stattlichen Stadtbefestigung zu sehen.

Im angeschlossenen **Museum** *(geöffnet tgl. a. Mo. 10 - 13, 14 - 18 Uhr)* werden Fundstücke aus Conímbriga, darunter Keramiken, Glasvasen, Münzen und Schmuckgegenstände, ausgestellt. Restaurant.

Besichtigungsdauer des Ruinenfeldes und des Museums ca. eine Stunde.

*CONÍMBRIGA – **1** Römerstraße – **2** Haus der Brunnen **3** Stadttor – **4** Badehaus – **5** Gästehaus – **6** Haus „in den Mauern" – **7** Thermen – **8** Bäder – **9** Tempel – **10** Magazin*

TOUR 8: COIMBRA - TOMAR

Länge der Tour: Rund 220 km, ohne Abstecher.

Die Route: Über die Straße N-111/A-14 bis **Figueira da Foz** – N-109 bis **Leiria** – N-242 bis **São Pedro de Moel** – N-242 bis **Nazaré** – N-8 über **Alcobaça** bis **Batalha** – N-356 bis **Fátima** – IC-9 bis **Tomar.**

Reisedauer: Mindestens ein Tag.

Höhepunkte: Das **Seebad Figueira da Foz** * – die Oberstadt **O Sítio** von **Nazaré** ** und der Blick auf die Bucht und den **Strand** ** – die **Klosterkirche in Alcobaça** ** – das Sieges-Kloster **Mosteiro de Batalha** *** – der **Marienwallfahrtsort Fátima** * – der **Konvent der Christusritter** ** und das **Manuelinische Fenster** *** in **Tomar.**

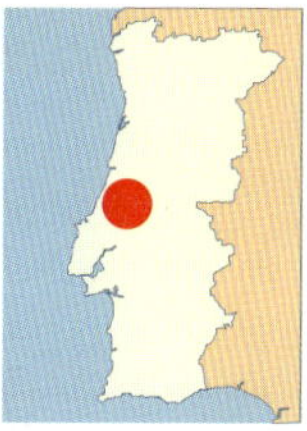

Route: *Von Coimbra auf der N-111 nach Westen, Richtung* **Figueira da Foz.**

Rund 24 km westlich von Coimbra erkennt man schon von weitem auf einem Hügel die mächtige Burg von **Montemor-o-Velho**, die sich hoch über den Reisfeldern im Mondego-Tal erhebt. Diese viel umkämpfte Trutzburg war vor allem während der Maureneinfälle ein wichtiges Bollwerk vor den Toren der nahen Bischofsstadt Coimbra.

Auf der Weiterfahrt sieht man in der Flussebene bewässerte Reisanbauflächen, die sich wie ein schillerndes Schachbrett ausdehnen.

Figueira da Foz (ca. 11.000 Einw.), liegt an der Nordseite des Mündungsdeltas, das der Rio Mondego hier bildet. Der Name der Stadt erinnert an einen heiligen Feigenbau, der vor Zeiten einmal hier an der Mondegomündung stand.

Figueira da Foz gilt als gern besuchtes Seebad, wohl vor allem wegen der weiten Sandstrände in der Mondego-Bucht. Ferienhotels, Spielkasino, Nachtclubs und Schwimmbäder, Restaurants und Strandpromenade sind als Attribute eines renommierten Seebades auch vorhanden. Von wirtschaftlicher Bedeutung für das Land ist Figueira da Foz vor allem

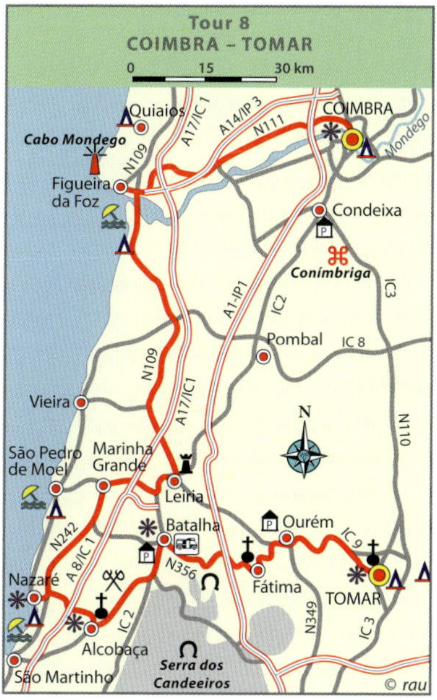

wegen seines neuen Seefrachtterminals und des großen, erweiterten Fischereihafens, Heimathafen eines Großteils der portugiesischen Kabeljauflotte.

Weiter nördlich der Stadt hat sich ganz in Meeresnähe ein Zementwerk etabliert. Zellstoffindustrie und Meersalzgewinnung sind weitere Industriezweige. Noch hat die Industrialisierung dem Ruf Figueiras, Königin der portugiesischen Strände zu sein, keinen Abbruch getan.

Großer **Parkplatz [WP 075 / N40° 8' 52.38" W8° 52' 2.29"]** mit Wohnmobil-Stellplatzmöglichkeit am Strand am Südwestrand der Stadt.

Zu den nicht eben zahlreichen Sehenswürdigkeiten zählt das **Dr. Santos Rocha Museum [N40° 9' 7.31" W8° 51' 37.09"]** in der Rua Calouste Gulbenkian *(geöffnet Juni - Sept. Di - So 9.15 - 17.15 Uhr, Okt. - Mai Di - So 14.15 - 17.15 Uhr)*. Das Stadtmuseum hat archäologische und ethnographische Abteilungen. Es zeigt u. a. Möbel, Gemälde und Keramikgegenstände.

Interessant ist auch die **Casado Paço** in Hafennähe. Das Stadtpalais aus dem 17. Jh. ist mit nahezu 7.000 Wandkacheln verkleidet, die einst von einem gestrandeten Handelsschiff geborgen worden sind.

Bei längerem Aufenthalt lohnt ein kleiner Ausflug entlang der Küste, nordwestwärts zum Leuchtturm am **Cabo Mondego [N40° 11' 25.43" W8° 54'1 6.80"]** und über kleine Landsträßchen über die bewaldeten Höhenzüge im Norden von Figueira da Foz und über den Ort **Serra da Boa Viagem** zurück nach Figueira da Foz.

PRAKTISCHE HINWEISE – FIGUEIRA DA FOZ

Posto de Turismo [N40° 9' 1.33" W8° 51' 59.59"], Av. 25 de Abril, 3080-501 Figueira da Foz, Tel. 233 42 26 10, www.figueiraturismo.com. *Geöffnet Juli + Aug. tgl. 9 - 19 Uhr, Sept. - Juni tgl. 9 - 13 + 14 - 18 Uhr.*

Feste, Folklore

Festas de São João, Prozession, Folklore, zwischen 15. und 30. Juni.

Pardon de Nossa Senhora de Incarnacion, jedes Jahr vom 7. bis 9. September.

RESTAURANT

Forte de Santa Catarina, Avenida 25, Tel. 233 42 85 30, gutes Fischrestaurant an der Strandstraße, hervorragende Küche, freundliches Ambiente.

HOTELS

Mercure Figueira da Foz **,** 102 Zi., Av. 25 de Abril 22, Tel. 233 40 39 00, www.mercure.com; komfortables Firstclass Hotel, zentral an der Strandstraße, Restaurant, WLAN. Öffentliche Parkmöglichkeit.

Sweet Atlantic ****, 68 Zi., Av. 25 de Abril 21, Tel. 233 40 89 00, www.sweethotels.pt; Firstclasshotel nahe des Strands in schöner Lage, Restaurant (sonntags geschlossen).

Wellington *,** 35 Zi., Rua Dr. Calado 25, Tel. 233 42 67 67, www.hotelwellington.pt; einfacheres Mittelklassehotel, aber zentral und in Gehnähe zum Strand.

CAMPING

Gala

Camping Orbitur Gala [WP 076 / N40° 07' 06.5" W8° 51' 23.9"], Tel. 233 43 14 92, 1. Jan. – 31. Dez.; ca. 4 km südl. Figueira da Foz von der IC-1/N-109 meerwärts; sandiges Pinienwaldgelände; ca. 6 ha – 300 Stpl. + Dau.; Standardausstattung; Laden, Imbiss, Restaurant, Schwimmbad. Miethütten. **V & E für Wohnmobile**. Über flache Düne zum Strand, ca. 500 m.

Quiaios

Camping de Quiaios [WP 077 / N40° 13' 15.0" W8° 53' 07.9"], Praia de Quiaios, Tel. 233 91 04 99, www.orbitur.pt; 1. Jan. – 16. Okt.; nördlich von Figueira da Foz von der N-109 westwärts Richtung Quiaios abzweigen und noch 2 km zum Platz, beschildert; teils schattenloses, teils mit Bäumen bestandenes ebenes Gelände; ca. 4 ha – 300 Stpl. + zahlr. Dau.; Standardausstattung. Laden, Restaurant, Tennis. **V & E für Wohnmobile**. Zum Meer ca. 400 m.

Die Burg über Leiria

Route: *Im weiteren Verlauf folgt unsere Route der N-109 durch riesige Pinienwälder (Harzgewinnung) südwärts bis* **Leiria**.

Leiria, eine immer weiter ausufernde Stadt mit heute fast 15.000 Einwohnern, ging einstmals aus einer Römersiedlung hervor. 1135 befreite Afonso Henriques den Ort von den vorrückenden Mauren, die Leiria aber schon 12 Jahre später wieder zurückeroberten.

In der Zeit Afonso Henriques, also im 12. Jh., entstand auch die markante **Burg [N39° 44' 50.11" W8° 48' 28.12"]** der Stadt. Die Festung verfiel in der Maurenzeit und erst König Dinis (1279 – 1325) machte aus ihr eine königliche Residenz. Vom Balkon der königlichen Gemächer und vom Wehrturm Ausblicke auf die Stadt. Die Burg kann besichtigt werden *(geöffnet Di - So 9.30 - 12, 14 - 18 Uhr)*.

König Dinis war es auch, der die weitläufigen Pinienwälder (ca. 10.000 ha) nordwestlich von Leiria anlegen ließ.

Route: *Von Leiria nun über die A-18/N-242 westwärts nach* **Marinha Grande**, *einem traditionsreichen Zentrum der portugiesischen Glasindustrie.*

10 km westlich von Marinha Grande liegt an der von kilometerlangen **Stränden** gesäumten Küste **São Pedro de Moel**. Das Dorf zwischen Pinienwald und Meer ist ein kleiner, aber expandierender Badeort.

PRAKTISCHE HINWEISE - LEIRIA

Posto de Turismo [N39° 44' 37.79" W8° 48' 23.33"], Praça Goa Damão e Diu, am zentralen Park Jardim Luís de Camões, 2400-172 Leiria, Tel. 244 84 87 71, www.turismodocentreo.pt. *GeöffnetJuni - Sept. Mo - Fr 9 - 19 Uhr, Sa + So 9 - 13 + 14 - 18 Uhr, Jan. - März Apr. - Mai + Sept. - Dez. Mo - Fr 9 - 18 Uhr, Sa + So 9 - 13 + 14 - 18 Uhr.*

HOTELS

Eurosol Leiria & Eurosol Jardim ***, 135 Zi., Rua d. José Alves Correia da Silva, im südlichen Stadtbereich Nähe Rathaus, Tel. 244 84 98 49, www.eurosol.pt/hotels/hotel-eurosol-leiria-jardim/; komfortables Haus der gehobenen Mittelklasse, gutes Preis-/Leistungsverhältnis. Schwimmbad. Restaurant, Fitnesscenter, Sauna, Schwimmbad, WLAN.

PRAKTISCHE HINWEISE – MARINHA GRANDE, SÃO PEDRO DE MOEL

Posto de Turismo, Praça Guilherme Stephens, 2430-522 Marinha Grande, Tel. 244 56 66 44, www.cm-mgrande.pt.

HOTELS

Marinha Grande

Cristal Marinha ***, 70 Zi., Rua de Leiria 112, an der Straße aus Leiria, Tel. 244 57 45 30, www.hotelcristal.com; Haus der gehobenen Mittelklasse, WLAN, Restaurant, Parkplatz.

São Pedro de Moel

Mar e Sol **, 65 Zi., Av. da Liberdade 1, Tel. 244 59 00 00, www.hotelmare-sol.com; komfortables Mittelklassehotel in ansprechender Lage am Meer mit Sandstrand, Restaurant, WLAN. Öffentliche Parkmöglichkeit.

CAMPING

São Pedro de Moel

Camping Orbitur São Pedro de Moel [WP 078 / N39° 45' 29.9" W9° 01' 33.1"], Rua Volta do Sete, Tel. 244 59 91 68, www.orbitur.com; 1. Jan. – 31. Dez.; von der IC-1/A-17 westwärts Richtung Marinha Grande abzweigen und ca. 5 km nach São Pedro de Moel weiter, hier am Kreisverkehr rechts ab; ansteigendes Pinienwaldgelände bei einem Leuchtturm in ansprechender, relativ ruhiger Lage; ca. 6 ha – 500 Stpl.; gute Standardausstattung; Laden, Imbiss, Restaurant, Schwimmbad, Tennis. Internetecke. Miethütten; **V & E für Wohnmobile**. Zum Meer ca. 900 m.

Route: *Weiterreise entweder von São Pedro de Moel über die küstennahe Landstraße oder von Marinha Grande über die N-242 südwärts in die etwa 25 km entfernte Hafenstadt* **Nazaré**.

Nazaré war noch bis vor wenigen Jahren ein richtiger Touristenmagnet in Portugal. Lange war das Seebad und Fischerstädtchen nicht nur wegen seiner Strände und seiner schönen Lage, sondern vor allem auch wegen der bunten

Fischtrocknen am Strand von Nazaré

In der Oberstadt O Sítio von Nazaré

Boote am Strand und wegen des umtriebigen Lebens und Treibens der Fischer dort ein Anziehungspunkt für jeden Besucher. Vor allem wenn die Fischer vom Fang zurückkehrten und ihre Boote mühsam mit Ochsen, später mit Traktoren auf den Strand zogen, galt das als fotogenes Schauspiel.

Touristen kommen zwar immer noch scharenweise nach Nazaré. Hotellerie und Gastronomie haben sich längst darauf eingestellt! Aber das „bunte Fischertreiben" am Strand gehört auch in Nazaré nun endgültig der Vergangenheit an. Vor einigen Jahren schon wurde ein sicherer Hafen fertiggestellt, so dass die harte Knochenarbeit, die Boote nach dem Fang auf den Strand zu ziehen, vorbei und die Touristenattraktion dahin ist. Traurig darüber werden wohl nur die Touristen sein. Nach wie vor aber dehnt sich vor der Stadt ein langer, breiter **Sandstrand**.

Nur noch selten wird man heute Fischer in ihrer traditionellen Tracht, bunt kariertes Hemd und lange, bis auf die Schulter fallende Wollmütze, sehen.

Geblieben sind aber noch einige der Trockengestelle am Strand des Fischerviertels **Bairro dos Pescadores** in der südlichen Stadthälfte, auf denen fein säuberlich und akkurat nebeneinander zerteilte Fische samt Kopf zum Trocknen ausgebreitet liegen und von Frauen zum Kauf angeboten werden.

Als letzte Attraktion bleibt also – neben dem wunderbar breiten, langen **Sandstrand** – nur noch eine Fahrt mit der Standseilbahn **Ascensor [Talstation, N39° 36' 10.17" W9° 4' 24.45"]** in die **Oberstadt O Sítio**. Die Bahn verkehrt alle 15 Minuten. Oben, unweit westlich der Bergstation, hat man vom **Miradouro [N39° 36' 16.58" W9° 4' 35.30"]** am großen Platz mit der markanten **Kirche Nossa Senhora da Nazaré [N39° 36' 19.51" W9° 4' 35.53"]** einen herrlichen Blick auf die Unterstadt A Praia mit dem weiten Strand in der ausgedehnten Bucht, die oft von einem vom Meer hereinwallenden Dunst erfüllt ist.

Wenige hundert Meter westlich der Bergstation der Standseilbahn liegt am Klippenrand die **Memória-Kapelle**. Sie erinnert an ein Wunder, das den Edelmann Dom Fuas Rouphinho – angeblich im 12. Jh. – vor dem sicheren Tod gerettet haben soll. Dom Fuas war auf der Jagd und setzte mit seinem Pferd einem Hirsch nach. Im Dunst des Morgennebels sah er nicht die nahen, steil abfallenden Klippen und wäre hinabgestürzt, wäre nicht die Mutter Maria erschienen

PRAKTISCHE HINWEISE – NAZARÉ

Posto de Turismo [N39° 35′ 47.34″ W9° 04′ 20.25″], Avenida Manuel Remígio, Centro Cultural da Nazaré, 2450-101 Nazaré, Tel. 262 56 11 94, www.cm-nazare.pt. *Geöffnet Juli + Aug. tgl. 9 - 21 Uhr, Apr. - Juni + Sept. tgl. 9.30 - 12.30 + 14.30 - 18.30 Uhr, sonst tgl. 9.30 - 13 + 14.30 - 18 Uhr.*

Feste, Folklore
Festas Nossa Senhora da Nazaré, mit feierlicher Prozession, teils in lokalen Trachten, Volksfest, Messe, Stierkampf, Ende August.

HOTELS

Miramar Hotel & Spa **,** 62 Zi., Rua Abel da Silva 36, Tel. 262 59 00 00, www.miramarnazarehotels.com; im Westen des Ortes ca. 700 m vom Sandstrand entfernt, angenehmes Mittelklassehotel, 2 Restaurants, Wellnesscenter mit Schwimmbad, WLAN.
Praia **,** 72 Zi., Av. Vieira Guimarães 39, Tel. 262 56 92 00, www.hotelpraia.com; verkehrsgünstig am Südrand der Innenstadt neben dem Busbahnhof und gegenüber der Markthalle gelegen; komfortables Haus der gehobenen Mittelklasse, Restaurant, Terrasse mit Bar, Fitnesscenter, Schwimmbad, WLAN. Garage.
Ribamar **, 25 Zi., Rua Gomes Freire 9, Tel. 262 55 11 58, www.ribamarnazare.net; einfacheres Haus, aber sehr zentral gelegen, nur durch die Hauptstraße vom Strand getrennt, Restaurant, WLAN. Parkplatz. – Und andere Hotels.

WOHNMOBIL-STELLPLÄTZE

Parkplatzareal [N39°35′47.99″ W9°4′11.67″] im Ortszentrum an der Avenida do Municipio, ca. 25 Plätze (falls nicht von Pkw belegt), ganzjährig, allerdings ohne jegliche Einrichtungen. Nahe Markthalle und Uferstraße.
Die Parkplätze in der Nähe des Fischereihafens an der Straße N-242 nach Caldas da Rainha werden von vielen Wohnmobilfahrern als **Übernachtungsstellplatz** (als solcher nicht offiziell ausgeschildert) benutzt.

CAMPING

Camping Vale Paraíso Natur Park [WP 080 / N39° 37′ 13.3″ W9° 03′ 22.4″], Estrada Nacional, 242, Tel. 262 56 18 00; 1. Jan. – 31. Dez.; 2 km nördl. Nazaré an der N-242 Richtung Marinha Grande; unebener, sandiger Pinienwald, nur ein Bruchteil der Stellplätze ist für größere Wohnmobile ausreichend groß; ca. 8 ha – 500 Stpl. + Dau; gute Standardausstattung; Laden, Restaurant, Imbiss, Schwimmbad, Fahrradverleih, Internetecke. Miethütten und -caravans. **V & E für Wohnmobile**. Zum Meer 3 km.
Camping Orbitur Valado [WP 081 / N39° 35′ 52.9″ W9° 03′ 22.4″], Tel. 262 56 11 11, www.orbitur.pt; 1. März – 30. Nov.; östlich von Nazaré beschilderter Abzweig an der N-8 (Nazaré – Alcobaça); geneigtes, sandiges Pinienwaldgelände, wenig ebene Stellflächen; ca. 5 ha – 300 Stpl.; Standardausstattung; Laden, Restaurant, Imbiss. Miethütten und -caravans. **V & E für Wohnmobile**. Zum Strand ca. 2 km.

und hätte das Pferd gerade noch rechtzeitig am Abgrund gezügelt. Wer gut zu Fuß ist, kann von der Oberstadt über einen Treppenweg wieder hinab in die Unterstadt gehen.

An der Küste westlich der Oberstadt liegt auf einem Landvorsprung der **Leuchtturm O Farol [N39° 36′ 16.2″ W9° 05′ 05.7″],** ein sehr schöner Aussichtspunkt.

Ein großes **Parkplatzareal [WP 079 / N39° 35′ 49.36″ W9° 4′ 13.18″]** findet man im Stadtzentrum unweit östlich der Uferstraße Avenida Manuel Remigio, zwischen Markthalle und Avenida do Municipio. Ein Platzteil südlich der Ave-

PRAKTISCHE HINWEISE – SÃO MARTINHO DO PORTO

Posto de Turismo [N39° 30' 45.66" W9° 8' 6.32"], Rua Vasco da Gama 8, 246-649 São Martinho do Porto, Tel. 262 98 91 10, www.visit-sao-martinho-do-porto.com.

HOTEL

Albergaria São Pedro **,** 25 Zi., Largo Vitorino Frios 6, Tel. 262 99 50 00, www.albergariasaopedro.com; komfortable Albergaria mittlerer Preislage, Terrasse, Bar, WLAN. Kein Restaurant. Geöffnet von April bis September.

CAMPING

Parque de Campismo Colina do Sol [WP 082 / N39° 31' 22" W9° 7' 23"], Serra dos Mangues, Tel. 262 98 97 64, www.colinadosol.net; 1. Jan. – 31. Dez.; nördl. des Ortes, Abzweig von der N-242 beschildert; ausgedehntes, teils terrassiertes Gelände mit Baumbestand; ca. 9 ha – 50 Stpl. + zahlr. Dau.; gute Standardausstattung; Laden, Imbiss, Restaurant Schwimmbad, Miethütten. **V & E für Wohnmobile**. Zum Meer rund 1,5 km.

Camping Baía Azul [WP 083 / N39° 30' 15" W9° 8' 10"], Avenida Marginal, Tel. 262 98 98 47, 1. Jan. – 31. Dez.; am Südrand des Ortes an der küstennahen N-242; ebener, schattenloser, auch sandiger kleiner Platz, hinter einer Bungalowsiedlung; nur durch die Uferstraße und einen schmalen Dünengürtel vom langen Sandstrand getrennt; ca. 1 ha – 60 Stpl.; Standardausstattung. **V & E für Wohnmobile.**

Foz do Arelho

Camping Orbitur Foz do Arelho [WP 084 / N39° 25' 51.8" W9° 12' 03.9"], Rua Maldonado Freitas, Tel. 262 97 86 83, www.orbitur.pt; 1. Jan. – 31. Dez.; etwa 9 km westlich von Caldas da Rainha, zu erreichen über die N-360; teils eben, teils gestuft, mit Baumbestand; ca. 6 ha – 500 Stpl. + Dau.; Standardausstattung; Laden, Restaurant, Schwimmbad.

nida do Municipio wird auch als **Wohnmobil-Stellplatz [N39° 35' 47.99" W9° 4' 11.67"]** (ohne jegliche Einrichtungen) genutzt.

Abstecher in den Badeort São Martinho do Porto

Es ist eine schöne Fahrt auf der N-242 bis São Martinho do Porto und in Küstennähe weiter bis Foz do Areiho.

Und dieser Weg stellt eine gehörige Abkürzung unseres Reiseweges nach Óbidos und Peniche dar, allerdings um den Preis, auf bedeutende Sehenswürdigkeiten und Baudenkmäler Portugals zu verzichten (siehe „Hauptroute" weiter hinten).

Ca. 15 km südlich von Nazaré liegt an einer kleinen, aber tief ins Land greifenden Meeresbucht **São Martinho do Porto**, ein hübscher, Fischer- und Badeort, mit schönem **Strand** und relativ ruhigem Wasser innerhalb der Bucht. An der ansonsten hübschen Strandpromenade erheben sich stattliche Hotel- und Apartmenthochbauten.

Die Küste zwischen Nazaré und Peniche besteht überwiegend aus schwer zugänglicher Steilküste mit dazwischen eingelagerten schönen Sandstränden. Am leichtesten zugänglich sind die Strände von São Martinho bis Foz do Arelho.

HAUPTROUTE

Route: *Von Nazaré führt unsere weitere Route nun ein gutes Stück landeinwärts. Zunächst nehmen wir die N-8 Richtung* **Alcobaça**.

Kaum 2 km außerhalb von Nazaré zweigt ganz in der Nähe des Orbitur Campingplatzes eine mit „Miradouro" beschilderte Straße ostwärts ab und führt in den Ort **Pederneira**. Die Orts-

Die Klosterkirche in Alcobaça

durchfahrt mit teils sehr engen, verwinkelten Straßen hinauf zur Kirche scheint für große, breite Wohnmobile oder Gespanne ungeeignet! Vom Platz vor der hoch über dem Meer liegenden Misericórdia-Kirche aus dem 16. Jh. hat man einen sehr schönen Überblick über Nazaré samt Hafen. Gut zu erkennen ist die Rampe der Standseilbahn Ascensor in die Oberstadt O Sítio.

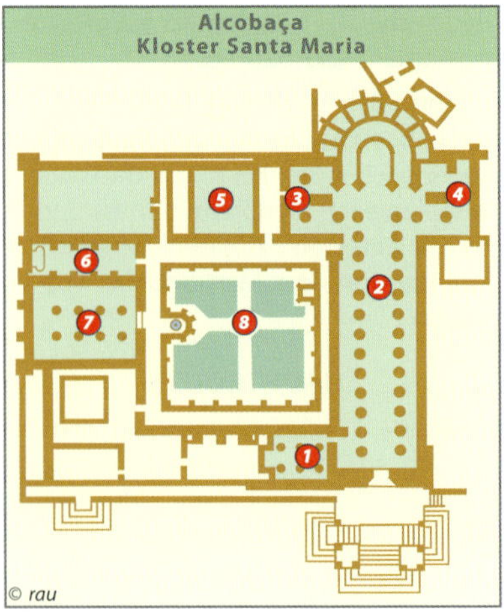

Kloster Santa Maria, Alcobaça
***1** Königshalle – **2** Kirchenschiff –**3** Inês de Castro Grabmal – **4** Dom Pedro Grabmal*
***5** Kapitelsaal – **6** Küche – **7** Refektorium*
***8** Kreuzgang*

Alcobaça liegt ca. 11 km südöstl. von Nazaré umgeben von bewaldeten Hügeln am Zusammenfluss des Rio Alcoa und des Rio Baça. Die alte Stadt, von der jahrhundertelang durch die einflussreichen Äbte des hiesigen Klosters nicht nur kirchliche, sondern auch weltliche Macht ausging, ist heute vor allem ein Zentrum der Obst- und Weinproduktion und sie ist bekannt für ihr Porzellan, bzw. Steingut, das seit jeher mit Mustern in traditionellem Blau verziert ist.

Die Geschichte Alcobaças beginnt vor über 900 Jahren. Im 12. Jh. zog König Afonso Henriques gegen die Mauren zu Felde, die die sehr starke Festung in Santarém hielten. Der König verstand den Feldzug als eine Kreuzzug-Mission gegen die Araber und für ein christliches Königreich Portugal. Offenbar seines Sieges über die Muselmanen keineswegs sicher, legte der König zu Ehren des Hl. Bernhard, dem Schutzpatron der Kreuzfahrer, ein Gelübde ab und versprach, nach einem Sieg ein Kloster zu gründen.

Santarém wurde erobert und König Afonso veranlasste im Jahre 1153 das **Kloster Santa Maria** in Alcobaça zu gründen, das im Jahre 1178 Mönchen des Zisterzienserordens übergeben wurde. Die Mönche kultivierten das Land ringsum, legten den Grundstock für die heutige Obst- und Weinproduktion und machten die **Real Abidia de Santa Maria**, die königliche Abtei, unterstützt durch großzügige Schenkungen wohlhabender Adliger, zu einem reichen und vor allem einflussreichen Kloster. Seine Äbte hatten die Gerichtsbarkeit über 13 Marktstädte und drei Seehäfen, die alle zum Besitz des Klosters gehörten. Der Einfluss der Äbte von Alcobaça reichte bis an den Königshof.

Einen größeren **Parkplatz [WP 085 / N39° 32‘ 56.84“ W8° 58‘ 32.18“]** findet man an der Avenida dos Combatantes nahe östlich der Klosterkirche.

Drama, Liebe, Wahnsinn – Das dramatische Schicksal der Inês de Castro

Die Geschichte beginnt damit, dass der junge Prinz Pedro 1336 – die Staatsräson gebietet es – mit der Prinzessin Constanza von Kastilien verheiratet wird. Bald verliebt sich der Prinz aber in eine der Kammerzofen seiner Gemahlin, in Inês de Castro. König Afonso IV., Pedros Vater, verbietet daraufhin Inês de Castro den Zutritt zum Hofe.

Inês verbirgt sich zwar im Konvent der Klarissinnen in Coimbra, bringt aber im Laufe der nächsten Jahre zwei Kinder zur Welt, die aus der Verbindung mit Pedro stammen. Längst drängen Berater des Königs, der Liaison ein Ende zu bereiten.

Detail am Sarkophag Pedros I.

Als nach dem Tode Constanzas im Jahre 1345 die Beziehungen Pedros zu Inês noch offensichtlicher wurden, die beiden heimlich heirateten und man bei Hofe um die Thronfolge durch die beiden unehelichen Kinder bangte, wurden mit Billigung König Afonsos IV. drei Mörder gedungen, die Inês am 7. Januar 1355 im Park einer Villa bei Coimbra (siehe dort, Quinta das Lágrimas) kaltblütig meuchelten. Diese Tat muss den Infanten Pedro ungewöhnlich tief getroffen haben, denn was in den folgenden Jahren geschieht, könnte aus dem Drehbuch eines Horrorfilms stammen.

Als 1357 Pedro seinem Vater Afonso auf dem Königsthron nachfolgt, rächt er sich fürchterlich an den Mördern seiner Frau. Die gedungenen Nobelmänner hatten sich zwar längst ins Ausland abgesetzt, aber zwei von ihnen konnte der junge König Pedro I. in Spanien ausfindig machen und verhaften lassen. Sie wurden nach Portugal gebracht und grausam und im Beisein des Königs hingerichtet.

Weiter berichtet die Überlieferung, dass der König nach der Exekution der Mörder die sterblichen Überreste seiner innig geliebten Inês exhumieren, das Skelett in königliche Gewänder kleiden, dann das Haupt krönen und den makabren Leichnam auf einem Thron neben sich platzieren ließ. Damit nicht genug der düsteren Szene. Nun wurden die Noblen bei Hofe und die Gefolgsleute des Königs aufgefordert, an der Königin vorbeizudefilieren und der Toten die knöcherne Hand, oder das was davon übrig war, zu küssen. Eine Szene, die – hat sie je wirklich stattgefunden – an Skurrilität und Blasphemie kaum zu überbieten ist. Nach diesem gespenstischen Totenkult wurde der Leichnam der Königin in einer Fackelprozession nach Alcobaça überführt und dort endgültig beigesetzt.

Dass diese Geschichte von Schriftstellern aufgegriffen wurde, wird nicht verwundern. António Ferreira zum Beispiel und Luís de Camões (beide 16. Jh.) und ein französischer Dichter des 19. Jahrhunderts schrieben über die ermordete Königin Inês de Castro.

Alcobaça, Kreuzgang und Klosterkirche

Sehr sehenswert ist die **Klosterkirche (2) [N39° 32' 53.66" W8° 58' 48.92"]** mitten in der Stadt *(geöffnet Apr. - Sept. tgl. 10 - 19 Uhr, Okt. - März 10 - 17 Uhr)*. Eine große Freitreppe führt hinauf zum gotischen Kirchenportal, über dem eine schöne Rosette zu sehen ist. Der gesamte Rest der Fassade mit den beiden Glockentürmen und der Nische mit der Marienstatue dazwischen ist im Barockstil erbaut. Daran wird augenfällig, dass der gotische Kirchenbau – nach seinem Zerfall während der Regentschaft spanischer Könige über Portugal – im 17. und 18. Jh. restauriert und eben mit barocken Stilelementen versehen worden ist. Die beiden Figuren rechts und links des Portals stellen die Heiligen Bernhard und Benedikt, die Gestalten über dem Fries darüber die vier Tugenden dar.

Ganz anders als aus dem Erscheinungsbild der Fassade zu schließen, präsentiert sich dem Besucher das dreischiffige Innere der Kirche. Hier dominiert die klare Schlichtheit der Zisterzienser-Architektur. Man ist beeindruckt von dem nach gotischer Manier hoch aufstrebenden, geradezu schlanken Mittelschiff. Durch das schmucklose Innere kommt die Reinheit der Linienführung hervorragend zur Geltung.

Wir gehen vor bis zum Querschiff. Im gedämpften Licht des fast schmucklosen Schiffs fallen zwei wunderbar gearbeitete Steinsarkophage auf – das **Grabmal Dom Pedros (4)** im südlichen (rechts) und das Grabmal von **Inês de Castro (3)** im nördlichen Querschiff (links). Oben auf den Sarkophagen sieht man die liegenden Gestalten der Verstorbenen, flankiert von je sechs trauernden Engeln. Der Deckelrand ist von einem Wappenfries umgeben und die vier Seiten darunter sind reich mit Steinmetzarbeiten verziert. Die Motive stellen Szenen aus dem Leben und der Passion Christi und aus dem Leben von Heiligen dar.

Das Paar wurde, wie an den Skulpturen der Verstorbenen zu erkennen ist, mit den Fußenden zueinander gerichtet bestattet. König Pedro soll das so angeordnet haben. Er wollte bei der Auferstehung am Jüngsten Tage als erstes das Antlitz seiner geliebten Inês sehen. Erfährt man von der melodramatischen Liebes- und Lebensgeschichte der beiden, kommt Licht in den Begräbniswunsch des Königs. Das Drama des unglücklichen Liebespaares endet in makabren Szenen.

Keinesfalls versäumen sollte man die Besichtigung des an die Nordseite der Kirche grenzenden **Claustro do Silêncio,** des **Kreuzgangs der Stille (8),** der aus dem 14. Jh. stammt, mit Orangenbäumchen bepflanzt ist und mit seinem kleinen Brunnenhaus und fein gearbeiteten Arkadenbögen eine Sehenswürdigkeit darstellt.

Eintritt wird verlangt für Kreuzgang, Klosterküche und Refektorium. Der Zugang erfolgt über die Königshalle (1).

Kaum minder beeindruckend ist die im Norden anschließende **Klosterküche (6).** Alleine die Größe des Raumes deutet darauf hin, dass hier einst für viele hundert Menschen gekocht wurde – und bestimmt nicht nur Haferbrei. Z. B. ist unter einem gigantischen, 20 m hohen Kamin eine Grillanlage zu sehen, auf der leicht mehrere Ochsen gleichzeitig gebraten werden konnten. An den Wänden sind schöne Wasserbecken und am Ende des Saales ein großes Brunnenbassin eingelassen, das von einem umgeleiteten Arm des Rio Alcoa gespeist wird. Es wird erzählt, dass wenn der Rio Alcoa vollständig durch die Klosterküche geleitet wurde, sich die Mönche bequem mit frischem Fisch aus dem Fluss versorgen konnten.

Neben der Küche liegt an deren Ostseite ein geräumiger Vorratsraum und an der Westseite das **Refektorium (7).** Und im Stockwerk darüber befanden sich die Schlafsäle und Zellen der Mönche.

Schließlich findet man an der Südwestecke des Kreuzgangs die sog. **Königshalle „Sala dos Reis" (1),** mit Azulejos an den Wänden. Die Motive befassen sich mit der Geschichte der Klostergründung. Die Statuen stellen die Könige Portugals dar.

Wer sich für die lange Tradition des Weinbaus in dieser Region interessiert, findet dazu im Weinbaumuseum **Museu Nacional do Vinho** genügend Anschauungsmaterial. Das Museum liegt am östlichen Stadtrand an der Straße N-8 Richtung Batalha.

Route: *Weiterreise von Alcobaça über die N-8 und N-1 nordostwärts nach* **Batalha**, *ca. 20 km.*

Auf dem Wege nach Batalha passieren wir den Ort **Aljubarrota.** Die Felder ringsum waren im 14. Jh. Schauplatz einer der schicksalsschwersten Schlachten auf portugiesischem Boden.

Batalha (ca. 3.000 Einw.), wäre wohl kaum einer besonderen Erwähnung wert, stünde hier nicht eines der bedeutendsten Baudenkmäler Portugals, das Schlachten- oder Sieges-Kloster **Mosteiro da Batalha** oder **Abadia Santa Maria da Vitória [N39° 39' 32.1" W8° 49' 26.9"]** *(geöffnet tgl. Apr. - Sept. 9 - 18.30 Uhr, Okt. - März 9 - 17.30 Uhr, www.mosteirobatalha.pt).*

Ein größerer **Parkplatz [WP 087 / N39° 39' 37.6" W8° 49' 27.2"]** liegt an der Rua Nossa Senhora Do Caminho nördlich der Klosteranlage

Ausschlaggebend für die Klostergründung war die gewonnene Schlacht von Aljubarrota im Jahre 1385, wie oben geschildert. Schon drei Jahre nach dem Sieg wurde nach Plänen des Baumeisters Afonso Domingues mit dem Bau

PRAKTISCHE HINWEISE – ALCOBAÇA

Posto de Turismo [N39° 32' 59.60" W8° 58' 45.19"], Rua 16 de Outubro 7, 2460-018 Alcobaça, Tel. 262 58 23 77, www.cm-alcobaca.pt.

HOTELS

Santa Maria *,** 71 Zi., Rua Dr. Francisco Zagalo 20, Tel. 262 59 01 60, www.hotelsantamaria.com.pt; komfortables Haus der gehobenen Mittelklasse, Garage, kein Restaurant.

Casa da Padeira ***, 8 Zi., Estrada Nacional 8 No. 19, Aljubarrota, Tel. 262 50 52 40, www.casadapadeira.com; ca. 5 km nördlich von Alcobaça bei Aljubarrota, hübsches Landgut in ruhiger Lage mit Garten und Schwimmbad, Bar, Parkplatz. Kein Restaurant.

Termas da Piedade **,** 65 Zi., Tel. 262 59 69 79, bei **Fervença** ca. 4 km nordwestlich von Alcobaça an der Straße nach Nazaré, ansprechend gelegenes Mittelklassehotel, Schwimmbad, Tennis, Restaurant, Parkplatz.

CAMPING

Camping Municipal de Alcobaça [WP 086 / N39° 33' 08.7" W8° 58' 41.5"], Av. Prof. Eng. Joaquim Vieira Natividade, Tel. 262 58 22 65; 1. Feb. – 31. Dez.; Platz der Gemeinde im nördl. Stadtbereich, beim öffentlichen Schwimmbad, den Tennisplätzen und oberhalb der Markthalle; Terrassengelände, im oberen Teil parkähnlich; ca. 1,5 ha – 150 Stpl.; Standardausstattung; noch in Gehnähe zum berühmten Kloster, ca. 30 Minuten.

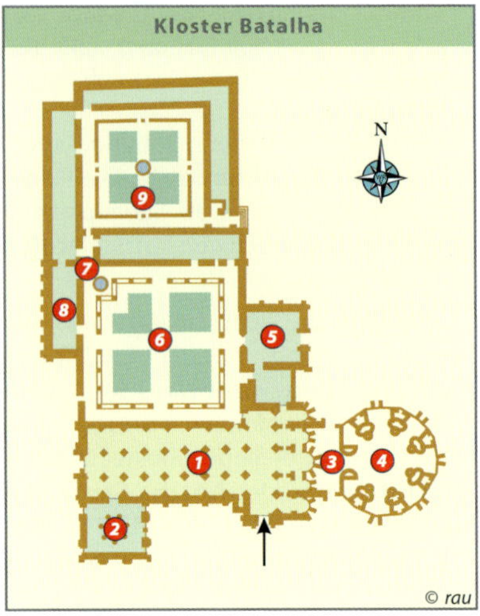

Batalha, Kloster – ***1*** *Klosterkirche* – ***2*** *Gründerkapelle* – ***3*** *Portal* – ***4*** *Unvollendete Kapellen* – ***5*** *Kapitelsaal, Grab des Unbekannten Soldaten* – ***6*** *Königlicher Kreuzgang* – ***7*** *Brunnen* – ***8*** *Museum* – ***9*** *Kreuzgang Afonsos V.*

der Kirche begonnen und später unter Huguette, einem Architekten von den Britischen Inseln, weitergeführt. Philippa von Lancaster, Gemahlin König Joas, hatte da wohl ihren Einfluss geltend gemacht. Geschadet hat es dem Bauwerk bestimmt nicht. Alleine schon die himmelstrebende Westfassade mit dem herrlichen Portal, ist ein Glanzstück gotischer Baukunst.

Rechts vom Westportal liegt die **Capela do Fundador (2)**, die Gründerkapelle. Hier liegen unter der achteckigen Kuppel König João und Philippa von Lancaster in einem kostbar gearbeiteten Steinsarkophag begraben. Vier ihrer sechs Söhne, darunter Heinrich der Seefahrer, sind ebenfalls hier beigesetzt.

In der Gründerkapelle und im Chor sind ganz beachtenswerte Glasfenster zu sehen.

An der Nordseite schließt der **Claustro Real (6)**, der **Königliche Kreuzgang** an. Erst beim zweiten Hinsehen entdeckt man, dass hier zwei Kunststile harmonisch verbunden sind. Die Bögen des Kreuzgangs sind nach gotischer Manier errichtet, die Ausschmückung dazwischen, mit zierlichen Säulchen und filigranen Steinmetzarbeiten in den Bögen, der manuelinischen Stilepoche zuzurechnen.

An der Ostseite des Kreuzgangs befindet sich der **Kapitelsaal (5)** mit dem Grab des unbekannten Soldaten. Davor stehen Ehrenwachen. Das Deckengewölbe des sonst leeren Raumes sorgte während des Baus für große Aufregung. Lange glaubte man, die Deckenkonstruktion sei in diesem Ausmaß ohne Stützpfeiler nicht machbar. Zwei Versuche scheiterten denn auch und man wollte nur noch zum Tode verurteilte Sträflinge hier arbeiten lassen. Schließlich glückte das Werk und in der ersten Nacht, nachdem die Gerüste abgebaut waren, soll der Architekt Afonso Domingues unter seiner kühnen Konstruktion geschlafen haben, wohl um dem Bauwerk seine „Unbedenklichkeit“ zu bescheinigen.

Auf der anderen Seite des Kreuzgangs, vorbei am Durchgang zum nördlich angrenzenden gotischen Afonso V.-Kreuzgang, trifft man auf eine der romantischsten Ecken des Klosterhofes mit einem schönen **Brunnen (7).**

Neben dem Brunnen ist der Eingang ins ehemalige Refektorium, in dem heute das **Museum des unbekannten Soldaten (8)** eingerichtet ist.

Wir gehen zurück und entweder durch das Westportal oder das Südportal im Querschiff aus der Kirche hinaus.

Auf dem freien Platz südlich vor der Klosterkirche steht das Reiterstandbild von Nuno Álvares Pereira, dem Heerführer in der Schlacht von Aljubarrota.

Nun zur Ostseite der Kirche und zum runden Anbau der **Capelas Imperfeitas,** den **Unvollendeten Kapellen (4)**. Die vieleckige Kapelle wurde im gotischen Stil begonnen, man sieht es an den Bögen der unteren Gewölbe, und im manuelinischen Stil fortgeführt, wie unvollendete Reste darüber zeigen. Sieben Kapellen, überdeckt von einer herrlichen Kuppel, sollten die Gräber der Könige aus der Avis-Dynastie aufnehmen. König Duarte (1433–1438), einer der sechs Söhne Joãos I., beabsichtigte hier ein prächtiges, dem hohen Stre-

Portugals Schicksalsschlacht

Im Jahre 1385 trat João von Avis, frisch gekürter König der Portugiesen, hier gegen Juan I. von Kastilien an, der ebenfalls Anspruch auf den portugiesischen Thron erhob. Das Kräfteverhältnis der beiden Armeen fiel so zu Ungunsten der Portugiesen aus – es heißt 30.000 ausgebildeten und gut bewaffneten Kastiliern standen kaum 10.000 ärmlich ausgerüstete Portugiesen gegenüber – dass sich der 20-jährige João in seiner Not veranlasst sah, die Heilige Mutter Maria anzurufen und zu geloben, im Falle des Sieges ihr zu Ehren die größte Kirche im Lande zu bauen.

Pereira-Reiterstandbild vor dem Kloster Batalha

Bereits kurz nach Beginn der Schlacht am 14. August 1385 hatten die Portugiesen erste Erfolge errungen. Solchermaßen ermutigt griff selbst die Landbevölkerung in den Kampf ein. Die Legende berichtet von einer Bäckersfrau, die mit der Backschaufel alleine sieben Spanier niederstreckte. Wie dem auch sei, die Bäckersfrau von Aljubarrota ist in einem portugiesischen Sprichwort lebendig geblieben.

Am Abend des 14. August waren die Kastilier geflohen und der portugiesische Sieg sicherte dem Lande über 200 Jahre die Unabhängigkeit.

Solche großen und dazu noch glücklichen Ereignisse führen immer zur Legendenbildung. So auch hier. König João soll nach dem Sieg auf der Suche nach einem geeigneten Standort für die versprochene Kirche seinen Speer geworfen haben und dort wo er auf die Erde fiel, sollte das Gotteshaus erstehen. Die Kirche wurde gebaut. Aber dass die Wahl ihres Standorts eine Legende sein muss, geht schon daraus hervor, dass die Kirche 16 km nördlich des Schlachtfeldes, nämlich in Batalha (die Schlacht) steht.

ben der Avis würdiges Mausoleum, eine Ruhmesstätte, zu errichten. Auch alle nachfolgenden Avis-Könige hatten dieses Ziel vor Augen. Aber ob es nun unter Afonso V. (1438 – 1481) knappe Mittel waren, die die Vollendung des Baus hinauszögerten – die Entdeckungsexpeditionen der portugiesischen Navigatoren wollten schließlich auch bezahlt sein – ob es architektonische Schwierigkeiten bereitete, den mehreckigen Bau an die Apsis der Klosterkirche anzugliedern oder ob später der Abzug der besten Künstler und Bauleute unter König Manuel I. (1495 – 1521) nach den vom König mehr favorisierten Städten Belém und Tomar der Grund für die Nichtvollendung waren, ist nicht überliefert.

Ausflug von Batalha

Porto de Mós liegt 7 km südlich von Batalha. Der Ort wird überragt von einem Hügel, auf dem eine markante **Burg** aus dem 14. Jh. thront.

In der Umgebung befinden sich die einzigen Höhlen des Landes. Die größ-

PRAKTISCHE HINWEISE – BATALHA

Posto de Turismo [N39° 39′ 32.00″ W8° 49′ 28.45″], Largo Comendador Pedro Monteiro Pereira de Queirós, 2440-109 Batalha, Tel. 244 76 51 80, www.cm-batalha.pt.

Feste, Folklore – Kirchenfest des Heiligen Geistes mit Zug der Gabengebinde von der Klosterkirche zur Stadtkirche, Mitte Juni.

RESTAURANT

Esplanada Dom Duarte, Praça D. João I. 5-C, Tel. 244 76 63 26, www.restaurantedomduarte.pai.pt; östlich außerhalb von Batalha bei Casal do Quinta gelegenes Lokal mit traditioneller portugiesischer Küche.

HOTELS

Mestre Afonso Domingues **,** 21 Zi., Largo Mestre Afonso Domingues 6, Tel. 244 76 52 60, www.mestreafonsodomingues.pt; mitten im Ort, ganz in der Nähe der Klosterkirche, Restaurant. Parkplatz. Ehemalige Pousada, wurde jüngst komplett renoviert.
Villa Batalha **,** 72 Zi., Rua Dom Duarte, Tel. 244 24 04 00, www.hotelvillabatalha.pt; modern gestaltetes, gutes Mittelklassehotel, Schwimmbad mit Wellnesseinrichtungen, Restaurant, Terrasse, WLAN. Parkplatz.
Motel São Jorge **, 47 Zi. und 10 Bungalows, Casal da Amieira, Tel. 244 76 97 10, www.motelsjorge.com, ca. 2 km südwestlich an der N-1; preisgünstiges Mittelklassemotel nach amerikanischer Bauart, Schwimmbad, Hotelgarten, Tennis, Parkplatz.

Kreuzgang der Klosterkirche von Batalha

WOHNMOBIL-STELLPLATZ

Wohnmobil-Stellplatz Área de Servicio Batalha [WP 088 / N39° 39′ 41.0″ W8° 49′ 31.2″], Parkplatz zwischen Busparkplatz und der Sportstätte, beschildert; betonierter, schattenloser Parkplatzstreifen mit Platz für ca. 14 Wohnmobile, zwei Ver- und Entsorgungsbuchten mit einer Euro-Relais-Säule. Zu Fuß zum Monasterio ca. 400 m.

ten sind die **Grutas dos Moinhos Velhos,** die Höhlen der alten Windmühlen, bei **Mira de Aire**, ca. 14 km südöstlich von Porto de Mós.

Auf halbem Wege, südlich von **Alvados**, liegen zwei weitere Grotten. Die südlicheren von beiden sind die **Tropfsteinhöhlen Grutas de S. António [N39° 32' 20.57" W8° 45' 8.38"]** *(geöffnet tgl. 9 - 19:30/21 Uhr)*. Die Höhlen wurden am 2. Juni 1955 per Zufall entdeckt. Das Höhlensystem lässt sich leicht begehen und wird effektvoll beleuchtet. Die größte Halle ist 43 m hoch und hat eine Fläche von 4.000 qm. Die Temperatur liegt konstant zwischen 16° und 18° Celsius. Im Eingangsgebäude ist ein Restaurant eingerichtet.

HAUPTROUTE

Route: *Von Batalha fahren wir auf der N-356 ostwärts, vorbei an Reguengo do Fetal, und erreichen nach 19 km* **Fátima**.

Unterwegs nach Fátima ist ein Abstecher südwärts zu den **Grotten von São Mamede [Parkplatz, N39° 37' 27.36" W8° 42' 16.73"]** möglich. In den erst 1971 entdeckten Höhlen sind mehrere Hallen und ein Wasserfall zu sehen.

Fátima, ein Städtchen mit kaum 6.000 Einwohnern, ist einer der wichtigsten und meistbesuchten **Marienwallfahrtsorte** in der katholischen Christenwelt geworden. Jährlich kommen Millionen von Pilger in die Stadt. In den Marienmonaten Mai und Oktober sind in Fátima weit mehr Wallfahrer als Einwohner zu finden. Der riesige Platz vor der Wallfahrtskirche, deren Inneres sehr schlicht gehalten ist, ist dann gefüllt mit zigtausenden von Gläubigen.

Auch ohne skeptische Hintergedanken kann man feststellen, dass die Marienverehrung für die Leute von Fátima zum großen Geschäft geworden ist. Gastronomie, Hotellerie, Souvenir-, Rosenkranz- und Weihwasserverkäufer und vor allem die Devotionalienhändler und Hersteller freuen sich über jeden Pilger.

Und Fátima, der „Altar der Welt", hat mit dem Centro Pastoral de Paulo VI. das größte Tagungszentrum des Landes. In ganz Portugal wird man nach einem größeren Kongresszentren suchen müssen; www.santuario-fatima.pt.

Parkmöglichkeiten [N39° 37' 38.9" W8° 40' 32.4"] liegen am Westrand der Stadt an der Av. José Alves Correia da Silva, oder auf dem **Großparkplatz [WP 089 / N39° 38' 0.77" W8° 40' 12.38"]**am Nordostrand des Pilgerareals an der Rua São Vicente de Paulo.

PRAKTISCHE HINWEISE – FÁTIMA

Posto de Turismo [N39° 37' 43.48" W8° 40' 36.44"], Av. José Alves Correia da Silva, 2495-402 Fátima, Tel. 249 53 11 39, im Ortsteil Cova da Iria gelegen; www.turismodocentro.pt.

HOTELS

Fátima ****, 125 Zi., João Paulo II., Tel. 249-53 07 60, www.hotelfatima.com; komfortables Haus der gehobenen Kategorie, nahe nördlich der Wallfahrtskirche, Restaurant, Garage.

De Santa Maria **,** 173 Zi., Rua de Santo António, Tel. 249 53 01 10, www.hotelstmaria.com; komfortables Mittelklassehotel, Restaurant. WLAN. Parkplatz.

Lux Fatima Park ****, 66 Zi., Av. D. Jose Alves Correira da Silva, Tel. 249 53 06 90, www.luxhotels.pt.; in Gehnähe zum Wallfahrtszentrum, modernes Firstclasshotel, Restaurant, WLAN. Garage.

WOHNMOBIL-STELLPLATZ

Wohnmobil-Stellplatz Parking Santuário [WP 090 / N39° 38' 03.4" W8° 40' 16.8"], Rua de São Vicente de Paulo. **Zufahrt:** Von der A-1 (Coimbra – Lissabon) Ausfahrt Fátima, und weiter Richtung Santuário. **Platz:** Markierter, parzellierter Platz auf einem Teil des Großparkplatzes vor bzw. nördlich der Kathedrale mit Platz für 10 Wohnmobile, beleuchtet, etwas Schatten. **Gebühr**: Kostenlos. **Ausstattung**: Frischwasserhahn, WC, Picknicktische.

Das Wunder von Fátima

Am 13. Mai 1917 berichteten drei Hirtenkinder, die 10 Jahre alte Lúcia, ihr ein Jahr jüngerer Vetter Francisco Marto und dessen siebenjährige Schwester Jacinta, von einer Vision. Maria sei ihnen erschienen, so sagten sie und habe in Cova da Iria bei ihrem Heimatdorf Aljustrel (nahe Fátima) von einem Korkeichenbaum herab zu ihnen gesprochen. Weiter erzählten sie, dass sich die Erscheinung bis in den Oktober jeweils am 13. eines Monats wiederholen würde. Was „die Dame" Jungfrau Maria zu den Kindern sprach, darüber gaben sie unterschiedliche Auskünfte.

In den folgenden Monaten wurde an jedem Dreizehnten die Zuschauermenge größer. Am 13. Oktober 1917 schließlich sollen 70.000 Neugierige anwesend gewesen sein, als es plötzlich aufhörte zu regnen und die Sonnenscheibe sich angeblich wie ein Rad wild zu drehen begann. Allerdings konnte keine wissenschaftliche Beobachtungsstelle ein solches Phänomen in ihren Observatorien irgendwo auf der Welt registrieren.

Marienwallfahrtsstätte Fátima

Die Jungfrau Maria hatte den Kindern drei „Geheimnisse" anvertraut. Zwei wurden schon bald darauf bekannt. Das erste „Geheimnis" war „ein Blick in die Hölle" und u. a. die Offenbarung, dass zwei der Kinder kurz nach der Erscheinung sterben würden.

Das zweite „Geheimnis" besagte, dass der damals wütende Erste Weltkrieg bald zu Ende sei, ihm aber noch „unter dem Pontifikat von Papst Pius XII." ein weiterer Weltbrand folgen werde, wenn die Menschheit nicht aufhöre, Gott zu beleidigen. Außerdem wurde in Aussicht gestellt, dass sich Russland in einer gottgefälligeren Welt „bekehren" würde.

Das dritte „Geheimnis" wurde von Lúcia „auf Anweisung Seiner Exzellenz, des Hochwürdigsten Herrn Bischofs von Leiria, und der Allerheiligsten Mutter ..." (aus einem Dokument der Kongregation für die Glaubenslehre des Vatikan über „Die Botschaft von Fatima") erst am 3. Januar 1944 niedergeschrieben. Das Dokument wurde zunächst vom Bischof von Leiria aufbewahrt und, um das „Geheimnis" besser zu schützen, 1957 dem Kommissar des Heiligen Offiziums in Rom übergeben. Dort lag es unter Verschluss für die Öffentlichkeit. Papst Johannes XXIII. wies den versiegelten Umschlag zurück in die Archive des Heiligen Offiziums. Papst Paul VI. dann hat das „Geheimnis" zwar gelesen, aber entschieden, dass der Text nicht öffentlich gemacht wird. Erst Papst Johannes Paul II., der am 13. Mai 1981 Opfer eines Attentats geworden war (das manche mit dem dritten „Geheimnis von Fatima" in Verbindung brachten), entschied, dass der Wortlaut des dritten „Geheimnisses von Fatima" veröffentlicht wird, was nun auch geschehen ist (www.vatican.va/roman_curia/congregations/cfaith/documents/...).

Die Kugel übrigens, die Papst Johannes Paul bei dem Attentat lebensgefährlich verletzte und er damals „an der Schwelle des Todes" stehenblieb, wurde vom Papst dem Marienheiligtum in Fátima überlassen. Auf Initiative des dortigen Bischofs wurde sie in die Krone der Statue der Madonna von Fátima eingefasst.

Im dritten „Geheimnis" ist die Rede von einem Engel, der mit einem Feuerschwert die Welt anzünden will und nach Buße verlangt. Und es wird u. a. eine Vision geschildert, in der „der Heilige Vater durch eine große, halb zerstörte Stadt auf einen steilen Berg steigt" ... und dort vor einem großen Kreuz kniend und „von Schmerz und Sorge gedrückt" ... „von einer Gruppe von Soldaten getötet" wird.

Zwei der drei Kinder, die das Wunder 1917 erlebten, Francisco und Jacinta, starben tatsächlich nur zwei bzw. drei Jahre nach der Erscheinung. Francisco und Jacinta wurden am 13. Mai 2000 in Fatima von Papst Johannes Paul II. seliggesprochen. Das dritte Kind, Lúcia, wurde später Nonne und lebte bis ins hohe Alter in einem Konvent in Coimbra. Die viel besuchten Gräber der drei Kinder befinden sich in der Marienkirche in Fátima.

1930 wurde durch den Bischof von Leiria die Authentizität des Wunders bestätigt und der Verehrungskult um Unsere Liebe Frau von Fátima als legitim erklärt. Eine Kapelle, die an dem Erscheinungsort errichtet worden war, wurde 1919 von Unbekannten in die Luft gesprengt, was nun Platz schaffte für die jetzige mächtig große Marienkirche.

Unter den Pilgern waren 1967 Papst Paul VI. und 1981 Papst Johannes Paul II. Seit einiger Zeit ergänzt ein moderner Kirchenkomplex die weitläufige Marienwallfahrtsstätte von Fátima.

Route: *Der weitere Verlauf unserer Route führt von Fátima auf kurvenreicher und nicht immer guter Straße nach Nordosten Richtung Tomar. Die Fahrt geht durch schönes Bergland. Hie und da sieht man Reste alter Windmühlen. In* **Pinhel** *stoßen wir auf die IC-9, der wir in östlicher Richtung folgen. Wenig weiter sieht man auf einem markanten Hügel im Süden (rechts) die stattliche* **Festung von Ourém** *(Pousada Conde de Ourém, Tel. 249-54 09 20). 18 km weiter liegt* **Tomar**.

Tomar, heute ein Städtchen mit annähernd 16.000 Einwohnern, liegt am Fuße eines bewaldeten Hanges am Rio Nabão. Landwirtschaft und Industrie sind die bedeutendsten Wirtschaftszweige.

Tomar hat seine Entwicklung zur Stadt dem Umstand zu verdanken, dass es jahrhundertelang Sitz zweier Ritterorden war, der *Templer* und später der *Christusritter.*

Der **Templer-Orden**, einst von den Päpsten zum Schutz des Tempels in Jeru-

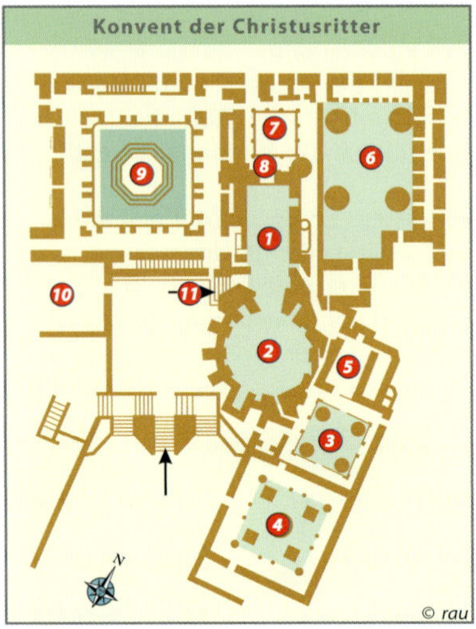

Convent der Christusritter, Tomar – ***1*** *Templerkirche* – ***2*** *Rotunda* – ***3*** *Gräberkreuzgang* ***4*** *Kreuzgang der Waschungen* – ***5*** *Sakristei* ***6*** *Herbergskreuzgang* – ***7*** *St. Barbara Kreuzgang* – ***8*** *Manuelinisches Fenster* – ***9*** *Kreuzgang Dos Felipes* – ***10*** *Neues Kapitelhaus* ***11*** *Südportal*

salem gegründet, engagierte sich im 12. Jh. auch an der Westgrenze des Abendlandes. Sein Großmeister, Gualdim Pais, kämpfte 1160 bei Santarém erfolgreich gegen die eingefallenen Mauren und richtete dann in Tomar sein Hauptquartier und den Stammsitz des Templer-Ordens ein. Langsam entstand um das auf einem Hügel gegründete Templer-Konvent die Stadt Tomar.

Knapp 150 Jahre später allerdings fielen die Templer beim Vatikan in Ungnade. Abtrünnigkeit vom Glauben wurde ihnen vorgeworfen. Schließlich wurde der Orden, nicht zuletzt auf Betreiben des französischen Königs, von Papst Clemens V. im Jahre 1314 aufgelöst.

1320 veranlasst König Dinis (1279 – 1325) die Gründung eines neuen Ordens, des **Christusritter-Ordens**. Auf ihn gingen alle Liegenschaften, Privilegien und das nicht eben geringe Vermögen des aufgelösten Templer-Ordens über.

Einer der Großmeister des Christusritter-Ordens war, von 1418 bis zu seinem Tode 1460, Prinz Heinrich der Seefahrer. Der Infante förderte durch infrastrukturelle und städtebauliche Maßnahmen die planmäßige Entwicklung Tomars. In seiner Zeit wurden z. B. der Rio Nabão reguliert und die Sümpfe entwässert, aber auch ein abgeschlossenes Judenviertel geschaffen. Die schmalen Gassen dort unterhalb der Mauern des Konvents sind einen Besuch wert.

Prinz Heinrich nutzte natürlich nicht nur den Einfluss, sondern auch das enorme Vermögen des Ordens, um die Pläne seiner Entdeckungsfahrten und nautischen Forschungen zu verwirklichen und voranzutreiben. Jahrhundertelang fuhren denn auch die portugiesischen Karavellen mit dem Kreuzzeichen des Christusritter-Ordens auf den Segeln über die Weltmeere. Natürlich profitierte der Orden auf der anderen Seite ganz enorm von den Reichtümern, die durch die Entdeckungen ins Land flossen.

König João III. (1521 – 1557) wandelte den Christusritter-Orden in einen Mönchsorden um und ernannte sich zum Großmeister der drei bedeutendsten Orden in Portugal, dem Avis-Orden, dem Santiago-Orden und eben dem Christus-Orden.

Im 18. Jh. beginnt im Zeichen allgemeiner sozialer Konflikte der Stern der Orden zu sinken. Militärtruppen ziehen in den ehrwürdigen Konvent der Christusritter in Tomar ein. 1810 zerstören Napoleons Truppen bedeutende Kunstschätze im Konvent. 1834 endlich wird der Christusritter-Orden aufgelöst.

Der **Konvent des Christusritter-Ordens [Parkmöglichkeit, N39°36'14.27" W8°25'3.85"]** (Convento de Cristo) *(geöffnet Juni - Sept. tgl. 9 - 18.30 Uhr, Okt. - Mai tgl. 9 - 17.30 Uhr, www.conventocristo.pt)* auf einer Anhöhe über Tomar gehört zu den ganz großen Sehenswürdigkeiten des Landes. Durch ein überaus prächtiges plattereskes Portal betritt man den **Kirchenraum (1)** des Konvents, der von nicht weniger als sieben Kreuzgängen und Innenhöfen umgeben ist. Das Portal wird dem spanischen Baumeister João de Castilho zugeschrieben, der hier im 16. Jh. einen neuen Kirchenzugang schuf.

Das Manuelinische Prunkfenster im Konvent der Christusritter

Gleich rechts vom Eingang liegt der achteckige romanische Kirchenraum (2). Dieser älteste Teil des Klosterkomplexes wurde im 12. Jh. in der von den Templern favorisierten Kirchenform einer **Rotunda (2)** angelegt. Neben beachtenswerten Malereien an dem Bogen, durch den man in die Rotunda gelangt und einem schönen Hochaltar, ist an der rechten Seite eine kleine Kanzel bemerkenswert. Sie hat auf der anderen Bogenseite eine spiegelbildlich gemalte Wiederholung. Im ersten Augenblick glaubt man zwei echte Kanzeln zu sehen.

Alle Großmeister und Könige zwischen dem 12. und 17. Jh. fügten an die Rotunda Bauten an und erweiterten die Anlage. Aus der Großmeisterzeit Heinrichs des Seefahrers stammen die beiden **Kreuzgänge**, die durch einen Durchgang an der Ostseite der Rotunda erreicht werden können – der „Claustro de Cemitério" (Gräberkreuzgang – 3 –) und der „Claustro da Lavagem" (Kreuzgang der Waschungen – 4 –) mit blauen Azulejoschmuck und zierlichen Säulen.

Man geht zurück und kommt in das westlich an die Rotunda anschließende Schiff der Christuskirche. König Manuel I. erteilte im 16. Jh. dem Baumeister João de Castilho den Auftrag zum Bau. Erst durch das Anfügen dieses Kirchenschiffs wurde das vorher erwähnte Südportal erforderlich. Der Chor im Kirchenschiff wird Diogo de Arruda zugeschrieben. Die Außenseiten der Fenster sind hier ganz bemerkenswert. Man gehe aber unbedingt an die Westseite des Chors. Von einem über den Hauptkreuzgang (9) zugänglichen Balkon aus ist das Prachtstück des ganzen Konvents zu bewundern, das **Manuelinische Prunkfenster (8)** mit phantasievoller Dekoration. Das Fenster, dessen Meister man nicht einmal kennt, symbolisiert in seinen Schmuckmotiven das wichtigste Anliegen des manuelinischen Portugal – die Seefahrt. Taue und Ankerkettenglieder, die Wurzel einer Korkeiche an der Basis und Korkrinde, Tang und korallenähnliche Gebilde – alles erinnert an Seefahrt und Schiffe. Oben das gekrönte Königswappen und darüber das Kreuz des Christusritter-Ordens. Oben rechts und links sog. Sphärenkugeln.

Der kleine Hof unterhalb des Fensters ist der **St. Barbara Kreuzgang (7).** Anschließend wird man in den bedeutendsten Kreuzgang der Klosteranlage gehen, den **Claustro Dos Felipes (9),** der Hauptkreuzgang des Konvents. Während der Regentschaft König Joãos III. wurde mit dem Bau begonnen, aber erst unter dem Baumeister Diogo de

Das Südportal am Konvent der Christusritter

Torralva erhielt der zweistöckige Kreuzgang um 1560 seine Prägung im Stil der italienischen Renaissance. Filipo de Terci vollendete das Bauwerk Ende des 16. Jh. und sein Nachfolger, Pedro Torres, schließlich schuf den zentralen Brunnen.

Filipo de Terci war auch der Architekt des Aquädukts, der die Wasserversorgung des Christusritter-Konvents sicherte. Teile davon sind im Norden der Stadt nahe der Straße nach Fátima noch zu sehen.

Bei längerem Aufenthalt sind in Tomar außerdem sehenswert:

Dle **Capela de Nossa Senhora da Conceição [N39° 36‘ 19.97“ W8° 25‘ 2.10“]** – Ein schlichter Renaissancebau aus dem 16. Jh. Die Kirche liegt etwa auf halbem Wege von der Stadt zum Christusritter-Konvent. Durch die erhöhte Lage der Kirche hat man von dort einen guten Blick auf die Stadt.

Die **Kapelle des Heiligen Gregor,** ist am nördlichen Stadtrand an der Straße Richtung Fátima gelegen. Die Opfer- und Wallfahrtskirche bei einem einfachen Brunnen, stammt in ihren Anfängen aus dem 15. Jh. Der achteckige kuppelgedeckte Kirchenraum hat einen für Pilgerkapellen der damaligen Zeit typischen, gedeckten, säulengestützten Umgang.

Kirche Johannes des Täufers [N39° 36‘ 13.31“ W8° 24‘ 53.04“] – Die Kirche liegt im alten Stadtteil an der Praça da República, gegenüber dem Rathaus. Der schlichte gotische Bau aus der Wende vom 15. zum 16. Jh. hat neben einem wuchtigen Kirchturm ein schönes **Portal** mit manuelinischen Zierelementen. Im dreischiffigen Inneren sieht man eine fein gearbeitete **Steinkanzel** und **Malereien** aus dem 16. Jh. aus der Schule Gregorio Lopes'. Wenn die Taufkapelle im Turm geöffnet ist, kann man dort ein dreiteiliges Altargemälde aus dem 16. Jh. bewundern.

Zwei Straßen südlich des Republik-Platzes ist in der alten **Synagoge [N39° 36‘ 11.46“ W8° 24‘ 49.72“]** ein kleines **Museum** eingerichtet.

Santa Maria do Olival [N39° 36‘ 5.17“ W8° 24‘ 27.16“] – Der gotische Kirchenbau entstand auf den Fundamenten eines Benediktinerklosters und diente als Grabkirche der Großmeister des Christusritter-Ordens. Die Kirche liegt im Stadtteil am östlichen Ufer des Rio Nabão.

PRAKTISCHE HINWEISE – TOMAR

i

Posto de Turismo [N39° 36‘ 05.48“ W8° 24‘ 56.56“], Av. Dr. Cândido Madureira, 2300-531 Tomar, Tel. 249 32 98 23, www.cm-tomar.pt.

Feste, Folklore

Festa dos Tabuleiros, 10 Tage Anfang Juli. In einer prächtigen Dankprozession zu Ehren des Heiligen Geistes wird der uralten Tradition gedacht, dass im Mittelalter Mitglieder des Heiliggeist-Ordens die Armen speisten. Junge Mädchen in knöchellangen, weißen Gewändern tragen auf ihrem Kopf turmhohe, korbähnliche, mit Papierblumen und Ähren geschmückte und von einer weißen Krone abgeschlossene sog. „Tabuleiros" mit Brotlaiben und Wein feierlich durch die Straßen der Stadt zur Misericórdia-Kirche, www.tabuleiros.org.

RESTAURANTS

Gut und relativ preiswert isst man z. B. im **Bela Vista**, Fonte do Choupo 6, Tel. 249 31 28 70, Gartenterrasse, Montag Ruhetag.

O Tabuleiro, Rua Serpa Pinto 140, Tel. 249 31 27 71, beliebtes Lokal, die Küche wird sehr gelobt, in zentraler Lage.

HOTELS

Dos Templários **,** 171 Zi., Largo Cândido dos Reis 1, Tel. 249 31 01 00, www.hoteldostemplarios.com; sehr komfortables Firstclass Hotel, bestes Haus am Platz, zentral gelegen, Schwimmbäder, Fitnessbereich, Tennis, Hotelgarten, exquisites Restaurant, Parkplatz.

Estalagem de Santa Iria *,** 13 Zi., Mouchão Parque, Av. Marquês de Tomar, Tel. 249 31 33 26, 8, www.estalagemsantairia.com; klein, aber fein. Restaurant, Bar, Garten, WLAN. Parkplatz.

CAMPING

Camping Municipal Tomar [WP 091 / N39° 36' 25.9" W8° 24' 37.6"], Tel. 249 32 98 24, www.campingtomar.com; 1. Jan. – 31. Dez.; vom Stadtzentrum aus gut beschilderte Zufahrt, neben den Sportstätten gelegen; parkähnliches, ebenes Wiesengelände, gut schattig; 2 ha - 200 Stpl.; einfache Standardausstattung. Laden, Imbiss. **V & E für Wohnmobile**. Städtisches Schwimmbad nebenan.

Poço Redondo / Tomar

Camping Redondo [WP 092 / N39° 37' 31" W8° 19' 20"], Rua do Casal Rei 6, Tel. 249 37 64 21, www.campingredondo.com; 1. Jan. – 31. Dez.; von Tomar zur IC-3 und auf Landstraßen über Junceira ostwärts, der grün-weißen Beschilderung folgen; naturbelassener Olivengarten, uneben, teils sandig, teils grasbewachsen; 1 ha - 30 Stpl.; einfache Standardausstattung. **V & E für Wohnmobile**.

Aboboreiras / Olalhas bei Tomar

Camping Rural Pelinos 77 [WP 093 / N39° 38' 17.2" W8° 20' 12.4"], Pelinos 77, Aboboreiras, Tel. 249 30 18 14, www.campingpelinos.com; 15. Feb. – 15. Okt.; Autobahn IP-9 zur N-110 und ostwärts der Beschilderung folgen; Wiesen mit Eukalyptus- Oliven- und Weidenbäume; einfache Standardausstattung. Schwimmbad, Waschmaschine, Internetecke.

Castelo de Bode / Martinchel

Camping Castelo de Bode [WP 094 / N39° 32' 22.3" W8° 19' 10.1"], Tel. 241 84 92 62; Ende Jan. – Mitte Dez.; von Tomar auf der N-358 etwa 13 km ostwärts Richtung Abrantes, Zufahrt nach der Staudammbrücke; an der Südseite der Staumauer breite Geländestufen und schmale Terrassen unter hohen Eukalyptusbäumen, Pinien und Pappeln, oberhalb der Staumauer des Barragem do Castelo de Bode, eine Treppe führt vom Platz hinab zum Stausee, Straßenverkehr gut hörbar; ca. 2,5 ha – 100 Stpl.; Standardausstattung. Imbiss. Chemikalausguss.

San Pedro de Tomar / Alverangel

Camping Lake Portugal [095 / N39° 32' 54.90" W8° 18'32.63"], Rua do Rio n5, Tel. 249 37 17 50; März – Nov.; von Tomar auf der N-358 ca. 12 km Richtung Abrantes, weiter Richtung Alverangel, dann Campingbeschilderung folgen; schattiges Terrassengelände oberhalb des Stausees; 2 ha – 50 Stpl.; einfache Standardsanitärausstattung. Bootssteg. Internetecke. Beim Restaurant „O Sabador da Pedra" mit portugiesischen Spezialitäten.

TOUR 9: TOMAR – PENICHE

Länge der Tour: Rund 195 km.

Die Route: Über die Straßen N-113 bis **Sta. Cita** – N-358 über **Castelo de Bode** bis **Constânica** – IP-6/A-23/E-806 bis **Abrantes** – N-118 bis **Alpiarça** – N-368 bis **Santarém** – N-114 oder A-15/IP-6 bis **Caldas da Rainha** – N-8/IC-1 bis **Óbidos** – IP-6 bis **Peniche.**

Reisedauer: Mindestens ein Tag.

Höhepunkte: Die romantische **Burg Almourol** im Rio Tejo – ein Spaziergang durch **Santarém** – die reizvollen Gassen in **Óbidos** *** – ein Aufenthalt in der **Burg-Pousada von Óbidos** ** – die Strände und die Küste von **Peniche** **.

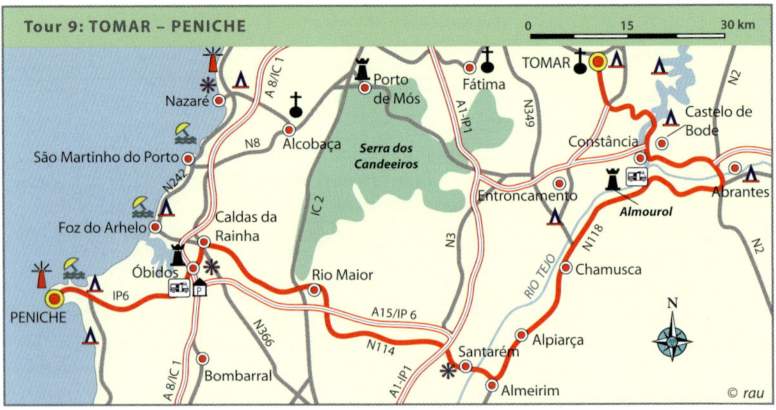

Route: *Von Tomar über die N-113 südwärts. Schon nach ca. 6 km zweigen wir ostwärts ab auf die N-358 und erreichen nach rund 7 km* **Castelo de Bode**.

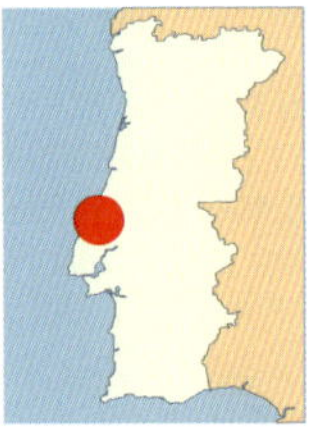

Bei **Castelo de Bode** (Camping siehe bei Tomar Tour 8) staut ein 115 m hoher Damm den Rio Zêzere zu einem riesigen, weitverzweigten See, der sich zu einem Naherholungsgebiet mit Wassersport entwickelt hat. Die Straße führt über die Dammkrone (guter Blick ins tiefe Zêzere-Tal) ans Südufer.

Route: *Etwa 8 km weiter südlich von Castelo de Bode stoßen wir bei* **Constância** *auf die Schnellstraße A-23/IP-6/E-806.*

Constância, die hübsch gelegene Stadt an der Mündung des Rio Zêzere in den Rio Tejo, soll einstmals Exil des romantischen Dichters Camões gewesen sein, nachdem er mit seinen flammenden Liebesgedichten eine Dame bei Hofe kompromittiert hatte.

In Constância wird immer noch die Jahrhunderte alte Tradition der Flussprozession gepflegt. Am Ostermontag versammeln sich auf dem Fluss Dutzende von geschmückten Booten zum **Schiffskorso zu Ehren der Nossa Senhora da Boa Viagem**, mit dem für die kommenden Zeiten eine glückliche Reise erfleht wird.

Etwa 4 km westlich von Constância und vorbei an der Militärbasis weist ein Schild den Weg zum Tejo-Ufer, Parkplatz und Anleger der Boote zur Insel. Dort sieht man die **Burg von Almourol [Parkplatz, WP 096 / N39° 27′ 46.4″ W8° 23′ 00.8″]** *(geöffnet im Sommer 9 - 19 Uhr, im Winter 9 - 17 Uhr, www.igespar.pt)* auf einer Insel im Rio Tejo liegen. Aus dem dichten Grün der üppigen Vegetation ragen pittoresk die Mauern und Türme dieser romantisch anmutenden Ritterburg.

Im 12. Jh. erhielten die Mönchsritter des Templer-Ordens als Anerkennung für ihre guten Dienste im Kampf gegen die Mauren dieses Territorium von der Krone geschenkt. 1171 dann errichtete Großmeister Gualdim Pais hier diese Burg mit einem gewaltigen, viereckigen Wehrturm, der umgeben ist von einer mit 10 Türmen befestigen Mauer.

Auf die nur einen Steinwurf vom Ufer entfernt gelegene Burginsel gelangt man mit Booten. Parkplatz, Cafeteria *(Apr. - Okt. 10 - 19:30 Uhr, übrige Zeit 10 - 17:30 Uhr).*

Route: *Weiter auf der A-23/IP-6 ostwärts bis* **Abrantes***, 15 km.*

Abrantes (ca. 14.000 Einwohner) liegt auf einem Hügel über dem nördlichen Tejo-Ufer. Die Stadt war durch den wichtigen Flussübergang lange von strategischer Bedeutung, vor allem während des Maureneinfalls im 12. Jh. Damals konnte die Stadt noch erfolgreich verteidigt werden. Bei der Invasion napoleonischer Truppen im Jahre 1807 allerdings wurde Abrantes von General Junot eingenommen, der dann auch prompt Herzog von Abrantes wurde. Durch hübsche schmale Gässchen kann man zur **Burgruine [Parkplatz, WP 098 / N39° 27′ 54.83″ W8° 11′ 45.50″]** hinaufsteigen. Ursprünglich im 13. Jh. von König Dinis angelegt, fiel sie 200 Jahre später einem Erdbeben zum Opfer. Schöner Ausblick vom ehemaligen Wehrturm.

Ebenfalls auf dem Festungshügel liegt die Kapelle **Santa Maria do Castelo**. Das Kirchlein aus dem 15. Jh. wurde in ein **Museum** umgewandelt. Man sieht u. a. die Grabmäler der Grafen von Abrantes, aus der Familie der Almeidas, außerdem Skulpturen und Altarbilder, sowie kostbare Azulejos aus spanischen Werkstätten bei Sevilla.

Abrantes ist bekannt für seine Süßspeise „Palha de Abrantes" (Stroh von Abrantes).

Route: *Wir überqueren den Tejo und nehmen am Südufer am großen Kreisverkehr die N-118 in westlicher Richtung, um über* **Tramagal** *nach* **Arrepiado** *zu gelangen, rund 25 km.*

Achtung! Das Befahren der Tejobrücke bei Praia do Ribatejo nach Constância ist nur für **Fahrzeuge bis 2,10 m Höhe** möglich!

Rund 20 km westlich von Abrantes passiert man die Zufahrt zum **Miradouro do Almourol [N39° 27′ 21.9″ W8° 23′ 08.9″]**. Von dem schön angelegten

PRAKTISCHE HINWEISE – ABRANTES

Posto de Turismo, Esplanada 1° de Maio, 2200-320 Abrantes, Tel. 241 33 01 00. www.turismo.cm-abrantes.pt

HOTELS

De Turismo ***, 40 Zi., Largo de Santo António, Tel. 241 36 12 61, bescheidenes Mittelklassehotel in aussichtreicher Lage, Schwimmbad, Tennis, Restaurant, WLAN. Parkplatz.

WOHNMOBIL-STELLPLATZ – CONSTÂNCIA

Area do Servicio, Wohnmobil-Stellplatz Constância [WP 097 / N39° 28′ 36.5″ W8° 20′ 36.0″]. Zufahrt: am Südufer des Rio Tejo, gegenüber der Stadt gelegen, Zufahrt am westlichen Ende der Flussbrücke und kurze steile Abfahrt zur untersten Parkplatzterrasse vor dem Centro Nautico de Constância. **Ausstattung:** Gepflasterte Parkplätze oberhalb des Rio Tejo, schattenlos, **V & E Station** mit Chemikalausguss, Wasserhahn und Bodenauslass, kostenlos. Der Platz für mindestens 10 Wohnmobile (falls nicht von Pkw belegt) ist jederzeit frei zugänglich.

Die Burg von Almourol im Rio Tejo

Aussichtspunkt (im Sommer mit Getränkekiosk) hat man von unterschiedlich hoch gelegenen Ebenen einen schönen Blick auf die Burg Almourol (siehe auch weiter oben) im grünen Tal des Rio Tejo.

Route: *In Arrepiado führt die N-118 weg vom Rio Tejo und wendet sich südwärts über* **Chamusca** *nach* **Alpiarça.** *Dort Abzweig westwärts auf die N-368 nach* **Santarém**, *40 km. Man durchquert weite Ebenen im Tal des Rio Tejo, die angefüllt sind mit ausgedehnten Oliven-, Zitrus- und Weinplantagen.*

Verzichtet man auf eine Besichtigung von Santarém, erspart man sich die zeitraubende Stadtdurchquerung, wenn man erst südlich von Almeirim von der N-118 abzweigt und Santarém auf der Schnellstraße A-15 im Westen umfährt.

Alpiarça an der N-118 bietet Kunstliebhabern ein feines **Kunstmuseum** in der ehemaligen **Residenz „Casa dos Patudos" [N39° 15' 1.56" W8° 35' 22.84"]** des Regierungsbeamten José Relvas (1858 – 1929). Das Museum liegt an der Hauptstraße am südlichen Ortsrand. Gezeigt werden kostbare Sammlungen von Teppichen, Wandbehängen, Porzellan, Gemälden und Möbeln.

Pferdesportbegeisterte können kurz vor Chamusca nordwestwärts auf die N-234 abzweigen, die über den Rio Tejo in das nur 5 km entfernte Städtchen **Golegã** führt. Golegã ist bekannt für seine Pferdezucht. Das große Jahresfest Mitte November ist denn auch in erster Linie ein **Pferdemarkt**, der unter den Interessenten in ganz Portugal einen ausgezeichneten Ruf hat.

Beachtenswert ist das **Portal der Gemeindekirche**. Die gedrehten Säulen und Seil-Ornamente sind typische Merkmale des Manuelinischen Stils des 16. Jh.

Santarém (ca. 29.000 Einw.), die „Stadt auf dem Hügel", ist eine wichtige Marktstadt für die hiesige Agrarregion, die zudem weit über ihre Grenzen hinaus bekannt ist für ihre Zuchtstiere und für ihre Stierkämpfe.

Die Stadt liegt erhöht über dem rechten Ufer des Rio Tejo. Von den beiden kleinen Parkanlagen **Portas do Sol [N39° 14' 2.96" W8° 40' 35.35"]** und **São Bento Belvedere** sieht man weit über das Tejo-Tal und in die Ebene des Ribatejo.

Schon weit vor unserer Zeitrechnung soll hier eine Ansiedlung gewesen sein, die aber noch lange nicht Santarém hieß. Diesen Namen erhielt die Stadt erst im 7. Jh. aufgrund folgender Legen-

CAMPING – GOLEGÃ

Camping Municipal da Golegã [WP 099 / N39° 24' 0.96" W8° 29' 8.04"], Largo Parque Campismo, Tel. 249 97 90 03; 1. Feb. – 15. Dez.; Golegã liegt an der N-234 knapp 9 km nordlich von Chamusca, der Platz selbst liegt am Südrand von Golegã an der Straße N 365 Richtung Santarém; ebener, einfacher Platz der Gemeinde; ca. 1,5 ha – 90 Stpl; einfache Standardausstattung. 4 Miethütten. Laden und Restaurant in der Nähe.

de: Am Ufer des Tejo wurde ein Marmorsarg, der wundersamerweise schwamm, angespült. In ihm lag der Leichnam einer jungen Nonne namens Irene. Wie man herausfand, soll die Ordensfrau aus Tomar – so weit trieb der Sarg – den fleischlichen Gelüsten eines Mönchs nicht nachgegeben haben und daraufhin ermordet worden sein. Vielleicht war es auch anders herum und sie war dem Bruder zu willen und musste deshalb, um die Sünde zu vertuschen, eines unnatürlichen Todes sterben. Wie dem auch sei, die Stadtväter von Santarém waren durch den schwimmenden Steinsarg von der Unschuld, ja sogar Heiligkeit Irenes überzeugt und benannten ihre Stadt nach ihr – *Santa Irena*, woraus im Laufe der Zeit Santarém wurde.

Parkplätze findet man evtl. südlich des Bussbahnhofs, dann südlich der Kirche Igreja do Seminário [N39° 14′ 9.27″ W8° 41′ 8.91″], die unweit südlich der Markthalle liegt und noch ein Stück weiter südlich an der Südseite des ovalen Platzes Largo Cândido dos Reis.

Als Ausgangspunkt für eine **Stadtbesichtigung** eignet sich der Platz **Largo do Infante Santo** oben in der Stadt, zwischen der Militärschule, der Markthalle und dem kleinen Stadtpark Jardim da República, mit Teich und Musikpavillon, vis-a-vis der Markthalle.

Die Straßen und Gassen in der Altstadt sind relativ eng. Es empfiehlt sich deshalb sehr, zu Fuß zur Besichtigung aufzubrechen.

Wir gehen an der Markthalle und an der Längsseite des Parks vorbei und sehen bald rechterhand die Türme der **Igreja do Seminário** (Seminarskirche) **[Parkplatz, WP 100 / N39° 14′ 9.27″ W8° 41′ 8.91″]** am Platz Largo Sá da Bandeira. Die Kirche des Jesuitenkonvents wurde im 17. Jh. errichtet, weist eine schöne Barockfassade auf und hat im Inneren eine ungewöhnlich große Anzahl von Nischen, die Statuen von Heiligen des Jesuitenordens aufnehmen.

Geradeaus führt die Rua Serpa Pinto mitten hinein in die Altstadt. An der Straße findet man Geschäfte aller Art, Restaurants, Hotels und vor allem viele Cafés, die ganz ausgezeichnete Kuchen, Süßspeisen und Gebäck anbieten. In guter Erinnerung ist das Café Abidis.

Da viele Einwohner von Santarém in den Cafés sehr gerne ein Tässchen zu sich nehmen, sind die Konditoreien auch für den Besucher immer ein angenehmer und interessanter Aufenthaltsort.

Am Ende der Rua Serpa Pinto liegt ein kleiner Platz mit Grünanlage. An seiner Südseite findet man die Kirche **Igreja da Marvila [N39° 14′ 6.19″ W8° 40′ 53.73″]**. Sie stammt aus dem 16. Jh., hat ein manuelinisches Portal und im Inneren Azulejoschmuck mit ungewöhnlichen ornamentalen Motiven.

Im Weitergehen folgt man der Rua de São Martinho und kommt nach knapp 200 m zur ehemaligen Kirche **São João de Alporão [N39° 14′ 08.2″ W8° 40′ 48.1″]**. Gegenüber steht der alte Kalebassen-Turm **Torre das Cabaças**.

In der gotischen Kirche São João de Alporão, deren Turm um 1800 teilweise abgerissen wurde, um der Kutsche Königin Marias I. während eines Besuches Platz zu machen, ist heute ein **archäologisches Museum** eingerichtet *(geöffnet Mi - So 9 - 12.30, 14 - 17.30 Uhr)*. Man sollte versuchen unter den etwas wirr herumliegenden Exponaten, darunter römische Amphoren, Steingut, Skulpturen, Münzen etc., den Sarkophag des ehemaligen Gouverneurs von Ceuta, Duarte Meneses, ausfindig zu machen. Er gilt als eine der schönsten Steinmetzarbeiten des 15. Jh. in Portugal. Das Grabmal soll aber lediglich einen Zahn des Gouverneurs enthalten, angeblich das einzige, was die Mauren von ihm übrigließen.

Nach der Museumskirche beginnt die Avenida 5 de Outubro. Sie endet am Park vor der **Portas do Sol [N39° 14′ 2.96″ W8° 40′ 35.35″]**, dem Sonnentor, mit Tejo-Blick.

Wir gehen fast bis zur Marvila-Kirche zurück, vorher aber links hinunter zur **Igreja de Graça** (Gnadenkirche) **[N39° 14′ 05.1″ W8° 40′ 50.1″]**. Die Fassade der gotischen Kirche aus dem 14. Jh.

PRAKTISCHE HINWEISE – SANTARÉM

Posto de Turismo [N39° 14' 8.08" W8° 41' 4.34"], Rua Capelo Ivens 63, 2000-039 Santarém, Tel. 243 30 44 37. www.cm-santarem.pt. *Geöffnet Mo - Fr 10 - 18 Uhr, Sa + So 9.30 - 13 + 14 - 17.30 Uhr.*

Feste, Märkte – Feria Nacional de Agricultura, große Landwirtschaftsmesse für den Ribatejobereich, mit folkloristischen Veranstaltungen und Stierkampf, Anfang/Mitte Juni.

HOTELS

Umu ***, 67 Zi., Av. Bernardo Santareno 38, Tel. 243 37 72 40, www.umu.pt; nordwestlich der Innenstadt, Gehnähe zur Innenstadt, Mittelklassehotel, Restaurant, WLAN. Parkplatz.

Santarém *,** 105 Zi., Av. Madre Andaluz, Tel. 243 30 08 00, www.santarem-hotel.net; sehr komfortables Firstclass Hotel in ansprechender Lage, etwas westlich der Stadt, Restaurant, WLAN. Parkplatz.

(1950 restauriert) weist eine sehr schöne **Rosette** auf. Das Innere des Kirchenschiffs mit drei Apsiden besticht durch seine Schlichtheit. Die Kirche enthält verschiedene Grabmale, darunter das des ersten Gouverneurs von Ceuta nach der Einnahme durch João I. 1415 – Pedro de Maneses und seiner Frau. Der schöne Sarkophag ruht auf acht Löwenfiguren und steht im rechten (südlichen) Querschiff. In der rechten Apsis befindet sich die Grabplatte, die die letzte Ruhestätte des Brasilienentdeckers *Pedro Álvares Cabral* (1467 – 1520) kennzeichnet.

Route: *Weiterreise von Santarém auf der N-114 oder auf der schnellen, mautpflichtigen Autobahn A-15/IP-6 in nordwestlicher Richtung und über* **Rio Maior** *nach* **Caldas da Rainha**.

Caldas da Rainha, die große Marktstadt mit rund 21.000 Einwohnern, ist vor allem bekannt wegen der heilsamen Wirkung ihrer **Thermalquellen**. Schon der Stadtname deutet auf die alte Badetradition hin. Caldas da Rainha heißt nichts anderes als „Thermalbad der Königin".

Königin Leonor, Gattin König Joãos II., sah auf einer Reise im Jahre 1484, wie sich Leute in nach Schwefel riechenden Wasserquellen wohlig badeten. Sie erkundigte sich nach der Ursache des Treibens und erfuhr, dass die Badenden hier Linderung ihrer Rheumabeschwerden fanden. Die Königin versuchte die Kur am eigenen Leibe und war über die gute Wirkung so überrascht, dass sie aus eigener Schatulle hier ein Krankenhaus und Badeanlagen bauen ließ. Daraus entwickelte sich dann das Kurbad Caldas da Rainha, das im 19. Jh. seinen Höhepunkt als Kurort hatte.

Die heilsamen Quellen liegen in einem schönen Park mitten in der Stadt, den ebenfalls Königin Leonor hatte anlegen lassen. Auf ihre Veranlassung geht auch der Bau der Kirche **Nossa Senhora do Populo** zurück. Die Kirche liegt ganz in der Nähe des Parks und ist im Inneren mit Azulejos aus dem 17. Jh. ausgekleidet.

In Caldas da Rainha wurde der Maler José Malhoa (1855 – 1933) geboren. Er zählt bis heute zu den größten portugiesischen naturalistischen Malern. Das **Museu de José Malhoa [N39° 24' 2.68" W9° 8' 2.26"]** *(geöffnet Di - So 10 - 12.30, 14 - 17 Uhr, tgl. a. Mo. 10 - 12:30, 14 - 17 Uhr, www.mjm-ip.pt)* mit Arbeiten von ihm und Porträts von Columbano (1857 – 1929), sowie weiteren portugiesischen Künstlern ist an der Westseite des Kurparks Parque D. Carlos I. zu finden, Avenida da Dr. Manuel Freira da Câmara.

In der Stadt arbeitet eine Keramikfabrik, die ausgangs des 19. Jh. von einem Töpfer und Karikaturisten namens Rafael Bordalo Pinheiro (1846 – 1905) gegründet worden sein soll. Produkte der Fabrik, überall in der Stadt zu finden, sind z. B. bunte Keramikfrüchte.

PRAKTISCHE HINWEISE – CALDAS DA RAINHA

Posto de Turismo [N39° 24' 24.34" W9° 8' 8.42"], Rua Engenheiro Duarte Pacheco, im Rathaus, 2500-110 Caldas da Rainha, Tel. 262 83 97 00. *Geöffnet Mai - Aug.Mi - Fr 10 - 19 Uhr, Sa - Di 10 - 13 + 15 - 19 Uhr, sonst bis 18 Uhr.*

HOTELS

Caldas Internacional ***, 83 Zi., Rua Dr. Figueröa Rego 45, Tel. 262 83 05 00, www.caldasinternacionalhotel.com; komfortables Firstclass Hotel, Schwimmbad, Restaurant, WLAN. Parkplatz.

CAMPING BEI CALDAS DA RAINHA

Foz do Arelho bei Caldas de Rainha
Camping Orbitur Foz do Arelho [WP 101 / N39° 25' 56.8" W9° 12' 04.5"], Rua Daldonado Freitas, Tel. 262 97 86 83, www.orbitur.pt; 1. Jan. – 31. Dez.; etwa 9 km westlich von Caldas da Rainha bei **Foz do Arelho**, zu erreichen über die N-360, KM 3; teils eben, teils gestuft, mit Baumbestand; ca. 6 ha – 300 Stpl. + Dau.; Standardausstattung; Laden, Imbiss, Restaurant, Waschmaschine, Schwimmbad. **V & E für Wohnmobile.**

Das **Museu de Cerâmica [N39° 23' 58.11" W9° 7' 50.25"]** *(geöffnet Di - So 10 - 12.30, 14 - 17 Uhr)*, das in der Rua Dr. Ilídio Amado in einem Palast aus dem 19. Jh. eingerichtet ist, zeigt eine große Keramiksammlung aus dem 19. und 20. Jh., darunter natürlich viele Arbeiten von Rafael Bordalo Pinheiro.

In der gleichen Straße findet man die Kunstateliers der Bildhauer und Maler António Duarte (geb. 1912) und João Fragoso (geb. 1913) [N39° 23' 53.49" W9° 7' 54.04"].

Rund 10 km westlich von Caldas da Rainha liegen sehr schöne Strände bei Foz do Arelho, siehe auch bei Nazaré „Abstecher in den Badeort São Martinho do Porto".

Route: *Nur 8 km südlich von Caldas da Rainha liegt an der N-1/A8* **Óbidos**.

Óbidos – Das 1.000-Seelen-Städtchen Óbidos liegt schön auf einem Hügelrücken und zählt wohl zu den hübschesten Orten Portugals. Dieses Privileg bringt natürlich auch mit sich, dass keine Reisegruppe Óbidos auslässt und sich in der engen von Geschäften, Souvenirläden und Restaurants gesäumten Hauptgasse an manchen Tagen eine richtige „Drosselgassenatmosphäre" ausbreitet. Dennoch, der Besuch lohnt. Die gesamte Stadt ist noch vollständig von einer intakten **Stadtmauer** umgeben und das alte **Stadtbild** ist über die Jahrhunderte unverändert erhalten geblieben.

Heute ist kaum noch zu glauben, dass die starke Festung einst in erster Linie dazu diente, die Küste zu überwachen. Denn inzwischen ist die Küstenlinie gut 10 km von Óbidos entfernt und von der einstigen ausgedehnten Meeresbucht ist nur noch der Lagoa de Óbidos übriggeblieben.

1148 befreite Afonso Henriques die Stadt von den Mauren, die einen großen Teil der Festung angelegt hatten. Schon kurz nach der Rückeroberung muss das Städtchen wieder einen sehr freundlichen Eindruck gemacht haben. Denn als die erst acht Jahre alte Königin Isabella de Aragón im Jahre 1228 mit ihrem 12 Jahre älteren Gatten König Dinis Óbidos besuchte, war sie von dem weißen Städtchen so angetan, dass König Dinis ihr die Stadt zum nachträglichen Hochzeitsgeschenk machte. Bis 1832 blieb es Brauch, dass jede portugiesische Königin Óbidos zum Geschenk erhielt.

Einen großen **Besucherparkplatz [WP 102 / N39° 21' 28.42" W9° 9' 27.80"]** findet man an der N-8 Richtung Peniche am südwestlichen Ortsrand beim Aquädukt. Lassen Sie ihr Auto auf dem Parkplatz stehen und gehen Sie (mit gutem Schuhwerk, da welliges Pflaster) durch die **Porta da Vila [N39°**

Óbidos

21′ 34.05″ W9° 9′ 28.16″] in die Stadt. An der Innenseite ist das **Hauptstadttor** mit Azulejo-Motiven verziert.

Wir halten uns links und nehmen die Hauptstraße Rua Direita, die durch das ganze Städtchen verläuft. Man kommt zum Kirchplatz **Praça de Santa Maria [N39° 21′ 42.57″ W9° 9′ 26.46″]** mit einem „Pelourinho", einem Pranger oder Schandpfahl. Am Platz liegen die Marienkirche und das Stadtmuseum.

In der **Marienkirche** wurde 1441 der neunjährige Afonso V., bereits seit drei Jahren König, mit seiner achtjährigen Cousine Isabella verheiratet. Die Kirche ist im Inneren mit Azulejos ausgeschmückt. Zu sehen sind Gemälde von Josefa d'Óbidos, die mit richtigem Namen Josefa d'Ayala hieß. Die Malerin wurde 1634 in Sevilla geboren, kam bald darauf nach Óbidos und blieb hier bis zu ihrem Tode 1684.

Im **Stadtmuseum** *(geöffnet tgl. 10 - 13, 14 - 18 Uhr)* sieht man eine Gemäldesammlung von Josefa d'Óbidos, aber auch Exponate, die an die Zeit der französischen Invasion erinnern sowie Fundstücke aus der Römerzeit.

Die Hauptstraße endet auf dem Platz vor der Burg. König Dinis errichtete das **Kastell**, das im 16. Jh. zur königlichen Residenz ausgebaut wurde. Nach dem Erdbeben von 1755 wurde die Burg umfassend restauriert und 1951 richtete man in den historischen Mauern die **Pousada do Castelo** ein.

Links vom Festungsturm führen Treppen auf die bis zu 13 m hohe **Stadtmauer**. Der Umgang auf der Mauerkrone ist eher was für Schwindelfreie.

Zu den **kulinarischen Spezialitäten** aus der Gegend gehören **Aalgerichte.** Im nahen Lagoa de Óbidos werden armdicke Aale gefangen. Aus den umliegenden Weinfeldern kommt der Gaeiras-Rotwein, eine weitere Spezialität, zu denen auch der Sauerkirschlikör „Ginja" gehört.

Route: *Weiterfahrt von* **Óbidos** *auf der IP-6 nach* **Peniche.** *Auf dem Wege dorthin überquert man einen Bergrücken, auf dem bei Serra d'El-Rei noch eine intakte Windmühle zu sehen und zu besichtigen ist.*

Peniche (ca. 27.000 Einw.ohner) liegt auf einem weit ins Meer ragenden Felskap. Das Städtchen ist Heimat eines der wichtigsten Fischereihäfen des Landes. Fischverabeitende Industrie (Sardinenkonserven) steht also im Vordergrund. Immer noch von Bedeutung ist aber auch das Kunsthandwerk der Spitzenklöppelei.

Ein geschichtliches Ereignis von einiger Bedeutung für Peniche war 1589 die Landung britischer Truppen unter den Admiralen Drake und Narreys. Das Ziel des Unternehmens war kein geringeres, als Portugal von den spanischen Okkupanten zu befreien.

Ebenfalls im 16. Jh. entstand auch die **Festung**, die noch heute von einer gut erhaltenen Mauer umgeben ist. Während des Salazarregimes (1932 – 1968) wurden hier politische Häftlinge gefangengehalten. Besichtigung möglich. In der Festung ist das Stadtmuseum **Museu Municipal de Peniche [Parkplatz, WP**

PRAKTISCHE HINWEISE – ÓBIDOS

Posto de Turismo [N39° 21' 30.7" W9° 09' 28.7"], Parque de Estacionamento da Porta da Vila, Rua da Porta da Vila, 2510-089 Óbidos, Tel. 262 95 92 31, www.cm-obidos.pt. Naher Parkplatz.

Feste, Folklore – Festa Senhor da Pedra, große Wallfahrtsprozession, am 3. Mai.

RESTAURANTS

Alcaide, Rua Direita, Tel. 262 95 92 20, www.restaurantalcaide.com; Gartenterrasse, gute Küche, Montag Ruhetag, im November geschlossen.
A Illustre Casa de Ramiro, Rua Porta do Vale, Tel. 262 95 91 94; sehr gute Küche, gepflegtes Ambiente, gehobene Preislage, Samstag Ruhetag, im Januar geschlossen.

HOTELS

The Literary Man Hotel/Estalagem do Convento **,** 30 Zi., Rua D. João d'Ornelas, Tel. 262 95 92 14, www.theliteraryman.pt; komfortables Mittelklassehotel im alten Landhausstil, das über eine große Büchersammlung verfügt, die im öffentlichen Bereich zur Verfügung stehen, Restaurant, Garten WLAN.

Albergaria Josefa d'Óbidos **, 34 Zi., Rua D. João d'Ornelas, Tel. 262 95 50 10, www.josefadobidoshotel.com; komfortabel, mittlere Preislage, Restaurant.

Mein Tipp! **Pousada do Castelo *****,** 17 Zi., Paça Real, Tel. 262 95 91 48, www.pestana.com/en/hotel/pousada-obidos/. Burg von Óbidos, in den Räumlichkeiten des ehem. Königlichen Palastes Paço Real, sehr romantisch, sehr teuer, WLAN, Parkplatz, Restaurant. Regionale Spezialitäten: „Rabelo grelhado" (gegrillter Fisch mit in Butter geschwenkten Kartoffeln), „Cabrito à Óbidense" (gegrilltes Zicklein nach Óbidenser Art).

WOHNMOBIL-STELLPLATZ

Wohnmobil-Stellplatz Óbidos [WP 103 / N39° 21' 22.6" W9° 09' 23.8"], Rua dos Argos. **Zufahrt:** Am südwestlichen Ortsrand am markanten Aquädukt, beschildert, in Gehnähe zum Ort. **Gebühr:** Gebührenpflichtiger Platz. **Platz:** Unbewachtes, staubiges, schattenloses, eingezäuntes, wenig einladendes Gelände mit durch Balken markierten Stellplätzen für etwa 20 Wohnmobile, beengte Platzverhältnisse für große Einheiten. Ganzjährig befahrbar. **Ausstattung: V & E Station**, Wächterhütte mit Infos zur Bezahlprozedur am Eingang.

104 / N39° 21' 15.82" W9° 22' 49.72"] untergebracht *(geöffnet Di 14 - 17 Uhr, Mi - Fr 9 - 12, 14 - 17 Uhr, Sa + So 10 - 12, 14 - 17 Uhr)*.

Die Stadt selbst liegt auf einem Felsplateau, das zum Meer hin steil abfällt. Nur an den kleinen Buchten am „Flaschenhals" sind Sandstrände zu finden, die **Praia do Baleal** an der Nordseite zum Beispiel und die **Praia do Medão** südlich des Fischereihafens.

Interessant ist ein Besuch des lebhaften Fischereihafens besonders abends. Eine gute Idee ist es, eine abendliche Stippvisite mit einem Besuch in einer der Gaststätten hier zu verbinden. Es werden teils ganz ausgezeichnete Fischgerichte serviert. Sardinen spielen da eine wichtige Rolle, aber auch Schalentiere, aus denen u. a. köstliche Fischsuppen zubereitet werden.

Sehr lohnend ist eine **Fahrt um die Westküste** der Halbinsel von Peniche. Sie führt über **Remédios** und vorbei an wilden Klippen mit tosender Brandung. Einer der Aussichtspunkte am **Cabo Carvoeiro [WP 105 / N39° 21' 34.7" W9° 24' 30.5"]** mit viereckigem **Leuchtturm** und einem vom Festland abgetrennten Felsfinger nennt sich **Veranda de Pilatos**.

Pousadas – „Oasen der Ruhe"

Wie schwierig es doch oft ist, auf Reisen hinter die Kulissen der touristischen Fassaden eines Landes zu blicken. Manchmal ist es sogar mühsam, erfordert Geduld, auch Einfühlungsvermögen. Mitunter muss man sich auch etwas Zeit dazu gönnen. Aber wer hat schon Zeit. Auch auf Urlaubsreisen. Zeit ist Geld, wo mehr als im Urlaub.

Pousada do Castelo in Óbidos

Ein kleiner, erster Schritt weg vom vordergründigen Touristeneinerlei kann in Portugal ein Aufenthalt in einer Pousada sein, einer jener einladenden, landes-typischen Hotelunterkünfte.

Pousadas sind in aller Regel recht noble Herbergen. Sie sind eingerichtet in historischen Gemäuern, in altehrwürdigen Klöstern oder Burgen. Man findet aber auch neuzeitliche Bauten.

In den 40er Jahren kam man im portugiesischen Informationsministerium auf die Idee, ähnlich wie im benachbarten Spanien mit den Paradores, eine staatlich geführte Hotelkette aufzubauen. Ziel war weniger eine neue Einnahmequelle zu erschließen, als vielmehr dem Reisenden auch in abgelegenen Regionen angenehme Herbergen zu bieten und ihm dabei auch noch das Ambiente der jeweiligen Region und obendrein noch deren Küche und Keller näherzubringend. Alte Landgüter, Abteien, Burgen und Residenzen gab es überall. Und mit ihrer Restaurierung und Umgestaltung zum Hotelbetrieb tat man gleichzeitig etwas für den Denkmalschutz. Zwischenzeitlich ist die Kette der Pousadas in Händen eines portugiesischen Hotelkonzerns.

„Pousada" ist übrigens ein altes portugiesisches Wort und bedeutet soviel wie „Ort der Einkehr" oder „Oase der Ruhe".

Zwischenzeitlich gibt es im Lande an die vierzig dieser Residenzen, verteilt vom grünen Norden bis zur Algarve-Küste. Das Gros der Gäste stellen mit annähernd 70% portugiesische Reisende. Der Rest setzt sich aus individuell Reisenden aus den verschiedensten Ländern zusammen, die das ganz eigene Ambiente des jeweiligen Ortes schätzen.

In vielen dieser Nobelherbergen glaubt man förmlich den berühmten Hauch der Geschichte zu verspüren. Wo sonst können Sie z. B. in einem ehemaligen Kreuzgang dinieren, wie in der Pousada von Évora, in einer ehemaligen Kapelle Ihren Aperitif zu sich nehmen, oder in ehemaligen königlichen Residenzen logieren wie in Estremoz, wo Vasco da Gama seinen Eid auf die portugiesische Fahne leistete, bevor er zu seiner Indienreise aufbrach.

Und wenn Sie dann noch bereit sind, auf Ihre von zu Hause gewohnte Speisenfolge zu verzichten und über das Kennenlernen und Probieren einheimischer Produkte noch etwas mehr über die jeweilige Region erfahren wollen, sind Sie in Pousadas immer gut aufgehoben.

PRAKTISCHE HINWEISE – PENICHE

Posto de Turismo, Rua Alexandre Herculano, 2520-273 Peniche, Tel. 262 78 95 71, www.cm-peniche.pt.

Feste, Folklore – Fest zu Ehren Nossa Senhora da Boa Viagem, der Schutzpatron der Fischer, am ersten Wochenende im August.

HOTELS

Hotel Atlântico Golfe ****, 96 Zi., Praia da Consolação, Tel. 262 75 07 00. Mittelklassehotel am Strand mit Restaurant, Schwimmbad, Garten, Sportaktivitäten, WLAN, Parkplatz. Keine Haustiere.

Hotel da Praia Norte ***, Avenida Monsenhor Bastos, Tel. 262 78 11 66. Mittelklassehotel, 2 Pools, Restaurant. Parkmöglichkeit.

CAMPING

Camping Municipal de Peniche [WP 106 / N39° 21′ 13.8″ W9° 21′ 39.3″], Av. Mons Manuel Bastos, Tel. 262 78 95 29; 1. Mai – 31. Okt.; ca. 2 km vor dem Stadtzentrum zwischen der Straße aus Óbidos und der Praia do Baleal, in Sichtweite des Hotels Praia Norte, Einfahrt bei der BP-Tankstelle; weitläufiges, so gut wie schattenloses, sehr welliges, fast hügeliges, wenig gepflegtes Gelände mit sandigem Untergrund, einige wenige befestigte Stellflächen, von einigen der höher gelegenen Stellplätze Blick zur Stadt und zum Meer; Dauercamper beherrschen das Bild in der vorderen Platzhälfte; ca. 13 ha – 300 Stpl. + zahlr. Dau.; sehr einfache, zu geringe Sanitärausstattung; Laden, Restaurant, Imbiss, Tennis; **V & E für Wohnmobile**; zum Strand knapp 1 km. Je nach Windrichtung Belästigung durch Fisch- oder Stallgeruch.

Camping de Peniche Praia [WP 107 / N39° 22′ 10.6″ W9° 23′ 31.3″], Estrada Marginal Norte, Tel. 262 78 34 60, www.penichepraia.pt; 1. Jan. – 31. Dez.; an der nördlichen Strandstraße am Nordrand der Stadt; eben, schattenlos; ca. 1,5 ha – 120 Stpl.; Standardausstattung. Mietbungalows.

Bei klarem Wetter sieht man bis zur Insel Berlenga mit ihrem weißen Leuchtturm. Andere Aussichtspunkte sind **Lago dos Pargos,** mit ausgezeichnetem Restaurant und einer Aussichtsterrasse oder **Carreira do Cabo** auf der Südseite der Halbinsel.

Schiffsausflug zur Insel Berlenga

Die Insel Berlenga ist das größte Eiland einer kleinen Inselgruppe, die knapp 12 km dem Festland vorgelagert ist. Der kaum 1,5 km lange Felsstock der Insel ragt bis zu 85 m hoch aus den Fluten des Atlantik. Oben auf der Höhe ist ein Leuchtturm errichtet.

In der Nähe der Anlegestelle erhebt sich ein **Fort**, in dem sich im 17. Jh. eine Handvoll Portugiesen gegen angreifende spanische Segler wehrten. Heute ist darin eine einfache Herberge eingerichtet.

Schön ist der Weg vom Fort hinauf zum Leuchtturm. Ist die Insel nicht gerade in Dunst und Nebel gehüllt, gelingen auf dem Weg herrliche Ausblicke.

Sehr lohnend ist eine Bootsfahrt rund um die Insel. Es gibt einige Grotten. Ein **Fährboot** verkehrt zwischen Juni und September zwischen Peniche und der Berlenga Insel (falls die stürmische See nicht dagegenspricht). Abfahrten einmal täglich um 10 Uhr, im August drei mal täglich um 10, 11 und 17 Uhr. Rückfahrt um 18 Uhr. Fahrtdauer eine knappe Stunde. Bei schönem, ruhigen Wetter ist der Bootstrip ein herrlicher Ausflug. Die Fähren sind immer recht gut besetzt, seit man auf der Insel auch Zelten darf. Also unbedingt vorher im Posto de Turismo oder im Hafenbüro des Viamar Reisebüros in Peniche reservieren und genaue Abfahrtszeiten erfragen! Ggf. im Posto de Turismo auch die notwendige Reservierung für die Festungsherberge vornehmen.

TOUR 10: PENICHE – ESTORIL – CASCAIS

Länge der Tour: Rund 140 km.

Die Route: Über die Straße N-247 bis **Ericeira** – A-21 bis **Mafra** – N-9 bis **Sintra** – N-247 bis **Cascais**.

Reisedauer: Mindestens ein Tag.

Höhepunkte: Der **Klosterpalast von Mafra** *** – der **Palast von Sintra** ** – der Blick von der **maurischen Festung** hinab nach Sintra – der **Penapalast** ** – das **Cabo da Roca *,** Europas westlichster Punkt.

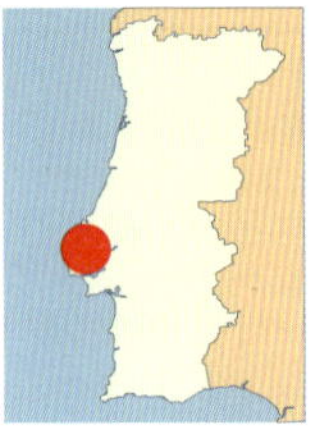

Besuchenswert und historisch – die Provinz Estremadura

Die Landschaft an der Costa de Prata (Silberküste) zwischen Leiria und Lissabon ist die alte **Provinz Estremadura** (Land am äußersten Ende).

In der Estremadura leben fast 30% der rund 10 Mio. Portugiesen. Die Hauptstadt Lissabon, eine der schönsten Hauptstädte Europas, zählt ebenso zu dieser Region wie die Industrie- und Hafenstadt Setúbal. In der Provinz findet man nicht nur den westlichsten Punkt Europas, das Cabo da Roca, sondern auch Portugals schönste und größte Schlösser und Klöster, wie **Sintra, Mafra**, **Belém** oder **Queluz**.

Und an den Küsten liegen hübsche Fischerorte, Steilküsten und noble Seebäder wie **Cascais** oder **Estoril.** Man trifft auf kilometerlange, oft einsame Strände, die aber wegen der häufig starken Winde und der stellenweise gefährlichen Wasserströmung etwas benachteiligt sind. Landschaftlich besonders reizvoll sind in der Estremadura die bewaldeten Höhen der Serra de Sintra und das Küstengebirge Serra da Arrábida.

Route: *Für den Weg von Peniche nach Süden kann man den küstennahen Weg über die N-247 und über* **Lourinhã** *und* **Praia de Santa Cruz** *nach* **Ericeira** *wählen. Von dort führt unsere Route landeinwärts über die N-116 ins 11 km entfernte* **Mafra**.

Ericeira, ein hübscher alter Fischereihafen mit winkeligen Gassen im nördlichen Ortsteil an der steil aufragenden, sehr reizvollen Felsküste und Badeort „im Kommen". Sandstrände **Praia São Sebastião** im Norden und **Praia do Sul** im Süden.

In Ericeira schiffte sich am 5. Oktober 1910 Portugals letzter König, Manuel II., ein, um nach England ins Exil zu gehen.

Route: *Falls man Ericeira nicht ansteuern will – das letzte Stück der Küstenstraße N-247 führt übrigens sehr schön oberhalb der Steilküste entlang – wird man, um nach* **Mafra** *zu gelangen, die N-8 nehmen.*

Auf dem Weg über die N-8 nach Mafra fährt man durch eine sehr anmutige, sanfte Hügellandschaft mit von Weinfeldern umgebenen Dörfern. Auf den Anhöhen sieht man gelegentlich Windmühlen. Hat man Gelegenheit sich einmal eine solche Windmühle näher anzusehen, wird man sich über die kleinen Tonkrüge wundern, die an den Flügeln angebracht sind. Drehen sich die Mühlenflügel im Wind, geben die Krüge einen Pfeifton ab, der dem geübten Müllerohr je nach Klang sagte, ob die Mühle wieder besser in den Wind gedreht werden muss.

Mafra, ein wenigsagendes Landstädtchen mit kaum 4.000 Einwohnern, wäre wohl kaum einer Erwähnung wert, stünde hier nicht eines der monumentalsten Bauwerke ganz Portugals **der Klosterpalast König Joãos V. [Parkplatz, WP 108 / N38° 56' 18.4" W9° 19' 38.1"]** *(geöffnet Palast: Di - So 10 - 17.30 Uhr, letzter Einlass 16.30 Uhr. Basilika: Tgl. 10 - 13, 14 - 17 Uhr, Bibliothek: Tgl. 10 - 12.30, 14 - 17 Uhr. Führungen obligatorisch, Dauer ca. 1 Std., www.cm-mafra.pt/turismo/palacio.asp).* Parkplätze findet man vor der Palastanlage.

Steht man vor der gigantischen, 220 Meter langen Fassade, kommt einem schon die Frage in den Sinn: Warum ein solcher **Kolossalbau**? Denkt man aber an die Zeit des frühen 18. Jh., der Regierungszeit des Klostergründers König João V. – Portugal war damals auf dem Höhepunkt seiner Macht, die entdeckten Kolonien brachten der Krone unermesslichen Reichtum ein – kommt man einer Antwort schon näher. Hier wurde ein Prestigeobjekt realisiert. Denkt man dann noch an die Rivalität zwischen den Königreichen Spanien und Portugal und an das Ansinnen des Königs, die Eigenständigkeit Portugals nach der Loslösung von Spanien im Jahre 1640 auch nach außen hin unübersehbar zu machen, wird der Hintergrund klarer, vor dem die Klosteranlage geplant wurde – vor allem in diesen gewaltigen Ausmaßen.

Traulicher klingt dagegen die offizielle Lesart des Anlasses zum Bau des Klosterpalastes von Mafra. König João V. war schon seit drei Jahren mit Maria-Anna, der Schwester des Erzherzogs Karl von Österreich, verheiratet, ohne dass sich der zum Erhalt der Bragança-Dynastie notwendige Thronfolger eingestellt hätte. Das Haus Bragança, erst seit knapp siebzig Jahren am Ruder, wollte nicht schon wieder ins zweite Glied der portugiesischen Herrscherhäuser zurücktreten. Also legte der König ein **Gelübde** ab und versprach feierlich, ein Kloster zu bauen, falls sich der Himmel seiner Manneskraft erbarmen und ihm (und seiner Gemahlin natürlich auch) einen männlichen Erben schenken würde. Der Himmel war gnädig. Maria Anna schenkte kaum ein Jahr später, im Jahre 1711, einer Tochter das Leben. Der Anfang war gemacht und weiteres königliches Bemühen verhalf 1714 dem ersehnten Thronfolger zum Licht der Welt. Das Mädchen, Maria Barbara, wurde als Gemahlin von Fernando VI. Königin von Spanien. José, der Thronfolger, musste allerdings 36 Jahre warten, bis er König von Portugal werden konnte.

Nach dreijähriger Planungszeit wurde 1717 mit dem **Bau des Klosterpalastes von Mafra** begonnen. Als Architekten hatte man den aus Deutschland stammenden Johann Friedrich Ludwig engagiert. Innerhalb von 18 Jahren entstand nun auf einem vier Hektar großen Areal der Barockkomplex, an dem zeitweise an die 45.000 Künstler, Handwerker und Tagelöhner arbeiteten. Keine Kosten und Mühen wurden gescheut, um ein Bauwerk zu errichten, das alle Paläste Portugals übertreffen sollte. João V. verfolgte aber wohl auch das Ziel, den Escorial bei Madrid, Spaniens Prestigebau aus der Zeit König Philip II. (1556 –

Der Klosterpalast in Mafra

1598), in den Schatten zu stellen. In Bezug auf die Nüchternheit des äußeren Erscheinungsbildes des Mafraklosters ist es ihm auch fast gelungen. Im Inneren aber wurden in einem verschwenderischen Übermaß die kostbarsten Materialien aus Italien, Frankreich, den Niederlanden u. a. verwendet. Geld war offenbar ausreichend vorhanden. Die Kolonien, allen voran Brasilien, waren eine unerschöpfliche Einnahmequelle.

Zur Chronik des Baus gehört übrigens auch die Zahl der Türen und Fenster. Nicht weniger als 4.500 davon sind vorhanden.

An der Frontfassade dominiert das prächtige **Portal** der barocken **Klosterkirche**, flankiert von zwei Türmen. In ihnen ist ein Geläut von 114 Glocken untergebracht. Das Kircheninnere mit einer 70 m hohen Zentralkuppel (hier war wohl der Petersdom in Rom Vorbild) ist mit verschiedenfarbigem Marmor ausgekleidet.

Beachtung verdienen die verschiedenen Marmorstatuen in der Vorhalle und die Figuren und Skulpturen an den Altären und Seitenkapellen. Sie sind Werke von Künstlern der sog. *Mafra Schule*. König João V. nutzte die Anwesenheit und das Können der jahrelang hier arbeitenden anerkannten Künstler aus ganz Europa und gründete eine Steinmetzschule. Die Kirche ist frei ohne Eintritt zugänglich, im Gegensatz zum Palast.

Durch den Gebäudeflügel links von der Kirche gelangt man in den **Klosterpalast**. Um ihn besichtigen zu können muss man sich einer Führung anschließen. Auf dem einstündigen Rundgang werden gezeigt: Ein Museum mit Kirchenschätzen, die alte Klosterapotheke, eine Krankenstation, die Küche, eine Kapelle, und im Obergeschoss Klosterzellen der Mönche und natürlich die königlichen Gemächer. Bis zu 300 Mönche und über 100 Novizen konnte das Kloster beherbergen. Das letzte königliche Haupt ruhte in den Kissen der Gemächer in der Nacht vom 4. zum 5. Oktober 1910, als König Manuel II. vor seinem Aufbruch ins englische Exil hier nächtigte.

Zu den Höhepunkten der Besichtigung gehört der Blick in die **Klosterbibliothek**, die nach der alten Universitätsbibliothek in Coimbra zu den schönsten und wertvollsten des Landes zählt. 36.000 Bände werden hier aufbewahrt

Route: *Auf dem Weg von Mafra über die N-9 südwärts nach* **Sintra** *kommt man durch durch* **Cheleiros** *und* **Montelavar**.

PRAKTISCHE HINWEISE – MAFRA

Posto de Turismo [N38° 56' 10.62" W9° 19' 36.95"], Palácio Nacional de Mafra, Torreão Sul, Terreiro D. João V, 2640-492 Mafra, Tel. 261 81 71 70, www.cm-mafra.pt.

Feste, Folklore – Prozession dos Terceiros, am vierten Sonntag in der Passionszeit. Wie es heißt, soll König João V., der Gründer des Mafra-Klosters, die Statuen und die großen Tragealtäre, die bei der Prozession getragen werden, höchstselbst gestiftet haben.

HOTEL

Castelão ***, 35 Zi., Av. 25 de Abril, Tel. 261 81 60 50, www.hotelcastelao.com; einfaches, einladendes Haus mit Restaurant.

In den Steinbrüchen von **Montelavar** wurde ein Großteil des Marmors für das Kloster in Mafra gebrochen.

Sintra, in einem dicht bewaldeten Taleinschnitt in den Bergen der Serra de Sintra gelegen, in dem selbst im Sommer durch die Nähe des Atlantiks erträgliche Temperaturen herrschen, wählten sich die portugiesischen Könige schon früh als Sommerresidenz. Oft genug ist es hier feucht, kühl und dunstig und nicht selten schrammen tiefhängende Wolken, die regenschwer vom Atlantik her kommen, über die Höhen und hüllen sie ein. Dann tropft der Nieselregen vom dichten Blätterdach der Bäume. Es riecht nach Moos und feuchter Erde. Und wer an einem solchen Tag nach Sintra kommt wird es schwer haben, dem Ort etwas freundliches abzugewinnen.

Aber viele Dichter haben die liebliche Natur um Sintra gepriesen. Sie sprachen von einer „verzauberten Region". Der freiheitsliebende Poet Lord Byron nannte Sintra gar „dieses märchenhafte Eden". Wem der Sinn danach steht, kann der Romantik dieser Landschaft oben im herrlichen, üppig grünen Schlosspark von Pena immer noch nachspüren. Wenn Sie hier oder beim **Castelo dos Mouros** spazieren gehen, verschließen Sie Ihr Auto gut und nehmen Sie Ihre Wertsachen mit.

Einer der sehr wenigen **Parkplätze [WP 109 / N38° 47' 49.44" W9° 23' 19.61"]** in der Nähe des Königspalastes liegt unweit östlich des Palácio Real vor dem Museum Anjos Teixeira, Abzweig von der Calçada do Rio do Porto.

Vorbei am Bahnhof und an der Câmara Municipal (Rathaus) mit schöner, türmchengeschmückter Fassade, geht es hinauf zum **Palácio Real [N38° 47' 50.3" W9° 23' 25.7"]** am östlichen Stadtrand *(geöffnet tgl. a. Mi 10 - 17.30 Uhr. Führungen)*. Der königliche Palast ist durch seine beiden riesigen Schornsteinhauben nicht zu verwechseln.

Der Palast entstand aus dem „Alcácar", den sich Maurenfürsten, wissend um das angenehme Sommerklima Sintras, erbauen ließen. Nach der Vertreibung der Araber aus Portugal ließ König João I. (1395 – 1433) den mittleren Flügel mit den gotischen Arkadenbögen, den maurischen Fenstern darüber und den Küchentrakt mit den beiden Kaminkegeln errichten und verlegte seinen Sommersitz hierher. Hier in Sintra plante João I. seinen Eroberungszug nach Ceuta.

Fast alle folgenden Könige hatten einen Bezug zum Palast von Sintra, sei es, dass sie den Palast erweiterten, sei es dass sie ein anderes Ereignis mit Sintra verband. König Afonso V. wurde hier 1438 geboren und starb auch hier, 43 Jahre später.

König Manuel I. (1495 – 1521) baute den Komplex rechts an, mit manuelinischen Fenstern und einem viereckigen Turm mit Loggien. In jener Zeit entstanden nach maurischem Vorbild kleine Innenhöfe mit Brunnen und mit seltenen andalusischen Azulejos ausgeschmückte Gemächer.

König Sebastião (1557 – 78) hielt hier ein letztes Mal Hof, bevor er in romanti-

Der historische Palast von Sintra. Foto:ICEP

scher Verblendung aufbrach, um Marokko zu erobern. Der kaum 21-jährige König fiel, seine Armee wurde vernichtet.

Afonso VI. (1656 – 1683), angeblich geistig umnachtet, war von seinem Bruder und Nachfolger Pedro II. seines Amtes und seiner Frau entledigt worden, und musste im Palast von Sintra die letzten neun Jahre seines Lebens eingesperrt verbringen. Er starb angeblich an einem Anfall, während er der Messe beiwohnte. Auf den Führungen, denen man sich anschließen muss, will man den Palast besichtigen, wird auch der Raum gezeigt, in dem Afonso VI. gefangen war. Der Boden ist vom ständigen Auf- und Abgehen des Gefangenen ganz ausgetreten.

Zu den besonders schönen Gemächern zählen der **„Maurische Saal"** mit herrlichem Azulejoschmuck, die **„Sala dos Brasões"** mit den Wappen von 72 Adelsgeschlechtern an der Decke, die **„Sala dos Cisnes"**, nach den Schwanabbildungen in den Deckenkassetten so genannt, dann ein Speisesaal und das Schlafgemach König Sebastiãos.

Besonders gern erzählen manche Führer die Geschichte, die sich um die **„Sala das Pêgas"**, dem Saal der Elstern, rankt. Angeblich ist König João eines Tages von seiner Frau Philippa bei einem Techtelmechtel mit einer der Kammerzofen erwischt worden. Zur Rede gestellt soll er gesagt haben: „Por Bem" (etwa: Nichts für ungut). Als die Hofdamen davon erfuhren, gab es unter ihnen ein endloses Getuschel, Getratsche und Gelächter. Darauf hin soll sich der König entschlossen haben, die in diesem Raum die Hofdamen darstellenden Gemälde an der Decke durch lauter „geschwätzige" Elstern ersetzen zu lassen, die in ihrem Schnabel die Worte „Por Bem" tragen.

In der Nähe des **Palácio Real** befindet sich das **Touristeninformationsbüro [N38° 47' 47.2" W9° 23' 28.5"]**.

Das **Museu de Arte Moderna Colecção Berardo [N38° 48' 11.01" W9° 22' 55.11"]** weiter im Norden der Stadt an der Avenida Helíodoro Sladago, *(geöffnet Di - So 10 - 18 Uhr, www.berardcollection.com)* zeigt europäische und amerikanische Kunst aus den 1920ern bis heute.

Von geschichtlicher Bedeutung für Sintra ist der **Seteais Palast [N38° 47' 45.7" W9° 23' 52.8"]**, das „Haus der Sieben Seufzer". Die ehemalige Residenz des niederländischen Konsuls ist heute ein Luxushotel. Im Jahre 1808 wurde hier ein Vertrag unterzeichnet, der den Abzug der von Wellington bekämpften französischen Truppen mit all ihrem Kriegsgut garantierte. Der offenbar ungewöhnliche Akt entlockte angeblich allen Beteiligten damals einen tiefen Seufzer und der „Seufzer-Palast" hatte seinen Namen weg. Das **Seteais-Palasthotel** liegt östlich der Stadt an der Straße N-375 nach Colares.

Noch etwas weiter, ebenfalls an der N-375, liegt der **Parque de Monserrate**.

Auf der Weiterreise westwärts zur Küste folgen wir ab Sintra zunächst der Straße nach Monserrate, fahren am Touristenbüro vorbei, zweigen aber bald danach links ab nach **Pena**. Wer ohne Auto unterwegs ist, muss für den Ausflug nach Pena mangels öffentlicher Transportmittel ein Taxi nehmen.

Etwa auf halbem Wege passiert man einen linkerhand (nördlich) gelegenen Parkplatz. Von hier führt ein schattiger Fußweg (kaum 10 Min.) zu den Festungsmauern eines alten Maurenkastells, des **Castelo dos Mouros [N38° 47' 23.6" W9° 23' 20.5"]** *(geöffnet tgl. 10 - 18 Uhr, www.parquesdesintra.pt)*. Von den Türmen und Mauern aus dem 7. Jh., die ganz geschickt die Felsformationen des Hügels mit einbeziehen, hat man einen schönen Blick auf Sintra und den Königspalast.

Eine sehr steile, kurvenreiche Bergstraße führt an der alten Maurenfestung vorbei hinauf zum **Palácio Nacional da Pena [Zugang, WP 110 / N38° 47' 16.36" W9° 23' 16.30"]** *(geöffnet Mai - Mitte Sept. 10 - 19 Uhr, Mitte Sept. - Apr. 10 - 17.30 Uhr, www.parquesdesintra.pt)*, schlechte Parkmöglichkeit!

Der Palast liegt hoch über Sintra auf einem bewaldeten Hügel. Er entstand auf dem Gelände eines im Jahre 1509 von König Manuel I. gegründeten Klosters. Kapelle und Kreuzgang wurden in den Schlossbau, der erst Mitte des 19. Jh. entstand, integriert.

König Fernando II. (ein Spross des Hauses Sachsen-Coburg) und seine Gattin Maria II., hatten den Baron von Eschwege mit dem Entwurf und dem Bau beauftragt. Über Geschmack lässt sich bekanntlich nicht streiten. Es sei also dahingestellt, ob dieses Konglomerat aller möglichen Stilelemente von der Gotik bis zum Barock, dieses Gewirr aus Türmchen, Kuppeln, Zinnen und Bögen ein gelungenes Architekturbeispiel eines Schlosses ist. Auf jeden Fall beeindruckend ist allerdings der Blick vom Schloss über die Wälder der Serra de Sintra bis an die Küste bei Praia Grande. Bei klarem Wetter kann man sogar die große Tejo-Brücke in Lissabon erkennen.

Ein gutes Stück oberhalb des Schlosse steht das Kreuz **Cruz Alta** (530 m). Auch von hier phantastischer Rundblick.

Der Palácio de Pena bei Sintra. Foto: ICEP

PRAKTISCHE HINWEISE - SINTRA

Posto de Turismo [N38° 47' 47.2" W9° 23' 28.5"], Praça da República 23, 2710-616 Sintra, Tel. 219 23 11 57, www.cm-sintra.pt. *Geöffnet tgl. 9.30 - 18 Uhr.*

Feste, Märkte - Jahresfest St. Peter im Nachbarort **São Pedro de Sintra**, 22.-30. Juni. Außerdem **Straßenmärkte** jeden 2. und 4. Sonntag im Monat.

HOTELS

Tivoli Sintra ****, 77 Zi., Praça da República, Tel. 219 23 72 00; komfortables, teueres Firstclass Hotel mitten in Sintra, neben dem Königspalast, Restaurant, Fitnesscenter, Fahrradverleih, Terrasse, WLAN. Parkplatz.
Estalagem Solar dos Mouros ****, 8 Zi., Calçada de São Pedro 64, Tel. 219 24 32 53, www.estalagemsolardosmouros.com; kleines, einfaches, aber gepflegtes Haus mit Hotelgarten und Terrasse im Nachbarort **S. Pedro de Sintra**, Straße N-9 Richtung Estoril, kein Restaurant.
Villa das Rosas ***, 30 Zi., Rua Antonio Cunha Nr. 2-4, Tel. 219 10 08 60, www.villadasrosas.com; Landhaus aus dem 19. Jh. im Norden von Sintra gelegen, mit schönem Garten und Schwimmbad, elegantes Ambiente, Bar, WLAN, Parkplatz. Kein Restaurant.

Route: *Wir verlassen Sintra auf der N-247 in südlicher Richtung, passieren den Abzweig zum Schloss von Pena und kommen auf schmaler, aber guter Straße durch ein ausgedehntes Waldgebiet an die Küste bei* **Praia das Maçãs**. *Rund 5 km westlich von Sintra zweigt rechts der Weg zum* **Convento dos Capuchos** *ab.*

Im Kloster **Convento dos Capuchos [Parkplatz, WP 111 / N38° 46' 56.56" W9° 26' 07.30"]** *(geöffnet tgl. 10 - 18 Uhr, www.parquesdesintra.pt)* aus dem 16. Jh. sind einige Klausen und Zellen zu sehen, die einst von Kapuzinermönchen bewohnt wurden. Gegen Feuchtigkeit und Kälte waren die Felskammern mit Kork ausgeschlagen.

Knapp 2 km weiter zweigt von der N-247-3 links ein Waldweg ab, der bei einer Marienkapelle (Azulejos) auf dem 490 m hohen **Peninha** in der **Serra de Sintra** endet. Beliebter Aussichtspunkt mit schönem Rundblick. Der Weg ist mautpflichtig.

Später trifft die Hauptstraße N-247 an die Küste. **Praia das Maçãs**, etwas weiter nördlich gelegen, ist ein beliebter, aufstrebender Badeort mit vielen Sommervillen.

Ca. 3 km nördlich von Praia das Maçãs liegt **Azenhas do Mar**, mit schöner Felsküste und Natur-Meerwasserschwimmbad.

Praia das Maçãs und Azenhas do Mar sind im Sommer von Sintra aus mit einer offenen, hundert Jahre alten, nun schön restaurierten **Nostalgie-Straßenbahn** zu erreichen, die zwischen Sintra über den Weinort **Colares** und den Küstnorten verkehrt.

Südlich von Praia das Maçãs liegt **Praia Grande**, ein Seebad mit weiten Stränden, mit Hotels und der ganzjährig geöffneten Campinganlage „Praia Grande", die aber von Dauercampern so gut wie voll belegt ist, und für den Durchgangstouristen höchstens als Notlösung dienen kann.

Route: *Weiterreise über die N-247 und über die Küstenstraße vorbei am* **Cabo Raso** *nach* **Cascais**.

Empfehlenswerter Abstecher zum westlichsten Punkt Europas

Auf dem Weg südwärts Richtung Cascais bietet sich Gelegenheit, zum **Cabo da Roca [Parkplatz, WP 112 / N38° 46' 50.74" W9 °29' 51.48"]** abzuzweigen (großer Parkplatz, Denkmal). Das steile Felskap mit imposanter Klippenküste ist das westlichste Ende des europäischen Festlandes. Über den Besuch kann man sich im dortigen Informationsbüro ein Zertifikat ausstellen lassen. U. a. heißt es darin, dass hier „wo das Land endet und

Cabo da Roca

PRAKTISCHE HINWEISE – PRAIA DO GUINCHO

RESTAURANTS

Porto de Santa Maria, Estrada do Guincho, Tel. 214 87 94 50, www.portosantamaria.com; vorzügliches Fischrestaurant am Strand, teuer, Montag Ruhetag.
Etwas preiswerter isst man im **O Faroleiro**, Estrada do Guincho, Tel. 214 87 13 30, www.faroleiro.com; mit Restaurantterrasse, oder im **Mar do Guincho**, Estrada do Guincho, Tel. 214 85 82 80, www.mardoguincho.com; die ebenfalls für ihre Fischgerichte bekannt sind, direkt am Strand gelegen.

HOTELS

Fortaleza do Guincho *****, 27 Zi., Estrada do Guincho, Tel. 214 87 04 91, www.hotelfortalezadoguincho.com; eines der distinguiertesten Häuser, zumindest in dieser Region, teuer, eingerichtet in einem alten Fort am Meer, ausgezeichnetes Restaurant, Garten, Terrasse, Tennis, WLAN. Parkplatz.

CAMPING

Camping Orbitur Guincho [WP 113 / N38° 43′ 18.17″ W9° 27′ 58.1″], Rua da Areia, Tel. 214 87 04 50, www.orbitur.pt; 1. Jan. – 31. Dez.; an der Küstenstraße N-247 (Estr. do Guincho) ca. 6 km westlich von Cascais beschilderter Abzweig beim Ort Areia; ausgedehntes, unübersichtliches Gelände in hügeligem Pinienwald, sandig, wenig ebene Stellflächen, oft niederes Geäst; ca. 8 ha – 500 Stpl. + ca. 200 Dau.; Standardausstattung; Laden, Imbiss, Restaurant, Tennis, Schwimmbad. Miethütten; **V & E für Wohnmobile**. Zum Strand ca. 1 km. Einzige für Touristen brauchbare Anlage an der durch Naherholer aus Lissabon und durch die Seebäder Estoril und Cascais äußerst stark beanspruchten Küste westlich der Hauptstadt. Daher meist überbelegt!

das Meer beginnt", der Geist des Abenteuers lebendig ist, der Portugals Karavellen neue Welten für die Welt entdecken ließ.

Auf der Weiterfahrt passiert man den herrlichen **Sandstrand von Praia do Guincho** (einige einladende Strandrestaurants, siehe oben). Und man kann ein Wetterphänomen beobachten. Auch wenn die Wolken noch so tief über der Serra de Sintra hängen, spätestens hier, am südlichen Berghang, ist in der Regel sonniges, wenn auch oft sehr windiges Wetter zu erwarten, was den Aufenthalt am Strand durch den peitschenden Sand ziemlich verleiden kann. Beim Baden und Schwimmen sollte man sich sehr vorsehen! Die Unterströmungen im Wasser sind gefährlich!

Cascais, renommiertes Seebad, liegt ca. 30 km westlich von Lissabon. Trotz guter Hotels und Restaurants, Fußgängerzone mit chicen Läden, Boutiquen, Discos, Bars und Folklorelokalen steht Cascais immer noch ein bisschen im Schatten des benachbarten Estoril.

Naherholer aus Lissabon und Feriengäste aus ganz Europa drängen sich im Sommer auf den für den starken Zulauf viel zu kleinen Sandstrandstücken der Stadt. Eher scheint Cascais, wie auch Estoril, ein guter Aufenthaltsort im Winter zu sein. Denn selbst im Januar bewegen sich die Tagestemperaturen um angenehme 11° C.

Zum Seebad entwickelte sich das Fischerdorf (von dem heute eigentlich gar nichts mehr übrig ist) etwa ab 1870, nachdem König Luís Cascais zur Sommerresidenz erkoren hatte.

Zu den **Sehenswürdigkeiten** von Cascais zählen u. a. die alte **Zitadelle [N38° 41′ 41.3″ W9° 25′ 12.0″]** aus dem 17. Jh., die **Kirchen Nossa Senhora de Guia** aus dem 16. Jh. und die **Kirche São Sebastião** aus dem 16. Jh.

Schließlich lohnt der **Palácio dos Condes de Castro Guimarães [N38° 41′ 32.8″ W9° 25′ 18.0″]** einen Besuch. Das Palais der Grafen von Castro-Guimãres liegt im Park Marechal Carmona am südwestlichen Stadtrand in der Avenida

PRAKTISCHE HINWEISE – CASCAIS

Posto de Turismo [N38° 41′ 55.33″ W9° 25′ 13.98″], Alameda Combatentes Grande Guerra 14, 2750-326 Cascais, Tel. 214 82 23 27, www.cm-cascais.pt. *Geöffnet Mo - Fr 9 - 19 Uhr, Sa + So 10 - 18 Uhr.*

RESTAURANTS

Luzmar, Alameda dos Combatantes da Grande Guerra 104, Tel. 214 84 57 04, www.luzmar.com.pt; gute Küche, mittlere bis gehobene Preislage, zentral gegenüber vom Touristenbüro.

Reijos, Rua Frederico Arouca 35, Tel. 214 83 03 11, ausgezeichnete Küche, ansprechendes Ambiente, zentral, mittlere Preislage, Restaurantterrasse. Im Januar und sonntags geschlossen.

Sagres, Rua Flores 10-A, Tel. 214-83 08 30, www.restaurantesagres.no.sapo.pt; untere bis mittlere Preislage, Mittwoch Ruhetag.

HOTELS

Vila Galé Cascais ****, 233 Zi., Rua Frei Nicolau de Oliveira, Parque da Gandarinha, Tel. 214 82 60 00, www.vilagale.pt; komfortables Firstclass Hotel, teuer, südlich von Cascais an der Küstenstraße beim Leuchtturm, ansprechende Lage, Gartenterrasse, Schwimmbad, Restaurant, WLAN. Parkplatz.

Pestana Cascais ****, 147 Zi., Av. Manuel Julio Carvalho, Tel. 214 82 59 00, www.pestana.com; Firstclasshotel nahe des Strands mit Hotelgarten und Pool, Restaurant, Sauna, Whirlpool, Tennis, WLAN. Parkplatz.

Casa da Pérgola **, 10 Zi., Av. Valbom 13, Tel. 214 84 00 40, www.pergolahouse.com; Mittelklassehotel in einem wunderschönen Herrenhaus im portugiesischen Stil eingerichtet mit hübschem Garten. Garni. Kein Restaurant, aber zentrale Lage und vergleichsweise relativ preiswert. Mitte Dezember bis Mitte Februar geschlossen.

Camping siehe weiter oben unter Praia do Guincho.

Rei Humberto II. de Itália. Der prächtige Palast mit reich dekorierten Salons und bemalten Decken beherbergt heute ein sehenswertes **Museum** *(geöffnet Di - Fr 10 - 17 Uhr, Sa + So 10 - 13, 14 - 17 Uhr).* Ausgestellt sind eine Möbel- und Porzellansammlung, eine Reihe beachtenswerter Gemälde, im Musiksalon eine schöne Orgel, sowie in der Bibliothek einige seltene, alte Bücher, darunter die Kostbarkeit der kolorierten **Chronik König Afonso Henriques**, ein Manuskript von Duarte Galvão aus dem 16. Jh. u. a.

Westlich Cascais liegt der **Boca do Inferno [Parkplatz, WP 114 / N38° 41' 27.49" W9° 25' 47.24"]**, der Höllenschlund, eine Felsformation, die das Tosen der anbrandenden Wellen noch verstärkt.

Estoril ist ein renommiertes Seebad, das bemüht ist, seinem Ruf als Treffpunkt der portugiesischen Snobiety gerecht zu werden. Dieses Bemühen scheint allerdings auf die Lebendigkeit der Stadt negative Auswirkungen zu haben. Estoril wirkt kurz gesagt langweilig. Die Strände der Stadt werden, wie im benachbarten Cascais, den Ansprüchen eines „mondänen" Seebades keinesfalls gerecht. Also bleibt neben einigen luxuriösen Hotels nur noch das **Casino** von Estoril, das ein bisschen internationalen Jetset-Hauch aufkommen lässt.

Cascais ist, wie Estoril, mit Lissabon durch eine häufig verkehrende Nahverkehrsbahn verbunden.

Über einen nicht nur für alle Wassersportfreunde wichtigen Punkt kann nicht hinweggegangen werden: Die Verschmutzung von Sandstrand und Küstengewässern haben in der Vergangenheit ein so erschreckendes Ausmaß angenommen, dass sich die Stadtbehörden mitunter zu der rigorosen Maßnahmen gezwungen sahen, die Strände zwischen Cascais, Estoril und Lissabon für den Badebetrieb zu sperren. Der Bau von Kläranlagen soll nun dazu beigetragen haben, die Wasserqualität zu verbessern.

PRAKTISCHE HINWEISE – ESTORIL

Posto de Turismo [N38° 42' 12.9" W9° 23' 57.9"], Arcadas do Parque, 2765-211 Estoril, Tel. 214 68 76 30, www.estorilcoast-tourism.com.

Feste, Folklore

Galafaschingsbälle im Casino.

Feira do Artesanato, Künstlerflohmarkt, Kunsthandwerk, Folklore, Produkte aus Küche und Keller, im Juli und August.

RESTAURANT

Cimas, Av. Marginal, Tel. 214 68 12 54, alteingesessenes Restaurant mit gediegenem Ambiente in schöner Lage mit Blick zum Meer, sonntags geschlossen.

HOTELS

Alvorada *,** 51 Zi., Rua de Lisboa 3, Tel. 214 64 98 60, www.hotelalvorada.com; einfacheres, aber komfortables Mittelklassehotel Garni, kein Restaurant, WLAN, Parkplatz. Keine Haustiere.

Vila Galé Estoril **,** 126 Zi., Av. Marginal 49, Tel. 214 64 84 00, www.vilagale.com; komfortables Firstclass Hotel, zentrale Lage, Schwimmbad mit Wellnesseinrichtungen, Restaurant, WLAN. Garage.

TOUR 11: CASCAIS – BELÉM (LISSABON)

Länge der Tour:	Rund 30 km.
Die Route:	Über die Straße N-6 bis **Belém**.
Reisedauer:	Mindestens ein halber Tag.
Höhepunkte:	Der **Turm von Belém** *** – das **Entdeckerdenkmal** ** – das **Volkskunstmuseum** ** – das **Hieronymuskloster** *** – das **Archäologische Nationalmuseum** ** – das **Schifffahrtsmuseum** * – das **Elektrizitätsmuseum** * – das **Kutschenmuseum** *** – der **Ajuda Palast** ***.

Route: *Von Cascais oder Estoril aus erreicht man* ***Lissabon*** *entweder über die Autobahn A-5 oder auf der vierspurigen, nicht weniger stark befahrenen, küstennahen Schnellstraße N-6. Folgt man der Küstenstraße, passiert man Parede und die Praia de Paço de Arcos und kurz vor Lissabon die Vorstadt* **Belém**.

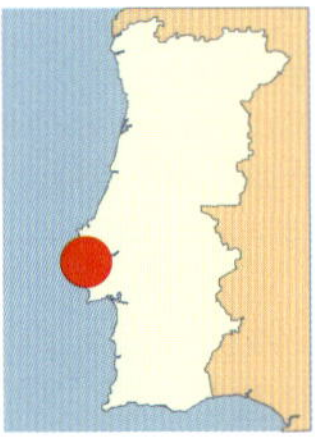

Die Straße N-6 führt entlang der streckenweise sehr schönen Küste über **Parede** und vorbei an der **Festung São Julião** mit Leuchtturm. Schon von weitem erkennt man die elegante Tejobrücke „Ponte 25 de Abril" und ist kurz darauf im **Stadtteil Belém**.

In Belém liegen einige der großen Sehenswürdigkeiten Lissabons dicht beieinander, so dass es sich anbietet, bei ausreichend zur Verfügung stehender Zeit gleich hier mit der Stadtbesichtigung zu beginnen. Man sollte sich aber *mindestens* einen halben Tag für die Besichtigungen des **Hieronymusklosters** (Mosteiro dos Jerónimos), des **Entdeckerdenkmals** (Padrão dos Descobrimentos) und der **Museen** Zeit nehmen. Will man sich in den Museen etwas eingehender umsehen empfiehlt es sich sehr, einen ganzen Tag für den Besuch in Belém einzuplanen!

Belém ist von Lissabon aus auch gut mit der **Vorortbahn** Lissabon – Estoril (ab Station Cais do Sodré) oder mit der **Straßenbahn Linie 15** (ab Praça do Comércio oder Praça Duque de Terceira) zu erreichen.

Zwischen Belém und dem Zentrum von Lissabon verkehren auch **Busse** und zwar die Linien 28, 201, 714, 727, 751 und 773.

BELÉM – ***1*** *Praça do Império, Fonta Luminosa –* ***2*** *Padrão dos Descobrimentos, Denkmal der Entdeckungen –* ***3*** *Museu de Arte Popular, Volkskunstmuseum –* ***4*** *Torre de Belém –* ***5*** *Mosteiro dos Jerónimos –* ***6*** *Archäologisches Nationalmuseum –* ***7*** *Museu da Marinha, Seefahrtmuseum –* ***8*** *Museu dos Coches, Kutschenmuseum –* ***9*** *Palácio Nacional de Belém –* ***10*** *Estação Fluvial de Belém, Bahnstation und Bootsanleger Belém –* ***11*** *Jardim do Ultrámar –* ***12*** *Centro Cultural de Belém mit Museum –* ***13*** *Estadio do Restelo –* ***14*** *Igreja do Restelo –* ***15*** *Praça de Albuquerque –* ***16*** *Planetário Gulbenkian –* ***17*** *Antiga Confeitaria de Belém, Pastéis de Belém –* ***18*** *Palácio da Ajuda –* ***19*** *Museu da Electricidade*

In Höhe der Parkanlage **Praça do Império (1) [N38° 41' 43.05" W9° 12' 19.62"]** mit dem großen Brunnen **Fonta Luminosa** vor dem Jerónimos-Kloster, sucht man einen geeigneten Übergang über die Schienen der Bahnlinie Lissabon – Cascais und fährt ein paar hundert Meter zurück.

Parkmöglichkeiten bieten sich meist in der Seitenstraße rund um die Império-Parkanlage, dann beim Denkmal der Entdeckungen (s. u.) oder weiter östlich **[N38° 41' 44.98" W9° 11' 56.48"]** zwischen Jachthafen und Elektrizitätsmuseum. Wer gut zu Fuß ist kann von hier aus auch das Volkskunstmuseum und den Turm von Belém erreichen. Auch am **Turm von Belém [Parkmöglichkeit, WP 114 / N38° 41' 36.84" W9° 12' 47.89"]** gibt es eine größere Anzahl von Parkplätzen.

Padrão dos Descobrimentos (2) das **Denkmal der Entdeckungen [N38° 41' 40.45" W9° 12' 22.91"]**, Av. de Brasília, *(geöffnet Mai - Sept. tgl. 10 - 19 Uhr, Okt. - Apr. Di - So 10 - 18 Uhr, letzter Einlass 30 Min. vor Schließung; www.padraodosdescobrimentos.egeac.pt)*, Busse 28, 727, Tram 15.

Das 70 m hohes Monument aus sehr hellem Gestein, stellt symbolisch eine Karavelle der Entdeckerzeit dar. Der Bug ragt über das Tejo-Ufer hinaus, darüber blähen sich Segel. Auf der schmalen Eingangsseite dagegen sieht man ein Schwert.

Das Denkmal wurde 1960 zum 500. Todestag Heinrichs des Seefahrers und zum Gedenken an seine wegbereitenden Vorarbeiten, die dann die erfolgreichen Entdeckungsfahrten erst möglich machten, errichtet. So stellen auch die 33 Männergestalten, die den Bug bevölkern, Mitarbeiter, Geldgeber, Nautiker, Navigatoren, Soldaten, Geistliche und Poeten dar, die im Zusammenhang mit den Entdeckungsfahrten von sich reden machten. Allen voran steht Heinrich der

Seefahrer an der Bugspitze. Er hält eine Karavelle in Händen (siehe auch unter Sagres).

Die Länder und Seewege, die von den portugiesischen Seefahrern einst entdeckt wurden, sind auf einer großen Marmormosaik-Karte mit Windrose auf dem freien Platz vor dem Denkmal dargestellt.

Ein Aufzug bringt den Besucher gegen Eintrittsgebühr auf das „Oberdeck", von wo man einen phantastischen Blick über den Tejo mit der Brücke bis zum Südufer hat. Rechts und links sieht man die Bassins der Jachthäfen, auf der Nordseite das Jerónimos-Kloster und den Stadtteil Belém und etwas flussabwärts erkennt man gut den Turm von Belém.

Das Entdeckerdenkmal in Belém

Nur wenige hundert Meter vom Denkmal der Entdeckungen flussabwärts liegt das **Museu de Arte Popular (3) [N38° 41' 38.3" W9° 12' 39.6"]**, das **Volkskunstmuseum** *(geöffnet Mi - Fr 10 - 18 Uhr, Sa + So 10 - 13 Uhr. www.map.imc-ip.pt. Tram 15. Busse 714, 727, 28, 751, 729)*. Volkstümliches Kunsthandwerk, Keramik, Möbel, Silber-, Kork- und Korbflechtarbeiten aus allen Provinzen Portugals, von der landverbundenen Bevölkerung in Trás-os-Montes bis zu den seefahrenden Küstenbewohnern und den Fischern von Sesimbra oder Nazaré, wird sehr ansprechend präsentiert.

Noch etwas weiter flussabwärts steht wie eine elfenbeinerne Schachfigur der **Torre de Belém (4) [WP 114 / N38° 41' 36.84" W9° 12' 47.89"]**, der **Turm von Belém,** Av. de Brasília, *(geöffnet Mai - Sept. 10 - 18.30 Uhr, Okt. - Apr. 10 - 17.30 Uhr. Busse 28, 727, 729, 714, 751. Tram 15)* am Ufer des Rio Tejo.

Der Wachturm auf einer in den Fluss ragenden Geschützbastion ist ein wunderschönes Beispiel manuelinischer Architektur. Francisco de Arruda errichtete zwischen 1515 und 1520 diesen Festungsturm im Auftrag König Manuels I. Von hier aus sollte die Tejo-Mündung überwacht werden.

1497 legte Vasco da Gama mit drei Karavellen von hier zu seiner großen Entdeckungsfahrt ab. Eineinhalb Jahre später legten zwei der Karavellen hier wieder an, nun mehr Wracks als stolze Schiffe, viele der Mannschaften tot, aber die Frachträume voller Schätze und in den Logbüchern eine fast unbezahlbare Kostbarkeit, die nautischen Daten über den Seeweg nach Indien!

Der fünfstöckige Turm hat an der Flussseite einen für einen Militärbau ungewöhnlich zierlichen und eleganten Loggienbalkon. Darüber sieht man das Königswappen Manuels I. In Höhe der fünften Etage verläuft ein niederer Balkon um den gesamten Turm, dessen Brüstung Wappen mit dem Kreuz der Christusritter zieren, die sich an der Geschützbastion wiederholen.

Zur Flussseite hin sieht man in einer gekrönten Nische eine Marienfigur, die Fürbitterin für eine sichere Heimkehr. Lange war der Turm von Belém ja das erste, was heimkehrende Seefahrer von Lissabon sahen. Im Inneren sind gotische Säle, wie z. B. der Königssaal, zu sehen.

Durch eine Fußgängerunterführung gelangt man vom Entdeckerdenkmal auf die andere Straßenseite zum Platz **Praça do Império [N38° 41' 43.05" W9° 12' 19.62"]** mit dem Brunnen Fonta Luminosa.

Links (westlich) des begrünten Platzes sieht man das moderne Gebäude des **Centro Cultural de Belém (12) [N38° 41' 41.7" W9° 12' 24.8"]** *(geöffnet tgl. 8 - 20 Uhr, www.cbb.pt)*, ein wichtiges Kongresszentrum, das auch das zeitgenössische Kunstmuseum **Museu Colecçåo Berardo** beherbergt *(geöffnet tgl. 10 - 19 Uhr, Freitag bis 22 Uhr; www.berardocollection.com)*.

Nördlich des Platzes Praça do Império erhebt sich die Stein gewordene Lobpreisung der Entdeckungsfahrt Vasco da Gamas – das **Mosteiro dos Jerónimos (5)**, das **Hieronymuskloster [N38° 41' 51.07" W9° 12' 21.44"]** *(geöffnet Mai - Sept. 10 - 18.30 Uhr, Okt. -Apr. 10 - 17.30 Uhr, letzter Eintritt 30 Min. vor Schließung; www.mosteirojeronimos.pt. Busse 28, 727, 729, 751. Tram 15)*. König Manuel I. gründete die Abtei aus Dankbarkeit über die glückliche und erfolgreiche Rückkehr Vasco da Gamas von seiner Aufsehen erregenden ersten Entdeckungsfahrt nach Indien.

Die Klosteranlage im schönsten Stil manuelinischer Renaissancearchitektur wurde 1502 nach Zeichnungen des Architekten Boytac zwar im gotischen Stil begonnen, aber unter dem Einfluss seiner Nachfolger João de Castilho, Nicolas Chanterene, Diogo de Torralva und Jérom de Rouen im Renaissancestil weiter geführt und vollendet.

Der Turm von Belém

Außen an der Südfassade der Klosterkirche Santa Maria ist das **Portal** ein Glanzstück manuelinischer Dekorationskunst. Im Kircheninneren besticht das Gleichmaß des Deckengewölbes. Zahlreiche Grabmähler bedeutender Persönlichkeiten sind im Kirchenraum zu finden, so im Chor die der Könige Manuel I. und João III. und ihrer Gemahlinnen, im

Prunkportal am Hieronymuskloster in Belém

Querschiff die einiger Prinzen der Avis-Dynastie und im Schiff die Grabmäler des Entdeckers Vasco da Gama und des Poeten Camões.

Das herausragende Prunkstück der Klosteranlage ist aber ihr einmaliger manuelinischer **Kreuzgang**. Das zweistöckige, äußerst harmonische Geviert hat eine Seitenlänge von 55 m. An seiner Nordwestecke steht ein hübscher Löwenbrunnen. Im Kapitelsaal an der Ostseite ist der Chronist und Schriftsteller Alexandre Herculano beigesetzt.

Im Westflügel der Klosteranlage ist das **Museu Nacional de Arqueologia (6) [N38° 41' 48.05" W9° 12' 32.53"]**, das Archäologische Nationalmuseum, untergebracht *(geöffnet tgl. a. Mo. 10 - 18 Uhr. Zu erreichen mit Tram 15. Busse 28, 714, 727, 729, 751; www.mnarqueologia-ipmuseus.pt)*.

Unter den Exponaten des bereits 1893 ins Leben gerufene Museums findet man u. a. griechische Vasen, Keramiken, Glas und Skulpturen verschiedener Epochen, römische Mosaiken und andere altertümliche Funde. Besondere Erwähnung verdienen die umfangreiche Ausstellung über ägyptische Kunst und die sehenswerte Sammlung keltischen Gold- und Silberschmucks.

Westlich der Klosteranlage ist in einer neuzeitlichen Halle das **Museu de Marinha (7) [N38° 41' 48.05" W9° 12' 32.53"]**, das **Schifffahrtmuseum** eingerichtet *(geöffnet 1. Mai - 30. Sept. tgl. 10 - 18 Uhr, Winterhalbjahr bis 17 Uhr, letzter Einlass 30 Min. vor Schließung; http://museu.marinha.pt. Tram 15, Busse 28, 727, 729, 751)*. Hier ist alles was mit der langen Seefahrttradition Portugals zu tun hat dokumentiert. Es gibt Modelle von Kriegs- und Handelsschiffen zu sehen, dann Seekarten und Navigationsgeräte, Schiffsteile, königliche Prunkbarken, Gemälde mit Motiven aus dem Leben der Fischer und Seeleute u. a.

Hinter dem Seefahrtmuseum findet man das **Planetario Calouste Gulbenkian (16)**.

Mein Tipp! Eingedenk, dass es auf der Welt nicht nur architektonische Leckerbissen gibt, müssen Sie – falls Sie ein/e Freund/Freundin köstlicher Süßspeisen sind – bevor Sie sich vom Hieronymuskloster weiter auf den Weg machen, unbedingt der Fábrica dos Pastéis de Belém, die ganz in der Nähe des Klosterkomplexes in der Rua de Belém 84 - 86 liegt, einen Besuch abstatten. Seit über 170 Jahren werden dort die berühmten **Pastéis de Belém [N38° 41' 50.82" W9° 12' 11.70"]**, die auch als Pastéis de nata bekannt sind, hergestellt. Und Kenner schwören darauf, dass die Blätterteigtörtchen von dort die besten in ganz Lissabon sind.

Pastéis de Belém sind ein muschelförmiges Blätterteiggebäck, das mit einer feinen Vanille-Sahnecreme gefüllt ist, warm und frisch aus dem Ofen serviert werden muss und vor dem Verzehr noch mit Puderzucker und einem Hauch

Zimt bestäubt wird. Die Pastelaria ist von Juni bis Sept. von 8 Uhr bis Mitternacht und von Okt. bis Mai bis 23 Uhr geöffnet. In schönen, azulejogeschmückten Räumen kann der Gast seine Pastéis de Belém, die immer noch in den alten Originalöfen aus dem 19. Jh. nach einem geheimgehaltenen Rezept hergestellt werden, gleich an Ort und Stelle genießen.

Kreiert haben soll diese Köstlichkeit im Jahre 1837 ein Herr namens José Vicente da Silva Pinto, der bald darauf in der Nähe des Hieronymusklosters in der Rua de Belém 84 - 92 seine **Antiga Confeitaria de Belém (17)** eröffnete und mit seinen leckeren Pastéis rasch Kunden gewann (http://pasteisdebelem.pt/).

In Gehnähe liegt östlich vom Hieronymuskloster an der Praça Afonso de Albuquerque der **Nationalpalast von Belém [N38° 41′ 52.51″ W9° 12′ 2.22″]**, die offizielle Residenz des Präsidenten der Republik. Heute ist hier auch das **Museo de la Presidencia de la República** eingerichtet *(geöffnet Di - So 10 - 18 Uhr, samstags Führungen, www.museu.presidencia.pt; Busse 28, 201, 714, 727, 751, 773, Tram 15)*.

Die Gedenksäule auf der Praça Afonso de Albuquerque erinnert an den Herzog von Albuquerque, den ersten portugiesischen Gouverneur in Indien und Begründer der Machtstellung Portugals im Indischen Ozean im 16. Jh.

In einem benachbarten Gebäudeteil, der einst als Reithalle diente, ist im berühmten **Museu Nacional dos Coches (8) [N38° 41′ 51.5″ W9° 11′ 59.07″]**, dem **Kutschenmuseum**, eine sehenswerte Ausstellung von Prunkkarossen zu sehen *(geöffnet Di - So 10 - 18 Uhr, letzter Einlass 30 Min. vor Schließung, www.museudoscoches.pt. Tram 15. Busse 28, 714, 727, 729, 743, 749, 751)*. Unter den über 70 Kutschen und Kaleschen aus der Zeit des 17. bis 19. Jh., teils überladen mit Verzierungen, teils mit Patina überzogen und die Schönheit unter dem Staubpuder der Jahre versteckend, findet man Krönungs-, Parade- und Staatskutschen. In den Räumen im Obergeschoss werden Zaumzeug, Trensen, kostbare Pferdegeschirre, Kutscher-Livreen, edles Sattelzeug u. a. ausgestellt.

Hier in der Gegend findet man in der Rua de Belém einige einladende Restaurants (siehe unten).

Weiter südlich, am Tejo-Ufer, liegt an der Avenida de Brasília ein markanter Backsteinbau (heute ein Industriedenkmal), das ehemalige Elektrizitätswerk der Stadt Lissabon. Heute ist hier das **Museu da Electricidade (19) [N38° 41′ 44.7″ W9° 11′ 42.08″]**, eingerichtet *(geöffnet Di - So 10 - 18 Uhr)*. Das Museum vermittelt interessante Einblicke in die technische Entwicklung der Energieversorgung der Stadt. Zu sehen sind u. a. eine Ausstellung über die Erforschung der Elektrizität, Modelle von Generatoren sowie eine Experimentierabteilung, in der Besucher selbst Versuche anstellen können. Und die Lage des Gebäudes – zu Beginn des 20. Jh. eines der größten Kraftwerksgebäude in Europa – am Tejo-Fluss erklärt sich dadurch, dass damals das Werk mit Kohle betrieben wurde, die sich über den Fluss relativ einfach heran-

Die Parkanlage Praça do Império mit der Fonta Luminosa und dem Hieronymuskloster

schaffen ließ. Ausgeladen wurde damals aber noch „von Hand". Männer und Frauen, die sog. „alcochetanos", trugen die Kohle in Körben auf ihren Köpfen vom Schiff ins Kraftwerk.

Palácio Nacional da Ajuda (18) [N38° 42' 27.3" W9° 11' 51.1"], der **Nationalpalast von Ajuda**, liegt am Largo da Ajuda nördlich des Stadtteils Belém *(geöffnet tgl. a. Mi. 10 - 17.30 Uhr. Letzter Einlass 30 Min. vor Schließung; www.pnajuda.imc-ip.pt. Tram 18. Busse 60, 714, 732, 742)*.

Erbaut 1802 unter König João VI., dem Sohn Marias I. Man sieht, dass der italienische Architekt Stilelemente seiner Heimat und als Vorbild wohl das Schloss von Caserte bei Neapel verwendet hat. Der Palácio da Ajuda war im 19. Jh. königliche Residenz und als repräsentativer Bau gedacht, der das Königreich mit seiner großen Entdeckervergangenheit glanzvoll darstellen sollte. Eine schier endlose Flucht von Räumen und prächtigen Gemächern füllt die Flügel um den prunkvollen zentralen **Thronsaal**. Im Erdgeschoss ist die berühmte **Bibliothek** von Ajuda untergebracht.

Heute werden der Thronsaal und andere Räumlichkeiten mitunter bei Staatsempfängen wieder mit Leben erfüllt. In der Zeit vor, während und nach solchen Anlässen ist der Palast Besuchern gewöhnlich nicht zugänglich.

PRAKTISCHE HINWEISE – BELÉM

Posto de Turismo Belém Cultural Center am Hieronymuskloster Mosteiro dos Jerónimos, Praça do Império, 1400-206 Belém, Tel. 213 61 24 00, www.visitlisboacom. *Geöffnet im Sommer tgl. 9 - 13 + 14 - 19 Uhr, im Winter tgl. 10 - 13 + 14 - 18 Uhr.*

RESTAURANTS

Vela Latina, Doca do Bom Sucesso, Tel. 213 01 71 18, www.velalatina.pt; in einem Park neben dem Torre de Belém gelegen, gute Küche, Terrasse, mittlere bis obere Preislage.

***Mein Tipp!* Antiga Confeitaria de Belém,** Rua de Belém 84 - 92, Tel. 213 63 74 23; http://pasteisdebelem.pt. In der traditionsreichen Pasteleria wird seit 1837 das berühmte Blätterteiggebäck **„Pastéis de nata"** hergestellt und serviert, geöffnet von 8 bis 24 Uhr, Oktober bis Juni bis 23 Uhr.

HOTELS

Mein Tipp!* Jeronimos 8** *, 59 Zi., Rua dos Jerónimos 8, Tel. 213 60 09 00, www.jeronimos8.com; komfortables Mittelklassehotel, mittlere bis obere Preislage, östlich neben dem Jerónimos-Klosterkomplex, ausgezeichneter Ausgangspunkt für Besichtigungen in Belém und guter Standort für Lissabonbesuche, wenn man etwas außerhalb der Hauptstadt wohnen will. Nebenan liegt das sehr gute, etwas teure **Restaurant São Jerónimo.**

WOHNMOBIL-STELLPLATZ

Wohnmobil-Stellplatz Belém [WP 115 / N38° 41' 42.3" W9° 11' 56.5"], Av. de Brasília; gepflastertes Parkplatzareal zwischen Fährstation „Estacão Fluvial" der Flussfähren und Bootswerft, ohne V & E, kein Strom, der Platz ist kostenlos und unbeaufsichtigt. Entdeckerdenkmal, Turm von Belém, Museen und das Hieronymuskloster liegen alle noch in Gehnähe.

CAMPING

Parque Municipal de Campismo de Lisboa [WP 116 / N38° 43' 29.3" W9° 12' 25.6"]. Lissabons Campingplatz liegt nördlich von Belém. Details siehe am Ende der Lissabon-Beschreibung.

TOUR 12: LISSABON

Reisedauer: Mindestens drei Tage.

Höhepunkte: Stadtspaziergänge durch die **Unterstadt Baixa** *, die Oberstadt **Chiado** **, die Altstadt **Alfama** *** – Blick vom **Kastell São Jorge** ** – ein Besuch im **Kunstmuseum Gulbenkian** *** – Besuch im **Nationalmuseum für Kunst** *** – in einem Café am **Rossio** sitzen – mit dem **Elevador de Santa Justa** oder mit der **Da Gloria Bahn** in die Oberstadt fahren – mit der **Oldtimerstraßenbahn Linie 15** vom Comércio bis zum Miradouro da Santa Luzia fahren – das **Ozeanarium** *** im **Parque das Nações** ** – der **Stadtblick vom Torre Vasco da Gama** * im Park der Nationen – Besuch in einem **Fado-Lokal** ** – Abstecher nach **Belém** *** (siehe dort).

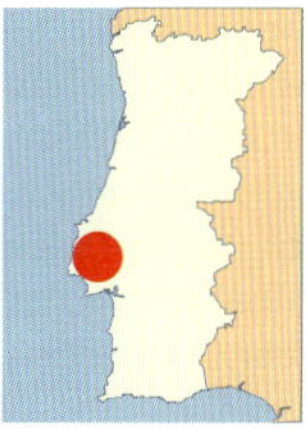

Lissabons Geschichte

Lissabons Geschichte beginnt weit vor unserer Zeitrechnung. Glaubt man alten Sagen, so soll es kein geringerer als der listenreiche Odysseus gewesen sein, der Lissabon gründete. Auf seinen Irrfahrten nach der Zerstörung Trojas irrte er mit seinen Gefährten nicht etwa durchs Mittelmeer, sondern an den Säulen des Herkules vorbei, durch die Straße von Gibraltar hinaus in den Atlantik.

Sicherer dagegen scheint zu sein, dass Phönizier auf dem heutigen Burgberg mit dem Castelo de São Jorge eine Kolonie und Handelsniederlassung gründeten. Sichere Beweise liegen auch aus der Römerzeit vor. Sie hatten auf dem Burgberg etwa 200 Jahre vor Christus ein Kastell errichtet, das sie „Olisipone" nannten. Ob dies in Anlehnung an eine frühere phönizische Siedlung namens „Alis Ubbo" geschah, ist nicht verbürgt. Nach dem Niedergang des Römischen Imperiums legten um 415 n. Chr. Westgoten den Grundstein für das heutige Castelo de São Jorge (St. Georgs Kastell).

Die Mauren kamen 714 hierher und bauten die Gotenburg zu einer wehrhaften Festung aus. Die Araber nannten ihre Burg „Al Usbuna", woraus sich später „Lisboa" ableitete.

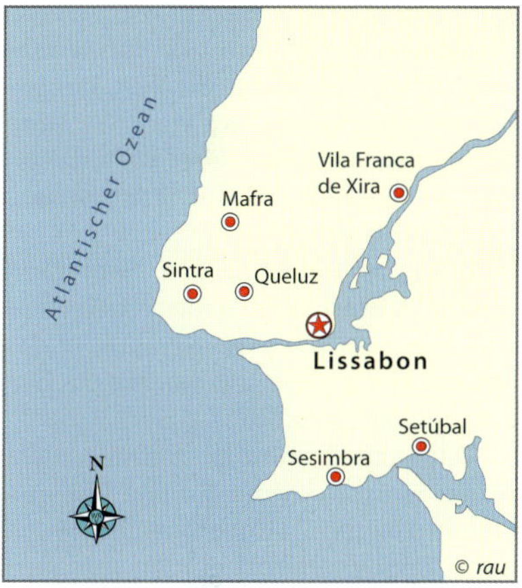

Bis zur Vertreibung der Araber 1147 durch Truppen Afonso Henriques nach einer vier Monate dauernden Belagerung, hatte sich unterhalb des Burgberges schon eine ansehnliche Stadt entwickelt, die sich vom Tejo und der heutigen Unterstadt bis zur Burg hinaufzog.

1255 wurde Lissabon Hauptstadt des Königreichs Portugal, nachdem König Afonso III. den Hof von Coimbra hierher verlegt hatte. Die Bedeutung der Stadt nahm nun natürlich zu und die neue Metropole musste entsprechend befestigt werden. Im 14. Jh. umgab Lissabon eine riesige Stadtmauer mit weit über 70 Türmen und fast 40 Stadttoren. Die Einwohnerzahl war auf annähernd 50.000 angewachsen.

Der wirkliche Aufstieg zur bedeutendsten Stadt des Landes begann aber erst im 16. Jh. Mit den epochemachenden und weltverändernden Entdeckungen der portugiesischen Navigatoren stieg Portugal zur Weltmacht auf. Von Lissabon fuhren viele der Karavellen in die Neue Welt ab. Hierher kam der Reichtum in Form von Gold, Gewürzen, Sklaven, Porzellan, kostbaren Hölzern etc. zurück. Lissabon war bald eine wohlhabende Handelsstadt, die rapide wuchs.

Unter König Manuel I., der auch „Manuel der Glückliche" genannt wurde, entstanden Prachtbauten, die die Stellung Portugals und seiner Hauptstadt widerspiegeln. Der Manuelinische Stil, der die gotische Architektur in Portugal ganz entscheidend beeinflusste, wurde im ganzen Land Ausdruck von Macht und Wohlstand. Weder die Pest, die Lissabon 1569 heimsuchte, noch 60 Jahre spanischer Herrschaft über Portugal taten der Entwicklung der Stadt bedeutenden Abbruch.

Erst das katastrophale **Erdbeben von 1755** brachte Lissabon an den Rand seiner Existenzfähigkeit, veränderte das ganze Stadtgesicht und machte die Einwohner nahezu ratlos.

Das schicksalhafte Beben suchte die Hauptstadt des Königreiches an einem ruhigen 1. November heim, „einem schönen Herbstmorgen an Allerheiligen", wie Chronisten berichten. Das ganze Stadtzentrum mit seinen alten Baudenkmälern, den Adelspalästen im gotischen oder Renaissancestil, den Kunstschätzen, Kirchen und Archiven, Zeugen der großen Vergangenheit Portugals, wurden ein Opfer des Bebens oder fielen in der folgenden Feuersbrunst in Schutt und Asche, wenn sie nicht schon vorher von der gewaltigen 12 m hohen Flutwelle hinweg gerissen worden waren. In wenigen Minuten fanden Tausende von Menschen den Tod. Zwei Drittel der Stadt waren ruiniert.

Lediglich der Burgberg und der Alfama-Distrikt kamen mit geringen Schäden davon und, Glück im Unglück, der Aquädukt im Norden der Stadt, der Lissabon mit dem lebenswichtigen Wasser versorgte, war nur wenig in Mitleidenschaft gezogen. Dennoch, selbst Évora, Porto, Coimbra und Setúbal waren von dem Beben nicht verschont geblieben. Ein nationales Desaster.

Schock und Erstarrung, in die das ganze Land, ja sogar das Königshaus zu fallen drohten, lähmte überall das öffentliche Leben. In diesem Chaos fasste Sebastião de Carvalho e Melo, **Marquês de Pombal**, neuen Mut. Der **„Sohn des Erdbebens"**, wie er später genannt wurde, vorher lange Zeit Botschafter in

Die Ponte Vasco da Gama über den Fluss Tejo. Foto: ICEP.

Wien, nahm die Zügel in die Hand. „Begraben wir die Toten und wenden uns dem Leben zu", war sein Aufruf.

Mit ganz energischen Maßnahmen ging der Marquês an den Wiederaufbau der Stadt. Er lässt Lissabons Unterstadt, nun nach einem regelmäßigen Straßenraster geplant, völlig neu entstehen. Bald schlug zwischen Praça do Comércio und Praça de Dom Pedro IV. das neue Herz der Stadt.

Pombal schuf nicht nur eine **neue Landeshauptstadt**, sondern ein neues Selbstbewusstsein im Lande und führte Portugal noch einmal dreißig Jahre lang in eine prosperierende Phase.

Doch der Aufschwung scheint eng mit der energischen Person Pombals verbunden gewesen zu sein. Denn die Lethargie, in die das überforderte und durch die Last der vielen Kolonialreiche fast erdrückte Land fällt, ist nach Pombal umso größer.

Napoleons Truppen z. B. finden ein fast wehrloses Land vor. Und dem Engländer Wellington blieb es überlassen – die Beziehungen zwischen Portugal und England sind seit dem Vertrag von 1373 traditionell gut – Portugal 1810 in der Schlacht bei Buçaco wieder von den französischen Truppen zu befreien.

Ausgangs des 19. Jh. war Lissabon eine moderne Metropole mit allen Attributen des Fortschritts der damaligen Zeit, mit Bahnhöfen und Gasbeleuchtung in den Straßen.

Im Zweiten Weltkrieg war die Stadt am Tejo Zufluchtsort für viele Emigranten aus Nazi-Deutschland und Sprungbrett für sie, um nach Übersee zu fliehen.

In den 70er Jahren des vergangenen Jahrhunderts musste Lissabon, wie ganz Portugal, mit dem Rückstrom portugiesischer Staatsbürger aus den überseeischen Besitzungen, vor allem aus Afrika, fertig werden. Heute hat Lissabon knapp 510.000, mit allen Außenbezirken aber fast 2 Mio. Einwohner.

Bedeutendes erlebte Lissabon am 24. April 1974 als eine Gruppe von Offizieren mit General de Spinola in einem Staatsstreich das Ende des Salazarregimes einleitete. Militär marschierte in Lissabon auf. Als jedoch in den Gewehrläufen rote Nelken anstelle von Bajonetten steckten, war dies für alle im Lande ein Zeichen, das mit Erleichterung für einen unblutigen Umbruch wahrgenommen wurde.

1994 war Lissabon Kulturhauptstadt Europas.

1998 richtete Lissabon die Expo 98 aus. Motto der riesigen Weltausstellung war: „Die Weltmeere, ein Erbe für die Zukunft." In diesem Zusammenhang entstanden der Parque das Nações, der Pavilhão Atlântico und das **Ozeanarium**, die bislang größte Meerwasser-Aquarienanlage Europas. Das futuristische Bauwerk des Amerikaners Peter Chermayeff am Tejo-Ufer war das Wahrzeichen der Ausstellung und ist noch heute eine Sehenswürdigkeit.

Das Jahr 1998, ein Jubiläumsjahr für Portugals Projekt „Aufbruch zu neuen Ufern", mit dem es sein Image als „Armenhaus Europas" endlich abstreifen wollte, war überlegt gewählt. 500 Jahre davor war nämlich Vasco da Gama von der Tejo-Mündung bei Belém aus zu seiner großen Entdeckungsreise zu neuen, unbekannten Ufern in See gestochen.

Als eines der monumentalen Signale, mit denen Portugal – und natürlich auch Lissabon – zeigen wollte, dass sich das Land verändert hat, ist wohl auch die **Ponte Vasco da Gama**, die gigantische neue Brücke über den Tejo weit im Nordosten, zu verstehen. Ende März 1998 wurde sie für den Verkehr freigegeben.

Und ein neuer Bahnhof, der **Gare do Oriente,** ein Werk des spanischen Architekten Santiago Calatrava, am Parque das Nações, dem ehemaligen Expo-Gelände, sowie die neue Oriente-Linie (Alamede – Oriente) der Metro verbessern seitdem die Infrastruktur der Stadt.

Wichtig für die Stadt Lissabon war allerdings auch die Zeit nach der Weltausstellung. Zu frustrierend sind die Lehren, die andere Weltausstellungsstädte nach ihren Expos ziehen mussten. Nicht selten waren nicht viel mehr als Schuldenberge und geisterhaft wirkende Gelände geblieben. Lissabon scheint daraus gelernt zu haben. Das 340 Hektar große ehemalige Expo-Gelände am westlichen Tejo-Ufer, gut 10 km nordöstlich der Unterstadt Baixa gelegen, wird als **Parque das Nações** (Park der Nationen) genutzt. Dieser schöne, neue Park Lissabons gilt als größter, urbanistischer und architektonischer Erschließungsraum Portugals. Besucher finden hier einen „lebendigen Freizeit-, Kultur- und Vergnügungspark", verspricht zumindest die Stadtwerbung. Das mit Millionen von EU-Subventionen sanierte Terrain, das lange verkommen, verrottet und verseucht war von den Hinterlassenschaften vor sich hin modernder Raffinerien- und Hafenanlagen, wird außer als Vergnügungspark auch als Messegelände, als Sportgelände und als Wohngebiet genutzt.

Einen prächtigen Blick über die Stadt und den Tejo hat man vom 120 m hohen **Torre Vasco da Gama** im Park der Nationen. Ein Schnellaufzug bringt Sie hinauf zur Aussichtsplattform.

Tipps zur Stadtbesichtigung

Ein effektives und preisgünstiges öffentliches **Nahverkehrssystem** macht es dem Autotouristen leicht, beim Stadtbummel auf das Auto zu verzichten und so den allgegenwärtigen Park- oder Verkehrsproblemen aus dem Wege zu gehen. Und der Verkehr in Lissabon (wie übrigens auch in den meisten größeren Städten auf der iberischen Halbinsel) tendiert von Jahr zu Jahr weiter in Richtung „chaotisch". Die Suche nach einem Parkplatz wird nicht selten zur zeitraubenden und frustrierenden Beschäftigung.

Es gibt einen preisgünstigen **Touristenpass** für ausländische Besucher, die **Lisboa Card**. Mit dieser Pauschalkarte kann man, je nach Gültigkeitsdauer, 24, 48 oder 72 Stunden lang Straßenbahnen, Busse und U-Bahnen im Stadtgebiet kostenlos auf beliebig vielen Fahrten benutzen. Leider sind die touristisch besonders interessanten Linien 15 und 28 sowie der Aufzug von Santa Justa davon ausgenommen! Außerdem berechtigt die Karte zum kostenfreien Eintritt in 26 Museen, Baudenkmäler und andere Sehenswürdigkeiten. Für viele andere Museen und Sehenswürdigkeiten, bei Sightseeing-Tours, Tejo-Kreuzfahrten so-

Lissabon, Blick von der Burg São Jorge

wie in manchen Geschäften und Fado-Restaurants gibt es bei Vorlage der Karte Ermäßigungen. Erkundigen Sie sich aber vorher im Touristenamt nach dem neuesten Stand der Dinge!

Die Lisboa Card kostete zuletzt pro Person für 24 Std. 18,50 Euro, für 48 Std. 31,50 Euro und für eine Gültigkeitsdauer von 72 Std. 39,00 Euro. Für Kinder gelten ermäßigte Preise. Sie kann aber auch über das Internet betellt werden via http://www.lisboacard.org/de/.

Lisboa Restaurant Card – Wer vorhat oft und in vielen Restaurants und vielleicht auch noch mit einer größeren Famile essen zu gehen, für den kann die Lisboa Restaurant Card interessant sein. Die Karte gilt 72 Stunden und verspricht Preisermäßigungen von 10 % in mehr als 35 Restaurants der Stadt. Welche Restaurants sich diesem System angeschlossen haben, steht in einem kleinen Restaurantführer, der in den Touristenbüros zu haben ist. Kosten zuletzt: 1 Person 6,15 Euro, 2 Personen 8,10 Euro, Familien 10,75 Euro.

Gehen Sie gerne ausgiebig shoppen? Dann sollten Sie sich die **Lisboa Shopping Card** zulegen. Für rund 4,00 Euro oder rund 6,00 Euro verspricht die Karte für die Dauer von 24 Stunden bzw. 72 Stunden in über 200 Geschäften in der Unterstadt Beixa, im Chiado und an der Avenida da Liberdade Preisermäßigungen zwischen 5 % und 20 %.

Zu erhalten ist die Lisboa Card, Lisboa Restaurant Card und die Lisboa Shopping card in den Touristenbüros.

Öffentlicher Nahverkehr

Die städtischen Verkehrsbetriebe *„Carris"* bieten einen guten Streckenplan der **öffentlichen Verkehrsmittel** zum Kauf an.

Die **Straßenbahn** (Tram oder Eléctrico) ist zweifellos das effektivste Nahverkehrsmittel im Lissabonner Stadtgebiet. Zudem ist es äußerst amüsant, mit diesen Nostalgietrams (es gibt auch neue, moderne Bahnen) durch die Straßen zu rattern. Manche Wagen stammen noch aus der Zeit der Jahrhundertwende 19./20. Jh. und werden so liebevoll gepflegt und instand gehalten, dass sie noch heute ihren Dienst tun und das Stadtbild bunt und reizvoll machen.

Manche der besonders steilen Straßenzüge werden mit Standseilbahnen auf kuriosen Fahrschemeln oder mit **Kabelbahnen** bedient. Kabelbahnen fahren zwischen **Praça dos Restauradores (8),** nördl. Rossio, und Rua São Pedro de Alcântara (Elevador da Glória), dann östlich des breiten Boulevards Liberdade hinauf zum **Campo Martires da Patria** (Elevador do Lavra) und im westlichen Stadtteil zwischen Rua da Boa Vista und **Calçada do Combro** (Elevador da Bica).

Werden immer noch liebevoll gepflegt, die Veteranenstraßenbahnen in Lissabon

Ein eher ungewöhnliches städtisches „Verkehrsmittel" ist der Aufzug **Elevador de Santa Justa (4),** der die Rua do Ouro in der Unterstadt mit dem Carmo Platz in der Oberstadt verbindet

Mein Tipp! Nehmen Sie die **Eléctrico Linie 28**, etwa von der Rua Victor Cordon westlich vom Rathaus (12) bis zum Largo da Graça nördlich der Alfama, und Sie erleben eines der steilsten Gefälle für Straßenbahnen. Bleiben Sie einfach in der Bahn sitzen und genießen Sie mit der Linie 28 eine **gemütliche Rundfahrt durch die Stadt**.

Oder fahren Sie mit der Straßenbahn **Linie 15** vom Praça do Comércio nach Belém. Die Bahn fährt u. a. vorbei am Kutschenmuseum und am Hieronymuskloster bis zum Turm von Belém.

Busse (Carris), manche doppelstöckig wie in London, verbinden vor allem Vororte und Außenbezirke mit der Innenstadt.

Lissabons **Busbahnhof** für Fernbusse ist das Rede de Exressos Terminal in Sete Rios.

Und noch ein Tipp! Mit dem Bus (Linien 52, 53, 54, Änderung der Liniennummern möglich!) über die Ponte 25 de Abril, die große Hängebrücke über den Tejo, (oder mit den Flussfähren) ans Südufer, nach Almada oder **Cacilhas**, mit dem Taxi (oder mit dem TST Bus Nr. 101) hinauf zur Christusstatue Cristo Rei und weiter zu den Anlegestellen der Flussfähren in Cacilhas und schließlich mit den laufend verkehrenden Pendelfähren über den Rio Tejo zurück zum Anleger Cais do Sodré nahe dem Praça do Comércio. Dabei hat man von der Christusstatue und noch einmal auf der Bootsfahrt über den Tejo einen prächtigen Blick auf die Stadt. Bei längerem Aufenthalt ein hübscher Halbtagsausflug.

Bahn und U-Bahn – Lissabons U-Bahn **Metropolitano** verfügt derzeit über vier Hauptlinien, die das Stadtzentrum mit den Außenbezirken verbinden.

Die wichtigste U-Bahnlinie ist die **Linha Verde**, auf den Metroplänen grün markiert, die vom Bahnhof Cais do Sodré, über Baixa-Chiado, Bahnhof Rossio, Alameda und Alvaladeüber Campo Grande bis Telheiras verkehrt. In Campo Grande besteht Verbindung zur gelben Linie **Linha Amarela**. Sie führt in Nord-Süd-Richtung aus Odivelas kommend über Campo Grand, Universität, Bahnhof Entre Campos und Marqués de Pombal bis Rato.

Die andere wichtige Linie, die die Stadt vom Bahnhof Santa Apolónia über die zentrale Station Baixa-Chiado in nordwestlicher Richtung über Restauradores, Marques de Pombal und Jardim Zoológico durchquert, bislang in Amadora Este endet, aber bis Reboleira ausgebaut wird, ist die blau markierte **Linha Azul**.

Schließlich ergänzt die rote Linie **Linha Vermelha** das Streckennetz der Lissaboner U-Bahn Metropolitano. Sie verkehrt vom Bahnhof São Sebastião in die östlichen Stadtteile und über den Bahnhof Oriente bis zum Flughafen (Aeroporto) .

Nahverkehrszüge verkehren vom Bahnhof **Estação do Cais do Sodré** entlang der Costa do Estoril bis Cascais, Fahrzeit ca. 30 Minuten.

Züge nach Queluz, Sintra und in westliche Landesteile (Torres Vedra, Caldas da Rainha, Óbido, Figueira da Foz) verkehren ab dem **Rossio-Bahnhof.**

Fernverkehrszüge aus Nordportugal, Spanien oder Paris z. B. kommen am Bahnhof **Estação de Santa Apolónia**, am Tejo-Ufer östl. der Alfama, und am Bahnhof **Gare do Oriente** an.

Richtung Algarve verkehren die Züge ab **Barreiro** am südl. Tejo-Ufer. Man muss also mit der Fähre (ein Euro pro Person und Fahrt) ab Estação do Sul e Sujets dorthin übersetzen.

Tipp: Fahrkarten nicht erst im Zug lösen, kostet Zuschlag!

Für Besucher, die auf Stadtbesichtigungen öfters öffentliche Verkehrsmittel benutzen möchten, werden **Pauschaltickets** für Carris-Busse, Straßenbahn und Metro angeboten und zwar für die Dauer von 24 Stunden, 48 Stunden oder 72 Stunden. Verkaufsstellen dafür findet man an der Praça da Figueira und am Elevador de Santa Justa.

Ein Einzelfahrschein für Stadtbusse, Straßenbahn oder Metro kostete zuletzt am Automaten 1,40 Euro, gültig eine Stunde nach Entwertung.

Bitte bedenken Sie, dass sich die Fahrpreise bis zu Ihrem Lissabonbesuch geändert haben können!

Taxis sind in Lissabon ein probates Verkehrsmittel. Sie stehen überall zur Verfügung und sind nicht allzu teuer. Taxis sind beige (nur noch wenige tauchen in der alten Bemalung schwarz mit grünem Dach auf) und legen – falls nicht durch die Verkehrsdichte zwangsweise gebremst – ihren Weg meist in haarsträubender Geschwindigkeit zurück. Abgerechnet wird im Normalfall nach dem auf dem Taxameter angezeigten Preis. Falls dieses nicht funktionieren sollte, weil die Preise wieder schneller gestiegen sind als das Anzeigegerät umgestellt werden konnte (früher eine gerne gebrauchte Entschuldigung), oder weil es gerade „defekt“ ist, unbedingt vor Antritt der Fahrt nach dem Fahrpreis erkundigen. Zwischen 22 und 8 Uhr sind die Tarife ca. 20 % höher. Für Fahrten nach Außerhalb gelten besondere Tarife und es werden dann auch Leerrück- oder Anfahrten berechnet. Übliches Trinkgeld rund 10%.

Schiffsverkehr – Zum südlichen Tejo-Ufer verkehren zwischen 5.20 Uhr und 02.00 Uhr laufend Personenfähren von Belém (Nähe Elektrizitätsmuseum) nach Trafaria, von Cais do Sodré und Praça do Comércio nach Cacilhas und von der Estação Fluvial unweit östlich des Praça do Comércio nach Barreiro, Montijo und Seixal (www transtejo.pt).

Mein Tipp! Fahren Sie in Lissabon ruhig einmal mit der Fähre über den lebhaften Tejo ans Südufer. Der Blick während der Überfahrt auf die Stadt Lissabon lohnt den kleinen Ausflug.

Stadtrundfahrten, Bootsausflug – Organisierte Stadtrundfahrten werden von diversen lokalen Reisebüros und Busunternehmen angeboten. Dazu gehören

LISSABONS METROLINIEN

auch Nachtprogramme mit Besuchen von Bars, Kneipen und Fado-Lokalen.

Auch an geführten Stadtspaziergängen kann man teilnehmen.

Wer's besonders nostalgisch will, bucht eine begleitete Rundfahrt durch Lissabon mit Veteranenstraßenbahnen (Dauer 1 Std. 45 Min.).

Besichtigungstouren werden auch durchgeführt nach Estoril mit Kasinobesuch, nach Sintra, zum Schloss von Queluz, zum Cabo da Roca oder nach Mafra. Details über das umfangreiche Angebot von begleiteten Stadtrundfahrten halten die Touristenbüros und auch die Conciergen der großen Hotels bereit.

Und in den Sommermonaten werden eine ganze Reihe unterschiedlicher Bootsausflüge auf dem Rio Tejo in Form von etwa zweistündigen Flusskreuzfahrten angeboten.

Vorschläge zu Stadtbesichtigungen

Um wenigstens die wichtigsten Sehenswürdigkeiten Lissabons kennen zu lernen, werden mindestens drei Tage nötig sein. Bezieht man ausgedehnte Museumsbesuche, intensive Besichtigungen oder Ausflüge in die Umgebung mit ein, kann leicht eine Woche daraus werden.

Unsere Vorschläge zu Stadtbesichtigungen entsprechen den im Folgenden detailliert beschriebenen Stadtspaziergängen.

1. Belém – Denkmal der Entdeckungen, Turm von Belém, Hieronymuskloster, Schifffahrtsmuseum, Kutschenmuseum, evtl. Museum für Altertümliche Kunst. Der Rundgang durch Belém entspricht der in der vorangegangenen Tour 11 (Cascais – Belém/Lissabon) geschilderten Besichtigung.

2. Neustadt Baixa vom Comércio zum Rossio, Abstecher zum Park Eduardo VII., Kabelbahn Glória, Oberstadt **Bairro Alto** und **Chiado**.

3. Altstadt mit Kathedrale, Aussichtspunkt Santa Luzia, Castelo de São Jorge Burg. Abends Fado-Besuch.

4. Alfama-Bummel, kann evtl. verbunden werden mit dem 3. Rundgang „Altstadt".

5. Ausflüge: Zum Schloss Queluz, ans südliche Tejo-Ufer, zur Christusstatue Cristo Rei an der Brücke Ponte 25 de Abril. Museumsbesuche.

Und wenn Sie wissen wollen, was in der Stadt gerade so los ist, besorgen Sie sich das **Stadtmagazin** „Follow me", das es auch in deutscher Sprache gibt und bei den Touristenbüros oder in den großen Stadthotels zu haben ist.

Ein zentral gelegener Ausgangspunkt für Rundgänge durch Lissabons Zentrum oder für einen Bummel durch die Alfama, ist der **Praça do Comércio (2).**

1. Stadtspaziergang Baixa, Bairro Alto, Chiado

Wir beginnen unseren **Stadtspaziergang** in Lissabons zentraler **Unterstadt Baixa** und zwar am weiten **Praça do Comércio (2) [WP 117 / N38° 42' 24.58" W9° 8' 8.85"]**, einem der lebhaftesten Plätze der Stadt. An drei Seiten von repräsentativen Bauten umgeben, öffnet sich der Platz breit zum alten Lebensnerv Lissabons, zum Rio Tejo hin.

Vor der Erdbebenkatastrophe von 1755 stand hier der königliche Palast Paço da Ribeira. Die Lissabonner nennen den Platz heute gelegentlich noch „Terreiro do Paço", Palastterrasse.

Mitten auf dem Platz steht das **Reiterstandbild König Josés I.** Der Bildhauer de Castro hat das Monument im Jahre 1774 entworfen. König José I. regierte zwischen 1750 und 1777, in der Zeit des Erdbebens und des Wiederaufbaus also.

Der Platz vermittelt eine anziehende Atmosphäre, wirkt ein bisschen wie das gute, repräsentative Vorzimmer zur eigentlichen Stadt. In den neoklassizistischen Gebäuden mit den Arkadengängen ringsum, sind die verschiedensten Ministerien untergebracht.

Der Triumphbogen „Arco Monumental" an der Praça do Comércio

Am Nordrand des Platzes führt der mit Säulen und Statuen geschmückte, 1873 vollendete Triumphbogen **„Arco Monumental" (3)** wie das Prunktor auf einer Theaterbühne zur Rua Augusta und in die Unterstadt **Ciudad Baixa**. Die Gestalten über den Säulen des Triumphbogens stellen Nuno Alvares Pereira, Viriato, den Marquês de Pombal und Vasco da Gama dar. Rechts und links die Flüsse Tejo und Douro darstellende allegorische Figuren. Über allen steht die Glorie, die das Genie und den Geist (oder die höheren Werte) krönt. An der nördlichen

Ecke des Platzes liegt das berühmte, altgesessene **Café Martinho Da Arcada [N38° 42' 30.8" W9° 08' 09.1"]**, Praça do Comerço 37. Hier verkehrte u. a. der Schriftsteller Fernando Pessoa.

Die drei breiten Boulevards Rua do Ouro (Rua Áurea, westlich, die Rua Augusta in der Mitte und Rua da Prata (östlich), die von der Praça do Comércio Richtung Rossio verlaufen, sind wichtige Geschäftsstraßen und beliebte Flanierboulevards der Stadt. Noch heute werden sie flankiert von den kaum veränderten Häuserfassaden aus der pombalschen Wiederaufbauphase des 18. Jh.

Es ist ganz interessant, an den Auslagen der feinen Geschäfte an der Rua Augusta oder an den Juwelierläden in der Rua do Ouro oder Rua da Prata entlang zu bummeln. Schon früher waren in der Rua Augusta hauptsächlich die feinen Modehäuser und Herrenschneider und in der Rua do Ouro und der Rua da Prata besonders die Läden der feinen Gold- und Silberschmiede angesiedelt.

Geht man die Rua do Ouro entlang, stößt man kurz vor dem Rossio-Platz auf eine recht eigenwillige Sehenswürdigkeit Lissabons, den **„Elevador do Santa Justa" (4) [N38° 42' 43.7" W9° 08' 21.8"]**. Der Fahrstuhlturm liegt links in der Rua de Santa Juste. Monsieur Eiffel, der Turmbauer aus Frankreich, konstruierte das kuriose Ungetüm aus Stahl. Aber jeder müde Stadtrundgänger ist dem Konstrukteur heute noch dankbar, wenn er in eine der beiden Aufzugskabinen steigen kann und gegen Gebühr ohne Treppensteigen in die Oberstadt kommt. Außerdem gelingt einem von oben ein schöner Blick über die Stadt und zum Rossio-Platz. Auf dem Dach des Elevador ist ein kleines Café eingerichtet und an der oberen Etage des Aufzug-Turms findet man an der dortigen Zugangsbrücke das recht gute Restaurant *„A Quinta"*. Hübsche Umgebung, schöner Ausblick. Samstagabend u. sonntags geschlossen.

Mit dem Lift „Elevador do Santa Justa" erreicht man die Oberstadt **Bairro Alto** unmittelbar neben der **Igreja do Carmo**. In der Kirche ist heute das **Museu Arqueológico do Carmo** untergebracht, siehe weiter unten.

Wir vertrauen uns aber diesmal noch nicht dem Elevador an und gehen über die Rua do Ouro weiter bis zum **Rossio (5)**. Wenn Sie wollen, können Sie sich dort im Ledersofa oder am Marmortischchen eines der vielen Cafés, wie z. B. dem alteingesessen **Café Nicola [N38° 42' 48.1" W9° 08' 22.2"]**, niederlassen und dem lebhaften Treiben auf dem Boulevard zusehen. Denn der Rossio, der eigentlich Praça de Dom Pedro IV. heißt, ist zweifellos der Mittelpunkt Lissabons schlechthin.

Seinen Namen erhielt der Platz nach König Pedro IV., dem späteren Kaiser von Brasilien. Seine Statue auf einer hohen Säule erinnert an den Monarchen des frühen 19. Jh.

An der Nordseite des Rossio steht das **Nationaltheater (6).** Es ist nach der Tochter Pedros IV., Maria da Glória, benannt. Maria regierte in Portugal von 1834 bis 1853. Sie gab den Auftrag zum Bau des Theaters und ließ ihn im Renaissancestil von einem italienischen Architekten ausführen.

Nordwestlich des Rossio liegt der Bahnhof **Estação do Rossio (7) [N38° 42' 53.6" W9° 08' 27.6"]** mit einer bemerkenswerten Fassade, die dem Manuelinismus nachempfundene Stilelemente und an maurische Tore erinnernde Portale aufweist. Da das Terrain westlich des Rossio recht steil ansteigt, musste der Bahnhof den Gegebenheiten angepasst werden, was dazu führte, dass man per Aufzug zu den Bahnsteigen emporfahren muss.

Wir gehen zwischen Theater und Bahnhof weiter nordwärts. Gleich darauf sind wir auf dem Platz **Praça dos Restauradores (8) [N38° 42' 56.6" W9° 08' 31.8"].** Das Denkmal dort erinnert an die Wiedererlangung der Selbständigkeit Portugals, nachdem ja von 1580 bis 1640 Philip II. von Spanien in Portugal das Sagen hatte.

Der Platz öffnet sich nach Norden in den breiten Boulevard Avenida da Liber-

*LISSABON – **1** Information – **2** Praça do Comércio – **3** Triumphbogen – **4** Elevador de Santa Justa – **5** Rossio – **6** Nationaltheater – **7** Bahnhof do Rossio – **8** Praça dos Restauradores – **9** Praça Marquês de Pombal – **10** Elevador da Glória – **11** Hauptpost – **12** Rathaus – **13** Botanischer Garten – **14** Kirche São Roque und Museum – **15** Miradouro de São Pedro de Alcântara – **16** Kirche do Carmo und Archäol. Museum – **17** Museu do Chiado – **18** Kirche Nossa Senhora de Encamação – **19** Loreto-Kirche – **20** Elevador da Bica – **21** Elevador do Lavrag – **22** Igreja da Conceição Velha – **23** Casa dos Bicos – **24** Kathedrale, Sé – **25** Miradouro de Santa Luzia – **26** Castelo São Jorge – **27** São Vicente de Fora*

dade. Die gut 100 Meter weite Verkehrsader mit breiten Baumalleen, Grünflächen und unübersehbaren Fahrbahnen ist ein richtiger, quirlender, weltstädtischer Boulevard. Und man könnte beinahe an eine Promenade denken, wäre da nicht der höllische Verkehr. Als Fußgänger ist man heilfroh, wenn man nicht gezwungen ist, die gefährliche Arena des Fahrdamms queren zu müssen. Entlang des Boulevards haben sich vor allem Hotels, Geschäftsniederlassungen und Büros angesiedelt.

Die Avenida da Liberdade endet nach gut einem Kilometer auf dem runden Platz **Praça Marquês de Pombal (9)** mit einem hohen Denkmal des Stadterneuerers.

Als **Restaurant-Tipp** sei hier das **„Espaço Jardim"** erwähnt, das Restaurant des Hotels HF Fénix, Praça Marquês Pombal 8, Tel. 21-386 2121.

Der Praça Marquês de Pombal schließt sich nach Norden der **Parque Eduardo VII.** an. Er bildet den landschaftsgärtnerisch schön gestalteten Abschluss des breiten Liberdade Boulevards. Benannt wurde der Park nach König Edward VII. von England, anlässlich einer Staatsvisite des englischen Monarchen 1902. Von der Nordseite des leicht ansteigenden Parks hat man einen schönen Blick bis zum Tejo.

Im Nordteil des Parks liegt das „kalte" Gewächshaus **„Estufa Fria" [N38° 43' 43.01" W9° 9' 18.76"]** mit exotischen Pflanzen *(geöffnet tgl. 9 – 17 Uhr)*.

Will man den Abstecher von der Praça dos Restauradores ganz bis zum Park unternehmen, kann man sich der U-

Bahn bedienen. Station „Parque" an der Ostseite des Parks oder „Rotunda" am Pombal-Platz.

Wir gehen zurück bis zur Praça dos Restauradores. Und an der Ostseite des Platzes liegt das **Hauptpostamt (11).**

Östlich hinter dem Hauptpostamt verläuft parallel zur Avenida da Liberdade die **Rua das Portas de Santo Antão**. Dort findet man einige recht gute Restaurants. Auflistung unter „Praktische Hinweise" weiter hinten am Ende der Stadtbeschreibung.

An der Westseite der Praça dos Restauradores liegt der **Palácio Foz (1) [N38° 42′ 56.61″ W9° 8′ 31.99″].** Der Bau aus dem 19. Jh., nach Plänen eines italienischen Architekten errichtet, fällt durch seine dunkelrote Farbe auf. Er beherbergt heute die täglich zwischen 9 und 20 Uhr geöffnete **Touristeninformation (1)**, eine Abteilung des städtischen Verkehrs- und Touristenamtes.

Gleich nördlich neben dem Palácio Foz führt die nostalgische Kabelbahn **Elevador da Glória (10) [N38° 42′ 58.2″ W9° 08′ 33.5″]** durch die steil ansteigende Gasse Calçada da Glória in die Oberstadt. Wir vertrauen uns der Bahn an.

Oben angekommen sind wir in der Rua São Pedro de Alcântara. Wenige Schritte rechts (nordwärts) liegt ein kleiner Park. Schon alleine die Aussicht vom **Miradouro de São Pedro de Aicântara (15) [N38° 42′ 54.2″ W9° 08′ 40.6″]** lohnt den Weg hierher. Der Blick schweift über die Unterstadt Bairro Baixa bis zum gegenüberliegenden Hügel mit dem Castelo São Jorge (26). Unterhalb der Burg breitet sich das schon zu Zeiten der Araber entstandene alte Stadtviertel aus. Es wurde übrigens von dem großen Beben 1755 nicht zerstört.

Wir gehen vom Park über die Rua São Pedro de Alcântara stadteinwärts und kommen nach gut 100 m am Platz Largo Trinidade Coelho zur **Kirche São Roque (14) [N38° 42′ 48.0″ W9° 08′ 36.3″].** Obwohl Teile der St.-Rochus-Kirche, darunter die Fassade, 1755 einstürzten, ist das Innere der im 16. Jh. vom italienischen Architekten Filippo Terzi im Renaissancestil erbauten Kirche sehr sehenswert. Vor allem die Malereien aus dem Chor und die Azulejos der Seitenkapellen sind bemerkenswert.

Besondere Beachtung verdient die **Capela de São João Baptista**, die Johannes dem Täufer geweihten Seitenkapelle. Sie ist ein ganz phantastisches Beispiel italienischer Steinmetzkunst. 1742 schufen die besten italienischen Künstler dieses Meisterwerk aus Carrara Marmor, Alabaster, Amethyst, Lapis Lazuli, vergoldeten Kapitellen und wunderbaren Mosaiken. In verschwenderischer Pracht wurden die unterschiedlichsten Marmorarten und Halbedelsteine verarbeitet.

Seltenheit hat wohl der Werdegang des Kunstwerks. In Rom bestellt, konzipiert und ausgeführt, wurde die ganze Kapelle nach zweijähriger Arbeitszeit wieder zerlegt und nach der Segnung durch den Papst auf Schiffe verladen und nach Lissabon gebracht. Dort ließ König João V. die Kapelle nur knapp fünf Jahre vor dem Erdbeben 1755 in der Kirche São Roque aufbauen.

Zweifellos zählt diese Prunkkapelle zu den großen Kunstschätzen des Landes. Sie gibt etwas von der Selbsteinschätzung des damaligen Königs wieder. Derselbe Herrscher ließ ja auch den monumentalen Klosterkomplex in Mafra errichten. Dabei standen die Zeichen der Zeit für Portugal damals, Mitte des 18. Jh., schon längst nicht mehr zum Besten. Drei Seitenkapellen weiter sind zwei Gemälde zu sehen, die dem Maler Zurbarán zugeschrieben werden.

Der Kirche angeschlossen ist das **Museu de São Roque (14)** *(geöffnet Di + Mi, sowie Fr - So 10 – 18 Uhr, Do 14 - 18 Uhr. Bus 58. Metro Beixa-Chiado; www.museu-saoroque.com).* Ausgestellt sind Teile des Kirchenschatzes der São Roque Kirche, kostbare sakrale Gegenstände, Mobiliar, Altardecken, anderes wertvolles Kircheninventar und golddurchwirkte und mit Edelsteinen besetzte Messgewänder. Insgesamt ein Kirchenschatz, dessen Wert kaum zu beziffern ist.

Wir gehen weiter stadteinwärts.

Blick von der Oberstadt zum Kastell São Jorge

Westlich der Rua de São Pedro de Alcântara erstreckt sich der Stadtteil **Bairro Alto**, also die **„Oberstadt"**, im Gegensatz zur „Unterstadt" Bairro Baixa. In diesem traditionsreichen Viertel der Oberstadt findet man heute vor allem viele Fado-Lokale, Restaurants und Nachtclubs. Siehe auch unter „Praktische Hinweise" am Ende der Stadtbeschreibung weiter hinten.

Ein kurzes Wegstück weiter zweigt an dem kleinen **Luís-de-Camões-Platz**, mit einem Denkmal des Poeten Camões, und den beiden Kirchen Igreja de N. Sra. do Loreto (links) und Igreja de N. Sra. da Encamação (rechts) ostwärts die **Rua Garrett [N38° 42' 38.2" W9° 08' 31.2"]** ab. Ihr folgen wir. Die Rua Garrett zählt zu den schicken Einkaufsstraßen in Lissabon. Unter Lissabonnern kennt man die Rua Garrett mit ihren eleganten Bekleidungsgeschäften, Feinkostläden, Cafés und Konditoreien eher unter dem Namen **„Chiado"**.

Ein wirklich zentral gelegenes Mittelklassehotel ist das Hotel **Borges Residence** (siehe auch weiter unten bei Hotels) in der Rua Garrett Nr. 108 mitten im Chiado und in der Nachbarschaft des Cafés A Brasileira. Der Reiz des Hotels liegt vor allem in seiner unschlagbar günstigen Lage, weniger im zeitgemäßen Komfort der allerdings geräumigen Zimmer. Für Autofahrer weniger geeignet weil keine hauseigenen Parkmöglichkeiten.

Am 25. August 1988 zerstörte ein verheerendes Feuer große Teile der Straßenzüge im Chiado-Viertel. Man sprach von der größten Katastrophe seit dem Erdbeben von 1755. Dem Brand fiel damals auch das renommierte Kaufhaus Grandella zum Opfer. Zwischenzeitlich sind die Lücken, die das Feuer riss, durch ein elegantes Einkaufszentrum wieder geschlossen.

Machen Sie Station auf Ihrem Stadtspaziergang – wenn Sie einen Platz bekommen – im **Café A Brasileira [N38° 42' 38.21" W9° 8' 31.60"]** in der Rua Garrett Nr. 120. Das überaus traditionsreiche Café ist (immer noch) so etwas wie eine Institution in Lissabon. Seine Reputation hat es aus einer Zeit herübergerettet, als an den kleinen Marmortischen noch Schriftsteller und ande-

Blick vom Kastell São Jorge auf die Innenstadt mit Carmo Kirche

re Lebenskünstler bei einer „*bica*", dem kleinen Tässchen schwarzen Kaffees, über die Zeitläufte sinnierten. Wie man sagt, war Fernando Pessoa, einer von ihnen. Er sitzt noch heute (als Denkmal versteht sich) sinnend auf einem Stuhl vor dem Kaffeehaus. Ich stelle mir vor, wie Emigranten während des zweiten Weltkriegs hier wohl Kontakte gesucht haben mögen – irgendwie fällt mir dabei der Film „Casablanca" ein, oder wie in der Zeit des Kalten Krieges vielleicht Agenten bei einem Glas Port ihren „Geschäften" nachgingen. Wie gesagt, ich stelle es mir nur vor, während ich bei einem Kaffee meinen armen Füßen etwas Ruhe gönne.

Fast muss man sich ein bisschen hüten, im Brasileira angesichts des nostalgischen Ambientes nicht mit Melancholie und Wehmut vergangenen Zeiten nachzuhängen, wie es der portugiesischen Seele gemeinhin so nachgesagt wird. Aber das Café noch als besonders typisch oder gar als einen Geheimtipp (gerne nennt man so was ja auch „Insidertipp") der Lissabonner Szene zu bezeichnen, ist leider nicht mehr angebracht.

Heute ist das „A Brasileira" zwar immer noch ein sehr hübsches Café mit originalem Nostalgieoutfit, langem Tresen mit Messingstangen, Spiegeln hinter der Bar und so. Aber wie es bei so prominenten Adressen halt überall ist (und diese Erwähnung wird weiter dazu betragen), zwischenzeitlich sitzen oder stehen im Brasileira längst mehr Touristen und Traveller der Turnschuhgeneration als Lissabonner.

Fast am Ende der Rua Garrett gehen wir links bis zur Karmeliterkirche **Convento do Carmo (16) [N38° 42' 43.53" W9° 8' 23.89"]**, Largo do Carmo, neben dem Aufzugsturm des Elevador Santa Justa. Die Kirche *(geöffnet tgl. a. So. 10 – 18. Tram 28, Bus 58, Elevador Santa Justa, Metro Baixa-Chiado; www.museusportugal.org/)* ist Teil des ehemaligen Karmeliterkonvents, der Ausgangs des 14. Jh. erbaut wurde. Der schöne gotische Komplex war als Danksagung für die 1385 siegreich beendete Schlacht bei Aljubarrota (Batalha) gedacht. Das Beben von 1755 zerstörte große Teile des Konvents. Offen und ohne schützendes Dach ragen die Spitzbögen des Mittelschiffs der Kirche seither in den Himmel. Die verbliebene Bausubstanz beherbergt heute das **Archäologische Museum.** Ausgestellt sind Azulejos, Keramiken aus frühen Kulturepochen und Steinsarkophage.

In unmittelbarer Nähe der Karmeliterkirche führt der **Elevador de Santa Justa (4)** zur Rua do Ouro in der Unterstadt (siehe weiter oben).

Ein anderes interessantes Museum liegt südlich der Rua Garrett in der Rua Serpa Pinto Nr. 4. Es ist das **Museu do Chiado (17) [N38° 42‘ 31.0“ W9° 08‘ 28.7“],** ein Museum für Zeitgenössische Kunst *(geöffnet tgl. a. Mo. 10 – 18 Uhr. Tram 28. Bus 58, Metro Beixa-Chiado; www.museudochiado-ipmuseus.pt).* Hier stehen Gemäldesammlungen portugiesischer Künstler, Skulpturen, Zeichnungen von der romantischen über die naturalistischen bis zur abstrakten Epoche der Zeit von 1850 bis 1950 im Vordergrund.

Kaum 100 m südlich verkehrt in der Rua Victor Cordon die Straßenbahn Nr. 28, die zurück zur Baixa, der Unterstadt, fährt (Calçada de São Francisco, Rua da Conclição). Man kann mit der 28 auch weiter bis zur Kathedrale (24) oder zum Aussichtspunkt Santa Luzia (25) fahren und von dort zur Burg São Jorge (26) weiterspazieren (siehe Rundgang „Lissabons Altstadt“).

Rundgang durch Lissabons Altstadt mit Kathedrale, Aussichtspunkt Santa Luzia, Kastell São Jorge.

Ausgangspunkt ist wieder der Platz **Praça do Comércio.** Diesmal gehen wir an der rechten, nordöstlichen Ecke des Platzes in die Rua da Alfândega.

An der Nordostecke des riesigen Platzes Praça do Comércio, Ecke Rua da Prata, findet man eines der berühmtesten und renommiertesten Café-Restaurants in der Lissabonner Unterstadt, das **Café Restaurante Martinho da Arcada [N38° 42‘ 30.81“ W9° 8‘ 9.43“].** Seit nunmehr über 230 Jahren – das Lokal öffnete erstmals am 7. Januar 1782 unter dem Namen „Casa da Neve“ – ist in den Räumlichkeiten hier eine Gaststätte eingerichtet. Nach vielen Umbenennungen wurde schließlich das Café Martinho da Arcada daraus.

Auch im Martinho da Arcada gingen Künstler und Schriftsteller, Politiker und Persönlichkeiten des öffentlichen Lebens ein und aus. Zu den illustren Gästen des Hauses zählte auch Fernando

Elevador de Santa Justa

Lissabons Altstadt, Blick zur Kathedrale

Pessoa, Portugals großer Poet und Schriftsteller. Von ihm wird erzählt, dass er gewöhnlich gegen sieben Uhr abends im Lokal eintraf, sich an einen etwas abseits stehenden Tisch setzte, sein Schreibzeug aus der unvermeidlichen Aktentasche kramte und zu schreiben begann. Mengen von Kaffee soll Pessoa dabei getrunken und noch mehr Zigaretten geraucht haben. Und wie es heißt, blieb es selten bei nur einem Cognac zum Kaffee.

Der schmale, meist schwarz gekleidete Herr mit Brille und Bärtchen schien über seiner Arbeit nicht nur seine Umwelt, sondern auch das Essen zu vergessen. Wie man erfährt, bestanden seine Mahlzeiten im Martinho da Arcada selten aus mehr als einem Teller Suppe. Und den soll Pessoa gelegentlich mangels Barem mit einem Gedicht bezahlt haben. Pessoas Stammtisch wird noch heute im Martinho da Arcada in Ehren gehalten.

Zu den kulinarischen Spezialitäten, die das Restaurant anbietet, gehören u. a. Bacalhau nach Martinho-Art, Entenbraten, gegrilltes Zicklein nach Bäcker-Art etc. Ein Gedicht ist der Reispudding zum Nachtisch.

Folgt man der Rua da Alfândega nach Osten, sieht man nach der zweiten Querstraße links ein schönes manuelinisches Portal, Rest der durch das Beben von 1755 zerstörten **Igreja da Conceição Velha [N38° 42′ 31.79″ W9° 8′ 3.69″]**, der Alten Kirche der Unbefleckten Empfängnis. Im Tympanon über den beiden Türen die Mutter Maria, wie sie schützend ihren Mantel über Könige und Bischöfe hält.

Nach diesem Häuserblock wenden wir uns links, queren einen kleinen Platz und gehen durch eine Art Durchgang in eine schmale Seitenstraße. An der Ecke die auffällige Fassade der **Casa dos Bicos (23) [N38° 42′ 31.6″ W9° 07′ 55.0″]**. Das Stadtpalais wurde zwar durch das Erdbeben 1755 stark zerstört, die interessante Fassade aber wieder hergestellt. Der Sohn des Indienfahrers Afonso de Albuquerque, Braz de Albuquerque, ließ es im 16. Jh. erbauen. Das Haus, von dem nur noch zwei Stockwerke stehen, erregt durch seine Außenfassade die Aufmerksamkeit. Die Quader der Mauern sind alle mit spitz zulaufenden, pyramidenähnlichen Höckern versehen, so dass sich an der Wand ein sich ständig veränderndes Muster aus Licht und Schatten abzeichnet. „Bico" ist die „Spitze", das Palais also das „Haus der Spitzen".

Durch die schmale Gasse links neben der Casa dos Bicos, dem Haus mit dem „Diamantenschliff" wie es auch genannt wird, gehen wir bergauf, halten uns aber immer links und kommen schließlich an einem kleinen Park mit Brunnen an der Rua de Santo António da Sé an (Tram 12 und 28, Bus 37). Rechts sieht man die markante Westfassade der **Sé (24) [N38° 42′ 36.1″ W9° 07′ 59.5″]**, der altehrwürdigen **Kathedrale** von Lissabon. Das gebräuchliche Kurzwort „Sé" für Kathedrale, leitet sich ab von „Sédes Patriarchalis" (Sitz des Bischofs).

Lissabons Sé ist wohl das älteste Kirchenbauwerk der Stadt überhaupt. Im 14. Jh. wurde das Gotteshaus, das auf uralten Fundamenten ruht, umgebaut. König Afonso IV. ließ damals in erster Linie die trutzig wirkende Westfassade mit dem Portal und den beiden Türmen renovieren. Obwohl die Kathedrale vom Beben 1755 nicht verschont wurde und das Dachgebälk damals sogar Feuer fing, blieb sie im wesentlichen doch so erhalten, dass sie noch heute wie im 14. Jh. (die Erdbebenschäden wurden gleich wieder behoben) den Besucher durch ihre klare, feste Linienführung beeindruckt.

Die drei Schiffe fallen durch den strengen Stil der Romanik auf. Jeder überflüssige Zierat, jede üppige Dekoration fehlt, so dass das Kircheninnere einen feierlichen Glanz ausstrahlt. Im anschließenden Claustro, dem Kreuzgang, werden die umlaufenden Gänge teils durch spitze, gotische Bögen, teils durch runde Bögen im romanischen Stil abgeschlossen.

Vis-à-vis der kleinen Parkanlage vor der Kathedrale sieht man die Kirche **Santo António da Sé.** Sie steht an der Stelle, an der sich das Geburtshaus des Heiligen Antonius von Padua (12. Jh.) befunden haben soll. Heute ist hier ein kleines **Museum** eingerichtet, dessen Exponate Bezug auf den Heiligen und Schutzpatron Lissabons nehmen *(geöffnet tgl. a. Mo 10 - 13, 14 - 18 Uhr).*

Zu Fuß oder mit Hilfe der Tram 28 gelangen wir weiter aufwärts zum **Miradouro de Santa Luzia (25) [N38° 42′ 42.1″ W9° 07′ 49.9″]**. Von hier kann man im Schatten einer begrünten Loggia eine herrliche Aussicht über das wirre Dächermeer der Alfama genießen. An der Brüstung der Aussichtsterrasse schöner Azulejoschmuck.

Noch ein Stück weiter oben öffnet sich der Platz Largo das Portas do Sol. Gleich an der Ecke links die Fundaçao Ricardo do Espírito Santo Silva mit dem **Museu de Artes Decorativas [N38° 42′ 43.48″ W9° 7′ 49.29″]**, ein Museum für dekorative Kunst *(geöffnet tgl. a. Di 10 – 17 Uhr. Tram 12, 28, Bus 37; www.fress.pt).* In den Räumen des Adelspalais aus dem 17. Jh. wird anhand von Mobiliar, Raumausstattung, Wandbehängen, kostbarem Porzellan und Tafelsilber u. a. Einblick in den Lebensstil gehobener Kreise des 17. und 18. Jh. gewährt.

Durch die recht steilen, gepflasterten Gassen gehen wir vom Miradouro de Santa Luzia durch den alten Stadtteil **Santa Cruz** hinauf zur Wiege der Stadt Lissabon, zum **Castelo de São Jorge (26) [N38° 42′ 45.2″ W9° 07′ 58.7″]** *(geöffnet März - Okt. tgl. 9 - 21 Uhr, übrige Zeit bis 18 Uhr; Bus 37, Tram 12, 28, http://castelodesaojorge.pt/de/).* Die Burg liegt auf einem beherrschenden Hügel 110 m hoch über der Stadt. Von den Festungsmauern hat man einen wunderbaren **Rundblick** – vom „Strohmeer" (Mar de Palha), einer Weitung der Tejomündung im Nordosten Lissabons, über die Reede, den Hafen und die Praça do Comércio zum Südufer „Outra Banda" und weiter bis zur großen Hängebrücke und der Christusstatue an deren Südende.

Angelegt wurde die Festung São Jorge im 5. Jh. von den Westgoten. In der Folgezeit wurde das Kastell von den Mauren ausgebaut und verstärkt und im 12. Jh. schließlich von Afonso I. für Portugal erobert. Bei den Kämpfen damals erlangte ein Ritter Namens Martin Moniz unsterblichen Ruhm. Unter Einsatz seines Lebens hielt er das Nordtor (heute noch vorhanden) solange offen, bis Afonso und seine Mannen nachrücken und die Burg erstürmen konnten. Zwischen 1300 und etwa 1600 stand auf dem Burgberg der königliche Palast.

Blick auf die Alfama vom Aussichtspunkt Miradouro de Santa Luzia

Heute befinden sich in den Mauern der St.-Georgs-Burg u. a. das sehr gute **Restaurant** „Casa de Leão", Tel. 218 875 962 Largo de Santa Cruz do Castelo.

Je nach verfügbarer Zeit kann man vom Kastell zurück zum Miradouro de Santa Luzia gehen und von dort durch die Alfama bergab bummeln.

In den Gassen der Alfama

Die Alfama mit ihren engen, winkeligen Gassen und Treppenwegen, die oft so schmal sind, dass sich die Dächer der Häuser berühren, ist das älteste Viertel der Stadt. Es erstreckt sich etwa zwischen Miradouro de Santa Luzia im Westen, Largo do Santo Estêvão im Osten und Largo do Terreiro do Trigo im Süden.

Dieses alte Stadtviertel, von Arabern „Alhama" genannt (nach warmen Quellen, die damals hier sprudelten), ist Tag und Nacht voller Leben. Ein Winkel ist malerischer als der andere. Spitzweg hätte seine helle Freude daran.

Hier wird vormittags Markt abgehalten. Dann ist es in den Gassen so eng, dass man schon einmal einen Hauseingang als Ausweichstelle benutzen muss. Im dämmrigen Licht singen die Kanarienvögel in ihren Käfigen, Wäsche flattert an den Hausfassaden, Blumentöpfe schmücken die Eisengeländer der Balkone, Kinder spielen mit Katzen, in einem sonnigen Winkel sitzen schwarz gekleidete Frauen, reden, machen eine Handarbeit oder bereiten irgendetwas fürs Abendessen vor. Männer unterhalten sich von Fenster zu Fenster, lesen Zeitung und von überallher tönt das unvermeidliche Radio oder der Fernseher. Idyllisch, sicher.

Zum Wohnen in der Alfama gehört aber auch das Leben in Häusern, die jahrzehntelang keine Renovierung sahen. Die Alfama ist zum städtebaulichen Problemfall geworden. Bleibt abzuwarten, welche Fraktion sich im Stadtrat durchsetzen wird, die Radikalen (Abriss,

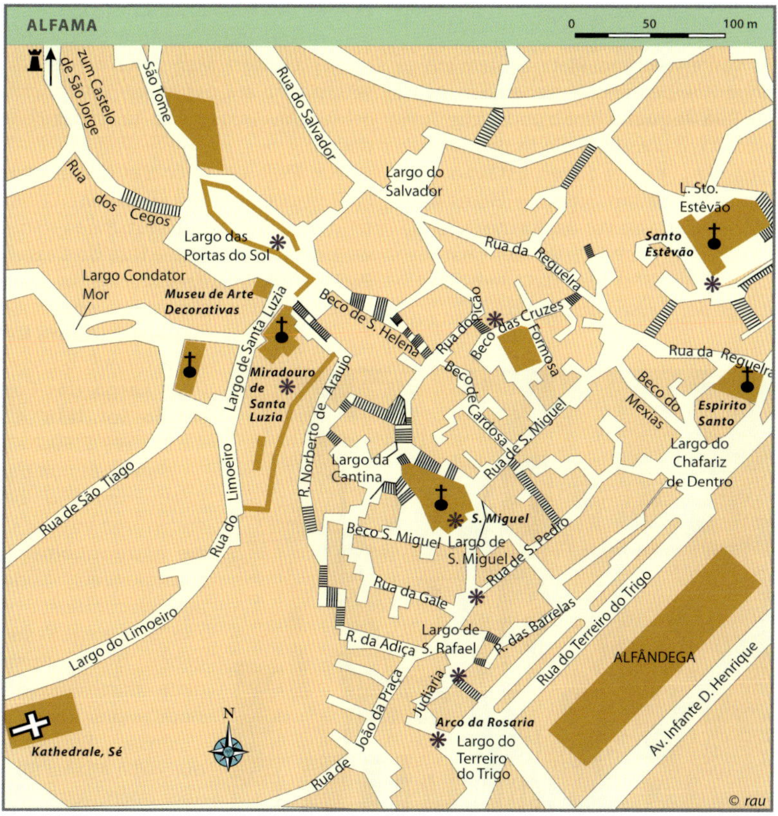

Neubau) oder die Moderaten (Sanierung, Modernisierung). Noch jedenfalls gehört ein Bummel durch die Alfama zu einem schönen Erlebnis während eines Lissabonaufenthalts.

Wir beginnen unseren Spaziergang durch die Alfama (für den Sie etwa drei Stunden einplanen sollten) am **Largo do Terreiro do Trigo [N38° 42′ 35.94″ W9° 7′ 45.53″],** etwa 15 Gehminuten östlich der Praça do Comércio. Mit den Straßenbahnen 3, 16, 24 oder mit den Bussen der Linie 13 zu erreichen.

Durch den **Arco da Rosaria** kommen wir in die schmale Gasse Rua da Judiaria, die gleich darauf rechts als Treppenweg hinauf zur **Largo de São Rafael [N38° 42′ 38.16″ W9° 7′ 45.76″]** führt. In der Judiaria links Reste der Stadtmauer aus der Maurenzeit, neben dem Haus mit dem Doppelfenster. Auch auf dem Largo de São Rafael, der umgeben ist von Häusern, die teils noch aus dem 17. Jh. stammen, sind Fragmente der Stadtmauer erhalten, z. B. die Turmreste an der Westseite. Von der Nordostecke des Platzes führt die **Rua de São Pedro** durch den unteren Teil des Viertels. In der vor lauter Aktivität und Geschäftigkeit fast berstenden Gasse mit Fischläden und Geschäften, sollte man vormittags vorbeikommen, wenn die Fischerfrauen (Varinas) ihre Ware an den Mann oder die Frau bringen wollen. Die Gasse mündet auf den **Largo do Chafariz de Dentro [N38° 42′ 40.49″ W9° 7′ 41.23″]** (Platz des Brunnens innerhalb der Mauern).

Links zweigt die noch schmälere **Beco do Mexias** ab, die auf einem kleinen lebhaften Platz mündet. In der Beco do Mexias sollte man etwa auf halbem Wege rechts den Innenhof mit Brunnen beachten. Meistens sind hier ein paar

Frauen beim Wäschewaschen anzutreffen.

Von erwähntem Platz, an dem einige urige Kneipen liegen, gehen wir rechts die **Rua Regueira** hinab und suchen uns einen Weg links über die Treppengassen hinauf zur **Kirche Santo Estêvão.** Eine breite Treppe am Pátio das Flores führt auf eine Terrasse vor der Kirche [N38° 42′ 43.39″ W9° 7′ 39.71″]. Von dort hat man einen guten Blick über die Alfama und in einige der Gassen unterhalb.

In der Alfama, Lissabons malerischer Altstadt

Wir gehen über die Treppen zurück, unterhalb der Terrasse vorbei und folgen dem schmalen Gässchen **Beco do Carneiro**, das wieder zurück auf den kleinen Platz mit den Kneipen führt.

Nun nordwärts, ein Stückchen die Rua da Regueira hinauf, aber schon nach wenigen Metern links ab in die **Beco das Cruzes**. Das Eckhaus links ist wegen seiner vorkragenden oberen Stockwerke bemerkenswert. Man sollte auf die Häuserfassaden auf der linken Straßenseite achten. An einigen sind Azulejos zu entdecken.

Am Ende der Beco das Cruzes steht ein Torbogen den ein Kreuz ziert. Dahinter gehen Treppen hinauf. Ihnen folgen wir und kommen in die **Rua do Castelo Picão.** Nun ein kurzes Stück links (westwärts) und dann die lange Treppengasse **Beco de Santa Helena** hinauf bis zum Platz **Largo das Portas do Sol [N38° 42′ 45.33″ W9°7′50.29″].**

Man kann nun den Alfamarundgang beenden und mit der Linie 28 zum Comércio zurückkehren, oder aber weiter hinauf bis zum St. Georgs Kastell gehen (siehe „Rundgang durch die Altstadt" weiter oben).

Unser Rundgang durch die Alfama führt aber noch weiter und zwar an der Südseite des Largo das Portas do Sol über eine Treppengasse abwärts. Wieder haben wir einen sehr schönen Blick über die Dächer der Alfama bis zum Rio Tejo.

Unterhalb des Miradouro de Santa Luzia stoßen wir auf die **Rua Norberto de Araujo**. Sie führt an Resten der alten Stadtmauer vorbei. Kurz darauf führen Treppen hinab zur **Kirche São Miguel.** Die Michaelskirche wurde nach der Zerstörung 1755 völlig neu aufgebaut und geriet zu einer der schönsten Barockkirchen in der Alfama (reiches Schnitzwerk im Inneren). Man kann nun durch die Rua de São Miguel (Restaurants, u.

Fado – Melodie der Sehnsucht, Wehmut, Melancholie

Saudade steht für Melancholie, Nachtrauern vergangener Tage, Nostalgiesehnsucht mit einer „Träne im Knopfloch", ist Wehmut, Sehnsucht nach dem Unerfüllbaren, Weltschmerz. Und alle Begriffe deuten nur an, treffen aber nicht den Punkt dessen, was Saudade wirklich bedeutet. Ist es vielleicht auch das portugiesische Nationalgefühl, das den großen Zeiten der Entdeckungen nachtrauert, der Zeit, als Portugal die Weltmeere beherrschte?

Ausdruck findet das traurige Gefühl Saudade im **Fado** (vom lat. *Fatum* – Schicksal, höheres Ziel), dem wehmütigen Gesang, der, ist er ernst empfunden, aus den Tiefen der Sängerseele, präziser, der der Sängerin, der „Fadista", kommt. Denn Fadogesang ist traditionell eine Domäne der Frauen. Und der Ernsthaftigkeit des Vortrags entsprechend, treten die Sängerinnen in Schwarz gekleidet auf. Das Begleitinstrument ist eine zwölfsaitige, entfernt an eine Mandoline erinnernde Gitarre. Einer der bekanntesten Fado-Gitarristen Portugals war Carlos Paredes.

Im Fado-Lokal „Sr. Vinho". Foto: ICEP

Fadolokale: Die meisten **„Adegas Tipicas"**, so die umgangssprachliche Bezeichnung der Lokale, in denen Fado zu hören ist, befinden sich im Bairro Alto und in der Alfama. Da es in den dortigen recht engen Straßen so gut wie aussichtslos ist, einen Parkplatz zu finden, fährt man dorthin besser mit dem Taxi. Die Fahrer kennen eh jedes der Lokale und können vielleicht noch einen guten Tipp geben.

Allerdings muss auch gesagt werden, dass viele der bekannten Adegas sich zu Touristenanziehungspunkten entwickelt haben, was sich auf die Fadogesänge nicht unbedingt positiv auswirkt. Oft ist mit dem Eintritt ein obligatorischer Mindestverzehr verbunden. Und zwischen Tellergeklapper und Stimmengewirr lässt sich der tiefere Sinn des Fados nur schwer heraushören.

Selten beginnen die Vorstellungen vor 23.00 Uhr und dauern bis in die Morgenstunden. Oft ist es so, je später man kommt, desto besser, mehr dem Vortrag zugewandt, ist die Stimmung.

Auf jeden Fall sollte wenigstens ein Fadobesuch auf Ihrem Programm stehen. Ob Ihnen Fado gefallen wird, hängt aber nicht nur von der Vortragenden, der Fadista, sondern auch sehr von der eigenen Stimmung, von der richtigen Atmosphäre und vom Einfühlungsvermögen des Zuhörers ab. Ehrlicher Fado kommt von innen, kommt von Herzen. Dann versteht man ihn auch ohne große Sprachkenntnisse.

a. „Malmequer Bemmequer") ostwärts Richtung Estêvão-Kirche oder über den Platz **Largo de São Miguel [N38° 42' 39.6" W9° 07' 45.4"]** hinunter zur Rua de São Pedro gehen und über den schon bekannten Weg zurückkehren zum Ausgangspunkt am Arco da Rosaria.

Mein Tipp! In die Alfama sollte man abends zurückkommen, entweder zu einem erneuten Bummel, zum Essen in einem der oft winzigen Lokale oder einfach nur um Fado zu hören.

Ein bekanntes **Fadolokal** mit Speiseservice ist das **„Parreirinha de Alfama" [N38° 42' 41.53" W9° 7' 41.05"]** in der Beco do Espírito Santo 1. Ein anderes der vielen, vielen Fadolokale in der Alfama ist das **„O Cabacinha"**, Largo Limoeiro 9 - 10, gute Adresse für Fadoliebhaber. Bekannt ist auch das Lokal **„Clube do Fado"**, Rua S. João da Praça.

Nicht außer Acht lassen sollte man, dass die Alfama, vor allem abends, ein Touristenmagnet ersten Ranges ist, was sich in den Lokalen u. a. in den Preisen niederschlägt, die nicht immer dem gerecht werden, was serviert oder geboten wird!

Im Juni, am 13., 24. und 29. des Monats, werden in der Alfama die Nächte vor dem 13., 24. und 29. des Monats zum Tage. Beim **Fest Santos Populares** zu Ehren der Heiligen Antonius von Padua, Lissabons Schutzpatron (13. 6.), Johannes des Täufers (24. 6.) und Peter und Paul (29. 6.) wird in den Gassen gefeiert und getanzt, es ist überall laut und lebendig und es riecht nach gegrilltem Fisch. Am Abend des 13. Juni ziehen kostümierte lustige Menschen durch die Straßen.

Weitere Sehenswürdigkeiten in Lissabon

Basilica da Estrela [N38° 42' 47.04" W9° 9' 37.07"] – Im westlichen Teil der Stadt thront auf einer Anhöhe weithin sichtbar der Kirchenbau, der bis zur Einweihung der Tejo-Brücke Lissabons Wahrzeichen war. Ende des 18. Jh. wurde die Kirche von Königin Maria I. gestiftet. Nach ihrem Tode 1816 wurde die Monarchin in der Basilika beigesetzt. Im Kirchenraum sind zahlreiche Arbeiten des portugiesischen Bildhauers Machado de Castro zu sehen.

Museu Nacional de Arte Antiga [N38° 42' 18.38" W9° 9' 40.28"] (Nationalmuseum für Altertümliche Kunst, *geöffnet Di - So 10 - 18 Uhr; Busse 713, 714, 727; www.museudearteantiga.pt/)*.

Das Museum ist eines der bedeutendsten Kunstmuseen des Landes. Es liegt an der Rua das Janelas Verdes im Südwesten der Stadt und westlich des Bahnhofs Cais do Sodré. Gezeigt werden Werke portugiesischer Maler des 16. bis 19. Jh. (Nuno Gonçalves aus dem 15. Jh., Frei Carlos, Vasco Fernandes, Cristóvão Figueiredo und Gregório Lopes aus dem 16. Jh. oder Vieira Portuense und Domingo Sequeira aus dem 18. und 19. Jh.), sowie Werke alter flämischer (u. a. Hieronymus Bosch), deutscher (u. a. Dürer, Holbein, Cranach) oder spanischer Meister wie Zurbarán oder Murillo. Man sieht Goldschmiedearbeiten aus der Zeit vom 12. bis zum 18. Jh., wie z. B. einen ganz prächtigen Tafelaufsatz aus Silber, von den französischen Goldschmiedemeistern Thomas und François Germain im frühen 18. Jh. für das portugiesische Königshaus angefertigt.

Zu den Exponaten zählen weiter portugiesische und orientalische Keramiken aus dem 16. bis 18. Jh., kostbare Möbel und textiles Kunsthandwerk.

Schließlich ist die herrliche Sammlung von Kunstobjekten aus Afrika (Elfenbeinschnitzereien), Indien, Japan und China (Porzellan, Seide, bemalte Wandschirme, Lackobjekte u. a.) hervorzuheben.

Prunkstück des Museums ist ein Mehrtafelbild von Nuno Gonçalves aus der Mitte des 15. Jh. mit dem Titel „Adoração de São Vicente". Dieses beeindruckende Kunstwerk zeigt auf zwei Haupttafeln und je zwei schmäleren Seitentafeln die Anbetung und Huldigung des Heiligen Vinzenz, des Schutzpatrons Lissabons und Portugals. Die Motive werden von Kunsthistorikern als ein Spiegel der damaligen Gesellschaftsschichten angesehen. ***Mein Tipp!***

Ein weiteres, äußerst beeindruckendes Kunstwerk sei stellvertretend für die vielen anderen Kleinodien des Museums noch hervorgehoben – das auf drei Tafeln ausgeführte Gemälde „Die Versuchung des Einsiedlers St. Anton“ im 16. Jh. von Hieronymus Bosch gefertigt. Selbst als weniger kunsthistorisch beschlagener Besucher wird man sich der fast surrealistisch anmutenden Phantasie, mit der Bosch die grotesken Figuren und rätselhaften Wesen darstellt, kaum entziehen können. Es wird von Lissabonner Kunstliebhabern erzählt, die seit Jahren das Museum besuchen und jedes Mal wieder neue Details in dem Bild entdecken.

Fundação Oriente Museu [N38° 42′ 10.42″ W9° 10′ 14.83″], Av. Brasília, Doca de Alcântara Norte *(geöffnet Di - So 10 - 18 Uhr; www.museudooriente.pt/)*. Die Ausstellungen in dem Konferenz- und Dokumentationszentrum befassen sich vornehmlich mit Kunst aus Asien und Indien.

Centro de Arte Moderna José de Areredo [N38° 44′ 8.13″ W9° 9′ 15.25″] *(geöffnet Di - So 10 - 17.45 Uhr; Metro São Sebastião oder Praça de Espanha, Busse 16, 31, 56, 726, 746; www.gulbenkian.pt)*, Rua Dr. Nicolau de Bettencourt, nordöstlich der Innenstadt, neben dem Gulbenkian Kunstmuseum. Das Museum zeigt in erster Linie Werke (Gemälde, Zeichnungen, Skulpturen, Drucke u. ä.) portugiesischer Künstler des 20. Jh.

Das **Museu Calouste Gulbenkian [N38° 44′ 15.2″ W9° 09′ 16.7″]** *(geöffnet tgl. a. Mo 10 - 18 Uhr, Metro São Sebastião oder Praça de Espanha, Busse 16, 31, 56, 726, 746; www.museu.gulbenkian.pt)* liegt im Norden der Stadt in der Av. de Berna Nr. 45, nordöstlich des Parque Eduardo VII. Dieses ganz herausragende Kunstmuseum, betreut von der Gulbenkian-Stiftung, zeigt die überaus kostbare Sammlung des aus Armenien stammenden und durch Ölgeschäfte reich gewordenen Kunstmäzens Gulbenkian (1869 – 1955), der seine Sammlung dem Land Portugal vermachte. Unter den Kunstgegenständen findet man eine umfangreiche Gemäldesammlung von alten Meistern (u. a. Werke der Flämischen, Italienischen oder Französischen Schule) bis hin zu den französischen Impressionisten, dann Tapisserien vor allem aus flämischen und italienischen Werkstätten, weiter Skulpturen vornehmlich aus den Kunstepochen des 18. und 19. Jh., und schließlich Keramiken und französisches Mobiliar aus der Zeit Ludwigs XV. und Ludwigs XVI.

Phantastisch auch die Sammlungen antiker, orientalischer und fernöstlicher Kunst. Kunstkenner schätzen aber auch die einzigartige Kollektion von Schmuck und Silbergegenständen.

Museu da Cidade [N38° 45′ 30.79″ W9° 9′ 22.97″], Campo Grande 245 *(geöffnet tgl. a. Mo 10 - 13, 14 - 18 Uhr. Metro Campo Grande. Busse 3, 36, 47, 701, 750; www.museudacidade.pt)*. Das Stadtmuseum liegt im nördlichen Stadtteil, in der Nähe der Universität und der Pferderennbahn. Es ist in einem Stadtpalais aus dem 18. Jh. eingerichtet. Mit Dokumenten, Bildern und anderem Anschauungsmaterial zeigt es Stationen in der Geschichte und Entwicklung der Stadt Lissabon. Interessant ein Tonmodell der Stadt vor dem Erdbeben von 1755.

Fado Museum [N38° 42′ 40.18″ W9° 7′ 39.77″], Largo do Chafariz de Dentro *(geöffnet tgl. a. Mo 10 - 18 Uhr, letzter Einlass 30 Min. vor Schließung; Busse 28, 35, 39, 48, 90, 107, 708, 750)*, alles über den Fadogesang und die portugiesische Gitarre.

Museu Militar [N38° 42′ 45.56″ W9° 7′ 28.58″] *(geöffnet Di - So 10 - 17 Uhr, Mi 10 - 12.30 + 13 - 17 Uhr; www.exercito.pt; Busse 9, 25, 28, 35, 39, 746)*, Largo do Museu da Artilharia, nordöstlich der Altstadt nahe dem Tejo-Ufer, kurz vor dem Bahnhof Santa Apolónia. Zu sehen gibt es Militaria, alte Waffen, Geschütze, Uniformen, Rüstungen aus dem 15. Jh., Schlachtengemälde u. ä. Als eines der kostbarsten Exponate des Museums gilt das Schwert König João I. aus dem 14. Jh. Untergebracht ist alles in einem Gebäude aus dem 18. Jh., das lange als Arsenal diente.

Museu da Água da EPAL [N38° 43' 11.75" W9° 7' 10.86"] *(geöffnet Mo - Sa 10 - 18 Uhr. Metro Santa-Apolónia; www.epal.pt/EPAL/menu/museu-da-água/).* Das Museum im alten Wasserwerk der Lissabonner Wasserversorgung liegt in der Rua do Aliela 12, nordöstlich der Alfama in der Nähe des Tejo-Ufers. In dem 1990 mit einem Museumspreis des Europarates ausgezeichneten Museum sieht man die erste Wasserpumpstation der Hauptstadt, Maschinen, Ausrüstungsgegenstände u. ä., mit denen die Wasserversorgung der Großstadt vom 19. Jh. bis in die ersten Jahre unseres Jahrhunderts aufrechterhalten wurde. Das Museum liegt übrigens fast auf dem Wege zum Azulejo-Museum im ehem. Kloster Madre de Deus.

Madre de Deus, Kloster und **Museu Nacional do Azulejo** – Das Muttergotteskloster **[N38° 43' 29.1" W9° 06' 48.5"]** *(geöffnet Di 14 - 18 Uhr, Mi - So 10 - 18 Uhr; Busse 28, 718, 742, 759, 794; www.museudoazulejo.pt/)* liegt in der Rua Madre de Deus Nr. 4 an der östlichen Peripherie der Stadt, ganz in der Nähe des Tejo-Ufers, im Stadtteil Xabregas. Zu Beginn des 16. Jh. setzte sich Dona Leonor, Gemahlin König Joãos II. und Schwester König Manuels I., nach dem Tode Ihres Gatten in Xabregas zur Ruhe. Damals lag der Ort noch weit vor der Stadt.

Wenige Jahre später gründete die Königin ein Nonnenkloster, in das Schwestern des Christusordens einzogen. 1540 unter König João III. erweitert, fiel der ganze Komplex bei dem Beben von 1755 in Trümmer. Die Abtei wurde aber bald wieder aufgebaut, allerdings mit eingreifenden Veränderungen. Ende des 19. Jh. wurde das Kloster schließlich aufgelöst und die Anlage weltlichen Institutionen zur Verfügung gestellt. Anbauten kamen hinzu, so dass man sich vom Kloster der Dona Leonor heute kaum noch ein Bild machen kann. Dennoch ist ein Besuch des Klosters, des Kreuzgangs, der größtenteils aus der Gründerzeit erhalten ist, und der Klosterkirche mit manuelinischer Fassade recht lohnend.

Vor allem in der Kirche findet man Sehenswertes: Herrliche Gemälde und Azulejos, einen kostbaren Barockaltar, eine Barockkanzel und im Kapitelsaal schön gearbeitetes Chorgestühl und prunkvolles vergoldetes Schnitzwerk. Auf einem der Gemälde ist Königin Leonor dargestellt. Ein Pfeil durchdringt ihre Brust, Symbol für die Schicksalsschläge im Leben der Königin. Ihr Bruder wurde ermordet. Ungeklärt blieb, ob dabei nicht ihr eigener Mann die Hand im Spiel hatte. Später kam ihr Sohn bei einem Jagdunfall ums Leben. Angeblich brachten Fischer den in ein Fischernetz gehüllten Leichnam zum Palast zurück. Auf manchen Bildern wird die Königin deswegen auch mit einem Netz als Symbol für ihr trauriges Geschick abgebildet. Man sieht das Netz auch auf der Darstellung des Königspaares über dem im manuelinischen Stil gearbeiteten Kirchenportal. Das Attribut des Königs ist der Pelikan.

Dem Kloster ist ein **Azulejo-Museum** mit sehr sehenswerten Kachelbildern, die meist aus dem 16. Jh. stammen, angegliedert. Dargestellt sich Motive aus der langen Geschichte Portugals. Von besonderem Interesse ist z. B. ein Azulejobild, das das Stadtbild Lissabons vor dem großen Erdbeben von 1755 zeigt.

Diese Gegend der Stadt, nördlich des Bahnhofs Santa Apolónia in den Stadtvierteln Xabregas und Marvila, hat sich im Laufe der Zeit sehr gewandelt und erlebte im Zuge der Aktivitäten zur Expo 98 erneut erhebliche Veränderungen. Aus der Zeit der alten Stadtpaläste und noblen Landhäuser mit ihren Parks, die bis ans Tejo-Ufer reichten, ist nicht mehr viel übrig.

Mit dem Einzug der Eisenbahn ausgangs des 19. Jahrhunderts, kündigten sich deutlich andere Zeiten an. Aus den Parks der prächtigen Quintas wurden Industriegelände. An den Ufern entstanden Kaianlagen. Das Viertel boomte. Das Ende kam dann mit dem Ende der portugiesischen Kolonialzeit. Die Gegend verkam und verfiel.

Dann, im Zuge der Stadtplanung in Verbindung mit dem Ausbau des Expo-Geländes, brachen auch im Stadtteil Xabregas moderne Zeiten an. Heute durchpflügt der „Caminho do Oriente", eine vierspurige Schnellstraße, die als

Zufahrtsweg zum Parque das Nações auf dem ehemaligen Expo-Gelände führt, die Viertel am Tejo-Ufer.

Museu Nacional do Teatro und **Museu Nacional do Traje [N38° 46' 30.51" W9° 9' 53.21"]** *(geöffnet Di 14 - 18 Uhr, Mi - So 10 - 18 Uhr; Metro Campo Grand für Theatermuseum, Metro Lumiar für Trachtenmuseum; Busse 3, 7, 36, 106, 108)*. Die beiden vor allem für Liebhaber der Theatergeschichte des Landes interessanten Museen, das nationale Theatermuseum und das Nationalmuseum für Trachten, liegen ein gutes Stück nördlich der Innenstadt am Largo Júlio de Castilho.

Museu Rafael Bordalo Pinheiro, Campo Grande 382 *(geöffnet tgl. a Mo. 10 - 18 Uhr. Metro Campo Grande)*. Das Museum liegt nordöstlich der Innenstadt in der Nähe der Rennbahn. Es ist dem Leben und Werk des portugiesischen Karikaturisten, kritischen Beobachters seiner Zeit und Keramikkunsthandwerkers, Rafael Bordalo Pinheiro (1846 – 1905), gewidmet.

Eines der zahlreichen Azulejomotive in Lissabons Altstadt

Der **Parque das Nações** (www.portaldasnacoes.pt, nur in portugiesischer Sprache), das ehemalige Weltausstellungsgelände zwischen Flughafen und westlichem Tejo-Ufer, hat sich zu einem modernen Freizeit-, Geschäfts-, Veranstaltungs- und Wohnpark samt Messegelände entwickelt. **Bahnhof/ Metrostation Gare do Oriente [N38° 46' 4.39" W9° 5' 58.51"]** (Bahnhof, Metrostation, Busbahnhof, Parkplätze, Einkaufspassage.

Im Park der Nationen findet man u. a. das **Casino Lisboa**, mit über 1.000 Spielautomaten und 22 Spieltischen eines der größten Spielkasinos im Lande. Moderne Architektur prägen auch den **Portugiesischen Pavillon,** Zentrum der Weltausstellung von 1998, den Veranstaltungspavillon **Pavilhão Atlântico**, einen der größten seiner Art in Europa, sowie den mit einem Architekturpreis gekrönten **Pavilhão do Conheciemnto,** den Pavillon des Wissens, der heute u. a. ein interaktives **Museum** für Wissenschaft und Technologie beherbergt.

Darüber hinaus findet man auf dem kilometerlangen Areal **Hotels** der gehobenen Kategorie, darunter Hotels der SANA Gruppe am Torre Vasco da Gama, weiter das Olissippo Oriente (182 Zi., Tel. 218 929 100, www.olissippohotels.com) und das Tryp Oriente (206 Zi., 218 930 000, www.solmelia.com).

Eine der größten Anziehungspunkte im Park der Nationen ist allerdings das **Oceanário [N38° 45' 47.4" W9° 05'**

Das Ozeanarium, eines der architektonischen Wahrzeichen des „modernen" Lissabon. Foto: ICEP

32.9"], Esplanada Dom Carlos I *(geöffnet tgl. 10 - 20 Uhr, Winter bis 19 Uhr, letzter Einlass eine Stunde vor Schließung; www.oceanario.pt; Metro Oriente, Busse 5, 25, 28, 44, 708, 750, 782)*.

Das Ozeanarium wurde von dem amerikanischen Experten für Großaquarien, Peter Chermayeff realisiert. Der Bau an sich, der das Motto der Expo „Die Weltmeere, ein Erbe für die Zukunft" verkörpern soll, ist ein ziemlich futuristisch wirkender, auf dürren Stelzen stehender Betonkubus. Um ein riesengroßes, zentrales Wasserbassin, in dem 10.000 Kubikmeter Salzwasser mit einem Gewicht von fast 10.000 Tonnen durch 30 Zentimeter dicke, raffiniert gewölbte Acrylglasscheiben gehalten werden, gruppieren sich vier Meereslandschaften. Dort wird die Meeresfauna und -flora aus den großen Meeren der Welt (vom Eingang aus im Uhrzeigersinn gesehen) vom Atlantik, über die Antarktis und den Pazifik bis zum Indischen Ozean in ihrem angestammten Ambiente präsentiert. Begleitet wird der Besucher, der das Zentralbassin auf einer unteren und einer oberen Ebene umrunden kann, von einer Tonkulisse mit Meeresrauschen, Vogelgeschrei, tosender Brandung oder dem Rauschen eines tropischen Regenschauers. Nur die Vogelschreie am „Atlantik" sind echt. Dort lebt eine kleine Kolonie von Papageientauchern und auch die Pinguine in der „Antarktis" sind echt.

Der Aufwand, mit dem das Riesenaquarium betrieben wird, ist mehr als beeindruckend. Alleine die Aufbereitung des Meerwassers ist eine komplizierte Prozedur. Das Wasser des unweit vorbeiströmenden Tejo ist unbrauchbar als Ausgangsstoff. Es ist viel zu belastet. Also entnimmt man Wasser aus der Trinkwasserversorgung der Stadt. Aber auch dieses kostbare Nass ist erst nach einer Reihe von Klär-, Filter- und Anreicherungsmaßnahmen für die empfindlichen Meerestiere in den Aquarien brauchbar. Haifische, Seesterne, Korallen etc. wollen nun mal kein Chlor, nur als Beispiel.

Am Nordende des ausgedehnten Parks der Nationen erhebt sich am Ufer des Tejo der 145 m hohe **Torre Vasco da Gama [N38° 46' 29.18" W9° 5' 29.55"]** mit seiner (zwischenzeitlich allerdings geschlossenen) Aussichtsplattform mit Restaurant.

Bei der Gestaltung des Bauwerks machte der Architekt Leonor Janeiro offenbar Anleihen an der großen Seefahrervergangenheit der Portugiesen und dem großen Entdecker Vasco da Gama. Die Basis des Turms erinnert ein wenig an einen Schiffsbug und die Stahlkonstruktion am Turm an die geblähten Segel einer Karavelle.

Seit geraumer Zeit ist man dabei, den Turmbau durch ein angeschlossenes Hochhaus zu erweitern, das als Luxushotel der SANA Gruppe mit 178 Zimmern auf 20 Stockwerken fungieren soll. Das Ganze erinnert durch die Stahlkonstruktion irgendwie an eine bekannte Luxusherberge in Dubai.

Ponte 25 de Abril – Die Hängebrücke, eine der größten der Welt, wurde 1966 eingeweiht. Damals hieß sie noch Ponte Salazar. Bis 1966 gab es unterhalb von Vila Franca de Xira keinen Flussübergang über den Tejo. Der Verkehr wurde mit Fährbooten aufrecht erhalten.

1962 wurde mit dem Bau der 2.278 Meter langen Brücke begonnen. Um die rund 70 m über dem Fluss schwebende Fahrbahn aufhängen zu können, mussten zwei Stahltürme im Fluss errichtet werden, deren Fundamente 79 m tief ins Flussbett reichen. Erst da traf man auf Fels, der die Konstruktion tragen konnte. Lange waren sie die tiefsten Brückenfundamente der Welt. Die lichte Spannweite zwischen den 190 m hohen Brückenpylonen misst 1.103 m. Die Brücke ist stadtauswärts mautpflichtig. Besonders imposant ist der Blick, wenn man die Brücke stadteinwärts befährt. An Sommerwochenenden oft lange Wartezeiten und kilometerlange Staus.

Am Südufer erhebt sich in der Nähe der Hängebrücke die 28 m hohe **Christusstatue Cristo Rei [Parkplatz, WP 118 / N38° 40′ 39.8″ W9° 10′ 16.6″]** auf einem 85 m hohen Sockel. Die monumentale Statue erinnert stark an die in Rio de Janeiro. Stadtauswärts fahrend zweigt man kurz nach der Brücke von der autobahnähnlichen Ausfallstraße A2 an der Ausfahrt „Almada" ab und folgt der Beschilderung „Cristo Rei" durch Almada hinauf bis zum großen Parkplatz bei der Statue. Kleine Kapelle im Sockel der Monumentalstatue. Per Lift (gebührenpflichtig) gelangt man hinauf zur Aussichtsplattform. Weiter **Rundblick**.

Die **Ponte Vasco da Gama**, im März 1998 für den Verkehr freigegeben (mautpflichtig), liegt nordöstlich des Stadtgebietes. Insgesamt ist das Brückensystem, das in der Flussmitte dank eines Hängebrückensegments die Schifffahrt weiter ungehindert ermöglicht, 5 km lang. Die Ponte Vasco da Gama gilt als zweitlängste Brücke der Welt.

Die Kirche São Vicente de Fora (27) [N38° 42′ 53.26″ W9° 7′ 42.51″], Largo de São Vicente. – Den Auftrag zum Bau gab 1590 König Philip II. von Spanien. Kurz darauf begannen unter Leitung des italienischen Baumeisters Filipo Terzi an der Stelle, an der früher ein von Afonso Henriques im 12. Jh. gestiftetes Kloster stand, die Arbeiten. Das frühere Kloster stand außerhalb der eigentlichen Stadt. Der Zusatz „de Fora" im Namen der Vicente Kirche nimmt darauf Bezug.

Eine breite Freitreppe führt hinauf zur herrlichen Fassade und zur Vorhalle. Zwei Türme flankieren das Bauwerk. Das Kircheninnere, überspannt von einem gewaltigen Tonnengewölbe, wird von einem Langschiff mit zahlreichen Seitenkapellen und einem Querschiff gebildet. Die ehemalige Kuppel über der Vierung fiel dem Erdbeben von 1755 zum Opfer.

An die Kirche schließt der Klosterbau an *(geöffnet tgl. a. Mo 9:30 - 12:30, 14 - 18 Uhr. Tram 10, 11, 28)*. Hier residierte früher das kirchliche Oberhaupt Portugals. Im Kloster herrliche **Kreuzgänge** mit schönem Azulejoschmuck. Das alte Refektorium wurde von König João IV. (1640 – 1656) zur Gruft für die gekrönten Häupter aus der Bragança-Dynastie umgestaltet.

Bei längerem Aufenthalt wird man je nach Interesse dem **Jardim Zoológico de Lisboa [Parkplatz, N38° 44′ 33.82″ W9° 10′ 1.32″]**, dem Zoologischen Garten Lissabons, im Nordwesten der Stadt (Metrostation Sete Rios), dem **Botanischen Garten (13) [N38° 43′ 3.75″ W9° 9′ 4.93″]** nur ein paar Straßen westlich der Avenida da Liberdade oder jeweils dienstags und samstags dem **Flohmarkt Feira da Ladra [N38° 42′ 55.25″**

Der Palast von Queluz

W9° 7' 33.16"] auf dem **Campo de Santa Clara** einen Besuch abstatten. Man nennt den Markt auch „Diebesmarkt", weil dort angeblich manch einer schon sein Autoradio oder die gezogene Brieftasche (nun leer, versteht sich) wieder entdeckte. Der Campo de Santa Clara liegt bei der Markthalle hinter der Vicente de Fora Kirche (27) östlich der Alfama.

In der Markthalle von Santa Clara findet man ein einfaches **Restaurant**, in dem man aber recht gut essen kann, Preislage moderat bis mittel; Sonntag Abend und Montag geschlossen.

Ausflüge ab Lissabon

Palácio Nacional de Queluz [WP 119 / N38° 45' 01.5" W9° 15' 28.2"] *(geöffnet tgl. a. Di 9 - 17 Uhr)*. Der Palast von Queluz liegt ca. 15 km westlich von Lissabon, etwa auf halbem Wege nach Sintra. Mit öffentlichen Verkehrsmitteln erreicht man das Schloss am einfachsten mit der Bahnlinie Lissabon – Sintra.

Die königliche Sommerresidenz von Queluz ist ziemlich das genaue Gegenteil vom Klosterpalast in Mafra, nämlich heiter, freundlich, luxuriös und elegant und dürfte wohl der attraktivste Palast in Portugal sein.

Dom Pedro III., Gatte Königin Marias I., gab 1758 dem portugiesischen Baumeister Mateus Vicente de Oliveira und dem französischen Gartenarchitekten Jean Baptiste Robillon den Auftrag, einen Sommersitz für seine Gemahlin Maria und die königlichen Prinzen zu bauen. Vorbild war das Schloss zu Versailles.

Nach mehr als dreißig Jahren Bauzeit war der prächtige Rokokopalast fertig. Seine zweigeschossige Prunkfassade, flankiert von niederen Seitenflügeln, blickt auf gepflegte Gärten mit Zierhecken, Statuen, Teichen und Springbrunnen.

Der Palast kann auf Führungen besichtigt werden, falls er nicht gerade als Residenz eines ausländischen Staatsoberhauptes während einer Staatsvisite dient. Gezeigt werden u. a. der prunkvolle **Thronsaal** mit Kristalllüstern, der Spiegelsaal, der Saal der Gesandten, ein Musikzimmer, die Kapelle und natürlich die königlichen Gemächer, darunter das Ankleidezimmer der Königin und das königliche Schlafgemach, in dem König Pedro IV. (1798 – 1831) geboren wurde und auch starb.

In der Schlossküche ist heute ein Restaurant für gehobene Ansprüche eingerichtet.

Wenn nicht schon auf dem Wege nach Lissabon geschehen, siehe Route 11 (Cascais – Belém), sollte man unbedingt einen ganzen Tag für einen **Ausflug nach Belém** (siehe dort) einplanen. Am einfachsten bedient man sich dazu ab Lissabon der Stadtbahn Nr. 15. Wer's eiliger hat nimmt die Schnellbahn Richtung Cascais oder ein Taxi nach Belém.

PRAKTISCHE HINWEISE – LISSABON

Information: **Lisboa Welcome Center [N38° 42′ 28.5″ W9° 08′ 18.5″]**, Fremdenverkehrsbüro für Lissabon, Rua do Arsenal 15, 1100-038 Lissabon, Tel. 210 31 27 00; www.visitlisboa.com; www.visitportugal.com. *Geöffnet tgl. 9 - 20 Uhr.*

Lisboa Welcome Center, Praça do Comércio, 1100-148 Lisboa, Tel. 210 31 28 10. *Geöffnet tgl. 9 - 20 Uhr.*

Posto de Turismo Y Lisboa, Rua do Jardim do Regedor, Tel. 213 47 21 34. Geöffnet tgl. 10 bis 13 und 14 bis 18 Uhr.

Turismo de Lisboa, Palácia Foz [N38° 42′ 57.07″ W9° 8′ 31.85″], Praça dos Restauradores, Tel. 213 46 33 14; www.visitlisboa.com, www.askmelisboa.com. *Geöffnet tgl. 9 bis 20 Uhr.*

Turismo de Lisboa, Estación de Ferrocarril de Santa Apolónia, Bahnhofterminal International, Tel. 218 82 16 04. *Geöffnet 10 - 13, 14 - 18 Uhr.*
Belém, Belém Cultural Center am Hieronymuskloster Mosteiro dos Jerónimos, Praça do Império, 1400-206 Belém, Tel. 213 61 24 00, www.visitlisboa-com. *Geöffnet im Sommer tgl. 9 - 13 + 14 - 19 Uhr, im Winter tgl. 10 - 13 + 14 - 18 Uhr.*

Turismo de Lisboa Portela Airport, Flughafen, Ankunftshalle, Tel. 218 45 06 60. *Geöffnet tgl. 7 bis 24 Uhr.*

Eine gut gemachte, informative **Webseite** über Lissabon, die schönsten Sehenswürdigkeiten, Hotels, Restaurants, Ausflüge, Einkaufsmöglichkeiten etc. ist http://www.lisbonlux.com/ in portugiesischer und englischer Sprache.

Nützliche Telefonnummern
Notruf – 112
Polizei – Lisbon Municipal Police: 217 82 52 00
Polizei – Lisbon Traffic Police: 213 92 23 00
Police Tourist Help Line – 213 42 16 34

Besondere Einkaufsmöglichkeiten:
Centro Colombo [N38° 45′ 13.34″ W9° 11′ 14.38″], liegt im Stadtteil Benfica, Av. Lusíada, nordwestlich der Innenstadt von Lissabon. Ein moderne Konsumtempel, einer der größten auf der iberischen Halbinsel mit über 400 Geschäften plus riesigem Supermarkt, 10 Kinos, 60 Restaurants, Kinderspielplätze, großes Parkhaus. Metrostation: Colégio Militar Lutz, blaue Linie Gaivota. Geöffnet tgl. 10- 24 Uhr, Parkhaus. Tel. 217 11 36 00, www.colombo.pt.
Amoreiras Shopping Center, Rua Carlos Albero da Mota Pinto /Avenida Engenheiro Duarte Pacheco, Tel. 213 81 02 00, www.amoreiras.com. Ein elegantes Einkaufszentrum in modernen Gebäuden, 250 Fachgeschäfte plus Supermarkt, 7 Kinos, 28 Restaurants. Geöffnet tgl. 10 - 23 Uhr, Parkhaus.
Time Out Mercado da Ribeira, am Bahnhof Cais do Sodré, Avenida 24 de Julho, Tel. 213 24 49 80. Schöne 130 Jahre alte Markthalle mit großem Angebot von Lebensmittel und Blumen. Angeblich der günstigste Markt in Lissabon. Geöffnet tgl. 6 - 14 Uhr. Seit 2014 wurde im westlichen Teil des Gebäudes ein großes Restaurant „The Food Court" eröffnet, das täglich von 10 Uhr bis Mitternacht von sonntags bis mittwochs und von 10 bis 14 Uhr donnerstags bis samstags geöffnet ist. Im Obergeschoss wurde 2015 ein Kulturzentrum mit Konzertsaal und eine Galerie eingerichtet.

Kunsthandwerk kann man u. a. im **Santos Ofícios**, Rua da Madalena 87, erwerben. Geöffnet Montag bis Samstag 10 bis 20 Uhr. Tel. 218 87 20 31, www.santosoficios-artesanato.pt.

Bekannt für seine große Auswahl an handbemalten Azulejos ist die **Loja dos Descobrimentos** mit Schauatelier, gleich neben der Casa dos Bicos, Rua dos Bacalhoerios 12-A, Tel. 218 86 55 63, www.loja-descobrimentos.com, geöffnet tgl. 9 bis 19 Uhr.

Freeport Fashion Outlet Alcochete [N38° 45‘ 4.34“ W8° 56‘ 11.05“], Tel. 212 34 35 00; Avenida Euro 2004; www.freeport.pt (auch in englischer Sprache). Outlet mit über 140 Geschäften, Restaurants, Bars, Ausstellungszentrum, „Piratenparadies“ für Kinder (Gebühr). Geöffnet So - Do Geschäfte 10 - 22 Uhr, Restaurants 12 - 23 Uhr; Sa Geschäfte 10 - 23 Uhr, Restaurants 12 - 24 Uhr. Liegt ein gutes Stück außerhalb von Lissabon bei Alcochete, östlich des Tejo-Flusses und nordöstlich der Vasco da Gama Brücke, A12/IP 1 Ausfahrt 3. Metro bis Gare do Oriente und TST-Busse 431, 432.

Feste, Folklore, Märkte

Im Stadtteil Graça findet immer am zweiten Sonntag in der Fastenzeit/Passionszeit die weit über Lissabon hinaus bekannte **Prozession Senhor dos Passos** statt. Der Brauch geht zurück aufs 16. Jh.

Festas dos Santos Populares, im **Juni**. Ausgelassene Volksfeste vor allem in der Alfama zu Ehren der **Heiligen Antonius** (Nacht vom 12./13. Juni), **Johannes** (Nacht 23./24. Juni) und **Peter und Paul** (Nacht 28./29. Juni).

Flohmarkt Feira da Ladra, der sog. „Diebesmarkt“, jeweils dienstags bis samstags 9 - 19 Uhr auf dem **Campo de Santa Clara,** siehe dort.

RESTAURANTS

Restaurants im Bairro alto:

Tavares ,Rua da Misericórdia 35, Tel. 213 42 11 12, www.restaurantetavares.net/; renommiertes Speiselokal mit originalem Dekor aus der Jahrhundertwende; ausgezeichnete Küche, erlesener Keller, gepflegter Service und entsprechend hohe Preise. Sonntags geschlossen.

Cervejaria Trinidade, Rua Nova da Trinidade 20 C, Tel. 213 42 35 06, www.cervejariatrindade.pt/; eine traditionsreiche Adresse in Lissabon, altes Gewölbe im Kreuzgang und im Refektorium des ehemaligen Trinidade-Klosters in dem Einheimische gerne essen; preiswert und gut, bekannt auch als Bierkneipe.

Portwein Institut, Rua São Pedro de Alcântara 45, Tel. 213 47 57 07/8; der Name klingt zwar eher nach Büro, aber das Lokal ist ein renommierter Ort, um in gepflegter Atmosphäre ein Gläschen Portwein zu genießen – vielleicht vor dem Abendessen oder nach einem ermüdenden Stadtrundgang? Gut zu erreichen mit der „Elevador“ Bergbahn hinauf ins Viertel Bairro Alto, und schon ist man angekommen.

Pap' Açorda, Rua Atalaia 57, Tel. 213 46 48 11; hübsche, alteingesessene und viel gelobte Kneipe, gute Küche, moderate Preise. Reservierung empfohlen, da nur 40 Plätze.

Restaurants in der Rua das Portas de Santo Antão, Baixa:

Bonjardim, in der Seitenstraße Travessa de Santo Antão 11, Tel. 213 42 43 89; gemütliches Lokal, Spezialität: Grillhähnchen. Man kann auch außen in der Fußgängerzone sitzen.

Escorial, Rua das Portas de Santo Antão 47, Tel. 213 46 44 29, vorzügliche Küche, obere Preislage.

Gambrinus, Rua das Porta de Santo Antão, Tel. 213 42 14 66, www.gambrinuslisboa.com; elegante Bar und gutes, recht nobles Restaurant, ausgezeichnete Fischgerichte, teuer.

Heinrich der Seefahrer an der Spitze der Entdecker, Denkmal der Entdeckeungen, Belém

Lisboa a Noite, Rua das Gáveas 69, Tel. 213 46 85 57; www.lisboanoite.com/eng/index.html seit langem beliebt bei Einheimischen wie Touristen, Küche und Weinkeller sind nach exquisiter Art. Sonntag Ruhetag.
Solmar", Rua das Portas de Santo Antão 108, Tel. 213 42 33 71, www.solmar.com.pt; sehr gutes Fischrestaurant. – Und viele, viele andere Lokale.

Eine der Gegenden, in der die Lissabonner abends gerne zum Essen ausgehen sind die **Docas de Alcântara,** die etwas aufgemöbelte Gegend an den alten Docks am Tejo, etwa zwischen Bahnhof Cais do Sodré und der Brücke Ponte 25 do Abril.
Eine der feinsten Adressen an den Docks ist das **Doca Seis**, Doca de Santo Amaro, Armazem 6, Tel. 213 95 79 05, vorzügliche Küche, teuer, Tischreservierung vor allem an Wochenenden sehr ratsam.

Fado-Lokale/Restaurants im Bairro Alto:
Adega do Ribatejo, Rua Diário Notícias 23, Tel. 213 46 83 43; mitten im Bairro Alto, nach einem gutem Essen, man serviert auch typisch portugiesische Küche, können Sie hier Fado und Folklore genießen.
O Faia, Rua da Barroca 54 - 56, Tel. 213 42 67 42, www.ofaia.com; das Fado-Lokal existiert seit 1947 und hat sich diese damalige typische ‚Fadoatmosphäre' bewahrt.
A Severa, Rua das Gáveas 51-61, Tel. 213 46 12 04, www.asevera.com; das Lokal wurde nach Maria Severa benannt, die im 19. Jh. Lissabons berühmtestes Fadosängerin war, mit typischer Atmosphäre für gutes Essen und beeindruckendem Gesang. Mittwochs Ruhetag.
Café Luso, Travessa de Queimada 10, Tel. 213 34 22 81, www.cafeluso.pt; mit feinem Ambiente und guter Küche ist es eines der traditionsreichsen Fadolokale in Lissabon, Enthusiasten nennen es gar „Kathedrale des Fado".
„Adega Machado", Rua do Norte 91, Tel. 213 42 22 82, www.adegamachado.pt; existiert seit 1937 und seine Fadovorstellungen werden mit als die besten bezeichnet, etwas „touristisch" angehaucht.

HOTELS

Hotels zwischen Praça do Comércio, Rossio (Praça Dom Pedro IV.) und Chiado:

Borges Chiado ***, 96 Zi., Rua Garrett 108, Tel. 213 46 19 51, www.hotel-borges.com; ordentliches Mittelklassehotel, zentral im Stadtteil Chiado gelegen, Fahrradverleih. WLAN. Kein Restaurant. Keine hauseigene Parkmöglichkeit.

Insulana Alberga Residencial **, 32 Zi., Rua da Assunção 52, Tel. 213 42 76 25, www.insulana.net; moderate Preise, einfacher Komfort, aber mitten in der Baixa. Kein Restaurant. Keine hauseigene Parkmöglichkeit.

Mundial ****, 345 Zi., Praça Martim Moniz 2, Tel. 218 84 20 00, www.hotel-mundial.pt; unweit östlich vom Rossio gelegen, sehr komfortables Haus der gehobenen Mittelklasse, Terrasse, gutes Restaurant, WLAN. Garage.

Hotels zwischen Rossio und Marquês de Pombal (Av. da Liberdade):

Britânia ****, 30 Zi., Rua Rodrigues Sampaio 17, Tel. 213 15 50 16; ordentliches Mittelklassehotel, zentral nahe Rossio gelegen, kein Restaurant, Parkplatz. Keine Haustiere.

Ibis Lisboa Liberdade ***, 70 Zi., Rua Barata Salgueiro 53, Tel. 213 30 06 30, www.accorhotels.com; funktionelles Mittelklassehotel, Cafeteria, Bar, WLAN. Garage.

NH Liberdade ****, 58 Zi., Av. da Liberdade 180, Tel. 213 51 40 60, www.nh-hotels.com; gutes Mittelklassehotel in zentraler Lage, gutes Restaurant, Dach-Schwimmbad, Garage.

Tivoli Jardim ****, 119 Zi., Rua Julio Cesar Machado 7, Tel. 213 59 10 00, www.tivolijardimhotel.com; sehr komfortables Mittelklassehotel, gehobene Preisklasse, Fitnesscenter, Restaurant, Schwimmbad, WLAN. Garage, Parkplatz.

– Und zahlreiche andere Hotels und Pensionen.

CAMPING

Parque de Campismo de Lisboa [WP 116 / N38° 43' 29.3" W9° 12' 25.6"], Estrada da Circunvalaçåo, Monsanto, Tel. 217 62 82 00, www.lisboacamping.com; 1. Jan. – 31. Dez.; westlich der Stadt, A-5 (Lisboa – Cascais) Ausfahrt Nr. 4 Richtung Norte/Aeroporto oder von der Straße Ajuda – Sintra nach der Autobahnunterführung beschilderter Abzweig. Weitläufiges, parkähnliches Gelände unter hochstämmigen, gelegentlich dichten Laubbäumen, teils auf leicht ansteigenden Geländestufen. Befestigte Platzstraßen unterteilen das Gelände in Stellplatzareale mit befestigten, nummerierten Stellplätzen, jeder mit Stromanschluss, Wasserhahn, Abwasseranschluss und Abfallkorb, immer stark besuchter Platz; 36 ha – 570 Stpl.; nicht mehr zeitgemäße Sanitäreinrichtungen; Läden, Imbiss, Restaurant, Tennis, Schwimmbad, Tennis. **V & E für Wohnmobile**. Zahlreiche Mietbungalows. Bushaltestelle am Eingang, Linien 714 zur Praça da Figueira und 750. Ibis Hotel gegenüber.

Vom Campingplatz aus starten Lissabon-Stadtrundfahrten, eine bequeme Möglichkeit ohne Auto und Parkplatzprobleme einen ersten Eindruck von der Stadt zu erhalten. Die Bustouren von vierstündiger Dauer starten am Campingplatz morgens um 10 Uhr.

Auf dem Besichtigungsprogramm stehen alle Highlights von Lissabon, wie das Hieronymuskloster, der Turm von Belém, das Entdeckerdenkmal, die Altstadt Alfma, die Stadtmitte am Rossio u.a.

Abends um 20 Uhr startet am Campingplatz eine abendliche Stadtrundfahrt mit einem Restaurantbesuch samt Fado und Volkstanz.

Südlich der Tejomündung gibt es an den **Stränden Praia da Caparica** südlich von **Costa da Caparica** mehrere Campinganlagen. Allerdings sind die Strände dort ein viel besuchtes Naherholungsgebiet für die Lissabonner Bevölkerung und alle Campingplätze sind von Dauercampern so gut wie voll belegt. Als einziger für Durchreisende akzeptabler Platz schien uns:

Camping Orbitur Costa da Caparica [WP 120 / N38° 39' 11.07 W9° 14' 18.62"], Av. Afonso de Albuquerque, Tel. 212 90 13 66, www.orbitur.pt; 1. Jan. – 31. Dez.; von der A-2/IP-7 (Lisboa – Setúbal) erste Abzweigmöglichkeit nach der Tejo-Brücke nach Costa de Caparica, dort Richtung Trafaria; weitläufig, eben, teils Schatten durch Bäume; ca. 5 ha – 250 Stpl. + 100 Dau.; Standardausstattung; Laden, Imbiss, Restaurant, 18 Miethütten, Mietbungalows. **V & E für Wohnmobile**. Zum Strand rund 300 m.

Abstecher in Portugals Stadt des Stierkampfes

Route: *Von Lissabon auf der Autobahn A-1/IP-1/E-80 nordwärts Richtung Santarém bis* **Vila Franca de Xira**, *Ausfahrt 3, rund 30 km.*

Wer sich für Luftfahrt interessiert kann noch vor Vila Franca de Xira einen Abstecher (Ausfahrt 2) ins nahe **Alverca** unternehmen und sich dort das **Museu do Ar [N38° 53' 26.25" W9° 1' 57.08"],** das Luftfahrtmuseum Portugals ansehen. Dokumentiert ist die Luftfahrtgeschichte des Landes und natürlich sieht man Flugzeuge, von denen einige noch flugtüchtig sein sollen, sowie Flugzeugmodelle.

Vila Franca de Xira, liegt knapp 30 km nordöstlich von Lissabon am Rio Tejo. Der Weg hierher würde sich allerdings nicht sonderlich lohnen, wäre die Kleinstadt nicht **Portugals Stierkampfmetropole**. In den weiten Ebenen des Ribatejo östlich der Stadt werden Herden von Kampfstieren und eine nicht minder mutige Pferderasse gezüchtet.

Man sollte versuchen, falls einen nicht grundsätzliche Erwägungen davon abhalten, wenigstens bei einem der abendlichen **Stierkämpfe**, einer **„Tourada"**, dabei zu sein. Genaue Einzelheiten, Daten, Anfangszeiten und Preise erfährt man aus dem Veranstaltungskalender, der in den Touristeninformationsbüros zu haben ist.

Sehenswert ist vor allem Anfang Juli das **Fest der Roten Westen** (Colete Encarriado). Es ist ein riesen Spektakel, wenn am Tage vor den Kämpfen die Stiere durch die Straßen zur Arena getrieben werden, begleitet von berittenen Hirten, den *Campinos*, mit ihren grünen Kappen, Kniehosen und weißen Kniestrümpfen.

Stierkampf auf portugiesische Art

Die Hauptstadt des Stierkampfs in Portugal ist Vila Franca de Xira im Ribatejo. Und die Stierkampftradition dort ist alt.

Der portugiesische Stierkampf wurde erst im 18. Jh. zu dem kunstvollen Spiel zwischen Mensch, Pferd und Stier entwickelt. Bis dahin – ausgehend von einer Variante der Ritterturniere des 16. Jh. –war es das Privileg und das Vergnügen des Adels und der königlichen Familie, Stierkämpfen beizuwohnen. Schließlich war und ist es kein billiger Zeitvertreib, gute Stiere und Pferde zu züchten.

Seit jeher, oder zumindest seit dem 18. Jh., ist es beim Stierkampf „antiga portuguesa", nach alter portugiesischer Manier also, Brauch, das Tier in der Arena nicht zu töten. Aber unblutig geht es auch hier nicht zu. Und im Grunde sind die Chancen zu siegen für den Stier nicht sehr groß, denn seine gefährlichste Waffe, die spitzen Hörner, werden umwickelt oder anderweitig mit runden Gegenständen entschärft. Der Stier ist dann „embolado". Eingeführt wurde diese

Sitte ausgangs des 18. Jh., nachdem ein Edelmann im Stierkampf vor den Augen des Königs auf die Hörner genommen und getötet worden war.

Die **Stierkampfsaison** beginnt am Ostersonntag und dauert bis in den Oktober. Oft ist der Stierkampf der krönende Abschluss eines Volksfestes.

Veranstaltungen mit den berühmtesten Stierkämpfern finden anlässlich des großen Jahrmarktes im Juni in Santarém und zum „Fest der roten Westen“ in Vila Franca de Xira im Juli statt.

In Lissabon werden gewöhnlich jeden Donnerstag Abend in der Stierkampf-Arena „Praça de Touros do Campo Pequeno“ (U-Bahn Station) Stierkämpfe veranstaltet.

Eine große **„tourada“,** ein Stierkampffest, im Ribatejo beginnt eigentlich schon am Tag vorher, wenn die halbe Stadt bei der „espera“, dem Erwarten der Stiere, auf den Beinen ist. „Campinos“, berittene Stierhirten, mit weißen Kniestrümpfen, roten Westen und grünen Kappen treiben die Stiere zur Arena. Meist lassen sie es zu, dass sich ein nicht gerade allzu mutiges Tier absondert, mit dem sich dann die Stadtjugend unter lautem Hallo balgen kann.

Am Kampftag eröffnen die „Cavaleiros“, Reiter im traditionellen Kostüm des 18. Jh. „á antiga Portuguesa“ mit Dreispitz und Lackstiefeln, gefolgt von einer Kutsche, aus der die Matadores steigen, begleitet von Trommeln und Fanfaren das Spektakel. Ein farbenprächtiges Kostümfest.

Nach der Begrüßung des Publikums (Cortesias) kündet ein Fanfarenstoß den Stier an, der meist wie eine Furie in die Arena stürmt. Mit bewundernswerten Reitkünsten versucht der „Cavaleiro“ dem wütenden Stier kleine, mit farbigen Bändern versehene Lanzen (Banderilhas oder Farpas) in den Nacken zu stoßen und den Bullen damit zu schwächen. Wer kein Blut sehen kann, wird es da schwer haben. Das Schwierige für den Reiter besteht darin, dass die verwendeten Banderilhas bei jeder Attacke durch den Cavaleiro immer kürzer gewählt werden und sich Pferd und Stier zuletzt oft nur um Haaresbreite verfehlen. Ein faszinierendes Zusammenspiel von Pferd und Reiter.

Ist der Stier genug geschwächt, käme bei einer spanischen Corrida nun der „Moment der Wahrheit“, der Todesstoß für den Stier durch den Matador. Nicht so in Portugal. Hier betreten die „Moços de Forcado“ nun die Arena, um in der „Pega“ genannten Endphase des Kampfes mit der ermüdeten Tonne Fleisches nun ihr Spiel zu treiben. Sie ringen mit dem Stier, springen auf seinen Rücken, packen ihn bei den Hörnern, um zu zeigen wie sie das Tier beherrschen. Manche Szenen erinnern verblüffend an alte Darstellungen eines Stierkults im antiken Kreta. Dort sprangen Athleten über den heiligen Stier.

Wenn der Stier seine Kampfeslust verloren hat, geleiten ihn Ochsen aus der Arena. Und je nach erwiesenem Mut wandert er ins Schlachthaus oder zur Zucht zurück auf die Weide. Eine Arena jedenfalls wird er dann allerdings nicht mehr sehen. Seine gesammelte Kampferfahrung würde ihn viel zu gefährlich und unberechenbar machen.

Bei einer Veranstaltung wird nacheinander mit sechs bis acht Stieren gekämpft. Die Tourada beginnt gewöhnlich gegen 17 Uhr und dauert etwa drei Stunden. Es empfiehlt sich aus drei Gründen eine – gewöhnlich etwas teurere – Eintrittskarte für die Schattenseite (sombra) der Arena zu kaufen. Man sitzt im Schatten, muss nicht gegen die Sonne schauen und hat zum Fotografieren meist bessere Lichtverhältnisse.

TOUR 13: LISSABON - SAGRES

Länge der Tour: Rund 340 km, ohne Abstecher.

Die Route: Über die Ponte 25 de Abril und Autobahn A-2 bis Ausfahrt 2 – Straße N-378 bis **Sesimbra** – N-379 und N10 bis **Setúbal** – **Autofähre nach Tróia** und N-253-1/N-261/IP-8 bis **Sines** – IC-4 bis **Cercal** – N-390 bis **Vila Nova de Milfontes** –N-393 bis südl. **Odemira** – N-120 bis **Alfambra** – Straße N-268 bis **Sagres**.

Reisedauer: Mindestens ein Tag, besser zwei Tage.

Höhepunkte: Das Hafenstädtchen **Sesimbra** * – die Fahrt oberhalb der Küs-te der **Serra da Arrábida** ** – die Kirche **Igreja de Jesus** in Setúbal – die **Strände** bei **Vila Nova de Milfontes** * – das Kap **Cabo de São Vicente** * – das Kap **Ponte de Sagres** * – die **Strände** östlich von Sagres.

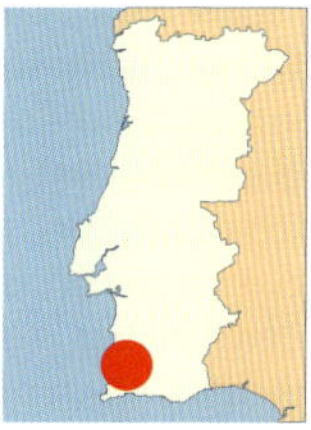

Diese Etappe ist zwar durchaus in einem Tag zu bewältigen, im Interesse des Reiseerlebnisses wird man sie aber besser in zwei Abschnitten zurücklegen. Etwa auf halbem Wege bietet sich der Badeort Vila Nova de Milfontes mit schönem Strand, Campinggelände und Privatunterkünften als Zwischenstopp an. Hotels findet man z. B. in Santiago do Cacém.

Route: *In Lissabon folgen wir der Beschilderung „Sul-Ponte“ und gelangen über die Hängebrücke „Ponte 25 de Abril“ auf die Autobahn A-2 Sul Richtung* **Setúbal** *(mautpflichtig). Schon nach rund 10 km verlassen wir die Autobahn an der* **Ausfahrt Nr. 2 Seixal/Sesimbra.**

Nördlich der Autobahn kann bei **Seixal** das **Ecomuseu Municipal do Seixal** (Pct. Adolfo Coelho, Torre da Marinha) besichtigt werden *(geöffnet Juni - Sept. Di - Fr 9 - 12, 14 - 17 Uhr, Sa + So 14.30 - 18.30 Uhr; Okt. - Mai Di - Fr 9 - 12, 14 - 17 Uhr, Sa + So 14 - 17 Uhr)*. Das Museum mit Freilichtabteilung gliedert sich in drei große Bereiche – **Moinho de Maré de Corroios** (funktionstüchtige Gezeitenmühle von Corroios aus dem Jahre 1403 an einem Flussarm des Tejo), **Núcleo Naval de Arrentela [N38° 37′ 46.93″ W9°**

6' 18.96"] (Museum über den Bau von Flussschiffen) und **Olaria Romana da Quinta do Rouxinol** (Ruinen der römischen Töpferei der Quinta do Rouxinol aus dem 2. bis 4. Jh.).

Route: *Von der Autobahnausfahrt 2 über die N-378 südwärts bis* **Santana** *und dort über den Flecken* **Azóia** *nach Westen ans* **Cabo Espichel**.

Auf dem **Cabo Espichel [Parkplatz, WP 121 / N38° 25' 13.6" W9° 12' 56.5"]**, einem windigen Landvorsprung ohne Baum und Strauch, von dem man an den Stränden der Costa do Sol entlang bis zur Tejo-Mündung im Norden sehen kann, steht die Wallfahrtskirche **Nossa Senhora do Cabo**, mit barocker Innendekoration, bemaltem Deckengewölbe und schön gearbeiteten Seitenaltären. Der weite Hof davor wird von zwei niederen Gebäudeflügeln mit Arkaden flankiert, die früher als Pilgerherberge dienten. Die meiste Zeit des Jahres ist das hier allerdings ein vergessenes Fleckchen Erde an dem es scheint, als gäbe es auf der Welt nichts anderes als gleißendes Sonnenlicht, Wind, Meer und Möwengeschrei.

An der linken Seite der Wallfahrtskirche führt ein Durchgang zum windgepeitschten Kap. Über hundert Meter tief stürzen dort die steilen Klippen ins Meer. Rechterhand eine kleine weiße Kuppelkapelle.

Am 15. August und am letzten Septembersonntag führen große **Romarias** (Wallfahrtsprozessionen) hierher ans Cabo Espichel und zur Kirche Nossa Senhora do Cabo.

An den Stränden nördlich des Cabo Espichel findet man einige, allerdings stark von Dauercampern belegte Campinganlagen, die über die Straße N-377 zu erreichen sind.

Auf dem Weg vom Cabo Espichel zurück nach **Santana** sieht man rechts die mächtigen Mauern der **Burg von Sesimbra**. Die 1.000 Jahre alte Maurenfestung liegt hoch über dem Hafen von Sesimbra. Schöner Blick auf Bucht und Hafen.

Sesimbra (ca. 15.000 Einw.) liegt recht ansprechend an einer weiten Sandbucht unterhalb der Westausläufer der Serra da Arrábida.

Seit jeher ist das Städtchen dem Fischfang verpflichtet, auch wenn sich neuerdings einige Hotels um Feriengäste bemühen.

Lange war kaum woanders das Bild der Fischerflotte bunter als im durch eine lange Kaimauer geschützten Hafen von Sesimbra. Seine Einfahrt wird von einem Leuchtturm und dem kleinen Forte do Cavalo bewacht. Wenn nachmittags die farbenfrohen Boote ihren Fang anlanden – Sardinen, Thunfisch, Schwertfisch mitunter auch mal einen Hai – wird der Fisch an Ort und Stelle gleich versteigert und verkauft.

Will man Fischspezialitäten des Landes versuchen, gibt es wohl kaum einen geeigneteren Platz als ein Fischlokal in Sesimbra. Probieren Sie mal ein Schwertfisch-Steak (Bife de Espadarte) oder eine Caldeirada (Eintopfgericht mit Fisch), und zum Nachtisch ein Stückchen Schafskäse aus der Region.

CAMPING

Aldeia do Meco

Camping Fetais [WP 122 / N38° 28' 5" W9° 10' 31"], Rua da Fonte 4, Tel. 212 68 29 78; 1. Mai – 30. Sept.; von der N-378 in Carrasqueira Richtung Alfarim und Aldeia do Meco, dann beschildert; ca. 2,5 ha – 30 Stpl. + zahlr. Dau.; ebene Wiesen, schattigdurch Bäume; einfache Sanitärausstattung. Zum Meer ca. 1,5 km.

Camping Campimeco [WP 123 / N38° 27' 54.5" W9° 11' 15.5"], Praia das Bicas, Tel. 212 68 38 44; 1. Jan. – 31. Dez.; Abzweig in Alfarim nach Südwesten; stark von Naherholern belegter Ferienplatz in Meeresnähe; ca. 22 ha – 1.000 Stpl.; Standardausstattung; Laden, Restaurant, Imbiss, Schwimmbad, Tennis, Mietbungalows und Mietcaravans.

Der Hafen des hübschen Fischerstädtchens Sesimbra

Und ein Bummel durch die engen, sauberen, meist steilen Gässchen der Stadt lohnt allemal. Zu besichtigen gibt es z. B. das **Museu do Mar [N38° 26' 41.25" W9° 5' 59.87"]**, ein Fischerei- und Seefahrtmuseum.

PRAKTISCHE HINWEISE – SESIMBRA

Posto de Turismo [N38° 26' 35.21" W9° 6' 5.23"], Fortaleza de Santiago, Rua da Fortaleza, 2970-738 Sesimbra, Tel. 937 40 59 04, http://visitsesimbra.pt.

Feste, Folklore – Das **Fischerfest Senhor das Chagas,** das Fest des Leidensmannes, das in der ersten Mai-Woche begangen wird, geht zurück auf eine Legende. Ihr zufolge soll im 15. Jh. am Strand eine wundertätige Christusstatue angeschwemmt worden sein.

RESTAURANTS

O Canhao, Praça da California loja 4, Tel. 212 23 12 16, www.restauranteocanhao.pt; man sitzt recht schön auf der Terrasse, die Innenräume sind eher bescheiden, mittlere Preislage.

Ribamar, Av. dos Naufragos 29, Tel. 212 23 48 53, www.restauranteribamar.pt; am Largo do Fortaleza, gute Küche, Terrasse, mittlere Preislage.

HOTELS

Do Mar **,** 168 Zi., Rua General Humberto Delgado 10, Tel. 212 28 83 00, www.hoteldomar.pt; sehr komfortables Haus der gehobenen Mittelklasse, teuer, ansprechend und relativ ruhig gelegen, Schwimmbad, Tennis, Panoramarestaurant, Sportaktivitäten, WLAN. Parkplatz. Keine Haustiere.

Sesimbra Hotel & Spa **,** Praça da California, Tel. 212 28 90 01, www.sesimbra.sanahotels.com; gutes Mittelklassehotel am Meer, Zimmer mit Meerblick, Restaurant, Wellnessbereich, WLAN. Parkplatz.

CAMPING

Parque Municipal de Campismo Forte do Cavalo [WP 124 / N38° 26' 08.4" W9° 06' 59.7"], Tel. 212 28 85 08; 1. März – 31. Okt.; durch den Ort westwärts, durch den Fischereihafen, zuletzt steile Auffahrtsrampe; im unteren Platzteil mehrere kleine, schattige Terrassen für Zelte, die mit dem Auto nicht zugänglich sind. Darüber mehrere langgestreckte, fast schattenlose Terrassen für Caravans u. Wohnmobile in schöner Höhenlage beim Leuchtturm, stellenweise Blick aufs Meer; ca. 10 ha – 400 Stpl. + 200 Dau; Standardausstattung; Laden, Restaurant. V & E **für Wohnmobile**.

Route: *Weiterreise von Sesimbra zurück bis* **Santana** *und auf der N-379 nordostwärts Richtung* **Setúbal.** *Nach gut 8 km kann man links nach* **Vila Fresca de Azeitão** *abzweigen.*

Zu sehen gibt es in **Vila Fresca de Azeitão** einen schönen Steinbrunnen, dann die Gemeindekirche, sowie hübsche Stadthäuser im alten Zentrum. Aus der traditionsreichen Kellerei *Fonseca* am Ort kommen ausgezeichnete Muscatel-Weine. In einer der alten Villen, der **„Quinta das Torres"**, ist heute ein Hotel eingerichtet (Estalagem Quinta das Torres ****, Estrada Nacional 10, Tel. 212-18 00 01, www.quintadastorres.net).

Setúbal, Portal der Jesus-Kirche

Route: *Unsere Route führt südwestlich von Azeitão über die N-379-1 zunächst südwärts und dann über die Küstenstraße nach* **Setúbal**.

In einer sehr schönen Fahrt hoch über dem Meer und an den kargen, steil abfallenden Hängen der **Serra da Arrábida** entlang führt die Straße nach Osten. Weite Ausblicke bis zur Landzunge von Tróia und zu den Stränden der Costa da Gale sind möglich. Dieser Streckenabschnitt kann mit Fug und Recht zu einem der schönsten in Portugal gezählt werden.

Man passiert den Convento Novo, ein Kloster aus dem 16. Jh. am Felshang über dem Meer (der Öffentlichkeit nicht zugänglich), später, nach der kurvenreichen Talfahrt, ein Zementwerk und ist kurz darauf in Setúbal.

Setúbal (ca. 90.000 Einw.) liegt am breiten Mündungstrichter des Rio Sado. Es ist die drittwichtigste Fischerei-, Hafen- und Industriestadt des Landes. In den umliegenden Salinen wird Meersalz gewonnen. Über den Hafen wird der ausgezeichnete Muscatel-Wein der nahen Weingüter in alle Welt verschifft. Nicht weniger als 2.000 Fangboote versorgen die Fischkonservenfabriken mit Nachschub.

In der jüngeren Zeit hat sich auch Autoindustrie angesiedelt.

Trotz der vielen Industrieanlagen, der Werften, Chemie- und Zementwerke, Fertigungs- und Lagerhallen, Wohnsilos und rasch wachsenden Vorstädte sollte man sich von einem Besuch der Stadt nicht gleich abhalten lassen. Das von Afonso Henriques gegründete Setúbal hat immerhin eine über 800 Jahre alte Geschichte und im alten Stadtzentrum bemerkenswerte Sehenswürdigkeiten zu bieten – trotz der großen Zerstörungen während des Erdbebens 1755.

Das bedeutendste Kirchenbauwerk der Stadt ist die **Igreja de Jesus [N38° 31' 33.17" W8° 53' 39.43"]** *(geöffnet Di - Sa 9 - 12, 13.30 - 17.30 Uhr)*. Die Kirche aus dem 15. Jh. ist eines der ersten Beispiele des Manuelinismus. Im Inneren fallen die mächtigen gedrehten Säulen aus Arrábida-Marmor auf, die das gerippte Gewölbe des Mittelschiffs tragen. An den Wänden ein Band mit Azulejo-Bildern. Baumeister war Diogo Boitac, der sich später als Architekt des Hieronymusklosters von Belém hervortat. Im nördlich angrenzenden Kreuzgang ist das **Stadtmuseum** untergebracht. Den größten Teil der Ausstellungen dort nimmt eine Gemäldesammlung portugiesischer Künstler des 15. und 16. Jh., der sog. „Naiven von Setúbal", ein. Außerdem gibt es eine Azulejo-Ausstellung zu sehen.

An der Südseite des ausgedehnten Stadtplatzes Praça do Bocage liegt die **Igreja de São Julião [N38° 31' 26.13" W8° 53' 33.34"]**. Hier ist vor allem das manuelinische Nordportal mit den wie Schiffstaue ausgebildeten Säulen interessant. Auch hier wertvolle Azulejos im Inneren.

Nach Osten führt die breite, in der Mitte begrünte Avenida Luísa Todi. An ihrem Ende, Haus Nr. 162, liegt das **Museu de Arqueologia e Etnografia do Distrito de Setúbal**, das Archäologische und Ethnographische Regionalmuseum *(geöffnet Di - Sa 9 - 12.30, 14 - 17.30 Uhr)*. Exponate aus der Früh- und Römerzeit, aber auch Anschauungsmate-

PRAKTISCHE HINWEISE – SETÚBAL

Posto de Turismo, Casa da Baia, Avenida Luisa Todi, 468, 2900-000 Setúbal, Tel. 265 54 50 10, www.mun-setubal.pt.

Feste, Märkte – Feira de Santiago, Ende Juli – Anfang August, Landwirtschaftliche Ausstellung mit Volksfest, Folklore etc.

HOTELS

Albergaria Solaris ***, 38 Zi., Praça Marquês de Pombal 12, Tel. 265 54 17 70, www.solarishotel.pt; Mittelklassehotel in zentraler Lage am Rand der Altstadt, moderate Zimmerpreise. Straßenparkplätze vor dem Haus.

Residencial Mar e Sol ***, 71 Zi., Avenida Luisa Todi 606, Tel. 265 53 48 68, www.maresol.com; verkehrsgünstig und zentral gelegenes Mittelklassehotel mit moderaten Zimmerpreisen, Bar, WLAN. Garage. Kein Restaurant.

Pousada de São Filipe *****, 16 Zi., Estr. Castelo de São Filipe, Tel. 265 55 00 70, www.pousadas.de/pousada-de-sao-filipe.htm; eingerichtet im historischen Castelo-Fortaleza de São Filipe, das 2 km westlich des Stadtzentrums liegt. Ansprechend und ruhig gelegenes Firstclass Hotel, Parkplatz, schöne Restaurantterrasse, WLAN. Parkplatz. Regionale Spezialitäten: „Espadarte Fumado" (geräucherter Schwertfisch), gefüllter Ziegenbraten, Orangentorte.

CAMPING

Parque de Campismo do Outão [WP 125 / N38° 30' 10.38" W8° 55' 42.76"], Estrada da Figueirinha, Tel. 265 23 83 18; 1. Jan. – 31. Dez.; westlich der Stadt an der Küstenstraße N-379 Richtung Sesimbra und Portinho da Arrábida gelegen. Ca. 1 km langer, schmaler Platz zwischen Straße und Meer. Für Touristen am Ende der Anlage relativ wenige Plätze; 3 ha – 40 Stpl. + 150 Dau.; einfache Standardausstattung. Laden, Restaurant. Mietbungalows.

rial aus dem Leben der Stadt und ihrer Handwerkstradition, der industriellen Entwicklung, der Landwirtschaft oder des Kunsthandwerks (Spitzen, Woll- und Leinenweberei, Spinnerei) aus der Region sind zu sehen. Abteilung über die Arbeit in den Salinen. Ob das Museum einen neuen Standort beziehen wird, war leider nicht in Erfahrung zu bringen.

Westlich der Stadt liegt auf einer Anhöhe das **Castelo de São Filipe [N38° 31' 3.66" W8° 54' 34.47"]** *(geöffnet tgl. 9.30 - 12.30, 14 - 17 Uhr)*. Die Burg wurde von den Spaniern gebaut, um Setúbal und seinen Hafen kontrollieren zu können. König Philip II. von Spanien, der die Festung 1590 errichten ließ, wollte damit wohl auch den Engländern ein Warnzeichen geben, die immer wieder ungebeten an den Küsten auftauchten. Das Kastell kann besichtigt werden. Schöner Ausblick von den Festungsmauern. In einem Teil der Burganlage ist heute die **Pousada de São Filipe** eingerichtet.

Ausflüge ab Setúbal

Portinho da Arrábida, ein beliebter Ausflugs- und Badeort, liegt ca. 10 km westlich von Setúbal. Die **Küstenszenerie** unterhalb der steilen Hänge der Serra da Arrábida ist herrlich. Mehrere kleine Buchten, z. B. Figurinha, mit Sandstränden. Zur Bucht von Portinho zweigt eine schmale Zufahrtsstraße ab, die auf den letzten 500 m sehr eng ist, (für Gespanne nicht empfehlenswert). Vor allem an Sommerwochenenden regelmäßig überlaufen.

Palmela liegt nur etwa 6 km nördlich von Setúbal an den Nordausläufern der Serra da Arrábida. Die Stadt wird überragt von einem **Kastell [N38° 33' 58.41" W8° 54' 2.51"]**, das in der Maurenzeit angelegt, aber im 17. Jh. durch Bastionen und Schanzen den damaligen Notwendigkeiten der Verteidigungsstrategie angepasst wurde. Der **Blick von der Burg** ist berühmt.

In einem der Verließe der Burg von Palmela wurde 1484 der Bischof von Évora gefangengehalten. Er hatte eine Verschwörung gegen König João II. angeführt. Vom Herzog von Viseu (im Falle eines erfolgreichen Endes wäre er der Nutznießer der Verschwörung gewesen) wird gesagt, ihn hätte König João II. höchstpersönlich erstochen.

Zum Gesamtkomplex der Burganlage gehört das **Jakobus-Kloster**, 1423 von Rittern des Jakobus-Ordens gegründet. Die romanische Klosterkirche kann besichtigt werden. In den Klosterräumen um den Kreuzgang wurde die **Pou-**

Landhaus im Hinterland der Algarveküste

sada de Palmela, (28 Zi., Castelo de Palmela, Tel. 212-35 12 26, www.pousadas.pt., Luxusherberge, sehr komfortabel, sehr teuer) eingerichtet, deren Restaurant im früheren Refektorium zu finden ist. Regionale Spezialitäten: Gefüllter Taschenkrebs, Hühnchen a la Palmela (Huhn im Steintopf), Eierküchlein aus Azeitão.

Lohnend ist der Weg über Palmela vor allem Anfang September. Dann feiert man hier die **Festa das Vindimas**, ein Winzerfest mit viel Folklore, Weinproben, Tanz und am letzten Abend mit einer Illumination der Burg.

Windmühlen waren über Generationen hinweg typisch für die Region Baixo Alentejo

HAUPTROUTE

Route: *Auf der Weiterfahrt von Setúbal nach Süden kann man sich der* **Autofähre nach Tróia [N38° 31' 18.47" W8° 53' 13.97"]** *bedienen. Die Fähren (Zufahrt in der Stadt mit „Tróia Cais" beschildert) verkehren ab Doca de Comércio südlich der Innenstadt, in der Sommersaison halbstündlich, Fahrzeit ca. 15 Min., über die schmale Mündung des Rio Sado zur Peninsula de Tróia. Von dort auf der N-253-1 weiter südwärts.*

Da an Wochenenden und Feiertagen an der Fähre allerdings stundenlange Wartezeiten entstehen können, wird man dann eben den Umweg über die N-10/IC-1 über **Alcácer do Sal** (vorzügliche **Pousada Castelo Alcácer do Sal** ***** 33 Zi. Tel. 265 61 30 70, www.pestana.com/de/hotel/pousada-alcacer, romantisch, teuer und sehr komfortabel in der Burg von Alcácer do Sal) und vorbei an **Grândola** und **Santiago do Cacém** nach **Sines** in Kauf nehmen müssen. Allerdings sind beide Strecken landschaftlich nicht sonderlich reizvoll.

CAMPING – ALCÁCER DO SAL

Camping Municipal do Alcácer do Sal [WP 126 / N38° 22' 49.05" W8° 30' 56.99"], Olival do Outeiro, Tel. 265 61 23 03; 16. Jan. – 14. Dez.; von der A-2 Ausfahrt 8 und weiter Richtung Alcácer do Sal, hier beschilderter Abzweig von der N-5; ebenes Wiesengelände, durch Bäume und Büsche parzelliert; 3 ha –30 Stpl.; einfache Standardausstattung. Schwimmbad, WLAN. **V & E für Wohnmobile**.

WOHNMOBIL-STELLPLATZ – MINAS DO LOUSAL BEI GRÂNDOLA

Wohnmobil-Stellplatz Àrea de Autocaravanas [WP 127 / N38° 2' 9" W8° 25' 44"], Av. Frederic Velge. **Zufahrt:** Von der A-2 (Lissabon – Faro) Ausfahrt 10 Azinheira dos Barros und auf der IC-1 ca. 12 km südwärts weiter Richtung Minas do Lousal. **Platz:** Geschottertes, durch Bäume parzelliertes Areal mit Platz für 6 Wohnmobile bei einer Mine mit Minenmuseum. **Gebühr:** Kostenlos. **Ausstattung:** Frisch- und Abwasserversorgung, Chemikalausguss. Restaurant ca. 300 m entfernt. Ganzjährig befahrbar. Max. Aufenthalt 48 Stunden.

Einer der einladenden Strände von Vila Nova de Milfontes

Tróia entwickelt sich mehr und mehr zu einem Touristenkomplex mit unschönen Hochbauten. Die Strände dort sind vor allem an Wochenenden überlaufen.

Von der einstigen **Römersiedlung Cetóbriga** bei Tróia sind kaum noch Spuren vorhanden (nicht zugänglich).

Die zahlreichen Campinganlagen an der Costa da Galé sind fest in der Hand von Dauercampern. Man versäumt also nicht viel, wenn man diese Ecke zügig hinter sich lässt.

Route: *Nimmt man ab Setúbal die N10/IC-1, zweigt man kurz vor* **Grândola** *südwestwärts auf die IC-33/IC-8 ab und fährt über* **Santiago do Cacém** *nach* **Sines**. *Auf der Weiterfahrt durchquert man ein romantisches Korkeichental mit verstreuten kleinen Bauernkaten, oft bunt bemalt und mit hübschen Kaminen versehen.*

Santiago do Cacém, eine Kleinstadt mit kaum 6.000 Einwohnern, ist an den Südausläufern der Serra de Grândola ge-

CAMPING

Melides

Camping Lagoa de Melides [WP 128 / N38° 7′ 50.94″ W8° 46′ 52.39″], Tel. 269 90 71 51; 1. Jan. – 31. Dez.; westl. der Küstenstraße N-261, Platz des Campingclubs Lissabon, ca. 10 ha – 1.000 Stpl. überwiegend Dauercamper. Laden, Restaurant, Schwimmbad. **V & E für Wohnmobile**. In Meeresnähe.

Camping Praia da Galé [WP 129 / N38° 12′ 15.71″ W8° 46′ 8.98″], Fontainhas do Mar, Tel. 269 97 91 00, www.campinggale.com; 1. Jan. – 31. Dez.; von der A-2 Ausfahrt Grândola, von hier weiter auf der N-261 über Melides Richtung Comporta und noch ca. 4 km, beschildert; 3 ha – 150 Stpl.; fast ebenes, sandiges Gelände im Pinienwald; Standardausstattung. **V & E für Wohnmobile**. Miethütten.

Costa de Santo André

Parque de Campismo Lagoa de Santo André [WP 130 / N38° 6′ 35″ W8° 47′ 14″], Lagoa de Santo André, Tel. 269 70 85 50, 1. Jan. – 31. Dez.; Platz des Portugiesischen Campingclubs, am Nordrand der Lagune, ca. 1 km südöstlich des Ortes; leicht ansteigender Pinienwald; ca. 12 ha – 1500 Stpl., überwiegend Dauercamper, Laden, Imbiss. **V & E für Wohnmobile**. In Meeresnähe.

legen. Am Südrand der Stadt sieht man von der IC-1 aus die Ruine einer Burg liegen, die von Rittern des Templer-Ordens einst angelegt wurde. Nordöstlich der Stadt findet man die Ruinen der **Römersiedlung Miróbriga**, Reste eines Heiligtums, Thermen *(geöffnet Di - So 9 - 12, 14 - 17.30 Uhr)*. Mit „Ruinas Romanas" beschilderter Abzweig von der IC-1.

Rund 10 km nordwestlich vor Santiago do Cacém liegen in unmittelbarer Küstennähe zwei kleine, lagunenartige Seen, der **Lagoa de Melides** und der **Lagoa de Santo André**, an denen sich bescheidene Tourismuseinrichtungen etabliert haben. Da der nahe Meeresstrand (wie übrigens die gesamte Westküste bis zum Cabo de São Vicente) wegen der gefährlichen Meeresströmungen zum Baden wenig geeignet ist, spielt sich der meiste Badebetrieb an den Lagunen ab.

PRAKTISCHE HINWEISE – VILA NOVA DE MILFONTES

Posto de Turismo, Rua António Mantas, 7645-221 Vila Nova de Milfontes, Tel. 283 99 65 99, www.cm-odemira.pt. *Geöffnet tgl. 10 - 13 + 14 - 18 Uhr.*

CAMPING

Camping Parque de Milfontes [WP 131 / N37° 43' 54.8" W8° 46' 59.0"], Tel. 283 99 61 04, www.campingmilfontes.com; 1. Jan. – 31. Dez.; im nördl. Ortsteil, beschildert; im Pinienwald; ca. 6 ha – 200 Stpl. + 500 Dau.; Dauercamper prägen das Bild; Standardausstattung; Laden, Imbiss, Restaurant, Waschmaschine, Trockner, WLAN. **V & E für Wohnmobile**. Zahlreiche Miethütten und -caravans. Zum Strand gut 1 km.

Camping Campiférias [WP 132 / N37° 43' 46.67" 8° 47' 0.12"], Tel. 283 99 64 09, www.campingcampiferias.com; 1. Jan. – 31. Dez.; im nördlichen Ortsteil, im Pinienwald; 2 ha – 50 Stpl. + 100 Dau.; Standardausstattung. Restaurant, Laden. Mietbungalows.

Porto Côvo bei Sines

Parque de Campismo de Porto Côvo [WP 133 / N37° 51' 10" W8° 47' 17"], Estrada Municipal 554, Tel. 269 90 51 36; 1. Jan. – 31. Dez.; von der N-120-4/IC-4 (Sines – Cercal) nach Porto Côvo abzweigen und noch ca. 4,5 km zum Ort, am östlichen Ortsrand gelegen; parzelliertes Wiesengelände, wenig Schatten; 3,5 ha - 50 Stpl. + 250 Dau.; Standardausstattung. Zum Strand ca. 1 km.

Parque de Campismo Costa do Vizir [WP 134 / N37° 51' 23" W8° 47' 14"], Monte Branco, Tel. 269 95 91 00, www.costadovizir.com; von der N-120-4/IC-4 (Sines – Cercal) nach Porto Côvo abzweigen und noch ca. 4,5 km zum Ort, am nördlichen Ortsrand gelegen; ebenes Gelände mit schattigen Eukalyptusbäumen; 2 ha – 50 Stpl. + 150 Dau.; Standardausstattung. Laden, Bar, Schwimmbad, Tennis. Zum Strand ca. 1 km.

Odemira

Camping Zmar Eco Campo [WP 135 / N37° 36' 20.64" W8° 44' 15.27"], Herdade A de Mateus, Tel. 283 69 00 10, www.zmar.eu; 12. Jan. – 31. Dez.; von der N-120 bei Portelas auf die N-393 Richtung Vila Nova de Milfontes abzweigen, nach ca. 9 km meerwärts zum Platz abzweigen; ebenes, großzügig angelegtes Wiesengelände mit junger Bepflanzung, teils Schattendächer, ruhig gelegen, innerhalb eines Freizeitparks mit Sportaktivitäten; 20 ha – 300 Stpl., gute Standardausstattung. Laden Restaurant, Imbiss, Waschmaschine, Schwimmbad, Frei- und Hallenbad, Tennis, Bogenschießen, Wellnesseinrichtungen, Fahrradverleih, WLAN. **V & E für Wohnmobile.**

Zambujeira do Mar

Camping Villa Park Zambujeira [WP 136 / N37° 31' 32.25" W8° 46' 31.94"], Tel. 283 95 84 07, www.campingzambujeira.com; 1. Apr. – 31. Okt.; von der N-120 (Odemira – Odeceixe) bei San Teotónio meerwärts zum Ort abzweigen, ca. 6 km; leicht terrassiertes, durch Bäume schattiges Gelände; Standardausstattung. Laden Imbiss, Restaurant, Schwimmbad, Waschmaschine. **V & E für Wohnmobile**. Mietbungalows.

São Miguel/ Odeceixe
Parque de Campismo São Miguel [WP 137 / N37° 26' 17.67" W8° 45' 20.20"], Estrada Nacional 120, Tel. 282 94 71 45, www.campingsaomiguel.com; 1. Jan. – 31. Dez.; ca. 2 km nördlich von Odeceixe an der N-120 gelegen; fast ebenes, teils sandiges Gelände im hohen Pinienwald; 7 ha – 200 Stpl.; Standardausstattung. Laden, Imbiss, Restaurant, Waschmaschine, Schwimmbad. **V & E für Wohnmobile**. Mietbungalows- und caravans.

Sines (ca. 9.000 Einw.) liegt auf einem Landvorsprung, ca. 20 km westlich von Santiago do Cacém.

Sines ist der Geburtsort des großen portugiesischen Entdeckers **Vasco da Gama**, der hier 1469 das Licht der Welt erblickte. Sein Geburtshaus wurde renoviert (kleines Museum). Ein Denkmal erinnert an den Entdecker des Seeweges nach Indien (1498).

Sines wurde als Standort für einen großen Ölhafen und ausgedehnter petrochemischer Industrieanlagen ausgewählt. Dies erklärt auch das aufwändige Autobahnsystem um die Stadt. Trotz des nicht unschönen alten Ortskerns ist Sines aber durch die Hafen- und Raffinerieanlagen touristisch noch unattraktiver geworden.

Das **Fest zu Ehren Nossa Senhora das Salvas** am 15. August wird mit einer originellen Seeprozession gefeiert. Ziel der Prozession ist eine Einsiedelei hoch über dem Meer aus dem frühen 16. Jh.

Route: *In* **Cercal**, *30 km südöstlich von Sines, verlassen wir die IC-4 und zweigen auf die N-390 zur Küste ab. Die Straße führt durch Eichenwälder hinaus nach* **Vila Nova de Milfontes**.

Vila Nova de Milfontes, ein weißes Städtchen mit hübschen Winkeln, liegt an der Mündung des Rio Mira. Der Ort hat eine schöne, geschützte **Badebucht** mit **Sandstrand** an der Flussmündung. Das **Fort** an der Flussmündung hatte König João IV. einst zum Schutz gegen Piratenüberfälle errichten lassen.

Weitere einladende **Strände** findet man weiter südlich von Vila Nova de Milfontes bei **Zambujeira do Mar**.

Blick von der Festung von Sagres nach Westen Richtung Cabo de São Vicente

Route: *Die Strecke von Vila Nova de Milfontes südwärts über* **Odemira** *(N-393) und* **Aljezur** *(N-120) bis* **Vila do Bispo,** *schon fast am Südwestkap von Portugal gelegen, führt durch landschaftlich schöne Gegend, teils mit Korkeichenwäldern. Mitunter sieht man eine einsame Windmühle in der Landschaft stehen. Insgesamt aber weist dieser Landstrich keine nennenswerten Höhepunkte auf.*

Mein Tipp! Wer Ruhe und Abgeschiedenheit sucht, sollte in Odemira ostwärts auf die N-123 und nach rund 20 km südwärts auf die N-266 abzweigen. Nach weiteren ca. 12 km kommt man durch **Santa Clara-a-Velha**. 4 km östlich des Ortes erstreckt sich der weitverzweigte Stausee **Barragem de Santa Clara**, ein noch wenig bekanntes Revier mit Wassersportmöglichkeiten in einer fast menschenleeren Gegend.

Einzige Unterkunftsmöglichkeit ist die **Pousada de Santa Clara ****,** 19 Zi., Tel. 283-88 22 50, Fax 283-88 24 02, www.pousadas.pt, sehr komfortables Haus, ansprechend und ruhig gelegen, von den Zimmern Blick zum Stausee, Schwimmbad, Restaurantterrasse, gute Küche. Parkplatz.

In **Aljezur,** einem hübschen Landstädtchen mit maurischer Burgruine, bietet sich einmal mehr Gelegenheit, zur Atlantikküste abzubiegen. Schöne **Strände,** wenn auch zum Baden besonders bei rauem Wetter zu gefährlich, sind **Praia de Monte Clérigo** oder **Praia da Arrifana** unterhalb steiler Felsküste.

Sagres (ca. 1.500 Einw.), liegt auf einem flachen, fast vegetationslosen, windigen, weit ins Meer vorspringenden Felskap, dem „Promontorio" oder auch **Ponta de Sagres**. Senkrecht fallen hier die Klippen ins Meer.

Die große historische Sehenswürdigkeit von Sagres ist die restaurierte Festung **Fortaleza [WP 138 / N37° 0' 11.32" W8° 56' 45.03"]** auf der schmalen Halbinsel Ponta de Sagres, in der Prinz Heinrich der Seefahrer einstmals seine berühmte maritime Forschungsstation eingerichtet hatte.

Von der befestigten, aber auch etwas geheimnisumwitterten Seefahrtschule Dom Henriques, sind nur noch Reste erhalten. Sie wurde im 16. Jh. von Sir Francis Drake teilweise und durch das Erdbeben von 1755 fast ganz zerstört. Einige Gebäudeteile sind vor einiger Zeit restauriert bzw. rekonstruiert worden.

Heute gelangt man durch ein wiederhergestelltes, gewaltiges Tor durch die martialische Festungsmauer in einen weiten Innenhof. Zu sehen gibt es eine kleine Kapelle weiter rechts und einen renovierten niederen Gebäudeflügel sowie ein neuzeitliches Ausstellungsgebäude (war zeitweise geschlossen). Einen großen Teil des Innenhofes nimmt eine eigenartige **Rosette** mit zahlreichen Segmenten ein, die einer riesigen, 43 Meter im Durchmesser großen Windrose ähnelt. Angeblich soll sie früher zur Erforschung und Erprobung von Navigationshilfen gedient haben.

6 km westlich von Sagres liegt der südwestlichste Punkt Europas, das recht gottverlassen wirkende, stürmische, 75 m hohe Felskap **Cabo de São Vicente [Parkplatz, WP 139 / N37° 01' 25.1" W8° 59' 42.1"].** Auf dem Kap, das „promontorium sacrum" der Antike, das schon griechische Philosophen als geheimnisvollen Ort erwähnten, erhebt sich ein **Leuchtturm**, dessen lichtstärkstes Leuchtfeuer Europas seine Lichtstrahlen weit über 90 km auf den Atlantik schickt. Der Leuchtturm kann besichtigt werden.

Angeblich soll einstmals der heilige Vincent nach seinem Martyrium in Valencia 403 n. Chr. auf dem Kap beigesetzt worden sein. Die Legende berichtet, dass der Sarg mit den sterbliche Überresten des Heiligen, begleitet von zwei Raben, hier einstmals angespült wurde.

PRAKTISCHE HINWEISE – SAGRES

Posto de Turismo [N37° 00' 28.4" W8° 56' 24.9"], Rua Comandante Matoso, 8650-357 Sagres, Tel. 282 62 48 73, www.visitalgarve.pt, www.cm-viladobispo.pt.

In der Festung von Sagres mit dem Turm der Festungskapelle rechts

HOTELS

Pousada do Infante **,** 51 Zi., Ponta da Atalaia, Tel. 282 62 02 40, www.pestana,com/de/hotel/pousada-sagres; in einem eher nüchternen Gebäude im Algarvestil, schöne, ruhige Lage, phantastischer Blick aufs Meer und die Küste, Restaurant, Bar, Gartenterrasse, Schwimmbad, Tennis, WLAN. Parkplatz. Regionale Spezialitäten: „Lulinhas à Algarvia" (gebratener Tintenfisch mit Dampfkartoffeln), „Amêijoas com carne de porco" (Venusmuscheln mit gebratenen Stückchen Schweinefleisch), „Molo de amêndoa" (Mandelkuchen).

Memmo Beleeira ****, 144 Zi., Sitio da Baleeira, Tel. 282 62 42 12, www.memmobaleeira.com; komfortables Mittelklassehotel, mittlere Preislage, ansprechend am Meer gelegen, Restaurant, Bar, Gartenterrasse, Schwimmbad, Fitnesscenter, Fahrradverleih, Tennis, WLAN. Parkplatz.

CAMPING

Camping Orbitur Sagres [WP 140 / N37° 01′ 21.99" W8° 56′ 43.99"], Cerro das Moitas, Tel. 282 62 43 71; 1. Jan. – 31. Dez.; ca. 2 km westlich von Sagres, beschilderter Abzweig von der Straße N-268 Richtung Cabo de São Vicente landeinwärts und noch 1 km; ansprechend und relativ ruhig gelegen; sandiger, ansteigender Pinienwald, am Rand durch Hecken parzellierte Stellplätze, einige davon mit betonierten Standspuren, von einigen Plätzen am vorderen Platzrand Blick zur Stadt Sagres; ca. 7 ha – 300 Stpl.; Standardausstattung. Im Sommer Laden, Restaurant. Waschmaschine, Trockner, Internetecke. **V & E für Wohnmobile**. Zum Meer gut 2 km.

WOHNMOBIL-STELLPLATZ

Wohnmobil-Stellplatz Àrea Ponta de Sagres [WP 141 / N37° 0′ 16.18" W8° 56′ 41.44"], Rua da Fortaleza. **Zufahrt:** Von Sagres Richtung Fortaleza zu den dortigen Parkplätzen am Ende der Zufahrtsstraße. **Platz:** Geteerter, schattenloser Großparkplatz mit Platz für ca. 30 Wohnmobile, beleuchtet. **Gebühr:** Kostenlos. **Ausstattung:** Keine. Ganzjährig befahrbar.

Prinz Heinrichs „Seefahrerschmiede"
Henrique o Navigador, ein königlicher Pionier der nichts entdeckte

Bis ins 15. Jh. galt der entlegene Erdenzipfel der **Ponta de Sagres** als „Fim do Mundo", als das „Ende der Welt", das zu nichts anderem taugte, als den pausenlos anrollenden Brechern des Atlantiks zu trotzen. Priestern früher Kulturen soll das freie Kap dazu gedient haben, den Anblick der im Westen im Atlantik versinkenden Sonnenscheibe für ihre Kulte zu nutzen.

Hierher also, ans äußerste Ende des Kaps, „da wo das Land endet und das Meer beginnt", soll sich im 15. Jh. der junge Infante Henrique zurückgezogen und die legendäre Seefahrtschule gegründet haben. Geschichtlich verbürgt, etwa durch Notizen in irgendwelchen Chroniken, ist das allerdings nicht. Sicher dagegen ist, dass Forschungsergebnisse und schiffsbautechnische Neuerungen aus der portugiesischen Seefahrtschule Prinz Heinrichs, wo und wie immer sie auch existiert hat, erst den Grundstein dafür legten, dass die großartigen Entdeckungsfahrten der Portugiesen möglich wurden.

Dom Henrique wollte wissen, was am „Ende der Welt" lag und möglichst noch darüber hinaus fahren. Das und nicht weniger verlangte er von seinen Expedionskapitänen. Kurioserweise hat Heinrich der Seefahrer selbst nichts entdeckt. Aber er schaffte die Voraussetzungen dazu, gab die Aufträge zu den Entdeckungsreisen und, schon damals am wichtigsten, er finanzierte die Expeditionen.

Die sog. „Rosette" diente angeblich als Kompassrose

Prinz Heinrich wurde 1394 als dritter Sohn König Joãos I. und dessen aus England stammenden Frau Philippa von Lancaster in Porto geboren. In jungen Jahren nimmt er 1415 an der Schlacht um Ceuta teil, seiner einzigen Schlacht. Und die Fahrt an die Nordküste des afrikanischen Kontinents sollte auch seine einzige Seereise bleiben.

Heinrich wird mit 26 Jahren zum Großmeister des Christusritter-Ordens (was ihn an den Zölibat bindet) und zum Gouverneur der Algarve-Region ernannt. Er lässt sich in Sagres nieder, wo er die Seefahrtschule gründet, und widmet sich 40 Jahre lang bis zu seinem Tode 1460 in erster Linie der Nautik und der Forschungsarbeit. Heinrich, im Laufe der Zeit mit dem Beinamen „der Seefahrer" belehnt, ist in der Klosterkirche von Batalha beigesetzt.

Die Seefahrtschule auf der ins „Meer der Finsternis" hinausragenden windumtosten Felsspitze Punta de Sagres bestand aus einer kleinen Siedlung mit Hafenanlagen, Kirche und Wohnhaus.

Prinz Heinrich schuf hier ein Zentrum mit den besten Geographen, Kartographen, Astronomen, Mathematikern, Technikern, Navigatoren, Meereskundigen, Handwerkern und Seefahrern. Aufgabe der Seefahrtschule war es, neue Seekarten zu erarbeiten, bessere Methoden der Positionsbestimmung und Navigation nach den Sternen zu erforschen, bessere, seetüchtigere und wendigere Schiffstypen zu konstruieren (die bis dahin üblichen, schwerfälligen Galeonen wurden durch die wendigen Langstreckensegler, die „Karavellen", ersetzt), neue Segel (Lateiner-Segel) und Takelagen zu ersinnen, die das Kreuzen gegen den Wind erlauben sollten und natürlich meteorologische und meereskundliche Studien.

Aber über das Erreichte, über die erarbeiteten Seekarten und später über die erkundeten Seerouten war das Gebot aller strengster Geheimhaltung verhängt. Vergehen wurden mit dem Tode bestraft. Viele Unterlagen wurden nach Gebrauch sogar vernichtet oder verschwanden in königlichen Geheimkabinetten.

Heinrich der Seefahrer, Entdeckerdenkmal, Belém

Auch ein junger Mann namens Christoph Kolumbus soll hier zeitweise mitgearbeitet haben. Und zweifellos hätte Kolumbus die Neue Welt 1492 für Portugal entdeckt, wäre er nicht durch die brüsken (eigentlich unverständlichen) Ablehnungen durch König João II. buchstäblich an den spanischen Hof getrieben worden.

Prinz Heinrich konnte einige Ergebnisse und Entdeckungserfolge noch miterleben. Zunächst hatte man sich, auf Berichte der Karawanen aus dem Inneren Afrikas gestützt, an der afrikanischen Westküste entlang getastet.

Bis zum Tode Heinrichs des Seefahrers am 13. November 1460 war die afrikanische Westküste bis zur Mündung des Senegal-Flusses erforscht. Schon 1441 war Nuno Tristão bis zum Cap Blanco vorgedrungen und hatte von dort die ersten „verbrannten Menschen" mitgebracht, Neger, die sich als Sklaven fast so gut wie Gewürze zu Geld machen ließen.

1485 erkundete Diogo Cão den Kongo, 1488 umrundet Bartolomeu Diaz das Kap der Guten Hoffnung. 1492 entdeckt Kolumbus Amerika – für Spanien, obwohl man damals in Sagres behauptete, schon längst von der Existenz eines Landes westlich des Atlantiks gewusst zu haben.

Nach Westen drangen die portugiesischen Karavellen aber erst 1500 durch Cabral vor. Offenbar bedeutete den Portugiesen damals der Weg nach Osten mehr, den Vasco da Gama ja dann auch schon 1498 entdeckte.

TOUR 14: SAGRES - FARO

Länge der Tour: Rund 175 km.

Die Route: Über die Straße N-125 und über **Lagos** bis **Portimão** – Abstecher nach **Praia da Rocha** – Abstecher von Portimão über Porto de Lagos auf der N-266 bis **Monchique** und zurück bis Porto de Lagos – N-269 über **Silves** bis **Lagoa** und **Carvoeiro** – N-125 oder Schnellstraße A-22/IP-1 bis **Faro.**

Abstecher: Ins **Monchique Gebirge**.

Reisedauer: Mindestens ein Tag.

Höhepunkte: Die **Strände bei Praia da Rocha** *** und **Albufeira** *** – ein **Spaziergang durch Faro** * – Abstecher von Faro nach **Tavira** *.

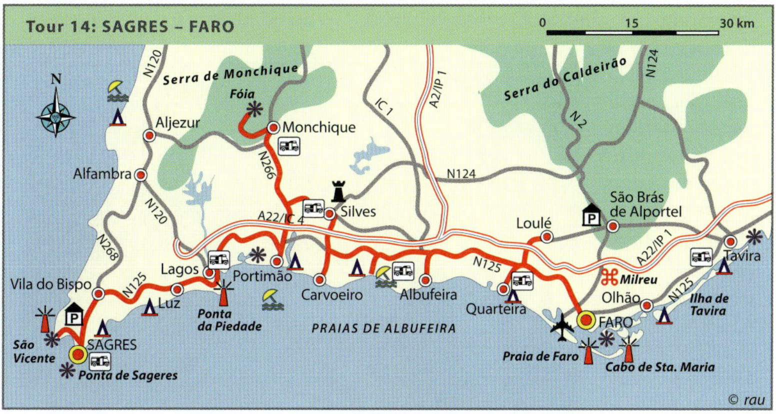

Route: *Die Hauptverkehrsader entlang der Algarveküste ist die etwas weiter landeinwärts verlaufende Schnellstraße A-22/IC-4/IP-1/E-1 (elektronische Maut). Zu den Stränden und Badeorten muss man auf Landstraßen bzw. Stichstraßen abzweigen.*

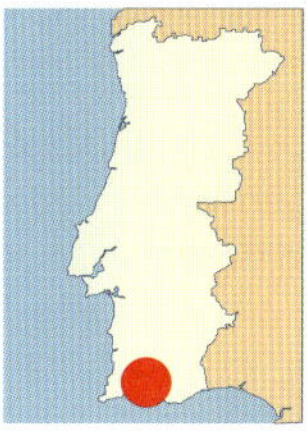

In **Raposeira** kann man von der N-125 südwärts zur Küste bei **Zaval** abzweigen. Der etwas beschwerliche Weg zu den beiden kleinen, felsbegrenzten Buchten dort lohnt sich eigentlich nicht. Die starke Brandung hier wird allerdings von Surfern sehr geschätzt.

Salema, **Burgau** und **Luz** waren einstmals kleine Fischer- und Badeorte, die sich dank ihrer schönen **Sandstrände** zu Ferienhaussiedlungen und viel besuchten Urlaubszielen entwickelt haben. Im Sommer drohen die Städtchen aus allen Nähten zu platzen, mit allen entsprechenden negativen Begleiterscheinungen.

Lagos (ca. 10.000 Einw.) ist ein bedeutendes Fischerei-, Handels- und Tourismuszentrum. Der Hafen und die östlich angrenzende Bucht werden durch das **Kap Ponta da Piedade** geschützt.

Schon die Phönizier, Griechen und Karthager hatten hier Handelsniederlassungen gegründet. Zur Römerzeit war der Handelshafen als „Lacobriga" bekannt. Während der Maurenzeit wurde Lagos – die Araber nannten es „Zawaia" – mit einer starken **Festungsmauer** umgeben. Sie ist noch heute in großen Teilen erhalten. Während der Regentschaft

Die Algarve-Küste – Portugals Urlaubereldorado

Die Algarve, korrekter eigentlich „der" Algarve, die südlichste portugiesische Provinz, ein kaum 40 km breiter Streifen Landes mit einer rund 230 km langen Küstenlinie, unterscheidet sich in vielem vom übrigen Portugal, auch historisch. Die Algarve war am längsten von Mauren besetzt, 500 Jahre lang von 711 bis 1249. Das hinterließ Spuren, die heute noch an alten Burganlagen oder in einigen Details der Landhäuser zum Beispiel zu finden sind. Von den Mauren stammt auch der Name der Provinz. Sie nannten den westlichen Teil ihrer besetzten Gebiete auf der iberischen Halbinsel „El Gharb" (der Westen). Deshalb auch „der" Algarve im Gegensatz zum in unserem Sprachgebrauch üblichen „die" Algarve.

Die Algarve-Region ist reich an südländischer, mediterraner Vegetation. Feigen, Zitrusfrüchte und Mandeln reifen hier ebenso wie Wein oder Reis.

Besonders reizvoll ist die Landschaft im Januar und Februar wenn die Mandelbäume ein Meer weißer Blüten bilden. Aus der Maurenzeit ist darüber eine Geschichte überliefert. Einer der arabischen Statthalter hatte eine weit aus dem Norden stammende Frau zur Gattin, die sich trotz allen Wohlstandes im Hause ihres Mannes bald aus Heimweh und aus Sehnsucht nach einer weißen Schneelandschaft verzehrte. Als der Maure nun seine Angebetete so leiden sah, ließ er bei Faro einen riesigen Mandelhain anlegen, der im Januar und Februar mit solcher Pracht blühte, dass sich seine Frau an einem weißen Blütenmeer, noch schöner als Schnee, ergötzen konnte.

Praia da Rocha

In anderen Provinzen Portugals findet man viele architektonische Meisterwerke und Prunkbauten, die an die Zeit des frühen Königreichs oder an die glorreiche Entdeckerperiode erinnern – alte Burgen im Minho etwa, gotische Kathedralen in der Estremadura oder manuelinische Kirchen und Klöster um Lissabon. Nicht so im Algarve, der lange im Königreich mehr als das fünfte Rad am Wagen angesehen war. Und die portugiesischen Herrscher wurden ja auch als König von „Portugal und dem Algarve" proklamiert.

Heute ist die Algarveküste Portugals beliebtestes Feriengebiet. Zwischen Mai und Oktober füllen sich die herrlichen Sandbuchten mit den charakteristischen gelben Felsen mit sonnenhungrigen Urlaubern aus ganz Europa, vor allem aus England. Leider wird dabei oft übersehen, dass der Algarve dank des milden Klimas während der Wintermonate sich ganz ausgezeichnet für einen Aufenthalt auch schon im Januar oder Februar eignet (Baumblüte). Selten, dass die durchschnittlichen Tagestemperaturen in dieser Zeit einmal unter 10° C fallen.

CAMPING

Salema / Budens

Camping Quinta dos Carriços [WP 142 / N37° 04' 30.1" W8° 49' 52.0"], Praia de Salema, Tel. 282 69 52 01, www.quintadoscarricos.com; 1. Jan. – 31. Dez.; knapp 1 km östlich Figueira von der N-125 Richtung Salema abzweigen; langgestreckt in einem Taleinschnitt unterhalb der Straße, mit einigen Terrassen, ca. 10 ha – 250 Stpl.; Standardausstattung; Restaurant, Imbiss, Laden, Waschmaschine, Fahrradverleih, Internetecke, WLAN. **V & E für Wohnmobile**. Miethütten. Zum Meer ca. 1 km.

Praia da Luz

Camping Orbitur Valverde [WP 143 / N37° 05' 59.0" W8° 43' 02.3"], Estrada da Praia da Luz, Tel. 282 78 92 11, www.orbitur.pt; 1. Jan. – 31. Dez.; 2 km westlich von Lagos von der N-125 bei KM 20 zur Praia da Luz abzweigen, Beschilderung ‚Luz' und ‚Campismo' folgen; gestuftes Hanggelände, teils schattige, durch Hecken unterteilte Einzelstellplätze; ca. 9 ha – 500 Stpl. + ca. 200 Dau.; gute Standardausstattung; Laden, Restaurant, Imbiss, Schwimmbad, Tennis, WLAN. Mietbungalows und -caravans. **V & E für Wohnmobile**. Zum Meer ca. 1 km.

Espiche bei Lagos

Camping Turiscampo [WP 144 / N37° 06' 02.5" W8° 43' 58.5"], Tel. 282 78 92 65; 1. Jan. – 31. Dez.; östlich von Espiche und 4 km westlich von Lagos Zufahrt von der N-125 Richtung deutlich beschilderter Abzweig; naturbelassenes Gelände mit etwas Baumbestand; mehr Bungalowpark als Campingplatz; 7 ha - 200 Stpl.; Standardausstattung. Laden, Restaurant, Imbiss, Schwimmbad. Internetecke. Zahlreiche Mietbungalows und -caravans. **V & E für Wohnmobile**. Zum Meer rund 3 km.

König Afonsos III. (1246 – 1279) wurde Lagos für Portugal erobert.

In der Zeit Heinrichs des Seefahrers war Lagos wichtiger Ausgangspunkt für die portugiesischen Entdeckungs- und Erkundungsexpeditionen zur afrikanischen Westküste. In den Laderäumen der zurückkehrenden Karavellen befanden sich aber nicht nur Elfenbein und Gewürze, sondern auch Sklaven. Lagos

Fischerboot am Strand von Salema

Am Strand von Lagos

wurde so eines der ersten europäischen Zentren des Sklavenhandels. Der Sklavenmarkt fand unter den Arkaden neben dem Gouverneurspalast an der Praça da República statt.

Ganz in der Nähe des Hafens, dessen Einfahrt von der **Festung Forte da Ponta da Bandeira [N37° 05' 56.8" W8° 40' 07.0"]** aus dem 17. Jh. bewacht wird, steht eine Statue Heinrichs des Seefahrers, die an die Epoche der Afrikaerkundungen erinnern soll. In der Festung, die heute zwischen Straße und Strand liegt, ist das interessante **Entdeckermuseum** untergebracht.

Nicht alle portugiesischen Afrikaexpeditionen waren von Erfolg gekrönt. 1578 z. B. brach König Sebastião von hier aus nach Marokko auf. Aber sein Feldzug nach Nordafrika scheiterte bei Alcácer-Quibir auf katastrophale Weise. Ein Kreuz, das in der erfolglosen Schlacht von Alcácer-Quibir mitgeführt wurde, ist heute in der Kirche São Sebastião in der nordöstlichen Altstadt zu sehen.

Der Edelpirat in englischen Diensten, Sir Francis Drake, belagerte und zerstörte Lagos teilweise im Jahre 1587. Die Bucht von Lagos sah noch weitere Seeschlachten im 17. und 18. Jh. Von 1576 bis 1756 war Lagos Hauptstadt der Algarve-Region.

Neben der Festung findet man einen sehr schönen **Sandstrand** unterhalb imposanter Felsklippen.

Zu den **Sehenswürdigkeiten** von einiger Bedeutung zählt in Lagos z. B. die **Kirche Santo António [N37° 5' 58.46" W8° 40' 17.29"]**, Ecke Rua Lopes Silva und Rua Henrique C. da Silva, unweit südlich des Platzes Praça Infante Dom Henrique. Beachtung in der Kirchen verdienen vor allem die schöne Deckenmalerei und das opulente, vergoldete, barocke Schnitzwerk.

Der Kirche angeschlossen ist das **Museu Municipal Dr. José Formosinho [N37° 05' 57.9" W8° 40' 16.7"]**, das Regionalmuseum *(geöffnet Di - So 9.30 - 12.30 Uhr, 14 - 17 Uhr)*, mit archäologischen Funden und volkskundlichen Exponaten aus der Algarve-Region, mit sakralen Kunstwerken und Dokumenten aus der Stadtgeschichte.

Bei ausreichend zur Verfügung stehender Zeit sollte man hinausfahren an die Landspitze **Ponta da Piedade [N37° 4' 51.46" W8° 40' 10.82"]**. Dort wo der Leuchtturm steht, hat man einen schönen Blick in die Bucht von Lagos und zu den Stränden dort. Und nach Südwesten kann man bei guter Sicht bis zum Sagres-Kap sehen.

PRAKTISCHE HINWEISE – LAGOS

Posto de Turismo [N37° 6' 39.89" W8° 40' 50.16"], Rua Belchior Moreira de Barbudo (S. João), 8600-722 Lagos, Tel. 282 76 30 31, www.visitalgarve.pt.

Feste, Märkte – Volksfeste mit Jahrmarktcharakter am 16. + 17. August, 12. + 13. Oktober und 20. + 21. November. Gelegentlich **Stierkämpfe** in der Sommersaison. **Trödelmarkt** am ersten Samstag im Monat auf dem Gelände des Estádio Municipal.

RESTAURANTS

Dom Sebastião, Rua 25 de Abril 20, Tel. 282 78 04 80, www.restaurante-domsebastiao.com; zentral, gute Küche zu erschwinglichen Preisen, portugiesisch rustikales Ambiente, Terrasse.
Auf der anderen Straßenseite liegt das **O Castelo**, Rua 25 de Abril 47, Tel. 282-76 09 57, gut und preiswert.
Dos Artistas, Rua Cándido dos Reis 68, Tel. 282 76 06 59, www.artistasrestaurant.com/de/; gediegene Atmosphäre, sehr gute Küche internationaler Art, sonntags geschlossen.

HOTELS

Im Stadtzentrum von Lagos:
Tivoli de Lagos **,** 324 Zi., Rua António Crisógono dos Santos, Tel. 282 76 00 79, www.tivolihotels.com; sehr komfortables Firstclass Hotel, verkehrsgünstig im nördlichen Stadtbereich gelegen, Gartenterrasse, Schwimmbäder, mehrere gute **Restaurants** wie das **„Lacóbriga"** oder das **„Pateo Velho"** mit Fado-Veranstaltungen, Wellnessbereich, WLAN. Garage, Parkplatz.
Albergaria Marina Rio **,** 36 Zi., Av. dos Descobrimentos, Tel. 282 78 08 30, www.marinario.com; relativ kleines, komfortables Mittelklassehotel im nördlichen Stadtbereich, verkehrsgünstig an der Uferstraße gelegen, nebenan öffentlicher Parkplatz, Busbahnhof in der Nähe. Schwimmbad. Kein Restaurant.

Hotel an der **Praia de Dona Ana**, südlich von Lagos:
Mein Tipp: Romantik Hotel Vivenda Miranda **,** 25 Zi., Rua das Violetas, Tel. 282 76 32 22, www.vivendamiranda.com; ein Firstclasshotel zum Relaxen. Das wunderschöne Anwesen, ein ehemaliger Landsitz einer englischen Adelsfamilie, befindet sich in herrlicher Lage oberhalb des Strands von Porto de Mós mit weiter Aussicht auf den Atlantik. Hotelgarten mit Schwimmbad, hervorragendes Restaurant, Wellnessbereich, Fahrradverleih, WLAN. Parkplatz.

WOHNMOBIL-STELLPLATZ LAGOS

Wohnmobil-Stellplatz Area de Serviço para Autocaravanas [WP 145 / N37° 06' 56.9" W8° 40' 42.7"], Estrada N-125, Tel. +351 282 76 30 31. **Zufahrt:** Von der N-125 (Odiáxere – Lagos) am Kreisverkehr zum Sportzentrum abzweigen und noch 200 Meter. Zum Stadtzentrum ca. 2 km entfernt. **Ausstattung:** Ebener Platz mit Sand -und Schottergrund für 20 Wohnmobile ohne Schatten, durch Holzbalken parzelliert. Versorgungssäule (2-Euro-Münzen für 100 Liter), Toilettenhäuschen. Kein Strom. Gebührenpflichtig. Ganzjährig geöffent. Max. Aufenthalt 3 Tage.

Am Strand **Praia da Dona Ana** südlich der Stadt Lagos findet man zwischen den Felsen kleine Sandstrände.

Bei längerem Aufenthalt kann man einen **Abstecher zum Stausee Barragem da Bravura [Parkplatz, N37° 12' 3.46" W8° 41' 57.81"]** unternehmen. Er liegt ca. 14 km nördlich von Lagos. Man verlässt die Hauptstraße N-125 bei Odiáxere. Die Fahrt geht dann auf der N-125-

Praia da Rocha

9 weiter nach Nordwesten durch eine wahre Gartenlandschaft in der allerlei Obstarten und Feldfrüchte gedeihen. Die Felder werden mit Wasser aus dem Stausee bewässert. Von der Höhe weiter Blick zurück zur Küste.

Alvor, ein eher bescheidener Ort, liegt an einer lagunenartigen Flussmündung und wird heute von Hotelhochbauten und Appartementblocks beherrscht, hinter denen Meer und Strand nur noch zu erahnen sind. Der Strand ist für den Besucher, der nicht in einem der Hotels wohnt, im Grunde versperrt! Es gibt nur ganz wenige Zufahrten.

Gegründet wurde Alvor angeblich vom Heerführer Hannibal aus Karthago. König João II. starb hier im Jahre 1495.

Portimão (ca. 26.000 Einw.) liegt an der breiten Mündung des Rio Arade und ist einer der bedeutendsten Fischereihäfen an der Algarveküste, mit Konservenfabriken für die Verarbeitung der Sardinen- und Thunfischfänge. Aber – zumindest aus touristischem Blickwinkel gesehen – Portimão als hübsche Hafenstadt zu bezeichnen, wäre doch etwas weit gegriffen.

Einige Kilometer südlich von Portimão liegt der wohl berühmteste und entsprechend viel besuchte Strand an der Algarveküste, die **Praia da Rocha**. Etwa seit der Jahrhundertwende zum 20. Jh. wird dieser Strandabschnitt an der Steilküste mit ihren typisch gelblich leuchtenden Klippen und Felstürmen am Strand als Bade- und Ferienort aufgesucht.

Selbst im Winter ist die Saison hier nicht ganz zu Ende. Die Tagesdurchschnittstemperaturen erreichen dann immerhin noch stolze 13° C und Kenner wissen längst, dass es sich dann an den leeren, kilometerlangen Stränden herrlich spazieren gehen oder im Windschutz eines Felsen schon sonnenbaden lässt.

Auf einem Felsvorsprung an der von Kneipen aller Art gesäumten **Uferpromenade** findet man den **Aussichtspunkt Miradouro [N37° 7′ 1.47″ W8° 32′ 34.05″]** (nette Bar). Von hier hat man einen guten Blick auf die Küstenlinie, den breiten Strand und die Felstürme.

Mein Tipp lautet allerdings: Wenn Sie ruhige Erholung suchen, machen Sie in der Sommerurlaubszeit einen weiten Bogen um die Touristenhochburgen an der Algarveküste. Erholsamer ist es hier im Frühling und im Herbst, auch wenn dann viele der Strandrestaurants zum Beispiel geschlossen bleiben. Versuchen Sie es in der turbulenten Urlaubs-

PRAKTISCHE HINWEISE - PORTIMÃO / PRAIA DA ROCHA

Posto de Turismo, Largo 1° Dezembro, 8500-538 Portimão, Tel. 282 40 24 87, www.visitportimao.com. *Geöffnet Mo - Fr 9.30 - 17.30 Uhr.*

Feste, Märkte – **Jahrmarkt** am 6. August und 11. November.

HOTELS

Praia da Rocha

Mein Tipp! **Bela Vista** ****, 38 Zi., Av. Tomás Cabreira, Tel. 282 46 02 80, www.hotelbelavista.net; komfortables Haus der gehobenen Mittelklasse, klein aber fein, an der Strandpromenade von Praia da Rocha in einer schönen alten Strandvilla mit Meerblick, Restaurant mit Terrasse, Parkplatz. Teuer.

HLuar ***, 140 Zi., Ave. V3, Tel. 282 41 87 38, www.hluar.com; ordentliches Mittelklassehotel am Strand Trés Castelos gelegen, Schwimmbad, Terrasse, Bar, WLAN. Parkplatz. Mehrere Restaurants in der Nähe. Keine Haustiere.

CAMPING

Portimão/Ferragudo

Camping Ferragudo [WP 146 / N37° 06' 46.2" W8° 30' 38.9"], Tel. 282 46 11 21; 1. Jan. – 31. Dez.; von Portimão über die Flussbrücke (ostwärts Richtung Faro) und kurz darauf südwärts nach **Ferragudo**, an der Ostseite der Arada-Mündung; weitläufiger Platz des Campingclubs Lissabon auf geschwungenen Terrassen; ca. 14 ha - 800 Stpl. + ca. 1.550 Dau.; einfache Standardausstattung; Laden, Restaurant, Imbiss, Schwimmbad.

WOHNMOBIL-STELLPLATZ PRAIA DA ROCHA

Wohnmobil-Stellplatz Parque de Estacionamento [WP 147 / N37° 7' 8.53" W8° 31' 47.40"], Avenida Rio Arade, Tel. 282 24 19 132. **Zufahrt:** In Portimao der Beschilderung „Praia da Rocha" folgen bis zum Kreisverkehr am Yachthafen von Portimao. **Platz:** Großer asphaltierter, geschotterter, schattenloser Parkplatz für 80 Wohnmobile neben der Marina, Cafés und Restaurants. WLAN in der angrenzenden Snackbar. Im Juli und August auch Parkplatz für Badegäste. **Ausstattung:** Frischwasser und Abwasser- und Chemikaltoilettenentsorgung. Ganzjährig befahrbar, gebührenpflichtig. Zum Strand von Praia da Rocha 300 Meter.

zeit einmal im Hinterland, in der leicht ansteigenden Landschaft hinter der Algarveküste. Bereits wenige Kilometer abseits der Strände geht es schon um einiges gemütlicher zu.

Am Ende der von Hotelhochbauten gesäumten Strandstraße erhebt sich an der Arade-Mündung das **Fort Santa Catarina**.

WOHNMOBIL-STELLPLATZ - CALDAS DE MONCHIQUE

Wohnmobil-Stellplatz Parque Rural de Autocaravanas Vale da Carrasqueira [WP 148 / N37° 16' 36" W8° 32' 36"], Barracão 190, Tel. 282 91 15 02; www.valedacarrasqueira.com. **Zufahrt:** Von Portimão auf der N-266 nordwärts Richtung Monchique. Nach ca. 11 km rechts ab und noch 800 m zum Platz. **Platz:** Befestigte, parzellierte, etwas schräge Fläche mit Platz für 14 Wohnmobile. Bei einem Landgut in ländlicher Umgebung. Jeder Stellplatz verfügt über Frischwasser, Abwasserentsorgung, Strom und Picknicktisch. **Ausstattung:** Frisch- und Abwasserversorgung, Strom, Dusche, Chemikalausguss, Schwimmbad, Bar. Restaurant ca. 2 km entfernt. Beleuchtet. Gebührenpflichtig. Fremdenzimmer.

Silves

Abstecher ins Monchique Gebirge

Portimão bietet sich als Ausgangspunkt für einen Abstecher ins **Monchique Gebirge** an. Wir verbinden den Ausflug mit einem Besuch in **Silves** und stoßen dann in **Lagoa** wieder auf die Hauptstraße A-22/IC-4.

Abstecher: *Zunächst folgen wir ab Portimão der N-124/266, die über* **Porto de Lagos** *und am Flüsschen Ribeira da Boina entlang nach Norden führt. Nach ca. 19 km erreichen wir zunächst* **Caldas de Monchique** *und nochmals 6 km weiter* **Monchique**.

Caldas de Monchique, ein recht hübscher, vereinzelt noch etwas an den Charme seiner eleganten Hochzeit in den zwanziger Jahren erinnerndes Kurbad, ist für sein Mineralwasser bekannt. Es gibt eine Albergaria mit Restaurant.

Hinter Caldas de Monchique steigt die Straße ständig an und führt durch eine grüne Terrassenlandschaft.

Schließlich erreicht man **Monchique [N37° 18' 57.6" W8° 33' 19.1"]**, ein 455 m hoch gelegenes Landstädtchen. Man stellt hier vor allem Korbflechtwaren und wollene Stricksachen her. Die **Gemeindekirche** hat ein bemerkenswertes Portal mit typisch manuelinischen Stilelementen wie gewundene Säulen und Taue.

Unterkunft bieten in Monchique Pensionen und rund 2 km außerhalb an der Fóia-Straße die einladende **Estalagem Abrigo da Montanha ***,** 14 Zi., Tel 282-91 21 31, Fax 282-91 36 60, in sehr schöner, ruhiger Lage, Terrassenrestaurant, Schwimmbad.

In Monchique wenden wir uns nach Westen und folgen der ständig ansteigenden Straße 266-3, die nach 9 km auf dem 902 m hohen **Gipfel Fóia** endet. Schon auf dem Weg hierher hat man, sobald der Bewuchs mit Eukalyptusbäumen und Pinien aufgehört hat, weite Ausblicke ins Land. Oben dann ist die Rundumsicht von dem steinernen Obelisken aus fast unbegrenzt. Neben einer Radiostation befindet sich auf dem Gipfel auch ein Restaurant.

Abstecher: *Wir kehren über die gleiche Strecke zurück bis* **Porto de Lagos**. *Hier geht es ostwärts auf die N-269. Nach 11 km erreichen wir* **Silves.**

Silves (ca. 11.000 Einw.), das alte „Xelb", war Jahrhunderte lang die maurische Hauptstadt im Algarve. Zeitweise soll die Stadt größer als das damalige Lissabon gewesen sein und der Reichtum und die Pracht von Xelb waren über den Algarve hinaus bekannt. Leider zerstörte das Erdbeben 1755 die Stadt so gründlich, dass aus der Maurenzeit bis auf die Festung über der Stadt kaum noch etwas übriggeblieben ist.

Nach wie vor liegt Silves am Rio Arade. Aber heute ist kaum noch vorstellbar, dass die gut 13 km vom Meer entfernte Stadt einst mit dem Schiff erreicht werden konnte. Silves soll in der Maurenzeit über einen großen Flusshafen verfügt haben, der allerdings mit dem Niedergang der Stadt nach der Vertreibung der Mauren versandete.

WOHNMOBIL-STELLPLATZ SILVES

Algarve Motorhome Park Silves [WP 150 / N37° 11′ 14.00″ W8° 27′ 5.21″], Lugar da Tapada, www.algarvemotorhomepark.com. **Zufahrt:** Am westlichen Ortsrand von Silves an der N-124. **Ausstattung:** Eingezäunter, ebener Schotterplatz für 50 Wohnmobile. Leichter Schatten durch Bäume, videoüberwacht, Picknicktische. Frischwasserversorgung, Grauwasser- und Chemikaltoilettenentsorgung, WLAN, Strom. Gebühr an Parkautomat zu bezahlen. Ganzjährig befahrbar. Keine Haustiere.

Eine **Parkmöglichkeit [WP 149 / N37° 11′ 06.7″ W8° 26′ 30.9″]** befindet sich am südlichen Ortsrand.

Auf einem Spaziergang durch Silves sollte man sich den Weg durch die engen Straßen bis zur recht markanten **Kathedrale** suchen und zur **Burg [N37° 11′ 25.4″ W8° 26′ 17.5″]** hinaufgehen. Innerhalb der restaurierten, gut erhaltenen Mauern kann man noch die Deckengewölbe der in die Erde eingelassenen riesigen, aus der Maurenzeit stammenden Zisternen sehen. Von den Mauern gelingt ein guter Blick ins Land und auf die Stadt. Innerhalb der Burg ist heute ein kleiner Park angelegt, in dem gelegentlich Volksfeste abgehalten werden.

Auf dem Rückweg kann man einen Blick in die Kathedrale werfen. Die im gotischen Stil errichtete, dreischiffige Kirche entstand auf den Mauern einer Moschee. In den Gräbern im Chor sollen Kreuzritter beigesetzt sein, die bei der Eroberung der Stadt durch die Mauren 1244 gefallen sind. Im übrigen ist das Kircheninnere von schlichter, klarer Einfachheit.

In der Rua das Portas de Loulé Nr. 14 wurde um eine sehr seltene Zisterne aus maurischer Zeit das **Museu Municipal de Arqueologia [N37° 11′ 20.18″ W8° 26′ 20.52″]** erbaut *(geöffnet Mo - Sa 9 - 18 Uhr, letzter Einlass 30 Min. vor Schließung)*. Ausgestellt sind Keramiken aus dem maurischen Mittelalter und archäologische Grabungsfunde.

Abstecher: *Von Silves südwärts nach* **Lagoa**.

HAUPTROUTE

Route: *In Lagoa südwärts nach* **Carvoeiro**, *5 km*.

Der Fischer- und Badeort **Carvoeiro** liegt malerisch an einer kleinen Sandbucht, die eingerahmt ist von Felsen, hinter der sich hübsche Häuser stufen. Gottlob wird wenigstens hier die hübsche Silhouette bislang noch nicht von Hochbauten verunstaltet. Spätestens im Juni geht es in den engen Gassen des viel besuchten Ferienorts schon recht eng zu.

An der Ostseite der Bucht führt ein schöner Treppenweg unmittelbar vom Strand hinauf zum **Miradouro** (Parkmöglichkeit oben auf der Anhöhe) **[N37° 05′ 41.7″ W8° 28′ 14.9″]**. Auf dem Weg nach oben hat man wunderschöne Ausblicke auf die Bucht, die leider immer weniger werdenden bunten Fischerboote und den Ort.

An der Straße (max. 3,5 t) entlang des Aussichtsweges findet man einige ansprechende Pensionen wie z. B. „Casa Luiz“, 5 Rampa da N. S. da Encarnação , Tel. 282-35 40 58, www.casaluiz.com.

Bei längerem Aufenthalt sollte man eine **Bootsfahrt** zu den Grotten und abgelegenen Küstenabschnitten nicht versäumen.

Sehr schön ist die **Küstenszenerie** östlich von Carvoeiro bei der auf einer steilen, schmalen Klippe gelegenen **Kirche Nossa Senhora da Rocha [N37° 05′ 50.5″ W8° 23′ 13.1″]**. In der Nähe findet man Parkplätze, nette Restaurants wie das in einer kleinen Bucht gelegne „Vilharinho“, die ansprechend oberhalb einer Bucht gelegene „Albergaria Nossa Senhora da Rocha“ mit Garten sowie die Seehöhle **Pontal**.

Wo bitte geht's zum Meer?! Die Küste hier ist stark mit Hochhäusern und Feriensiedlungen zugebaut worden, hinter denen das Meer unsichtbar geworden ist.

Strand und Bucht von Carvoeiro

Armação de Pêra, Fischer- und Badeort mit dem längsten zusammenhängen Sandstrand an der Algarve ohne Steilküste, hat sich zu einem betriebsamen Ferienort entwickelt.

Albufeira [WP 223 / N37° 05' 30.7" W8° 13' 21.1"] (ca. 5.000 Einw.), betriebsamster und wohl meist besuchter Badeort an der Algarve – mit allen einhergehenden Begleiterscheinungen. Im

PRAKTISCHE HINWEISE – ARMAÇÃO DE PÊRA

Posto de Turismo, Avenida Marginal, 8365-101 Armação de Pêra, Tel. 282 31 21 45, www.visitalgarve.pt.

HOTELS

Holiday Inn Algarve **,** 186 Zi., Av. Marginal, Tel. 282 32 02 60, www.holidayinn.com/armacao-de-pera; komfortables Firstclasshotel in ansprechender Lage, Hotelterrasse, Schwimmbad, Fitnesscenter, Restaurant, Parkplatz.
Vila Gale Náutico **,** 233 Zi., Vale do Olival, Tel. 282 31 00 00, www.vilagale.pt; komfortables Firstclasshotel, Hotelterrasse, Schwimmbad, Restaurant, WLAN. Parkplatz.
Zu den **luxuriösen Strandhotels** westlich des Ortes zählen u. a. das **Vila Vita Parc**, www.vilavitaparc.com, oder das **Vilalara Thalassa Resort**, www.vilalararesort.com.

CAMPING

Camping Canelas [WP 151 / N37° 07' 08.1" W8° 21' 02.0"], Tel. 282 31 26 12, www.camping-canelas.com; 1. Jan. – 31. Dez.; von der N-125 (Alcantarilha – Armação de Pêra) beschilderter Abzweig, Einfahrt gegenüber der Tankstelle; fast ebenes, schattiges Gelände, ca. 8 ha – 600 Stpl. + zahlr. Dau.; Standardausstattung; Laden, Restaurant, Imbiss, Schwimmbad, Waschmaschine, Trockner, Internetecke. Tennis. **V & E für Wohnmobile**. Miethütten. Zum Meer ca. 2 km.
Parque de Campismo de Armação de Pêra [WP 152 / N37° 06' 32.6" W8° 21' 12.1"], Tel. 282 31 22 60, www.camping-armacao-pera.com; 1. Jan. – 31. Dez.; am östl. Ortsrand von der N-125 am Kreisverkehr zur Straße 269-1 (Alcantarilha – Armação de Pêra) abzweigen; fast ebenes Grasgelände mit

Schattenbäumen; ca. 10 ha – 500 Stpl. + Dau.; Standardausstattung; Laden, Imbiss, Restaurant, Schwimmbad, Waschmaschine, Trockner, Internetecke. Miethütten. **V & E für Wohnmobile**. Zum Meer ca. 1 km durch den Ort.

WOHNMOBIL-STELLPLATZ GUIA BEI ARMAÇÃO DE PÊRA

Wohnmobil-Stellplatz Parque Autocaravanas Quinta do Penedo [WP 153 / N37° 6' 30.23" W8° 18' 26.13"], Lugar Ilha da Madeira, Tel. +35 91 31 38 857. **Zufahrt:** Von der N125 (Lagoa – Vale de Paraiso) auf die M1281 nach Guia abzweigen und noch ca. 2 km weiter südwärts. **Ausstattung:** 15 Stellplätze ohne Besfestigung, alte Bäume, bei einer Ferienanlage mit Pool. Frischwasser und Abwasserausguss. Ganzjährig, gebührenpflichtig. Zum Strand von Galé ca. 4 km. Enge Zufahrt. Laden 500 m entfernt.

alten Stadtkern, mit seinen engen Gassen und Flachdachhäusern, kann man noch erahnen, dass der Ort bis ins 13. Jh. unter maurischem Einfluss stand.

Die Strände hier sind durch Felsbarrieren unterteilt. Tunnels erleichtern den Zugang. Albufeira ist im Sommer regelmäßig gut besucht, um nicht zu sagen überlaufen. Am schönsten ist dieser Küstenabschnitt vom Boot aus zu erleben. Westlich von Albufeira findet man an der N-125 neben dem riesigen **Einkaufszentrum Algarve Shopping** (www.algarveshopping.pt) den **Vergnügungspark Zoomarine** *(geöffnet Juli - Aug. 10 - 19.30 Uhr, April - Juni + Sept. - Nov 10 - 18 Uhr, www.zoomarine.pt)* mit Wasserrutschbahnen, Shows etc.

PRAKTISCHE HINWEISE – ALBUFEIRA

Posto de Turismo, Rua 5 de Outubro, 8200-109 Albufeira, Tel. 289 58 52 79, www.cm-albufeira.pt. *Geöffnet tgl. 9 - 13 + 14 -18 Uhr.*

Feste, Folklore

Volksfest am 14. und 15. August wird von den Fischern zu Ehren **Nossa Senhora da Orada,** der Schutzheiligen der Fischer von Albufeira, gefeiert.
Stierkämpfe im Sommerhalbjahr, meist samstags.

RESTAURANTS

O Cabaz da Praia, Praça Miguel Bombarda 7, Tel. 289 51 21 37, http://cabazdapraia.blogspot.de; gute Küche, mittlere Preislage, Terrasse.
Eines der besten Restaurants weit und breit, leider auch eines der teuersten, ist das **Restaurant** des kleinen **Hotels Vila Joya** (17 Zi., Tel. 289 59 17 95, www.vilajoya.com, teuer) an der Praia da Galé.

HOTELS

Alísios ****, 115 Zi., Av. Infante Dom Henrique 83, Tel. 289 58 92 84, www.hotelalisios.com; komfortables Mittelklassehotel in ansprechender Lage am Sandstrand, Schwimmbad, Restaurant, Fahrradverleih, WLAN, Parkplatz.
Vila Galé Cerro Alagoa ****, 310 Zi., Rua do Municipio, Tel. 289 58 31 00, www.vilagale.pt; Firstclasshotel, Schwimmbad, Fitnesscenter, Restaurant, Parkplatz.

CAMPING

Camping Albufeira [WP 154 / N37° 06' 22.1" W8° 15' 13.7"], Tel. 289 58 76 29, www.campingalbufeira.net; 1. Jan. – 31. Dez.; nördlich des Ortes an der Straße Albufeira – Ferreiras; weitläufiges, teils ebenes, teils ansteigendes und terrassiertes Gelände mit niederen Laubbäumen; ca. 17 ha – 800 Stpl.; Standardausstattung; Supermarkt, Restaurant, Imbiss, Schwimmbad, Tennis; Mietcaravans. **V & E für Wohnmobile**. Zum Meer ca. 3 km.

Quarteira
Camping Orbitur Quarteira [WP 155 / N37° 04‘ 01.9“ W8° 05‘ 13.8“], Estrada da Fonte, Tel. 289 30 28 26, www.orbitur.pt; 1. Jan. – 31. Dez.; Abzweig von der N-125 in Almancil; fast ebenes Gelände mit einigen Terrassen am Rande, Schatten durch Bäume; ca. 10 ha – 700 Stpl. + zahlr. Dau.; Standardausstattung; Laden, Imbiss, Restaurant, Schwimmbad, Tennis; Miethütten und -caravans. **V & E für Wohnmobile**. Zum Meer knapp 1 km.

WOHNMOBIL-STELLPLÄTZE

Albufeira
Wohnmobil-Stellplatz Parque de Galé Autocaravanismo [WP 156 / N37° 5‘ 33.61“ W8° 18‘ 42.58“], Vale de Parra, Rua do Barranco, Tel. 962 55 36 66; www.parquedagale.com. **Zufahrt:** Von der N-125 bei Guia auf der M1281 ca. 4 km südwärts Richtung Galé, ca. 6 km westlich von Albufeira und ca. 1,5 km vom Strand entfernt. **Ausstattung:** Ebener Schotterplatz mit Platz für 28 Wohnmobile, wenig Schatten durch Palmen am Platzrand, Frischwasser, Abwasserentsorgungsstation, Strom, WLAN. Ganzjährig geöffnet, gebührenpflichtig.

Quarteira
Wohnmobil-Stellplatz Parque Fonte Santa [WP 157 / N37° 4‘ 23.98“ W8° 4‘ 37.32“], Estrada Fonte Santa. **Zufahrt:** Ca. 3 km östlich von Quarteira an der Straße Richtung Almancil gelegen. **Ausstattung:** Geschottertes Gelände auf dem Wochenmarktplatz am östlichen Ortsrand von Quarteira mit 50 Stellplätzen. Frischwasser und Abwasserentsorgung, Chemikalausguss, Strom. Eingezäunt, bewacht. Einlass bis 24 Uhr. Gebührenpflichtig, ganzjährig geöffnet. Von Dienstag auf Mittwoch bis 13 Uhr ist der Platz wegen Wochenmarkt nicht zugänglich. Ausweichplatz nebenan, allerdings ohne Strom.

Loulé, die Kleinstadt mit etwa 20.000 Einwohnern, liegt im hügeligen Hinterland, etwa 14 km von der Küste entfernt. Loulé, mit seinen weiß getünchten Häusern und den typischen Algarve-Kaminen, ist bekannt für seine Leder- und Kupferarbeiten und vor allem für seine Korbwaren. Werkstätten findet man noch im Viertel um die Burg.

Im Rathaus aus dem 14. Jh. ist das **Museu Municipal de Arqueologia de Loulé [N37° 08‘ 21.4“ W8° 01‘ 25.5“]** untergebracht. Das archäologische Museum zeigt Funde von der Frühzeit über die römisch-westgotische und die maurische Zeit bis hin zum späten Mittelalter.

Bemerkenswert ist die gotische **Gemeindekirche** aus dem 12./13. Jh.

Großer **Wochenmarkt** am Samstag Vormittag. Zur Karnevalszeit veranstaltet man bunte *Faschingsumzüge*.

Noch heute wird in Loulé am ersten Sonntag nach Ostern ein Fest gefeiert, das seine Ursprünge wahrscheinlich sogar noch in heidnischer, vorchristlicher Zeit hatte. Zumindest ist der Hintergrund des Festes, Mutterschaftsriten, zu feiern, ungewöhnlich, nicht nur an der Algarveküste. Nach einem 14-tägigen Aufenthalt in der Kirche von Loulé wird die Madonnenstatue der „Erhabenen Mutter“ wieder zurück an ihren angestammten Platz oben auf dem Berg Piedade getragen. Die Männer, die die Statue tragen, legen die Strecke im Laufschritt zurück.

Faro – Wie manch andere Stadt an der Algarveküste ist **Faro** aus einer phönizischen Handelsniederlassung hervorgegangen. Die Römer gaben ihr den Namen *Ossonoba*. Im 8. Jh. eroberten Mauren die Stadt und nannten sie um in *Faro,* nach einem Leuchtturm angeblich, den sie hier erbauten. Im 11. Jh. schließlich war Faro Sitz des arabischen Statthalters Said Ben Harun. König Afonso III. eroberte Faro im 13. Jh. Danach verlor die Stadt an Ansehen, die Interessen des Königshauses lagen weiter im Norden.

Erst als der Bischofsitz 1577 von Silves hierher verlegt wurde, gewann Faro

*FARO – **1** Information – **2** Praça Dom Francisco Gomes – **3** Arco da Vila – **4** Misericórdia-Kirche – **5** Largo da Sé – **6** Rathaus – **7** Bischofspalast – **8** Kathedrale (Sé) – **9** Archäol. Museum – **10** Arco do Repouso – **11** São Francisco Kirche – **12** Markt – **13** Volkskundemuseum – **14** Marinemuseum, Busbahnhof – **15** Kirche São Pedro – **16** Carmo-Kirche – **17** Bahnhof – **18** Miradouro de Santo António – **19** Postamt – **20** Arco de Porta Nova – **21** Largo de São Francisco, Großparkplatz – **22** Jardim Manuel Bivar*

wieder an Einfluss und Bedeutung. Aber kaum 20 Jahre später legten englische Truppen die Stadt in Schutt und Asche. Was in den kommenden Jahren wieder aufgebaut wurde, zerstörten Erdbeben.

Unter Bischof Francisco Gomes de Avelar (1739 – 1816) wurde Faro schließlich wieder aufgebaut. Der Bischof legte auch den Grundstein für den schönen Torbogen zur Altstadt **Arco da Vila (3)**, zu einem Seminar und zur Misericórdia-Kirche (4). Und natürlich veranlasste er auch den Wiederaufbau der Kathedrale. Eine Statue vor der Kathedrale und der Name des Hafenplatzes (2) erinnern an den tatkräftigen Bischof.

Seit 1756 ist Faro Hauptstadt der Region Algarve, hat zwischenzeitlich rund 34.000 Einwohner, ist die Flugdrehscheibe des Algarve-Tourismus, aber dennoch kein reiner Touristen- und Badeort, vielmehr auch Industrie- und Handelsstadt, mit Schwerpunkt Salzgewinnung und Fischverarbeitung.

Sehenswertes in Faro

Sehenswertes findet man vor allem im hübschen **Altstadtkern**, etwa zwischen Hafen und dem weitläufigen Platz **Largo de São Francisco**, der sich an der Ostseite der mauerumgebenen Altstadt erstreckt. Dort findet man auch einen **Großparkplatz (21) [WP 158 / N37° 00' 43.5" W7° 55' 56.3"]**.

Wir beginnen unseren kurzen **Stadtrundgang** an der Ostseite des Hafenbeckens „Doca" am Platz **Praça Dom Francisco Gomes (2)** und gehen durch die angrenzende Parkanlage **Jardim Manuel Bivar (22)** südwärts. Am Ende des Parks sieht man den **Arco da Vila (3) [N37° 0' 53.13" W7° 56' 5.44"]**. Das Stadttor ist ein Entwurf des italienischen Architekten Xavier Fabri und wurde im 18. Jh. auf Veranlassung von Bischof Gomes errichtet. Daneben befindet sich das **Touristeninformationsbüro (1)**.

Gegenüber liegt die **Misericórdia-Kirche (4).** Von der ursprünglichen Kir-

In Faro, die Kathedrale am Largo da Sé

che aus dem 16. Jh. ist nur noch das manuelinische Portal erhalten, das in die nach dem Erdbeben von 1755 wieder aufgebaute Kirche integriert ist. Im Inneren schöner Azulejoschmuck aus dem 18. Jh. und vergoldetes Schnitzwerk.

Der Arco da Vila ist das Haupttor zur **Altstadt,** die heute noch von Resten der **Stadtmauer** umgeben ist. Über die Rua do Município kommen wir zum **Largo da Sé (5).** Links das **Rathaus (6),** rechts der repräsentative Flügel des ehemaligen **Bischofspalais (7)** aus dem 18. Jh. und geradeaus die **Sé,** die **Kathedrale (8) [N37° 0' 48.55" W7° 56' 6.35"].**

Die Kathedrale von Faro ist möglicherweise auf den Mauern einer früheren Moschee entstanden. Von dieser ersten Kathedrale sind nur noch der Turm mit den gotischen Portalen und zwei Seitenkapellen geblieben. Bei den Restaurierungsarbeiten nach dem Erdbeben von 1755 kamen Stilelemente der Renaissance und des Barock hinzu. Im Inneren Azulejos aus dem 17. Jh., mit denen vor allem die Seitenkapellen ausgeschmückt sind, wie die Kapelle Nossa Senhora da Conceição oder die Kapelle Nossa Senhora do Rosário zum Beispiel, die zudem noch vergoldetes Schnitzwerk aufweist. Bemerkenswert sind weiter die Marmorgrabstätte des Kirchengründers Francisco Gomes und die Barockorgel (17./18. Jh.).

Hinter der Kathedrale liegt an der Praça D. Afonso III. das ehemalige **Kloster Nossa Senhora da Assunção** (Mariä Himmelfahrt), das im 16. Jh. von Königin Leonor gegründet wurde. Heute beherbergt es das **Museu Arqueológico e Lapidar „Infante Dom Henrique" (9),** das Stadtmuseum *(geöffnet Juni - Sept. Di - Fr 10 - 19 Uhr, Sa + So 11.30 - 18 Uhr, Okt. - Mai Di - Fr 10 - 18 Uhr, Sa + So 10.30 - 17 Uhr, www.cm-faro.pt)* mit frühgeschichtlichen Funden, römischen Mosaiken aus Milreu, schönen Azulejos aus maurischen Werkstätten u. a. In der früheren Klosterkapelle ist die **Kunstsammlung Ferreira de Almeida** untergebracht mit Gemälden, Möbeln, Skulpturen.

Von der Praça Afonso III. gehen wir links zum Stadttor **Arco do Repouso (10) [N37° 0' 48.28" W7° 55' 59.53"].** In seinem Schatten, so die Überlieferung, soll König Afonso III. im Jahre 1249 nach der Vertreibung der Mauren aus der Stadt gerastet haben, deshalb auch der Name „Tor der Rast".

Wir treten durch das Tor und sehen rechts den großen Parkplatz am Largo de São Francisco (21). An seiner Ostseite erhebt sich die **Kirche São Francisco (11) [N37° 0' 43.98" W7° 55' 52.19"].**

Im Inneren Azulejo-Motive, z. B. mit Szenen aus dem Leben des Kirchenpatrons, sowie vergoldetes Schnitzwerk am Hochaltar.

Gegenüber vom Arco do Repouso führt linkerhand die Rua do Bocage stadteinwärts. Ihr folgen wir ein kurzes Stück und gehen links über den Platz Praça Alexandre Herculano fast bis zur Hauptstraße Rua de Santo António. Das Eckhaus rechts beherbergt das **Volkskundemuseum/ Museu Regional de Faro (13) [N37° 00' 58.5" W7° 55' 53.0"]** *(geöffnet Mo - Fr 10 - 13.30, 14.30 - 18 Uhr)* mit Exponaten aus der Alltags- und Arbeitswelt der Algarve-Bewohner, darunter Kunsthandwerk und Trachten.

Vom Volkskundemuseum zurück zum Bootshafen an der Praça Dom Francisco Gomes (2). An der Nordwestecke des Hafenbeckens ist im Zollgebäude das **Marinemuseum Almirante Ramalho Ortigão (14) [N37° 0' 58.88" W7° 56' 15.07"]** untergebracht *(geöffnet Mo - Fr 14.30 - 16.30 Uhr)*. Hier gibt es Bilder aus der Seefahrt, Seekarten, Schiffsmodelle u. a. zu sehen. Neben dem Zollgebäude befindet sich der **Busbahnhof.**

Zwei weitere sehenswerte Kirchen liegen nördlich des Bootshafens am Largo do Carmo. Es sind dies die **Kirche São Pedro (15) [N37° 1' 6.96" W7° 56' 5.34"],** aus dem 16. Jh. mit Renaissanceportal, Azulejoschmuck und kunstvollem Schnitzwerk im Inneren, sowie die Karmeliterkirche **Igreja do Carmo (16) [N37° 1' 12.12" W7° 56' 5.13"],** eine Barockkirche aus dem frühen 18. Jh. mit üppiger Schnitzerei im Inneren, vor allem am Hochaltar. Bemerkenswert die Knochenkapelle auf dem Friedhof, deren Wände mit Gebeinen bedeckt sind.

Auch ein kurzer Besuch in der kleinen **Igreja de Santo Antonio [N37° 01' 09.6" W7° 55' 13.8"]** am östlichen Stadtrand ist für Interessierte lohnend.

PRAKTISCHE HINWEISE – FARO

Posto de Turismo [N37° 00' 53.4" W7° 56' 05.1"], Rua da Misericórdia 8 – 12, 8000-269 Faro, Tel. 289 80 36 04, www.cm-faro.pt.

Feste, Märkte

Feira de Nossa Senhora do Carmo, Mitte/Ende Juli.
Feira de Santa Iria, *Mitte/*Ende Oktober.

RESTAURANT

Mitten in der Altstadt liegt das Restaurant **Cidade Velha**, Rua Domingos Guieiro 19, Tel. 289 82 71 45, gute Küche, moderate Preise, Sonntag Ruhetag.

HOTELS

Alnacir **, 55 Zi., Estrada da Senhora da Saúde 24, Tel. 289 80 36 78; gutes Mittelklassehotel, moderate Zimmerpreise, im nördlichen Stadtbereich etwas abseits der Hauptstraße Rua Aboim Ascenção gelegen. Kein Restaurant, kein hauseigener Parkplatz.

Best Western Dom Bernardo *,** 43 Zi., Rua General Teófilo da Trinidade 20, Tel. 289 88 98 00, www.hoteldombernardo.com; verkehrsgünstig im nördlichen Innenstadtbereich gelegen, komfortables Haus der Mittelklasse, Bar, Fahrradverleih, WLAN. Kein Restaurant. Öffentliche Parkmöglichkeit.

Eva **,** 150 Zi., Avenida da República 1, Tel. 289 00 10 00, www.tdhotels.com; zentrale Lage am Jachthafen, neben Zollamt und Marinemuseum; komfortables Firstclasshotel, gehobene Preislage; Schwimmbad, Fitnesscenter, Fahrradverleih, Panoramarestaurant, WLAN. Öffentliche Parkmöglichkeit. ***Mein Tipp!*** Wenn Sie vorhaben im **Eva** zu logieren, reservieren Sie ein Zimmer in den obersten Stockwerken, von dort hat man einen schönen Blick.

Pousada do Palácio de Estól **,** 60 Zi., Rua S. José, Tel. 210 40 76 20, www.pestana.com/de/hotel/pousada-estoi; in dem ehemaligen Palast von Estói, der 1909 vom Visconde von Estói erbaut wurde, hat man die einstige Eleganz der Architektur und Einrichtung wunderschön erhalten. Moderne Ausstattung der Zimmer, gutes Restaurant, Wellnessbereich, Schwimmbad, Garten, Parkplatz. Ca. 10 km nördlich von Faro gelegen. Spezialitäten der Küche: Gerichte aus Meeresfrüchten und Süßspeisen.

CAMPING BEI FARO

Olhão

Camping de Olhão [WP 159 / N37° 02' 06.7" W7° 49' 19.9"], Tel. 289 70 03 00; 1. Jan. – 31. Dez.; rund 10 km östlich von Faro und rund 2 km östlich von Olhão beschilderter Abzweig von der N-125 meerwärts; langgestrecktes, parzelliertes Gelände zwischen N-125 und Bahnlinie, teils Dünengelände, teils unter hohen Pinien; nicht besonders gepflegter und stark mit Dauercampern belegter Platz; ca. 10 ha – 300 Stpl. + 200 Dau.; Standardausstattung; Supermarkt, Imbiss, Restaurant, Schwimmbad, Tennis; Mietcaravans. **V & E für Wohnmobile**. Zum Meer 3 km.

Als Alternative empfehlen sich die Plätze westlich von Faro bei Quarteira.

Ausflüge ab Faro

Tavira, ca. 30 km östlich von Faro gelegen, gilt als eines der hübschesten Küstenstädtchen an der Algarve und lohnt einen Besuch.

Tavira liegt beiderseits eines kleinen Flusslaufes, der von einer ursprünglich römischen Brücke mit sieben Bögen überspannt wird. Teils malerische Uferszenerie mit alten Stadthäusern.

Obwohl der Hafen längst durch eine Sandbank vom offenen Meer abgeschnitten ist, wird in Tavira immer noch etwas Fischfang betrieben. Vor allem zwischen April und Juli wird der Thunfisch gejagt, wenn die Schwärme auf dem Weg ins Mittelmeer an der Küste vorbeiziehen. Die bis zu sechs Zentner schweren Fische werden scharenweise in Netzen gefangen, danach in einem recht blutigen Schauspiel von Booten aus harpuniert und eingebracht.

Sehenswert ist der **alte Stadtteil** um den Hauptplatz Praça de República. Man sollte durch die Gassen und über die Treppenwege hinauf zur Ruine des Maurenkastells **Castelo dos Mouros [N37° 07' 30.7" W7° 39' 05.9"]** gehen und in deren Nähe die nach dem Erdbeben von 1755 restaurierte **Kirche Santa Maria do Castelo** ansehen. Dort ist das Grabmal von Paio Peres Correira zu sehen, der im 13. Jh. viele Städte an der Algarveküste von den Mauren befreite.

Eine Besichtigung wert sind auch die **Renaissancekirche Misericórdia** (16. Jh.) und auf der anderen Flussseite die **Paulskirche** aus dem 18. Jh.

Schöne **Strände** findet man südwestlich in **Santa Luzia** und auf der vorgelagerten Landzunge **Ilha de Tavira**.

PRAKTISCHE HINWEISE – TAVIRA

Posto de Turismo [N37° 7' 33.31" W7° 39' 0.44"], Praça da República, 8800-951 Tavira, Tel. 281 32 25 11, www.visitalgarve.pt. *Geöffnet Di - Do 9.30 - 19 Uhr, Fr - Mo 10 - 13 + 15 - 19 Uhr.*

RESTAURANT

Gut und obendrein recht preiswert isst man im **Avenida**, Tv. Zacarias Guerreiro, Tel. 281 32 11 13. ekanntes Lokal mit bodenständiger Küche und 60er Jahre Look. Dienstag Ruhetag.

CAMPING

Camping Ria Formosa [WP 160 / N37° 8' 42" W7° 36' 8"], Quinta da Gomeira, Tel. 281 32 88 87, www.campingriaformosa.com; 1. Jan. - 31. Dez.; Abzweig von der N-125 im Kreisverkehr nach Cabanas, über Bahngleise und weiter Richtung ‚Centro Saúde'; neue Anlage, ebenes, befestigtes Gelände, wenig Schatten durch Bäume; 5 ha – 450 Stpl. + Dau.; Standardausstattung. Laden, Restaurant, Imbiss, Fitnessecke, Schwimmbad, WLAN, Internetecke. **V & E für Wohnmobile**. Miethütten.

Vila Nova de Cacela
Parque de Campismo Caliço Park [WP 161 / N37° 11' 10.9" W7° 32' 59.4"], Setio Caliço/Apartado 51, Tel. 281 95 11 95, www.calico-park.com; 1. Jan. – 31. Dez.; im Ort nordwärts, ca. 3 km; erhöht gelegener, teils terrassierter Platz in schöner ländlicher Umgebung, wenig Baumschatten; ca. 5 ha – 80 Stpl. + Dau.; Standardausstattung; Laden, Imbiss, Schwimmbad. Zum Meer ca. 5 km.

Monte Gordo/ Vila Real de Santo António
Parque Municipal de Campismo de Monte Gordo [WP 162 / N37° 10' 45.1" W7° 26' 37.0"], Tel. 281 51 09 70; 1. Jan. – 31. Dez.; ca. 4 km westl. Monte Gordo von der N-125 südwärts; meist sandiges Pinienwaldgelände, rund 15 ha, sehr weitläufig; 13 ha – 500 Stpl. + 200 Dau.; sehr einfache, gelegentlich überlastete Standard-Sanitärausstattung; Laden, Imbiss; zum Meer ca. 300 m.

WOHNMOBIL-STELLPLÄTZE

Moncarapacho
Wohnmobil-Stellplatz Caravanas Algarve [WP 163 / N37° 5' 41.96" W7° 46' 27.82"], Sitio da Cabeca, Tel. 289 77 91 669. **Zufahrt:** Von der A-22/IP-1 Ausfahrt 15 Moncarapacho und weiter zum Ortseingang links und danach nochmals zweimal links abzweigen und noch ca. 1 km bis zur Platzeinfahrt. **Platz:** Gelände auf Wiese- und Schotterflächen bei einem privaten Landgut in schöner, ruhiger Lage im Orangehain mit Platz für 20 Wohnmobilen. **Gebühr:** Pro Wohnmobil inkl. Übernachtung, Strom und Ver- und Entsorgung. **Ausstattung:** Frisch- und Abwasserversorgung. Chemikalausguss, Dusche, Strom. WLAN. Restaurant in 1 km Entfernung. Zum Strand ca. 5 km.
Wohnmobil-Stellplatz Caravaning Rural Park Caminho Agricola de Gião-Margota [WP 164 / N37° 4' 59.31" W7° 45' 53.87"], Sitio da Cabeca, Tel. 289 79 80 02; www.amarelasinternet.com/caravaningpark. **Zufahrt:** Von der A-22 Ausfahrt 15 und weiter nach Moncarapacho, hier ca. 1,5 km weiter ostwärts Richtung Tavira. **Platz:** Ebenes, sandiges, fast schattenloses Gelände zwischen Obstgärten bei einem Landgut in ruhiger Lage mit Platz für 30 Wohnmobilen. **Ausstattung:** Ver- und Entsorgungssäule, WC, Duschen. Ganzjährig, gebührenpflichtig. Täglich Brötchen.

Praia da Monta Rota
Wohnmobil-Stellplatz Parque Autocaravanas Praia da Manta Rota [WP 165 / N37° 9' 54.25" W7° 31' 14.96"], Rua do Barranco, Tel. 910 89 01 40. **Zufahrt:** Von der N-125 (Tavira – Vila Real de Santo António) Richtung Manta Rota meerwärts abzweigen. Platz liegt zwischen Strand und Düne. **Platz:** Befestigter, ebener, schattenloser Parkplatz mit Platz für 100 Wohnmobile. Von Juni - September auch Parkplatz für Strandgänger. Parkwächter. **Ausstattung:** Ver- und Entsorgungsstation, Stromquelle im hinteren Bereich (langes Kabel nötig). Ganzjährig zugänglich, gebührenpflichtig.

Vila Real de Santo António
Wohnmobil-Stellplatz Parque de Autocaravanas Vila Real de Santo António [WP 166 / N37° 11' 57.68" W7° 24' 57.20"], Av. de Republica, Tel. 918 09 01 40. **Zufahrt:** Von der A-22 Ausfahrt 15 und weiter südostwärts nach Vila Real de Santo António, hier zum Fischereihafen. **Platz:** Ebener, geschotterter, schattenloser Platz für 70 Wohnmobile mit Blick zum mächtigen Rio Guadiana. **Ausstattung:** Frischwasserhähne, WC, Dusche, Waschmaschine, nur eine Stromquelle. Ganzjährig nutzbar, gebührenpflichtig. Kein „Campingleben" gestattet.

TOUR 15: FARO - ÉVORA

Länge der Tour: Rund 250 km.

Die Route: Über die Straße N-2 und über **São Brás de Alportel, Ameixial** und **Almodôvar** bis **Castro Verde** – IP-2/E-802 bis **Beja** – IP-8/N-260 bis **Serpa** – N-255 bis **Moura** – N-255/N-386 bis **Póvoa de São Miguel** – M-517 bis **Mourão** – N-256 und Landstraße bis **Monsaraz** – N-256/N-18/IP-2 über **Reguengos de Monsaraz** bis **Évora**.

Reisedauer: Mindestens ein Tag.

Höhepunkte: Die römischen Ruinen Milreu von **Estói** – Spaziergang durch **Beja** – die **Lage** und die **Innenstädte** von **Moura** und **Mourão** ** – der **Blick vom Castelo **** in **Monsaraz** – sehenswertes **Évora ****.

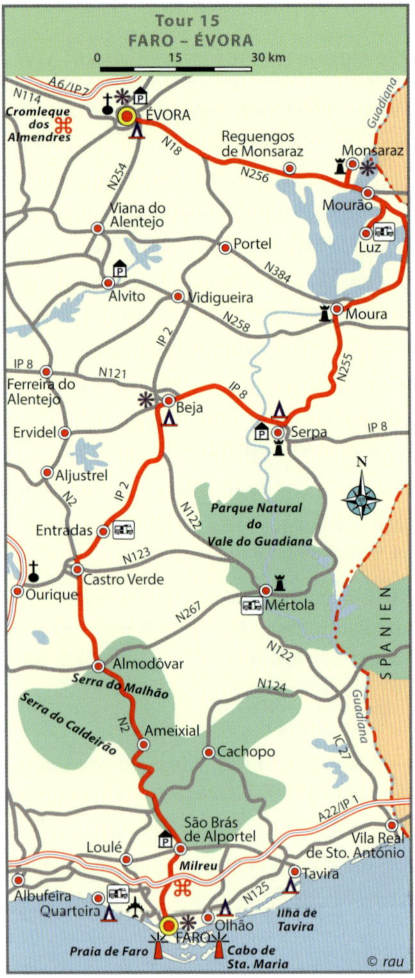

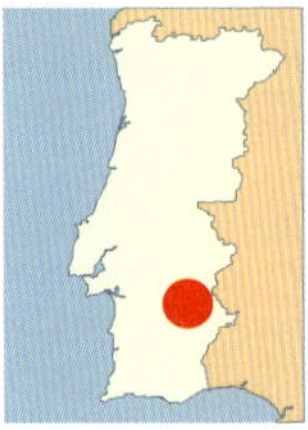

Route: *Bei knappem Zeitplan kann man den wesentlich schnelleren Weg nach Beja über die etwas weiter westlich von Faro nach Norden führende Autobahn A-2/IP-1/E-1 und die weiterführende IP-2/E-802 nehmen, 140 km.*

Die im Folgenden näher beschriebene Hauptroute allerdings führt von Faro auf der N-2 nordwärts. Nach 11 km passiert man **Estói** und nach weiteren 9 km erreicht man **São Brás de Alportel**.

Etwas außerhalb **Estói** findet man die Reste der römischen Siedlung **Milreu [Parkplatz, WP 167 N37° 5‘ 41.20“ W7° 54‘ 16.79“]**. Schon seit dem 19. Jahrhundert werden hier von Archäologen immer wieder Grabungen durchgeführt. Freigelegt hat man bislang Reste von Thermen, Villen und Mosaiken. Die schönsten Grabungsfunde sind aber im Museum in Faro zu sehen.

Nahebei liegen die Reste eines Tempels aus dem 3. Jh., die einer Kirchenapsis ähneln. Es wird deshalb vermutet, dass es sich um eine sehr frühe christliche Kirche handelt.

São Brás de Alportel (Pousada de São Brás ****, 33 Zi., Tel. 289-84 23 05, Schwimmbad, Tennis, Restaurant) ist jedes Jahr am Ostersonntag Schauplatz eines ungewöhnlichen, aber recht bunten Osterfestes, dem **„Fest der Geblümten Fackeln“.** Dabei laufen Männer mit blumengeschmückten Fackeln und ein lautes „Halleluja“ rufend durch die Straßen der Stadt zur Gemeindekirche. Vor der Kirche dann werden die Blumen liebevoll auf dem Boden ausgebreitet und der Pfarrer schreitet, die Monstranz feierlich vor sich her tragend, darüber hinweg.

Route: *Die Straße N-2 führt nun stetig aufwärts und ab* **São Brás de Alportel** *sehr kurvenreich (und zeitraubend) und jeden Hügel umfahrend durch einsame Eukalyptus- und Korkeichenwälder. In 540 m Höhe erreicht man den* **Miradouro do Caldeirão**. *Man hat von dort einen weiten Blick nach Westen über die Bergkette Caldeirão. Wir passieren* **Ameixial** *am Südrand der Serra do Malhão und sind bald darauf wieder in der Großregion Planícies mit der Provinz Alentejo, genauer im Baixo Alentejo, im Unter-Alentejo.*

Das Gesicht der Landschaft ändert sich zusehends, wie man auf der Weiterfahrt nach Norden sieht. Die Hügel werden flacher und sind übersät mit Ölbäumen und Korkeichen. Dazwischen erkennt man weite Getreidefelder, etwa um das hübsche Dorf **Almodôvar [N37° 30′ 53.2″ W8° 03′ 35.2″]**. Es wird merklich heißer als an der Küste.

Route: *Die N-2 führt nun fast schnurgerade nordwärts. Das schön auf einer Anhöhe gelegene weiße Städtchen* **Castro Verde** *kommt in Sicht. Man umfährt es auf der gut ausgebauten IP-2 Richtung* **Beja**.

Nur etwa 13 km westlich von Castro Verde liegt **Ourique**. 1139 besiegte Afonso Henriques in der Schlacht von Ourique die Mauren und wurde daraufhin erster König von Portugal.

Beja ist die Hauptstadt des gleichnamigen Distrikts und der Provinz Baixo Alentejo.

Entwickelt hat sich Beja aus einer Römersiedlung namens *Pax Julia*. Vom 8. Jh. bis ins 12. Jh. war auch Beja unter maurischer Herrschaft und erlangte nach der Rückeroberung durch die Truppen Afonso Henriques langsam seine Bedeutung als Mittelpunkt und Marktstadt der hiesigen Agrarregion, die es heute noch innehat.

Zu besichtigen gibt es vor allem das **Castelo de Beja [Parkplatz, WP 170 / N38° 1′ 1.63″ W7° 51′ 53.38″]** *(geöffnet Di - So 10 - 12.30, 14 - 18 Uhr)*. Die Burg liegt an der Rua Dom Dinis am Nordrand der Altstadt, stammt aus dem 13. Jh. und ihr hoher, viereckiger Turm **Torre de Menagem** ist schon von weitem zu sehen. Neben der Aussicht von diesem Turm ist das dort eingerichtete kleine **Militärmuseum** interessant.

WOHNMOBIL-STELLPLÄTZE

Mértola bei Almodovar

Wohnmobil-Stellplatz Parque de Autocaravanas [WP 168 / N37° 38′ 20″ W7° 39′ 43″], Rua Dr. Afonso Costa. **Zufahrt:** Von Almodovar auf der N-267 33 km zum Ort. Abzweig nach rechts am 2. Kreisverkehr und weiter geradeaus zum Platz. **Platz:** Ebenes Schottergelände am Fluss Guadiana. **Gebühr:** Kostenlos. **Ausstattung:** Frischwasserhahn.

Entradas bei Castro Verde

Wohnmobil-Stellplatz Area de Servicio para Autocaravanas [WP 169 / N37° 46′ 44.71″ W8° 0′ 39.16″], Rua de Beja/IP2, www.cm-castroverde.pt. **Zufahrt:** Ca. 3 km nördlich von Casto Verde am nordöstlichen Ortsrand von Entradas bei der Repsol-Tank- und Raststätte gelegen. **Ausstattung:** Schattenlose , geteerte Fläche für 25 Wohnmobile. Frischwasserhahn und Abwasserausguss, Chemikalentsorgung. Imbiss. Im Ort 2 Restaurants 250 m entfernt. Ganzjährig nutzbar, gebührenfrei.

Gleich hinter den Burgmauern liegt die **Sé [N38° 1' 1.04" W7° 51' 53.24"]**, Bejas Kathedrale.

Etwas nördlich der Burg trifft man auf Bejas älteste Kirche, die **Igreja Santa Amaro.** Sie stammt aus dem 6. Jh., der Zeit der Westgoten (Ausstellung mit Skulpturen aus der Westgotenzeit).

Unweit südöstlich der in der Stadtmitte gelegenen Praça da República findet man in der Straße Largo da Conceicao 3 den **Convento da Conceição/ Real Mosteiro Nossa Senhora da Conceiçåo [N38° 00' 49.9" W7° 51' 47.7"]**, ein Kloster mit Kirche und Kreuzgang aus dem 15. Jh. Im Kloster ist heute das **Museum Rainha Dona Leonor** (Museu Regional de Beja), eingerichtet *(geöffnet Di - So 9.30 - 12.30, 14 - 17.15 Uhr, www. museuregionaldebeja.net)*. Man betritt das Museum durch die **Klosterkirche** mit vergoldetem Barockschnitzwerk. Im Kreuzgang sind alte maurische Azulejos aus dem 16. Jh. und eine Gemäldesammlung mit Werken aus dem 15. und 17. Jh. zu sehen.

Interessant ist das Fenster einer Klosterzelle, durch das sich die Nonne Mariana Alcoforada verbotener Weise mit dem Grafen Chamilly unterhalten haben soll. Dazu muss man wissen, dass im 17. Jh. die Nonne, Schwester des Klarissinnen-Ordens, dem Grafen mehrere Liebesbriefe geschrieben haben soll. Jedenfalls wurden in Paris zu Zeiten des Sonnenkönigs Ludwig XIV. Briefe veröffentlicht, die legendären „Briefe einer Portugiesischen Nonne", die aus der Feder Mariana Alcoforadas stammen sollten. Literarisch gesehen waren die Briefe wenig interessant. Aber alleine schon der Titel ließ in den alles andere als prüden Kreisen am französischen Hof helles Interesse an den Briefen erwachen. Schließlich versprach das Thema „Nonne, Kloster, heimliche Liebe" auch schon für den damaligen Zeitgeschmack pikante Details. Über Nacht wurden die veröffentlichten Briefe berühmt und sorgten seinerzeit nicht nur in der erzkatholischen Stadt Beja für einigen Wirbel.

PRAKTISCHE HINWEISE – BEJA

Posto de Turismo [N38° 1' 1.24" W7° 51' 53.85"], Largo Dr. Lima Faleiro, 7800-266 Beja, Tel. 284 31 19 13, www.visitalentejo.pt. *Geöffnet tgl. 10 - 13 + 14 - 18 Uhr.*

RESTAURANTS

Gut und verhältnismäßig preiswert isst man im **Os Infantes** (Mittwoch Ruhetag) in der Rua dos Infantes 14, Tel. 284 32 41 72, etwa auf halbem Wege zwischen Praça da República und Convento da Conceição gelegen, und im **Melius (**Sonntag Abend und Montag geschlossen) in der Avenida Fialho de Almeida 68, Tel. 284 31 30 80, dem Restaurant des gleichnamigen Hotels, südlich der Innenstadt, siehe unten.

HOTELS

Pousada Convento de Beja *****, 34 Zi., Largo Dom Nuno Álvares Pereira, Tel. 284 31 35 80, www.pestana.com/de/hotel/pousada-beja; sehr komfortables Firstclass Hotel, eingerichtet in den ehrwürdigen, nüchternen, restaurierten Gemäuern eines ehemaligen Franziskanerklosters, uralte Zisterne, Hotelgarten, Schwimmbad, Tennis, WLAN, Parkplatz. Restaurant. Regionale Spezialitäten: „Bacalhau conventual" (Bacalhau gratiniert und mit frischer Sahne), „Borrego à Pastor" (Lammtopf mit Olivenöl), Eierküchlein. Geschlossen von Mitte Okt. bis Ende März.

Hotel Melius **, 60 Zi., Avenida Fialho de Almeida, Tel. 284 321 30 80, www.hotel-melius.com; Mittelklassehotel, erschwingliche Preise, südlich der Altstadt gelegen, Fitnesscenter, gutes Restaurant „Melius". Garage.

Francis ***, 45 Zi., Praça Fernando Lopes Graça-lote, Tel. 284 31 55 00, www.hotel-francis.com; einfacheres Mittelklassehotel, Bar, Parkplatz.

CAMPING

Camping Municipal de Beja [WP 171 / N38° 00′ 27.5″ W7° 51′ 44.4″], Av. Vasco da Gama, Tel. 284 31 19 11; 1. Jan. – 31. Dez.; Zufahrt über die IP-2/N-122 im südl. Stadtbereich, beim Stadion, Einfahrt durch ein enges Tor; eben, von Mauern umgeben, mit Schattenbäumen; ca. 1,5 ha – 160 Stpl.; einfache Standardausstattung.

Route: *Die wichtige Straßenverbindungen zwischen dem Süden Portugals und Spanien, die IP-8/N-260, führt von Beja ostwärts zur nur 61 km entfernten Grenze bei* **Vila Verde de Ficalho** *und weiter nach Sevilla. Etwa auf halbem Wege zwischen Beja und der Grenze passiert man* **Serpa**.

Serpa ist ein hübsches, kleines, etwas verschlafen wirkendes Landstädtchen mit weiß getünchten Häusern an den schmalen, gepflasterten Straßen. Es gibt Reste einer alten Stadtmauer und einer **Festung [N37° 56′ 39.7″ W7° 35′ 52.5″]**, typische Merkmale aller größeren Orte im grenznahen Gebiet. Stellplatzmöglichkeit am Südwestrand des Ortes beim Schwimmbad [N37° 56′ 27.51″ W7° 36′ 14.68″].

Route: *Von Serpa auf der N-255 nordostwärts ins 29 km entfernte* **Moura**.

Moura, ein kleines Landstädtchen, ist trotz seiner Heilquellen weniger Kurort als vielmehr der Landwirtschaft verbunden. Der Ort gruppiert sich um die Reste einer immer noch mächtig wirkenden **Burg** aus dem 13. Jh.

Parken [WP 172 / N38° 08′ 41.6″ W7° 27′ 00.7″] am Nordrand von Moura an der Straße N255.

Sehenswert in Moura ist die gotische **Kirche Johannes der Täufer [N38° 8′ 36.95″ W7° 26′ 59.14″]**, mit manuelinischem Portal und Azulejos aus dem 17. Jh. im Inneren. Außerdem ist ein Bummel durch das alte **maurische Viertel „Mouraria“** interessant. Auffallend sind die Kamine mancher Häuser und die mit Azulejos verzierten Hausfassaden.

Auch Moura war lange Zeit von den Mauren eingenommen. Aus jener Zeit rankt sich eine Legende um die Burg, der Moura wahrscheinlich seinen Namen verdankt.

Moura bedeutet nichts anderes als „maurisches Mädchen“. Das maurische Mädchen der Legende von Moura hieß Salúquia und war die Tochter des arabischen Fürsten und Statthalters hier im 12. Jh. An ihrem Hochzeitstag erwartete Salúquia ihren Bräutigam, allerdings vergebens, denn der Arme war auf dem Weg zu seiner Braut mit seinem Gefolge von christlichen Truppen gefangen genommen und getötet worden. Als Mauren verkleidet drangen daraufhin die christlichen Reiter in Moura ein und konnten sich der Burg bemächtigen. Die verzweifelte Salúquia aber stürzte sich von der höchsten Zinne des Burgturms zu Tode.

Nördlich von Moura erstreckt sich ein riesiger, weitverzweigter **Stausee** der bis hinauf nach Mourão und weiter reicht.

Der mächtige Staudamm der u. a. die Flüsse Rio Degebe und den aus Spanien kommenden Rio Guadiana zum **Barragem d'Alqueva [N38° 11′ 53.10″ W7° 29′ 19.84″]** staut, liegt rund 10 km nordwestlich von Moura. Der Damm wurde im Februar 2002 fertiggestellt. Seitdem entsteht hier Europas größter künstlicher See. Die Uferlinie, die unzählige

HOTEL – SERPA

Estalagem de São Gens **,** 16 Zi., Alto de São Gens, Tel. 284 54 04 20; zeitgemäßes Gebäude auf einer Anhöhe über der Stadt, schöner Ausblick, Schwimmbad, Restaurant. Regionale Spezialitäten: „Gaspacho“ (gekühlte Gemüsesuppe), „Cação de coentrada“ (Hundshai mit Koriander), „Ensopado de Borrego à moda do monte“ (deftiger Eintopf mit eingelegtem Lammfleisch), „Bolo de requijão“ (Käsekuchen). Weiterbestand fraglich.

Buchten und Halbinseln bildet, soll mehr als 1.000 km betragen und die Wasseroberfläche gut 250 qkm erreichen.

Unter anderem soll der Stausee die Bewässerung der Felder sicherstellen und so den Bauern bessere Ernten ermöglichen. Und mit einem besseren Angebot an Elektrizität, die im Kraftwerk des Alqueva-Dammes gewonnen wird, soll – zusammen mit dem Ausbau des Straßennetzes – die Infrastruktur in der nicht gerade mit Reichtümern gesegneten Region des Alentejo für die Bewohner verbessert und für Investoren attraktiver gemacht werden.

Leider fielen den steigenden Wassern große Teile des Castelo da Lousa zum Opfer. Nur ein Teil der Ruinen, die zu den bedeutendsten aus der Römerzeit in Portugal zählen, konnte gründlich erforscht und gesichert werden.

Route: *Der weitere Verlauf unseres Reiseweges führt nun auf der N-386 nordwärts bis* **Póvoa de São Miguel** *und von da auf der M-517, vorbei an Buchten und über Ausläufer des riesigen Stausees Barragem d'Alqueva, bis nach* **Mourão** *(mächtige Burg auf dem Hügel). Mourão liegt nur knapp 7 km westlich der spanischen Grenze. Die Fahrt hierher, durch weite Olivenplantagen, Korkeichenhaine und Getreidefelder, ist sehr ansprechend. In Mourão stößt man auf die N-256, der wir nach Nordwesten bis* **Évora** *folgen. Aber schon 10 km nach Mourão sollte man auf den kurzen Abstecher nach* **Monsaraz** *keinesfalls verzichten!*

Kurz vor Mourão bietet sich ein Abstecher nach Westen an. Die Stichstraße endet nach 3,5 km in **Luz** ganz in der Nähe des Seeufers. Hier findet man einen sehr einfachen, bescheidenen **Stellplatz für Wohnmobile [N38° 20' 34.98" W7° 22' 24.54"]** in wenig ansprechender Umgebung. Schattenlose, erdige Fläche vor der Stierkampfarena und einer Lagerhalle. Kostenloser Platz für etwa 10 Wohnmobile. Wasserhahn, Bodenauslass für Grauwasser.

Monsaraz gilt als eines der ursprünglichsten Städtchen Portugals

In Luz lohnt ein Besuch im modernen Volkskundemuseum **Museu da Luz [N38° 20' 39.35" W7° 22' 52.06"]** *(geöffnet Di - So 9.30 - 13, 14 - 17.30 Uhr, im Sommer bis 18.30 Uhr; www.museudaluz.org.pt)*. Gezeigt werden Ausgrabungsfunde aus der Frühzeit und Stücke alter Handwerkskünste.

Mein Tipp! Unbedingt empfehlenswert ist von Mourão ein **Abstecher nach Monsaraz**, das gerade mal 5 km nördlich der Hauptstraße N-256 liegt. Und der Weg hierher ist ein „Muss"! Buchstäblich vor den Toren des romantisch-rustikalen Städtchens sind gepflasterte **Parkplätze [WP 173 / N38° 26' 33.10 W7° 22' 47.68"]** angelegt (auch Wohnmobil-Stellplatz).

Monsaraz, ein abgeschieden und grenznah gelegenes, überaus malerisches Dorf, ist schon alleine seiner **Lage** auf einer Anhöhe wegen einen Besuch wert.

In Monsaraz scheint die Zeit stehengeblieben zu sein. Und groß verlaufen kann man sich im Ort auch nicht. Wenn man die mit groben Feldsteinen gepflasterte Hauptstraße Rua Direita von einem Ende des auf einem langgestreckten Hügelrücken gelegenen Dorfes zum anderen gegangen ist, hat man alles gesehen. Malerische Romantik wohin man schaut. Adrette, weiß getünchte Häuser, Straßenlaternen aus Omas Zeiten, ein paar schmiedeeiserne Balkongitter, zwei Kirchen, oder waren es drei, und natürlich die obligatorischen Gemeindekirche **Igreja Matriz** (14. Jh., sehenswertes Grabmal von Tomás Martins), ein Schandpfahl oder Pranger (Pelourinho), ein kleiner Platz und schon ist man am anderen Ende des Ortes. Und natürlich gibt es ein **Castelo**. König Dom Dinis hat dieses hier im 13. Jh. errichten lassen. Keinesfalls versäumen sollte man einen Spaziergang auf den Mauern und Bastionen der Burg. Der **Panoramablick** über den Ort und in die weite Landschaft des Alentejo, die sich unterhalb ausdehnt, ist grandios.

Monsaraz, die Gemeindekirche Igreja Matriz

Évora (ca. 41.000 Einw.) ist die Provinzhauptstadt des Alto Alentejo. Die

PRAKTISCHE HINWEISE - MONSARAZ

Posto de Turismo, Largo Dom Nuno Álvares Pereira 5/Rua Direita, 7200 -175 Monsaraz, Tel. 927 99 73 16, www.cm-reguengos-monsaraz.pt. *Geöffnet tgl. 9.30 - 12.30 + 14 - 18 Uhr.*

HOTELS

Estalagem de Monsaraz *,** 18 Zi., Largo de São Bartolomeu 6, Tel. 266 55 71 12, www.estalagemdemonsaraz.com; kleines Mittelklassehotel in typischem portug. Alentejostil, unterhalb der Burg gelegen. Garten, Schwimmbad mit schöner Aussicht ins Land, Restaurant, WLAN. Öffentliche Parkmöglichkeit.

Hotel Rural Horta da Moura **,** 25 Zi., Horta da Moura, Tel. 266 55 01 00, www.hortadamoura.pt; rund 3 km südlich, angenehmes, komfortables und ansprechend gelegenes Hotel im typischen Landhausstil des Alentejo, Schwimmbad, Restaurant, WLAN. Öffentliche Parkmöglichkeit.

WOHNMOBIL-STELLPLATZ - MONSARAZ

Wohnmobil-Stellplatz Monsaraz [WP 173 / N38° 26' 33.10 W7° 22' 47.68"]. Platz für etwa 20 Wohnmobile auf mehreren gepflasterten Parkplatzterrassen unterhalb der Stadtmauer in schöner Höhenlage mit prächtigem Blick auf Stausee und Altentejo-Landschaft. In bequemer Gehnähe zum Ort und zur Burg. **Ausstattung**: Keine. **Gebühr:** Jederzeit kostenlos zugänglich.

Stadt liegt auf einem flachen Hügel, der von den schon von weitem sichtbaren Türmen der Kathedrale gekrönt wird. Noch heute ist der äußerst attraktive, **historische Stadtkern** von einer markanten, vollständig erhaltenen **Stadtmauer** umgeben. Und das gepflegte, hübsche Stadtbild, die bewegte Historie und die zahlreichen Sehenswürdigkeiten lassen Besichtigungen in Évora zum Erlebnis werden. Denn zu sehen gibt es aus allen Perioden der 2.000-jährigen Vergangenheit der Stadt reichlich. Nicht umsonst wurde Évora 1986 in die Liste des Weltkulturerbes der UNESCO aufgenommen.

Die Geschichte Évoras beginnt etwa 100 Jahre vor unserer Zeitrechnung. Damals hatten die Römer hier bereits eine befestigte Siedlung, die sie *„Liberalitas Julia"* nannten. Wahrscheinlich unter Kaiser Hadrian entstand im frühen 2. Jh. n. Chr. dann der korinthische **Dianatempel**, der alle Stürme der Zeit recht gut überstanden hat und heute als schönstes Zeugnis römischer Kultur im Alentejo mitten in Évora zu bewundern ist.

Natürlich waren auch in Évora lange die Mauren zu Hause. 450 Jahre lang, von 715 bis 1165, wehte die Fahne des Propheten Mohammed über der Stadt.

Von den Arabern befreit wurde Évora durch einen listigen Handstreich, nicht durch lange Belagerung, wie in Silves etwa. Ein Ritter namens Geraldo Sempavor (Geraldo der Furchtlose) konnte sich im September 1165 eines Wachturms vor der Stadt bemächtigen. Dort schlug er Alarm. Die wachhabenden arabischen Truppen stürzten hin und ermöglichten so den im Schutze der Nacht wartenden christlichen Rittern, durch die unbewachten Tore in die Stadt einzudringen und Évora zu besetzen.

In den kommenden Jahrhunderten wurde Évora eine von verschiedenen portugiesischen Königen geschätzte Residenzstadt. König João I. (1385 – 1433) ließ sich einen Palast bauen, der später auch João III. (1521 – 1557) und noch im 18. Jh. João V. als Residenz diente. Auch König Manuel (1495 – 1521) hatte ein Palais in der Stadt.

Im 16. Jh. wurde Évora Bischofssitz. Einer der ersten Erzbischöfe, Kardinal Dom Henrique, gründete 1559 die Universität, die dann bis ins 18. Jh. von Jesuiten geleitet wurde.

In der glanzvollen Periode zwischen dem 14. und 16. Jh. entstanden in Évora viele herrliche Bauwerke, vor allem Kirchen und Klöster. Man findet Elemente des von der arabischen Kultur beeinflussten Mudéjarstils ebenso wie Architekturbeispiele der Gotik, des Manuelinismus oder der Renaissance. Bereichert wurde die Kunstszene durch Bildhauerschulen und Malerwerkstätten, in denen namhafte Künstler und Architekten die Stilentwicklungen beeinflussten.

In der Zeit vom Ende des 16. Jh. bis ins 17. Jh., als die spanischen Könige beginnend mit Philip II. in Personalunion Herrscher über Spanien und Portugal waren, begann der Stern Évoras zu sinken. Und als der Marquês de Pombal im Jahre 1759 die Jesuiten des Landes verwies und die Universität verwaiste, war Évora zu einer Provinzhauptstadt ohne viel Bedeutung geworden.

Heute ist Évora ein lebhaftes Zentrum der ausgeprägten Agrarwirtschaft im Oberen Alentejo. Das Stadtzentrum steht seit geraumer Zeit unter internationalem Denkmalschutz und Évora nennt sich nicht ohne Stolz „Cidade Museu" (Museumsstadt).

Die wichtigste Zufahrt ins Stadtzentrum führt von Süden über die Rua da República ins Stadtzentrum zum zentralen Platz Praça do Giraldo (12). Dort befindet sich auch das **Touristeninformationsbüro (1) [N38° 34' 14.25" W7° 54' 33.92"].**

Parken in der Innenstadt innerhalb der Stadtmauern ist allerdings problematisch, vor allem für große Fahrzeuge wie Wohnmobile! Wer unbedingt innerhalb der Stadtmauern parken möchte, sollte am besten früh morgens oder in den ruhigen Mittagsstunden sein Glück versuchen.

Parkplätze findet man an der Ringstraße, die außerhalb der Stadtmauer rund um die Altstadt führt. Ein größeres **Parkplatzareal [WP 174 / N38° 34'**

0.11" W7° 54' 27.83"] liegt an der Av. Gen. Humberto Delgado am Südrand der Innenstadt am Beginn der Rua da República. Auch bei der Stierkampfarena **Praça de Touros, [N38° 33' 58.91" W7° 54' 42.39"]** südwestlich der Innenstadt, dann bei der **Universität [N38° 34' 32.86" W7° 54' 14.63"]** an der Avenida da Universidade und im Nordwesten beim markanten **Aquädukt [N38° 34' 36.23" W7° 54' 39.11"]** an der Umgehungsstraße Avenida de Lisboa, findet man Parkplätze..

Sehenswertes in Évora

Ausgangspunkt unseres Spaziergangs durch die Altstadt von Évora ist die **Alte Universität (2)** im Nordosten. Unser Stadtrundgang verläuft ausschließlich innerhalb der alten Stadtmauern, wobei der Bereich um die Kathedrale (14) den Mittelpunkt bildet.

Antiga Universidade de Évora (2) [N38° 34' 22.7" W7° 54' 19.3"], Alte Universität „Espirito Santo" *(geöffnet Mo - Fr 9 - 18 Uhr, Sa + So 10 - 14, 15 - 18 Uhr)* – Die ehemalige Universität des Jesuitenordens, *Antiga Universidade dos Jesuitas*, wurde 1559 vom Kardinal und späterem König Dom Henrique gegründet und 200 Jahre später von Pombal geschlossen. Seit 1975 ist das Institut wieder höhere Lehranstalt. Sehenswert ist vor allem der zweigeschossige **Renaissance-Kreuzgang Claustro Geral dos Estudos** mit Marmorsäulen aus dem 16. Jh. und Azulejoschmuck an den Wänden. Zugang an der Südostseite.

Gegenüber, an der Westseite des alten Universitätskomplexes, liegt etwas erhöht am Rande einer Grünanlage der **Paço dos Condes de Basto (3),** der ehemalige Palast der Grafen von Basto. Mauern, Zinnen und der viereckige Wehrturm lassen erkennen, dass der imposante Palast einst befestigt war. In den Obergeschossen maurische Fenster.

Hinter dem ehemaligen gräflichen Palais kann man die Türme der Kathedrale (14) erkennen. Wir gehen aber noch nicht zur nahen Kathedrale, sondern am Largo do Colegio an der Südostseite der Universitätskirche durch die Rua do Conde de Serra da Tourega stadteinwärts. Die Straße mündet nach knapp 300 m in das Westende des langgestreckten, schmalen Platzes **Largo da Porta de Moura (4) [N38° 34' 15.4" W7° 54' 20.5"].** Blickt man rechts zwischen den beiden viereckigen Türmen der **Porta de Moura (5)** (einst Teile der inneren Stadtbefestigung) nach Norden, sieht man an dem querstehenden **Garcia-de-Resende-Haus Nr. 29** schöne manuelinische Fenster im Obergeschoss. Weiter dahinter erkennt man wieder die Kathedrale.

In den Gassen von Évora

Am südlichen Ende des Platzes, der sich dort etwas weitet, steht ein uraltes, viereckiges **Brunnenbecken**, über dem auf einer gedrungenen Säule eine große marmorne Erdkugel steht. Das Haus dahinter an der Schmalseite des Platzes ist das Herrenhaus **Casa Cordovil (6)** mit eleganter, turmgekrönter, **maurischer Loggia** aus dem 16. Jh. Gegenüber vom Brunnen liegen das Postamt und die Carmo-Kirche (29).

Unter den stattlichen Häusern, die den Platz Largo da Porta de Moura flankieren, verdient das **Palais Soure (7)**

*ÉVORA – **1** Information – **2** Alte Universität – **3** Basto-Palast – **4** Largo da Porta de Moura – **5** Porta de Moura – **6** Casa Cordovil, maurische Loggia – **7** Palais Soure – **8** Misericórdia-Kirche – **9** Nossa Senhora da Graça – **10** Klosterkirche de São Francisco – **11** ehem. Königspalast – **12** Praça do Giraldo – **13** Santo Antão – **14** Kathedrale (Sé) – **15** Regionalmuseum – **16** römischer „Dianatempel" – **17** Convento dos Lóios (Pousada) – **18** Cadaval Palast – **19** Aquädukt – **20** Calvário Konvent – **21** Santa Clara Konvent – **22** Das Mercês, Museum – **23** Kirche São Brás – **24** Post – **25** Rathaus – **26** Busbahnhof – **27** Markthalle – **28** Stierkampfarena – **29** Carmo Kirche*

an der Nordwestseite, gegenüber der schon erwähnten Porta de Moura (5), besondere Beachtung. Es stammt aus dem 15. Jh., gehörte einst zum Palast des Prinzen Dom Luís und weist eine bemerkenswerte manuelinische Fassade auf.

Vom Palais Soure führt die Rua Misericórdia, in der die barocke **Misericórdia-Kirche (8)** steht, nach Südwesten auf den kleinen **Platz Largo Álvaro Velha**. Von dort kommt man durch eine schmale Gasse südwärts zur **Kirche Nossa Senhora da Graça (9) [N38° 34' 07.0" W7° 54' 25.6"]**, der Gnadenkirche am Platz Largo da Graça. Die Kirche wurde während der Regierungszeit König Joãos III. im 16. Jh. im Renaissancestil errichtet. Bemerkenswerte Granitfassade.

Nur wenig weiter südwestwärts liegt an der Praça 1° de Maio die **Markthalle (27)** und gegenüber die **Kirche São Francisco (10) [N38° 34' 05.0" W7° 54' 28.7"]**. An den Giebelecken sieht man

Am Largo da Porta de Moura in Évora

angedeutete Türmchen mit gedrehten Kegelhauben. Durch eine von Pfeilern getragenen Vorhalle mit maurischen Bögen gelangt man zum manuelinischen Kirchenportal mit gedrehten Säulen, über dem ein Pelikan und eine Sphärenkugel zu sehen sind, Symbole der Könige João II. bzw. Manuel I. Das Innere beeindruckt alleine schon durch seine Größe.

Durch das südliche Querschiff gelangt man zur **Capela dos Ossos**, der **Knochenkapelle** *(geöffnet Mo - Sa 9 - 12.45, 14.30 - 17.45 Uhr, So ab 10 Uhr)*, einem makabren Bau, den Franziskaner im 16. Jh. hatten errichten lassen. Die Wände sind über und über mit Knochen und Schädeln bedeckt. Die Franziskaner wollten damit ihren Mitbrüdern zur Meditation verhelfen. Auch der Spruch über dem Eingang, der übersetzt etwa lautet „Diese Knochen erwarten die Deinen", soll den Sterblichen offenbar zur Einkehr und Besinnung anhalten.

Im Park **„Jardim Público"** südlich der Markthalle sind Reste des **Palácio de Dom Manuel (11) [N38° 34' 5.05" W7° 54' 33.30"]** erhalten. Der ehemalige Palast König Manuels stammt aus dem 16. Jh. und weist maurische Fensterbögen auf. Vasco da Gama soll hier den offiziellen Auftrag zu seiner Indienfahrt erhalten haben.

Im weiteren Verlauf unseres Stadtrundgangs nehmen wir eine der Gassen die nordwärts führen und kommen zur nahen **Praça do Giraldo (12) [N38° 34' 14.34" W7° 54' 33.01"]**, dem eigentlichen Stadtzentrum. An der Westseite, Ecke Rua do Raimundo, findet man das **Touristeninformationsbüro (1).** Auf dem Giraldo Platz soll König João II. der Enthauptung seines Rivalen und Schwagers Fernando Herzog von Bragança beigewohnt und König Sebastião der Verbrennung von Inquisitionsopfern zugesehen haben.

An der nördlichen Schmalseite des Platzes erkennt man die **Renaissancekirche Santo Antão (13).**

Von der Mitte des Giraldo-Platzes, ziemlich genau gegenüber des Touristeninformationsbüros, führt die schmale, von einigen hübschen Häusern teils mit Azulejo-Fassaden gesäumte Rua de 5 de Outubro direkt zum Largo Marquês de Marialava unmittelbar vor der **Sé**, der **Kathedrale (14) [N38° 34' 18.3" W7° 54' 26.2"]** von Évora. Der gotische Bau mit seiner fast schmucklosen Fassade stammt aus dem 12./13. Jh. Zwei trutzige, einer Festung würdige, viereckige Türme flankieren das mächtige Hauptportal. Beachtenswert sind dort in der Vorhalle die **Apostelfiguren** aus dem

14. Jh. Im Inneren der Kathedrale, das von manchen als mehr interessant als schön bezeichnet wird, sind die achteckige Vierungskuppel, die Rosetten in den Seitenschiffen, die vergoldete Holzplastik des Erzengels Gabriel an der Südostseite des Schiffes, der **Kirchenschatz** im Kapitelhaus und das **Chorgestühl** bemerkenswert *(geöffnet tgl. 9 - 12, 14 - 17 Uhr)*. Zu den Sehenswürdigkeiten der Kathedrale zählt außerdem der gotische **Kreuzgang** aus dem 14. Jh.

An die Kathedrale schließt im Norden das ehemalige **Bischöfliche Palais** aus dem 16. Jh. an. Heute ist dort das **Museu de Évora (15) [N38° 34‘ 20.2“ W7° 54‘ 26.4“]**, ein Museum für Altertümliche Kunst, untergebracht *(geöffnet Di - So 10 - 18 Uhr)*. Eine Skulpturensammlung von der Römerzeit bis in neuere Zeit und eine Gemäldegalerie mit Werken von Meistern des 16. Jh., darunter auch flämischen Künstlern, nehmen den meisten Raum ein. Die Eintrittskarten haben auch Gültigkeit im Museu de Artes Docorativas (22).

Der nach Norden anschließende Platz **Largo Conde de Vila-Flor** wird geprägt von stattlichen Resten eines römischen Tempels, dem sog. **„Dianatempel“ (16) [N38° 34‘ 22.3“ W7° 54‘ 26.4“]**. Er stammt aus dem frühen 2. Jh., der Zeit Kaiser Hadrians, und weist auf einem rechteckigen Sockel eine Reihe korinthischer Säulen mit kannelierten Granitschäften und Kapitellen aus Estremoz-Marmor auf. Vor allem die Säulen an der Nordseite sind noch recht gut erhalten.

Kurioserweise hat der Tempel, der wahrscheinlich der Göttin Diana geweiht war, seinen guten Zustand der Sorglosigkeit früherer Generationen zu verdanken, die den Tempel langsam aber sicher mit Müll zuschütteten und schließlich zumauerten. Noch Anfang des 19. Jh. berichteten Reisende, dass sie von einem römischen Tempel kaum etwas erkennen konnten. Erst 1870 wurde das Monument wieder „ausgegraben“.

Mein Tipp! Eine der schönsten **Pousadas** Portugals ist im ehemaligen Kloster **Dos Lóios (17)** östlich neben dem Dianatempel eingerichtet worden. Die Klosterkirche kann besichtigt werden. Ein Aufenthalt in der gepflegten, wenn auch nicht eben billigen Pousada kann nur empfohlen werden. Marmorne Springbrunnen, maurische Bögen, ein ruhiger Kreuzgang bilden das stilvolle Ambiente.

Vom Platz mit dem „Dianatempel“ gehen wir die Straße geradeaus (nordwärts) hinunter. Rechts liegt der **Paço**

Der „Dianatempel“ am Largo Conde de Vila-Flor in Évora

dos Duques de Cadaval (18), der Palast der Herzöge von Cadaval. König João I. ließ ihn ausgangs des 14. Jh. erbauen und machte ihn Martim Afonso de Melo, dem Gouverneur von Évora, zum Geschenk. Im Palast residierte später König João III. und im 18. Jh. König João V.

Nach dem Gebäudekomplex an der Hauptstraße rechts und durch die Grünanlage zurück zum Ausgangspunkt an der Universität.

Weitere Sehenswürdigkeiten

Weitere Sehenswürdigkeiten sind im Norden der Stadt der alte **Aquädukt (19)**, der **Calvário Konvent (20),** eine Stiftung der Infanta Maria aus dem 16. Jh., erbaut von den Architekten Afonso Álvares und Mateus Neto, sowie der im Osten der Stadt gelegene **Konvent Santa Clara (21),** erbaut um 1450 und im 16. Jh. erweitert, mit schöner Barockkirche und Renaissance-Kreuzgang.

Schließlich ist in der Rua do Raimundo am südwestlichen Rand der Altstadt innerhalb der Stadtmauern die Kirche **Igreja das Mercês (22) [WP 254 / N38° 34' 07.7" W7° 54' 43.7"]** zu erwähnen. Sie entstand in der zweiten Hälfte des 17. Jh. und beherbergt heute das **Museu de Artes Decorativas,** ein Museum für sakrale und dekorative Kunst *(geöffnet Di - So 10 - 12.30, 14 - 17 Uhr)*. Die Eintrittskarten haben auch Gültigkeit im Museu Regional de Évora (15).

Im Süden, vor den Toren der Altstadt, liegt an der Straße zum Bahnhof die **Eremitage São Brás.** Sie wurde 1480 von König João II. gegründet und im gotischen Stil mit Mudéjarelementen ausgeführt. Der Bau wirkt durch seine zahlreichen Rundtürme und die Zinnen eher wie ein Festungsbau.

Es lohnt, abends, wenn die öffentlichen Gebäude beleuchtet sind, nochmals in die Stadt zurückzukehren.

PRAKTISCHE HINWEISE – ÉVORA

Posto de Turismo [N38° 34' 14.25" W7° 54' 33.92"], Praça do Giraldo 73, 7000-842 Évora, Tel. 266 77 70 71, www.visitalentejo.pt, www.cm-evora.pt. *Geöffnet Apr. - Sept. tgl. 9 - 19 Uhr, Okt. - März tgl. 9 - 18 Uhr.*

Feste, Folklore – Feira de S. João mit Folklore, letzte beiden Wochen im Juni.

RESTAURANTS

O Antão, Rua João de Deus 5, Tel. 266 70 64 59, www.antao.pt; mitten in der Innenstadt an der Nordseite des Praça do Giraldo, gepflegte Küche und sehr gutes Preis-Leistungs-Verhältnis, Montag und Dienstagmittag geschlossen.
Conzinha de Santo Humberto, Rua da Moeda 39, Tel. 266 70 42 51, recht gutes Restaurant in ehemaligem Weinkeller, mittlere Preislage, in der Innenstadt unweit westlich des Praça do Giraldo, regionale Küche. Im November geschl.

HOTELS

Mein Tipp! Wenn Sie sich etwas gönnen wollen, logieren Sie in der **Pousada de Évora Convento dos Lóios** *****, 31 individuell gestaltete, komfortable Zimmer und 2 Suiten, Largo Conde de Vila-Flor, Tel. 266 73 00 70, www.pestana.com/de/hotel/pousada-evora; eingerichtet in einem ehemaligen Kloster aus dem 16. Jh.; mitten in der Innenstadt, teuer, direkt neben dem „Dianatempel" und nahe der Kathedrale, Schwimmbad, Parkplatz, gutes Restaurant. Regionale Spezialitäten: „Sopa de tomate à Alentejana" (Tomatensuppe nach Alentejo Art), „Poejada de bacalhau" (Stockfisch mit Knoblauch-Kräuter-Sauce), „Encharcada" (süße Eierpfannkuchen).
M'AR De AR Muralhas ****, 91 Zi., Travessa da Palmeria 4, Tel. 266 73 93 02, www.mardearhotels.com; angenehmes, sehr komfortables Stadthotel der gehobenen Mittelklasse, obere Preislage, am Westrand innerhalb der mauerumgebenen Altstadt, schöner Hotelgarten mit Schwimmbad, Restaurant, WLAN. Garage. In der Nachbarschaft öffentlicher Parkplatz.

Dom Fernando ***, 103 Zi., Av. Dr. Barahona 2, Tel. 266 73 79 90, www.hotel-domfernandoevora.com; im südlichen Stadtbereich neben der markanten Kirche São Brás, sehr komfortables Haus der Mittelklasse, gehobene Preislage, Schwimmbad, Garten, Restaurant, WLAN. Öffentl. Parkmöglichkeit.

Ibis Évora **, 87 Zi., Quinta da Tapada, Tel. 266 76 07 00, www.ibishotel.com; südwestlich außerhalb der Altstadt, gegenüber der Stierkampfarena, einfach, aber komfortabel und relativ preiswert und mit hauseigenem Parkplatz, Bar mit Terrasse, WLAN.

Pensão Riviera *,** 21 Zi., Rua 5 de Outubro 49, Tel. 266 73 72 10, www.riviera.evora.com; mitten in der Altstadt zwischen Praça do Giraldo und Kathedrale, gleich neben der Pension liegt das **Restaurant Conzinha Alentejana** (Tel. 266-70 27 72, gut und relativ preiswert).

CAMPING

Camping Orbitur de Évora [WP 175 / N38° 33' 26.3" W7° 55' 32.9"], Estrada de Alcáçovas, Tel. 266 70 51 90, www.orbitur.pt/camping-evora/; 1. Jan. – 31. Dez.; ca. 2 km südwestlich von Évora an der Straße N-380 nach Alcáçovas; von Mauern und Zaun eingefriedetes Gelände mit zwei völlig unterschiedlichen Platzteilen – ein sandiger, unebener, leicht geneigter Teil unter hohen Eukalyptusbäumen und ein zweiter Teil etwas höher gelegen, eben, parzelliert, mit Laubbäumen und etwas ansprechender; ca. 4 ha – 200 Stpl.; nicht mehr ganz zeitgemäße Sanitärausstattung; im Sommer Laden, Restaurant, öffentliches Schwimmbad, Tennis. **V & E für Wohnmobile**.

Ausflüge ab Évora

Arraiolos liegt 22 km nördlich von Évora an der N-370.

Etwa vier Kilometer vor dem Ort sieht man östlich der Straße das Haus „Sempre Noiva" (etwa „Die ewige Verlobte"), in der einst die widerspenstige Braut Juliana de Sousa Coutinho gelebt haben soll. Das 13-jährige Mädchen war gegen ihren Willen dem Sohn des Marquês de Pombal versprochen worden. Drei Jahre konnte sie sich im Calvário Konvent in Évora den ehelichen Pflichten entziehen, worauf die Ehe annulliert wurde und Juliana ihre Jugendliebe heiraten konnte.

Arraiolos liegt, wie so viele Orte im Alentejo, hübsch auf einem Hügel mit einer **Burgruine** aus dem 14. Jh. Bekannt sind die bunten **Wollteppiche** aus dem Ort.

Mein Tipp! Unweit nordwestlich des Ortes ist in einem wunderschön restaurierten, abgeschieden und sehr ansprechend gelegenen ehemaligen Konvent aus dem 16. Jh. die **Pousada Convento de Arraiolos,** Nossa Senhora da Assunção, eingerichtet, 32 Zi., gehobene Preislage, Tel. 266 41 93 40, www.pestana.com/de/Pousada-Arraiolos. Der Gast kann u. a. in zwei Kreuzgängen wandeln oder sich im Schwimmbad mit Aussicht erholen. WLAN. Tennis. Parkplatz. Restaurant. Lokale Spezialitäten: „Sopa seca de alhos" (Knoblauchsuppe), „Lombo de porco em massa de coentrada" (Schweinefilet in scharfer Paprikapaste), „Bolo de mel e noz" (Kuchen mit Honig und Walnüssen).

Den **Cromleque dos Almendres [N38° 33' 26.3" W7° 55' 32.9"]**, einen steinernen Zeugen aus der prähistorischen Megalithkultur, findet man rund 10 km westlich von Évora bei **Guadeloupe**, ein gutes Stück südlich der N-114 (oder Ausfahrt 5 der Autobahn A-6/IP-7/E-90). Steinkreise aus tonnenschweren Granitfindlingen, Menhire, aufrecht stehende Steine, Dolmen und Hünengräber sind dort erhalten. Sie erinnern an eine rätselhafte Kultur, die sich vor etwa 5.000 Jahren über fast ganz Europa, vom Norden über Irland, England und die Bretagne bis auf die iberische Halbinsel erstreckte.

TOUR 16: ÉVORA - ELVAS - GUARDA

Länge der Tour: Rund 355 km, ohne Abstecher

Die Route: Über die Straße N-18/A-6/IP-7/E-90 und über **Évoramonte** und **Estremoz** bis **Elvas** – N-246 über **Sta. Eulália** (Bahnunterführung 3,0 m!) bis **Portalegre** – N-359 über **Alvarrões** und **Portagem** bis **Marvão** und zurück bis **Portagem** – N-246/IP-2/E-802 über **Castelo de Vide** bis **Gardete** – A-23/IP-2/E-802 über **Castelo Branco** und **Fundão** bis **Guarda**.

Umweg: Von **Castelo Branco** über **Monsanto** nach **Fundão.**

Reisedauer: Mindestens ein Tag, besser zwei Tage.

Höhepunkte: Die Lage der **Ritterburg von Évoramonte** **– Ober- und Unterstadt von **Estremoz** * – der Herzogenpalast in **Vila Viçosa** ** – der **Aqueduto da Armoreira** **, die **Festungsanlage** ***, das **Kastell** und die **Altstadt von Elvas** – ein Spaziergang durch **Portalegre** – der Blick von der Burg in **Marvão** *** – **Monsanto** *, das „portugiesischste Dorf Portugals".

Route: *Von Évora auf N-18 nordostwärts nach* **Évoramonte**, *30 km.*

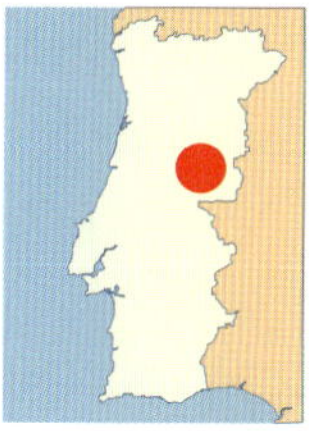

Das kleine Städtchen **Évoramonte** liegt malerisch auf einem Hügel. Oben thront eine schon fast klassisch zu nennende Ritterburg, das **Castelo de Évoramonte [WP 176 / N38° 46' 21.15" W7° 42' 51.48"]** mit einem gewaltigen Bergfried mit vier mächtigen Ecktürmen. Man sollte in die Oberstadt und zum Burgtor des Castelo hinauffahren (beschildert mit „Centro Historico"), auch wenn die Auffahrt etwas steil ist. Die Burg wurde innen schön restauriert und kann besichtigt werden. Der prächtige **Rundblick** in die Landschaft des Nordalentejo von der Burg lohnt den Weg.

Im Mai 1834 war Évoramonte Unterzeichnungsort des Dokuments, das den Bürgerkrieg beendete. In den Wirren des Bürgerkrieges zwischen 1832 und 1834 hatten sich die Anhänger der Brüder König Joãos VI., Pedro (Kaiser von Brasilien) und Miguel (König von Portugal zwischen 1828 und 1834, geht nach dem Bürgerkrieg ins Exil) bekriegt. Eine Plakette an der **Casa da Concenção** erinnert an das historische Ereignis.

Route: *Weiter auf der N-18 nordostwärts nach* **Estremoz**, *17 km.*

Estremoz ist umgeben von einer ausgezeichnet erhaltenen **Stadtmauer** aus dem 17. Jh. Die Stadt mit heute annähernd 8.000 Einwohnern wird überragt von dem schneeweißen Bau der **Marienkirche [N38° 50' 29.91" W7° 35' 31.46"]** und dem viereckigen Wehrturm einer mittelalterlichen **Burg [N38° 50' 30.95" W7° 35' 33.68"]** (heute Pousada Reinha Santa Isabel) weiter im Westen der Stadt.

Am besten parkt man (außer am Markttag Samstag) auf dem zentralen Stadtplatz **Rossio Municipal [WP 178**

CAMPING – ÈVORAMONTE

Camping Alentejo [WP 177 / N38° 47' 37.0" W7° 41' 10.0"], Tel. 268 95 92 83, www.campingalentejo.com; 1. Jan. – 31. Dez.; an der N-18 bei KM 236, 4 km östlich von Évoramonte; naturbelassenes Wiesengelände im Eichenwäldchen; einfache Standardausstattung. Schwimmbad.

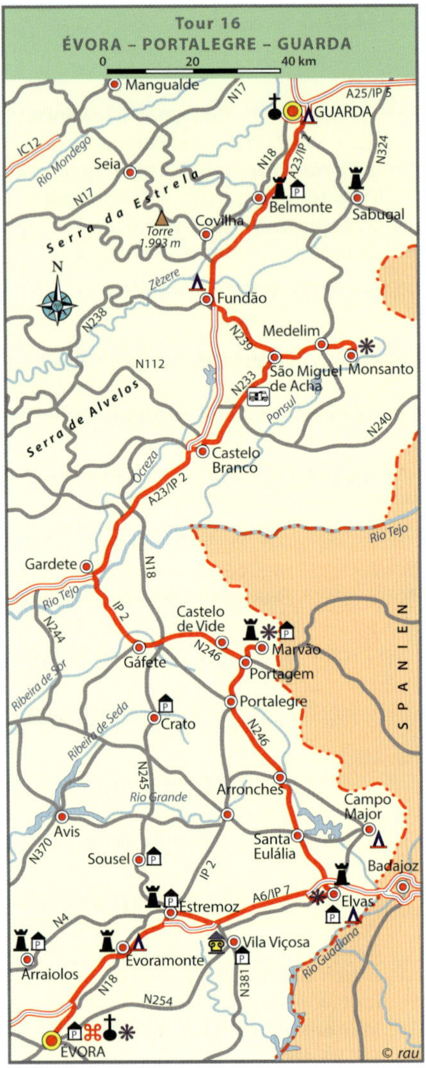

/ N38° 50′ 35.0″ W7° 35′ 12.2″]. Estremoz besteht eigentlich aus zwei Städten, einer **Unterstadt (A Baixa)** und der älteren **Oberstadt (Vila Velha)**. Das Zentrum der Unterstadt ist der **Rossio-Platz [WP 177 / N38° 50′ 35.0″ W7° 35′ 12.2″]**, der einmal **Praça Marquês de Pombal** hieß und heute auch als Largo da República bekannt ist. Ihn umgeben markante Bauten wie die **Câmera Municipal,** das Rathaus, mit schönen Azulejomotiven im Inneren, das in einem ehemaligen Konvent aus dem 16. Jh. eingerichtet ist. Samstags wird der Rossio-Platz durch einen bunten **Markt** belebt. Vor allem werden Keramik und Töpferwaren angeboten. Estremoz ist bekannt für seine irdenen Flaschenkrüge, die typischen **„Moringues“.** Sie haben die geschätzte Eigenschaft, dass ihr relativ poröses Material den Inhalt durch Verdunstung kühl hält.

Zwei Straßen weiter westlich vom Rossio steht mitten auf einem hübschen Platz eine mittelalterliche Prangersäule.

Am Südwestrand des Stadgebietes wird die von wehrhaften Bastionen umgebene **Oberstadt Vila Velha** beherrscht vom viereckigen, fast 30 m hohen **Torre de Menagem [N38° 50′ 30.18″ W7° 35′ 32.32″]**, dem Turm der ehemaligen Burg von Estremoz. König Dinis ließ diesen Donjon im 13. Jh. erbauen. Im zweiten Obergeschoss befindet sich ein bemerkenswerter, achteckiger Saal, dem sich die ehemalige königliche Residenz anschließt. Heute ist hier die **Pousada da Rainha Santa Isabel** eingerichtet, die zu den schönsten im Lande zählt.

Königin Isabel war die Gattin König Dinis'. Sie stammte aus Aragón und starb hier im Jahre 1336. Isabel wurde später heiliggesprochen. In der Palastkapelle sieht man Azulejos mit Motiven aus dem Leben der Königin, vor allem über die wundersame Begebenheit, die Anlass für ihre Heiligsprechung war, das „Wunder der Rosen“.

Die Legende berichtet, dass Königin Isabel, bekannt für ihre Barmherzigkeit, wieder einmal auf dem Weg zu den Armen war. Sie wollte die Notleidenden mit Gold beschenken. Diesmal aber wurde die Königin von ihrem misstrauischen, geizigen Gatten überrascht. Er forderte Isabel auf, ihren Mantel zu öffnen. Aber, oh Wunder, die Goldgeschenke hatten sich in unschuldige Rosen verwandelt. Ein schneeweißes Denkmal der barmherzigen Königin Isabel sieht

PRAKTISCHE HINWEISE – ESTREMOZ

Posto de Turismo, Casa de Estremoz, Rossio Marquês de Pombal, 7100-513 Estremoz, Tel. 268 33 92 27, www.cm-estremoz.pt. *Geöffnet tgl. 10 - 13 + 14 - 18 Uhr.*

RESTAURANT

Mitten in der Unterstadt, direkt am Rossio Marquês de Pombal Nr. 27, findet man das einladende **Restaurant Águias d'Ouro,** gute Küche, mittlere Preislage.

HOTELS

Páteo dos Solares Charm Hotel ****, 40 Zi., Rua Brito Capelo, Tel. 268 33 84 00, www.pateosolares.com; Landhotel der guten Mittelklasse in gediegenem Stil, einige Zimmer mit Kamin, exquisites Restaurant, erlesener Weinkeller, Terrasse, Schwimmbad, Wellnesscenter, Fahrradverleih, WLAN. Parkplatz.
Pousada Castelo Estremoz Rainha Santa Isabel *****, 29 Zi., Largo Dom Diniz, Tel. 268 33 20 75, www.pestana.com/de/hotel/pousada-estremoz; luxuriöse Unterkunft im mittelalterlichen Ambiente des Castel de Estremoz, teuer, gepflegter Service, ansprechend gelegen mit Ausblicken, Gartenterrasse, Schwimmbad, Restaurant mit vorzüglicher Küche. Regionale Spezialitäten: Seeteufel mit Venusmuscheln und Koriander, Lammbraten mit Rosmarin oder „Manjar celeste" (Cremespeise).
Hotel Imperator *,** 65 Zi., Fonte do Imperador 4, Tel. 268 33 99 50, www.hotel-imperador.com; an der N-4 etwa 3 km westlich von Estremoz, dennoch ansprechend gelegen, recht komfortabel und relativ preiswert, sehr gutes Restaurant, WLAN. Parkplatz. Keine Haustiere.

man auf dem Platz vor dem Palastturm. Schräg gegenüber vom Palastturm steht die **Marienkirche** aus dem 16. Jh., daneben die **Sala de Audiência de Dom Dinis**, der königliche Audienzsaal von König Dinis, mit einem sehenswerten gotischen Säulengang (colonata gótica) und einer Galerie mit Miniaturkeramiken und traditionellen Tonfiguren aus Estremoz.

Im ehemaligen Hospital gegenüber der Pousada ist das kleine **Museu Municipal de Estremoz Professor Joaquim Vermelho** zu erwähnen. Hier werden vor allem Töpferwaren, Möbel, Holz- und Horngegenstände der Region, eine Waffensammlung u. ä. gezeigt.

Die Gegend um Estremoz ist bekannt für ihren Marmor, der in vielen, nicht nur kirchlichen oder königlichen Bauten verwendet wurde. Selbst Philipp II. von Spanien hat Marmor von hier für seinen Klosterpalast Escorial nach Spanien schaffen lassen.

Route: *Der weitere Verlauf unseres Reiseweges führt ostwärts zur Autobahn A-6/IP-7/E-90 (Ausfahrt 8 bei* **Borba***) der wir weiter bis* **Elvas** *folgen, 40 km.*

Abstecher nach Vila Viçosa

Ab **Borba**, einem hübschen kleinen Städtchen, das für seinen ausgezeichneten Wein bekannt ist, lohnt ein Abstecher ins knapp 7 km südöstlich gelegene Vila Viçosa an.

Vila Viçosa, die „schattige Stadt", liegt sehr ansprechend an bewaldeten Hängen. Sie ist die große alte Stadt der Herzöge von Bragança. Seit dem 15. Jh. bis zum Ende der Monarchie im Jahre 1910 war hier ihre Residenz.

Die größte Sehenswürdigkeit der Stadt ist denn auch der **Paço Ducal oder Casa de Braganca**, der **Herzogenpalast [N38° 46' 55.21" W7° 25'15.99"]** *(geöffnet Mi - Fr 10 - 13 Uhr, Sa + So 9.30 - 13 Uhr, www.fcbraganca.pt)*. Auf dem Platz davor steht die Statue König Joãos IV. Der Palast wurde Anfang des 16. Jh. vom 4. Herzog von Bragança, Dom Jaime I., angelegt. Der Komplex besteht im wesentlichen aus zwei Gebäudeflügeln,

Kork, Wein und Latifundien – Der Alentejo

Der Distrikt, durch den wir seit dem Verlassen der Algarve-Region fahren und in dem unsere Rundreise durch Portugal endet, ist der **Alentejo**, Portugals größte zusammenhängende Provinz. Sie erstreckt sich südlich des Tejo (deshalb auch „Alentejo" – „über dem Tejo") bis zum Algarve und von der spanischen Grenze bis zum Atlantik. Die Provinz ist unterteilt in den ***Alto Alentejo*** und den ***Baixo Alentejo*** (Ober- und Unter-Alentejo). Hauptstädte sind Évora und Beja.

Der Alentejo ist die Kornkammer Portugals. Endlose Weizenfelder, die ihre Farbe im Laufe der Jahreszeit verändern und das Landschaftsbild mit prägen, erstrecken sich über die sanften Hügel.

Korkeichenstamm

Ein anderes Hauptprodukt ist der **Kork**. Oft dehnen sich die Korkeichenhaine soweit das Auge reicht. Alle neun Jahre kann die Korkeiche geschält werden, stückweise natürlich nur. Dazu trennen die Arbeiter mit Äxten die Rinde gekonnt auf, gerade noch bis zum Holz, und schälen sie dann ab. Danach wird der Stamm mit einer Zahl gekennzeichnet, der Endziffer des Schäljahrs. Ein anderer typischer Baum im Alentejo ist der Ölbaum.

Wein aus dem Alentejo – Im sonnenverwöhnten Alentejo erstrecken sich aber auch ausgedehnte Weinberge, die einen unverwechselbaren Qualitätswein hervorbringen. Im wesentlichen pflegt man sechs Rebsorten, drei Weißwein- und drei Rotweinarten. Unter den **Weißweinen** des Alentejo kennt man den „Roupeiro" mit feinem Aroma und Zitrusnote, der als ausgewogen gilt, dann den ergiebigen „Ovelha", der von klarer Farbe ist und schließlich den „Antão Vaz", dem ein einzigartiges und individuelles Aroma nachgesagt wird.

Zu den **Rotweinen** zählen der aromatische „Periquita", der fruchtig frische „Trincadeira" und der tiefrote, körperreiche „Arragonez".

Der Alentejo ist seit alters her auch das **Land der Latifundien** und der Großgrundbesitzer. Für den größten Teil der Landbevölkerung bieten die Ländereien die einzigen Arbeitsplätze, das aber oft auch nur saisonweise wie zur Ernte oder zum Schälen der Korkeichen.

Die soziale und wirtschaftliche Diskrepanz zwischen Großgrundbesitz und Landarbeiter führt immer wieder zu politischen Unstimmigkeiten. Und schon fast traditionsgemäß ist der Alentejo politisch gesehen rot. Nach der Revolution von 1974 wurden viele der Großgrundbesitzer enteignet, das Land den früheren Feldarbeitern, Pächtern oder Kooperativen übereignet. Aber Erstaunliches stellte sich ein. Die Erträge sanken, anstatt zu steigen. Den Arbeitern fehlte die Erfahrung, große Ländereien in eigener Verantwortung zu bewirtschaften und vor allem wirtschaftlich zu führen. Die Landreform musste geändert, mitunter den ehemaligen Großgrundbesitzern ihr Land, oder Teile davon, zurückgegeben werden.

In früheren Jahrhunderten war der Alentejo aber auch ein ständig umkämpftes Gebiet. Kaum ein Ort, der nicht eine Burg oder eine Festung aufweist. Zuerst waren es die Mauren, gegen die man anzukämpfen hatte. Später musste man sehen, dass die Spanier nicht Fuß fassten. Zwar waren die Herrscherhäuser Portugals und Spaniens meist durch Heirat verbunden, aber das waren, wie in jener Zeit an allen Höfen üblich, Zweckbündnisse.

Alentejolandschaft bei Évoramonte

Die vielen Kastelle im Grenzgebiet machen das Misstrauen der Portugiesen damals gegenüber ihrem Nachbarn deutlich. Und ein altes Sprichwort sagt: „Aus Spanien kommt weder guter Wind noch gute Heirat."

Das gegenseitige Verhältnis zwischen Portugiesen und Spaniern ist nicht eben ein herzliches, freundschaftliches, eher ein distanziertes von Seiten der Portugiesen und ein etwas herablassendes vielleicht von Seiten der Spanier. Man lebt nebeneinander her wie ein ergrautes Paar, das durch zu viele Zwistigkeiten im Laufe des Ehelebens seine ehrliche Zuneigung verloren hat.

„Der Alentejo kennt keine Schatten", heißt es, ein deutlicher Hinweis auf die sonnendurchglühten Ebenen. Aber die Alentejanos haben es längst gelernt, sich gegen die Sommerglut zu schützen. Ihren Häusern geben sie jedes Jahr einen neuen, schneeweißen Kalkanstrich und die wenigen kleinen Fenster lassen zwar Luft, aber nur wenig Sonne ins Heim. Und um auch jeden Lufthauch auszunützen, liegen Orte und Einzelgehöfte meist auf einem Hügel.

Der heiße Sommer eignet sich auch nicht sonderlich zum Reisen im Alentejo. Viel angenehmer ist da das Frühjahr. Dann hat die Landschaft auch farblich mehr zu bieten. Im Herbst findet dafür so mancher Jahrmarkt und so manches Fest statt.

Évoramonte

die auf Führungen besichtigt werden können. An der Nordseite des Palastes ist die **Porta dos Nós**, das kuriose **„Knoten-Tor“** interessant.

Außerdem kann man dem sehenswerten Kutschenmuseum **Museu dos Coches** einen Besuch abstatten. In mehreren Räumen, u. a. im ehemaligen königlichen Marstall, sind rund 70 Kutschen und Kaleschen zu sehen.

Weitere bedeutende Gebäude umgeben den Palast-Platz. An der Ostseite steht die Augustiner-Kirche **Convento dos Agostinhos**, die Grabkirche der Herzöge von Bragança, mit Marmorsarkophagen. Die Herzoginnen hingegen wurden im **Antigo Convento das Chagas**, dem Konvent der Wunden Christi beigesetzt, der an der Südseite des Platzes liegt.

Im ehemaligen Klarissinnenkloster neben dem Herzogenpalast ist heute nach umfangreichen Restaurierungsarbeiten die **Pousada Dom João IV.** eingerichtet s. u.

Elvas – Am Westrand der Stadt sieht man den riesigen **Amoreira Aquädukt [N38° 52′ 40.3“ W7° 10′ 17.6“],** der schon zur Römerzeit existierte, aber erst ausgangs des 15. Jh. in 50-jähriger Bauzeit von Francisco de Arruda zu der 700-bogigen, rund 7 km langen Wasserleitung ausgebaut wurde.

Die mächtigen **Festungsanlagen,** Mauern und Bastionen machen deutlich, dass Elvas lange ein strategisch wichtiger Grenzposten war. Das im Süden der Stadt vorgelagerte **Forte de Santa Luzia** gilt als die besterhaltene Bastion aus dem 17. Jh. in ganz Portugal.

Am besten parkt man auf den **Parkpätzen [WP 179 / N38° 52′ 41.13“ W7° 10′ 20.19“]** am Aquädukt. Es ist sehr ratsam die Stadt zu Fuß zu besichtigen. In den oft recht verwinkelten Gassen der Altstadt einen Parkplatz zu finden ist fast nicht möglich.

Wir beginnen unseren **Rundgang durch die Altstadt von Elvas** an der **Porta de Évora [N38° 52′ 42.41“ W7° 9′ 58.58“]** an der Südwestseite der Altstadt. Gleich nach dem breiten Durchgang durch die Stadtmauer kommt man hinter der Festungsmauer auf den kleinen Platz Largo de 25 de Abril mit dem schönen marmornen **Misericórdia-Brunnen** aus dem 17. Jh. Der Ritter oben auf dem Brunnen soll König Sancho II. darstellen, der Elvas 1226 von den Mauren befreite.

Geht man durch die Rua Alferes C. Pinto und über den Largo da Misericór-

PRAKTISCHE HINWEISE - VILA VIÇOSA

Posto de Turismo, Praça da República, 7160-207 Vila Viçosa, Tel. 268 88 93 17, cm-vilavicosa.pt. *Geöffnet tgl. 9 - 12.30 + 14 - 17.30 Uhr.*

HOTEL

Pousada Dom João IV. *****, 34 Zi., Convento das Chagas, Terreiro do Paço, Tel 268 98 07 42, www.pestana.com/de/hotel/pousada-vila-vicosa ; eingerichtet in einem ehemaligen Konvent beim Herzogenpalast, sehr komfortabel, teuer, sehr gutes Restaurant. Parkplatz. Regionale Spezialitäten: Glatthai in Koriandersauce, Lammbraten auf alentejanische Art, Gebäck nach Art des Klosters Vila Viçosa.

dia, dann die weiterführende Rua da Cadeie, vorbei am linkerhand gelegenen Fernadina Turm, der einst Teil der maurischen Stadtbefestigung war, weiter stadteinwärts, stößt man bald linkerhand auf den zentralen Stadtplatz **Praça da República [N38° 52′ 50.4″ W7° 09′ 48.5″].**

Bei Arbeiten zur Umgestaltung des Platzes hat man 2004 interessante archäologische Funde gemacht.

An der Südseite des Platzes ist das **Touristeninformationsbüro** zu finden und an der Nordseite des leicht ansteigenden Platzes liegt die **Igreja de Nossa Senhora da Assunção** (Mariä Himmelfahrt), die ehemalige Kathedrale von Elvas. Der dreischiffige Kirchenbau mit seinem wuchtigen, gedrungenen Turm stammt aus dem 13. Jh., wurde aber im 16. Jh. von Francisco de Arruda umgebaut und mit manuelinischen Stilelementen versehen. Den Rang einer Kathedrale verlor die Kirche 1882, als der Bischofssitz von Elvas verlegt wurde.

Wir gehen rechts an der Kirche vorbei. Gleich dahinter liegt die achteckige **Kirche Nossa Senhora da Consolação.** Die Renaissancekirche stammt aus dem 16. Jh. und hat im Inneren schön bemalte Säulen, auf denen die mit reichem Azulejoschmuck versehene zentrale Kuppel ruht. An der Kanzel schmiedeeiserne Geländer.

Wenige Schritte weiter kommt man auf den kleinen, kopfsteingepflasterten Platz **Largo Santa Clara [N38° 52′ 54.7″ W7° 09′ 52.0″].** Hier fällt gleich der **Pelourinho,** die Prangersäule auf, die in früheren Zeiten ein Symbol für Gerichts-

Blick von Évoramonte auf die Landschaft des Alentejo

Der Aquädukt von Elvas

barkeit einer Stadt war. Die im manuelinischen Stil gearbeitete Steinsäule steht auf einem Treppensockel, stammt aus dem 16. Jh. und hat an der Spitze noch die Eisenhaken, an denen einstmals die Häupter geköpfter Bösewichte als drastische Lehre aufgehängt worden sein sollen.

An der Bergseite des Platzes sieht man einen Torbogen und die Türme der alten Stadtmauer. Über dem Tor fällt eine kleine Loggia mit drei Bögen auf, der Solar dos Mesquitas. In dem Haus soll einstmals König Philip II. von Spanien drei Monate lang residiert haben.

Geht man nordwärts weiter, gelangt man schließlich zur **Burg Castelo de Elvas [N38° 52‘ 58.8“ W7° 09‘ 47.3“]** *(geöffnet Mo - Fr 9:30 - 13, 14:30 - 17:30 Uhr, www.cultura-alentejo.pt),* die bereits von den Mauren angelegt, aber im 14. Jh. von König Sancho und im 16. Jh. von König João II. weiter ausgebaut wurde. Von den Festungsmauern genießt man einen weiten Panoramablick. Weiter im Norden erkennt man die Festung **Forta da Graça**, die im 18. Jh. von einem Grafen de Lippe auf dem Gelände einer früheren Dominikanerklause errichtet worden ist.

Wenn man aus der Festung kommt, kann man links bis zum Torbogen **Arco de Miradeiro** gehen, der einstmals den Zugang zum alten arabischen Viertel markierte.

Nach dem Tor kann man entweder rechts zurück zur Praça de República oder links einen Treppenweg hinab zum Platz Largo dos Terceiros mit der **Igreja de S. Francisco** (18. Jh.) und weiter bis zur **Igreja de S. Pedro [N38° 52‘ 55.70“ W7° 9‘ 37.76“]** an der Praça de S. Vicente mit einem Brunnen aus dem 17. Jh. gehen. Von dort gelangt man über die ansteigende Rua Sá da Bandeira und vorbei am maurischen Bogen Arco da Senhora da Encarnação zurück zum zentralen Stadtplatz Praça de República.

PRAKTISCHE HINWEISE - ELVAS

Posto de Turismo, Praça da República, 7350-126 Elvas, Tel. 268 62 22 36, www.cm-elvas.pt. *Geöffnet im Sommer Mo - Fr 9 - 19 Uhr, Sa + So 10 - 12.30 Uhr, im Winter Mo - Fr 9 - 18 Uhr.*

Feste - Festa do Senhor Jesus da Piedade, vom 20. bis 29. September, Volksfest mit über 200-jähriger Tradition, mit Prozession, Feuerwerk, landwirtschaftlicher Messe.

RESTAURANTS

Dom Quixote, EN4, Tel. 268 62 20 14, mittlere Preislage, liegt etwas außerhalb, knapp 4 km westlich. Spezialitäten sind Lammbraten (Borregao no Forno) und Schweinerippchen (Migas com Entrecosto). Montags Ruhetag.
Flor de Jardim, Av. Antonio Sardinha-Jardim Municipal Alvas, Tel. 268 62 31 74; eine traditionsreiche Adresse, gute regionale Küche, südwestlich außerhalb der Stadt im Stadtpark Jardim Municipal südlich der N-4 gelegen, moderate Preise. Eine der Spezialitäten sind gefüllte Seezungenfilets.

HOTELS

SL Hotel de Santa Luzia **,** 25 Zi., Av. de Badajoz (N4), Tel. 268 63 74 70, www.slhotel-elvas.pt; südlich der Stadt an der N-4, Avenida de Badajoz, Hotelgarten, Restaurant, Schwimmbad, Tennis, WLAN. Öffentliche Parkmöglichkeit.
Estalagem Quinta de Santo António **,** Estrada de Barbacena, 30 Zi., Tel. 268 63 64 60, www.qsahotel.com/quinta.htm; ein gutes Stück nordwestlich von Elvas gelegen, zunächst etwa 4 km über die N-246 Richtung Portalegre und noch gut 4 km Richtung Barbacena; schöner alter Landsitz, ruhig gelegen, sehr komfortabel, gepflegtes Ambiente, mittlere Preislage; Schwimmbad, Tennis, Restaurant, WLAN. Parkplatz.

Der Pranger am Largo Santa Clara in Elvas

CAMPING

Parque de Campismo da Piedade [WP 180 / N38° 52' 23.53" W7° 10' 48.71"], Parque da Piedade, Tel. 268 62 28 77; 1. April - 15. Sept.; am südwestlichen Stadtrand, beschilderte Zufahrt von der N-4 (Elvas - Évora), 200 m vom Gebäude „Coliseu"; zweigestuftes, leicht geneigtes Gelände mit Eukalyptusbäumen; ca. 1 ha - 100 Stpl.; Standardausstattung. Restaurant. In der Nähe Supermarkt.

Campo Maior
Camping Rural Os Anjos [WP 181 / N39° 0' 30.27" W7° 2' 54.74"], Estrada da Senhora da Saude, Tel. 268 68 81 38, www.campingosanjos.com; 1. Jan. - 31. Dez.; ca. 19 km nordöstlich von Elvas gelegen, von der N-373 aus Elvas kommend bis Campo Maior, im Ortszentrum Beschilderung folgen und ca. 1,5 km südostwärts weiter auf der Estrada da Senhora da Saude; terrassiertes, teils ebenes Wiesengelände, in ruhiger, ländlicher Umgebung, von Olivenplantagen umgeben; 1,2 ha - 30 Stpl.; einfache Standardausstattung. Waschmaschine, Schwimmbad, Bar, WLAN.

Abkürzende Routenalternative

Die spanische Grenze ist von Elvas nur etwa 10 km entfernt. Man kann also schon hier die Reise durch Portugal beenden und ostwärts über **Badajoz** und **Mérida** (sehenswertes Theater und Amphitheater aus der Römerzeit; Camping Complejo Mérida, [N38° 56' 8.0" W6° 18' 18.1"]; 150 Stpl.) die Weiter- bzw. Rückreise antreten.

Details über Mériada und diese Region Spaniens finden Sie in unserem **Reiseführer „Mobil Reisen: Spanien Süd"**.

HAUPTROUTE

Route: *Der weitere Verlauf unseres Reiseweges führt von Elvas auf der N-246 nordwärts über das hübsche* **Santa Eulália** *(***Achtung!*** Eisenbahnbrücke rund 1,5 km südlich von Santa Eulália mit ausgeschilderter* **maximaler Durchfahrtshöhe von 3,0 m***) und über das malerisch auf einem Hügel gelegene* **Arronches** *mit seinen weißen Häusern und seiner markanten Kirche nach* **Portalegre***, 57 km.*

Wer mit einem Fahrzeug unterwegs ist, dessen Gesamthöhe drei Meter übersteigt, nimmt den Weg über Campo Maior nach Portalegre.

Portalegre (ca. 15.000 Einw.) ist Verwaltungshauptstadt des gleichnamigen Distrikts und liegt an der Westflanke der Serra de São Mamede. Die höchste Erhebung dort ist der 1.026 m hohe **Pico São Mamede**, ein schönes Ausflugsziel.

Obwohl Portalegre eine lange Vergangenheit hat, die bis in die Römerzeit zurückreicht, sind relativ wenig Zeugen der langen Stadtgeschichte erhalten. Und wenn doch, sind sie oft von öffentlichen Institutionen belegt, was eine Besichtigung nicht zulässt. Dies gilt vor allem für die schönen alten Herrschaftshäuser, Palais und Konvente.

Am günstigsten ist es, wenn man zur Südseite der Stadtmauer fährt, dort, evtl. auf dem Platz **Praça da República [WP 182 / N39° 17' 21.8" W7° 25' 44.8"]** vor dem Distriktverwaltungsgebäude (ehemals Palast der Grafen von Ávila) und der Polizeistation einen Parkplatz sucht und durch das Stadttor und über die Rua 19 de Junho nach Westen in das alte Stadtzentrum geht.

Folgt man der Rua 19 de Junho kommt man zum großen Stadtplatz **Largo da Sé**, dem eigentlichen Zentrum der noch von einer Stadtmauer umgebenen **Altstadt**. Dominiert wird der Platz von der **Sé**, der **Kathedrale [N39° 17' 27.63" W7° 26' 0.93"]**. Sie stammt aus dem 16. Jh. Ihre Fassade wurde allerdings erst im 18. Jh. gestaltet. Beachtenswert sind der **Hochaltar**, der **Azulejoschmuck**, sowie die **Orgel** aus dem 17. Jh.

Gleich rechts neben der Kathedrale ist in der Rua da Sé in einem ehemaligen Stadtpalais aus dem 16. Jh. das **Museu Municipal,** das **Stadtmuseum** eingerichtet *(geöffnet Do - Mo 9.30 - 12.30, 14 - 18 Uhr, www.geira.pt/mmportalegre/)*. Zu besichtigen gibt es dort vor allem sakrale Kunstgegenstände, kostbare Möbel, Gemälde und Teppiche.

Etwas weiter nördlich, hinter dem Museum, in der Rua da Figueira, sieht man den **Palácio Amarelo [N39° 17' 32.67" W7° 25' 59.23"]**, nach seiner Mauerfarbe „Gelber Palast" genannt. Das Palais stammt aus dem 17. Jh. und hat schöne, für die Palácios in Portalegre typische, schmiedeeiserne Gitter an Fenstern und Balkonen.

Man kann nun parallel zur Stadtmauer, die im 13. Jh. von König Dinis angelegt worden ist, nach Norden gehen und trifft bald rechterhand auf den ehemaligen **Jesuiten-Konvent** aus dem Jahre 1695. Heute ist darin eine Fabrik für Wandteppiche untergebracht, die werktags besichtigt werden kann.

Wir gehen zurück bis zum Largo da Sé, dem Platz vor der Kathedrale, und durch die Rua 19 de Junho wieder zurück bis zu unserem Ausgangspunkt Platz Praça da República.

Unweit südlich des Platzes Praça da República liegt rechterhand das **Museu José Régio [N39° 17' 19.62" W7° 25' 47.03"]** *(geöffnet Di - So 9.30 - 13, 14.30 - 18 Uhr)*. Das Museum ist im ehemaligen Wohnhaus des 1969 verstorbenen Dichters José Régio eingerichtet. Gezeigt werden, neben Antiquitäten, vor allem

PRAKTISCHE HINWEISE – PORTALEGRE

Posto de Turismo [N39° 17' 41.4" W7° 25' 47.2"], Rossio, Rua Guilherme Gomes Fernandes 22, 7300-186 Portalegre, Tel. 245 30 74 45, www.cm-portalegre.pt. *Geöffnet tgl. 9.30 - 13 + 14.30 - 18 Uhr.*

HOTEL

Hotel Rossio **,** 18 Zi., Rua 31 de Janeiro 6, Tel. 245 08 22 18, www.rossiohotel.com; das Mittelklassehotel liegt zentral im Ort, zur Burg 10 Minuten Fußweg, Fitnesscenter, Whirlpool, Bar, WLAN. Parkplatz. Restaurants nahebei.

Sammlungen von Kunstgegenständen aus der Region, sakrale Kunstobjekte, eine umfangreiche Sammlung von Kruzifixen u. a.

Route: *Nördlich von Portalegre verlassen wir die Umgehungsstraße IP-2 und folgen der Landstraße N-359 über* **Alvarrões** *und* **Portagem** *bis hinauf nach* **Marvão**. **Parkplätze** *findet man vor dem Stadttor.*

man eine Treppe und ein Pforte in der Mauer. Gehen Sie durch die Pforte, innen rechts ist ein Lichtschalter und steigen Sie über die schmale Steintreppe hinab in die dunkle **Zisterne**, deren Gewölbe sich im Wasser spiegelt.

Durch das zweite Tor gelangt man in den **großen Burghof**. Neben dem Gebäude links vom Tor (Toiletten) führt eine schmale Steintreppe hinauf zu den

Marvão, ein sehr lohnendes Reiseziel, liegt ca. 16 km nördlich von Portalegre stolz und stark befestigt auf einem 860 m hohen Berg der Serra de São Mamede.

Von den **Parkplätzen [WP 183 / N39° 23' 46.76" W7° 22' 39.23"]** unterhalb der Stadtmauer führen gepflasterte Gassen durch das mächtige Stadttor und durch das malerische mittelalterliche 300-Seelen-Dorf hinauf zur **Burg [N39° 23' 45.58" W7° 22' 38.52"].** Vorteilhaft auf den unebenen Wegen ist gutes Schuhwerk.

Um die Burg aus dem 13. Jh. mit ihrem hoch aufragenden viereckigen **Wehrturm** gruppiert sich das malerische Städtchen mit fast mittelalterlichem Straßenbild. Man betritt die Burganlage durch das erste Burgtor. Gleich rechts sieht

Malerische Gassen in Marvão

Marvão

Zinnen der Burgmauer. Ein Umgang ohne Geländer führt um die Burgmauer. Der **Blick** von den Zinnen auf den Ort und ins Land ist sehr eindrucksvoll!

Schließlich führt ein drittes Tor zur Westbastion.

Unterhalb des Eingangstors zur Burg liegt neben dem kleinen, sehr gepflegten Park am Largo de Santa Maria die **Igreja de Santa Maria** aus dem 13. Jh., die heute das kleine **Stadt- und Heimatmuseum [N39° 23' 41.93" W7° 22' 41.34"]** *(geöffnet Di - So 9 - 12.30, 14 - 17.30 Uhr)* beherbergt. In dem Gebäude daneben findet man das **Touristenbüro**.

Mein Tipp! Übernachten kann man in Marvão z. B. in der **Pousada de Santa Maria** ****, 28 Zi., Rua 24 de Janeiro 7, Tel. 245-99 32 01, Fax 245-99 34 40, www.pousadas.pt; in ansprechender Lage am Rande von Marvao hoch über dem Tal mit weitem Panoramablick, Restaurant. Regionale Spezialitäten: „Amêijoas com molho de coentros" (Jakobsmuscheln mit Koreandersauce), „Migas à Alentejana com carne de porco" (Schweinebraten nach Alentejo Art) und Alentejo Brot Dessert.

Abkürzende Alternativroute

Will man nicht über Guarda und durch Nordspanien zurückreisen, kann man den Reiseweg abkürzen und von **Portagem** ostwärts auf der N-521 über **Valencia de Alcántara** nach **Cáceres** (sehenswerte Altstadt, Camping Ciudad de Cáceres [N39° 29' 20.1" W6° 24' 46.0"], 1. Jan. – 31. Dez.; 150 Stpl. plus spezielle Stellplätze für Wohnmobile) in der spanischen Extremadura weiterreisen.

Näheres über Cáceres und die Extremadura finden Sie in unserem **Reiseführer „Mobil Reisen: Spanien Süd"**.

HAUPTROUTE

Route: *Weiter über Portagem auf der N-256 nordwestwärts bis* **Castelo de Vide**, *8 km.*

Castelo de Vide ist ein kleines Kurbad mit Thermalquellen. Der Ort liegt recht malerisch zu Füßen eines mittelalterlichen Kastells, zu dem sich die weißen Häuser hinaufstufen. Am zentralen Hauptplatz **Praça Dom Pedro [N39° 24' 55.81" W7° 27' 20.28"]** sieht man schöne alte Stadthäuser aus dem 17. Jh. Malerische Winkel findet man auch in den engen Gassen des ehemaligen Judenviertels (Judiaria). Vom Kastell genießt man einen schönen Blick auf den Ort und bis zur Serra de São Mamede.

Route: *Auf der N-246/IP-2/E-802 von Castelo de Vide westwärts zur Autobahn A-23/IP-2/E-802 (41 km), der wir nordostwärts über* **Castelo Branco** *und* **Fundão** *bis* **Guarda** *folgen, 135 km.*

Castelo Branco – Ein kurzer Abstecher nach Castelo Branco mit seiner mittelalterlichen **Altstadt,** sowie ein Spaziergang durch einige der alten Straßenzüge dort und ein Besuch im Palácio Episcopal in der Rua Bartolomeu da Costa lohnen allemal.

Im **Palácio Episacopal** *(geöffnet Di - So 10 - 12.30, 14 - 17.30 Uhr)* findet man das interessante **Museu de Francisco Tavares Proença Júnior [N39° 49' 42.82" W7° 29' 39.70"]**. Es zeigt im Erdgeschoss archäologische Ausgrabungsfunde der Region. Das Obergeschoss widmet sich der Tradition es alten Stickereihandwerks. Gezeigt werden besonders schöne sog. „Colchas", handbestickte Decken, die mit einer Technik und mit Mustern aus Indien und China hergestellt wurden, Mitbringsel der portugiesischen Seefahrer aus Entdeckerzeiten.

Nicht zuletzt sollte man sich die schönen, neben dem Museum gelegenen Gartenanlagen des **Jardim do Paço** aus dem 18. Jh. ansehen, die zum Palácio Episcopal gehören. Mit ihrem Heckenlabyrinth, den Barockskulpturen und Springbrunnen und der Prunktreppe gehören sie zu den schönsten ihrer Art im ganzen Land.

Umweg über Monsanto

Umweg: *Ab* **Castelo Branco** *verlässt man die Autobahn A-23 an der Ausfahrt 23 ostwärts und folgt der N-233 nach Nordosten bis* **São Miguel de Acha**, *31 km. Dort ostwärts auf der N-239 über* **Medelim** *bis* **Monsanto** *(teils sehr steile Dorfstraße), 24 km. Leider gibt es so gut wie keine Parkmöglichkeiten. Die Einfahrt in den eigentlichen Ort ist gesperrt!*

Das Dorf **Monsanto [N40° 2' 23.63" W7° 6' 50.78"]** liegt in einer ganz eigenartigen Landschaft aus riesigen, runden Granitfindlingen. Viele Häuser ducken sich dazwischen, als wären sie eins mit den Felsen. Über dem Dorf, das zum „portugiesischsten Dorf Portugals" gewählt wurde, thronen die Reste einer einstmals viel umkämpften Festung.

Dass dieses Dorf mit seinen engen, steilen Gassen und mit seiner **Burg** im Laufe seiner bewegten Geschichte über zwanzig mal belagert worden sein soll, ist angesichts der fast menschenleeren Landschaft ringsum, die das Kastell bewacht, heute kaum noch zu verstehen. Immer wieder wurde Monsanto, ob nun von maurischen oder spanischen Truppen umlagert, angegriffen. Aber immer ohne Erfolg!

Natürlich gibt es über den Widerstand der Bewohner gegen die penetranten Belagerer Geschichten und Legenden. Eine weiß zu berichten, dass nach einer schon sehr lange andauernden Belagerung die Bevölkerung dem Hungertode nahe war und Überlegungen anstellte, sich zu ergeben. Da warf der Bürgermeister ein noch recht feistes Kalb, das letzte, über die Burgmauer vor die Füße der Angreifer. Das gut genähr-

WOHNMOBIL-STELLPLATZ

Escalos de Baixo bei Castelo Branco
Wohnmobil-Stellplatz Propiedad Hanmar [WP 184 / N39° 53' 57.1" W7° 24' 04.9"], Estrada Nacional N-352. **Zufahrt:** Von Castelo Branco auf der N-240/N-233 nach Escalos de Cima dort auf die N-352 südwärts und noch ca. 7 km Richtung de Baixo bis zum Abzweig von der N-352 zum Platz. **Platz:** Geschottertes und naturbelassenes Gelände bei einem privaten Landgut, schattig durch Bäume. **Gebühr:** Pro Wohnmobil und Übernachtung inkl. Strom und **V & E**. **Ausstattung:** Frisch- und Abwasserversorgung, Chemikalausguss. Restaurant in ca. 1,5 km Entfernung.

Monsanto

te Rind erweckte bei den Belagerern den Eindruck, dass im Dorf wohl noch reichlich Versorgungsmittel zur Verfügung stünden und sich die Bevölkerung nicht so schnell aushungern ließe. Aufgrund dieses Trugschlusses beschloss man abzuziehen. Monsanto war wieder einmal gerettet.

Zur Erinnerung an diese Überlieferung feiert man jedes Jahr am **3. Mai** ein **Fest**, bei dem Mädchen des Ortes auf die Burgmauern steigen und von dort mit Blumen gefüllte Krüge hinunterwerfen.

Man sollte nicht versäumen zur Burg hinaufzugehen und, wenn immer möglich, den Wehrturm zu besteigen. Der **Blick von oben** ist nicht anders als grandios zu beschreiben.

Umweg: *Von Monsanto über Medelim zurück bis kurz vor* **São Miguel de Acha**. *Südlich der Einmündung der N-239 in die N-233 nehmen wir die N-239, die nach Nordwesten weiter über* **Orca** *und* **Touca** *nach* **Alpedrinha** *an der Autobahn A-23 führt, 20 km. Auffahrt wenige Kilometer weiter südlich (Ausfahrt 27). Auf der A-23 nordwärts über* **Fundão** *nach* **Guarda**, *65 km (siehe auch Tour 6, Porto – Guarda).*

Die Grenze zu Spanien verläuft 37 km östlich von Guarda bei **Vilar Formoso** (Portugal) **[Grenze N40° 36′ 24.37″ W6° 49′ 33.32″]** bzw. **Fuentes de Oñoro** (Spanien). Nach weiteren 29 km erreicht man **Ciudad Rodrigo**.

WOHNMOBIL-STELLPLATZ – VILAR FORMOSO

Wohnmobil-Stellplatz Àrea de Serviçio Àrea Armazéns Zázá [WP 058 / N40° 36′ 55.3″ W6° 50′ 19.0″], Av. das Tílias. **Zufahrt:** Von der A-25/IP 5 letzte Ausfahrt 34 auf die N-332 und bis zum nordwestlichen Ortsrand, Stellplatz liegt auf der Nordseite der Straße. **Ausstattung:** Ebener, sandiger Platz für 15 Wohnmobile, von niederer Mauer eingefasst. Frischwasser. Grauwasser- und Chemikaltoilettenentsorgung, Strom. **Gebühr:** Gebühr pro Wohnmobil für 24 Std. mit Strom. Wasser Extragebühr. Restaurants und Läden nahebei.

CAMPING

Ciudad Rodrigo /Spanien

Camping La Pesquera [WP 185 / N40° 35′ 31.2″ W6° 32′ 03.3″], Huerta de la Toma s/n, Tel. +34 923 48 13 48, www.campinglapesquera.com; 15. Jan. – 15. Dez.; Zufahrt von der N-620/A-62 Portugal – Ciudad Rodgrigo bei KM 324 auf die CL-526 und noch 1 km; Wiesengelände mit Baumbestand am Río Águeda; ca. 1,5 ha – 60 Stpl.; einfache Standardausstattung. Cafeteria, Laden. Kleiner, einfacher Übernachtungsplatz.

PRAKTISCHE UND NÜTZLICHE INFORMATIONEN VON A BIS Z

ANSCHRIFTEN

Fremdenverkehrsamt

Turismo de Portugal - aicep Portugal – Portugiesisches Fremdenverkehrsbüro, Zimmerstr. 56, 10117 Berlin, Tel. +49 (0)30 254 10 60, www.visitportugal.com.

Turismo de Portugal, I.P., Rua Ivone Silva, Lote 6, P-1050-124 Lisboa, Tel. +351 211 14 02 00, www.turismoportugal.pt, www.visitportugal.com.

ICEP Portugiesische Handelsdelegation-Touristikzentrum, Opernring 1, A-1010 Wien, Tel. +43 (0)1-58 54 450, www.visitportugal.com.

ICEP Portugiesisches Verkehrsamt und Handelsdelegation, Zeltweg 15, CH-8032 Zürich, Tel. +41 (0)1 26 88 768, www.visitportugal.com.

Weitere Touristeninformationsbüros sind bei den jeweiligen Orten im Text aufgeführt.

Automobilclub

Automóvel Club de Portugal (ACP), Rua Rosa Araújo 24 - 26, P-1250-195 Lisboa, Tel. 213 18 01 00, www.acp.pt.

Campingverbände

Federação Portuguesa de Campismo (F.P.C.), Avenida Coronel Eduardo Galhardo, 24 D, P-1199-007 Lisboa, Tel. 218 12 68 90, www.fpcampismo.pt.

Orbitur Intercâmbio de Turismo, SA, (staatliche Campingplatzkette), Av. da Boavista, 1681, P-4100-132 Lisboa, 226 06 13 60, www.orbitur.pt.

rotario campista, Guia de Parques de Campismo, Lda. (Herausgeber des jährlich neu erscheinenden, offiziellen portugiesischen Campingführers), Rua do Giestal, 5 - 1° Fte, P-1300-274 Lisboa, Tel. 213 64 23 70, www.roteiro-campista.pt.

Konsularische Vertretungen

Botschaft der Republik Portugal, Zimmerstraße 56, 10117 Berlin, Tel. 030 59 00 63 500, www.botschaftportugal.de.

Und Generalkonsulate in Hamburg, Düsseldorf, Frankfurt/Main und Stuttgart.

Botschaft der BR-Deutschland, Embaixada da República Federal da Alemanha, Campo dos Mártires da Pátria 38, P-1169-043 Lisboa, Tel. 218 81 02 10, www.lissabon.diplo.de.

Honorarkonsulat der BR-Deutschland, Consulado da República Federal da Alemanha, Av. Sidónio Pais, 379, P-4100-468 Porto, Tel. 226 10 81 22, www.lissabon.diplo.de.

Honorarkonsulat der BR-Deutschland, Cónsul Honorário da República Federal da Alemanha, Urb. Infante D. Henrique, Lote 11, P-8000-490 Faro, Tel. 289 80 31 48, www.honorarkonsul-faro.de.

Pousadas

Pestana Pousadas de Portugal, Lissabon, www.pousadas.pt/de. Zentrale Reservierung: +351 218 44 20 01, Reservierung DE, Tel. +49 303 080 8050.

Internetseiten

www.visitportugal.com/de – Offizielle Webseite Portugals mit vielfältigen Informationen zu fast allen touristischen Aspekten des Landes.

www.portugalinsite.com – Webseite mit Infos zu Hotels und Automieten.

www.justportugal.org – Allgem. Infos über Portugal (nur englisch).

www.ipmuseus.pt – Seite des staatlichen Museums- und Denkmalsamtes (nur portugiesisch).

www.camping-portugal.org – Campingführer Portugal.

www.orbitur.pt – Staatliche Campingplätze in Portugal.

CAMPING

Camping ist bei vielen Portugiesen eine sehr beliebte Form der Freizeitgestaltung und Erholung. Viele der über 100 Campinganlagen sind deshalb auch teilweise oder fast vollständig von Dauercampern belegt. Manche Plätze werden in diesem Führer nicht erwähnt, weil sie für Touristen kaum noch oder gar keinen Platz mehr lassen. Wenigstens versucht man auf den Plätzen der staatlichen Kette *Orbitur* ausreichend Raum für durchreisende Feriengäste bereitzuhalten.

Verständlicherweise findet man die meisten Plätze in Küstennähe. Unmittelbar am Strand liegt aber so gut wie keiner der portugiesichen Campingplätze.

Im Inland ist das Campingplatznetz nicht sehr dicht.

Die meisten Plätze verlangen bei der Anmeldung die Vorlage des Camping Carnets (CCI).

Campen und Übernachten in Caravans oder Wohnmobilen außerhalb offizieller Campingplätze ist in Portugal offiziell nicht erlaubt, wird aber gewöhnlich – zumindest in der Nebensaison – offenbar weitgehend dennoch toleriert.

Die Sanitärausstattung auf Campingplätzen beschränkt sich in aller Regel auf die Standardinstallation wie WC's, Waschbecken (meist nur mit Kaltwasser) und Duschen. Warmduschen sind so gut wie auf jedem Platz vorhanden. Deren Benutzung ist auf fast allen Plätzen im Übernachtungspreis enthalten. Vor allem in der Hauptreisezeit kann es bei den Warmduschen auf vielen Urlaubsplätzen schon mal Engpässe geben.

Waschmaschinen, Einzelwaschkabinen, Installationen für Behinderte, Chemikalausgüsse, Haartrockner, Sauna, Hallenbäder oder andere Anzeichen von gehobenem Campingkomfort sind auf vielen Plätzen immer noch so gut wie unbekannt.

Dafür findet man so gut wie auf jedem Platz Stromanschlüsse für Caravans (Gebühr).

Bei Einrichtungen wie Laden, Imbiss, Tennis oder Schwimmbad ist damit zu rechnen, dass sie nicht ständig in Betrieb sind und außerhalb der Hauptreisezeit (etwa Ende Juni bis Mitte August) oft geschlossen bleiben.

Ein gute Hilfe ist der jährlich neu erscheinende offizielle **portugiesische Campingführer „Guia de Parques de Campismo"**, der von **rotario campista** (Anschrift siehe oben) herausgegeben wird und im Lande im dortigen Buchhandel gegen Gebühr zu haben ist.

Hinweise über Angaben zu Campingplätzen

Bei der Beschreibung der Campingplätze in diesem Reiseführer folgen dem **Platznamen** die **GPS-Koordinaten** des Platzes in eckigen Klammern (die Bezeichnung „WP" und eine Nummer vor der Koordinate beziehen sich auf die fortlaufend durchnummerierten Wegpunkte auf der Roadbook-CD, sie hat auf die Positionsgenauigkeit der Koordinate keinerlei Einfluss!), weiter **Telefonnummer, Öffnungszeit** und Lokalisierung bzw. **Zufahrt**. Bei der **Beschaffenheit des Geländes** wird die Form angegeben, die überwiegt, z. B. Wiesengelände. Die **Größe des Platzgeländes** wird in Hektar (ha), die **Aufnahmekapazität** in Stellplätzen (Stpl.) angegeben. „Dau." bedeutet Naherholer, sprich **Dauercamper**.

Es wird versucht, die **Platzeinrichtungen**, so wie sie beim Besuch vorgefunden wurden, in etwa zu charakterisieren, wobei der Zustand und die Pflege der Gebäude und Installationen auch von Bedeutung waren. Die Übergänge zwischen den drei nachstehenden, als grobe Anhaltspunkte geschaffenen **Kategorien** Mindestausstattung, Standardausstattung und Komfortausstattung sind fließend.

Mindestausstattung: Einfacher Platz mit bescheidenen, veralteten oder vernachlässigten Einrichtungen, die außer WC's, Kaltwasserwaschbecken und evtl. einigen Kaltduschen keine oder völlig unzeitgemäße Einrichtungen für Hygiene und Körperpflege aufweisen.

Standardausstattung: Der Durchschnittscampingplatz mit WC's, Kaltwasserwaschbecken und Duschkabinen in den Waschräumen, evtl. einige davon mit Warmwasser. Ordentlicher Gesamteindruck. Einige Stromanschlüsse für Caravans.

Komfortausstattung: Außer ausreichend WC's, Waschbecken (teils mit Warmwasser) und Warmduschen in zeitgemäßen, gepflegten Sanitäranlagen werden auch Geschirr- und/oder Wäschewaschbecken oder Waschmaschine erwartet, ebenso Stromanschlüsse für Caravans in ausreichender Zahl. Das Terrain soll durch Wege erschlossen sein und im

Gelände verteilte Müllbehälter und Wasserzapfstellen, ein Restaurant und eine Einkaufsmöglichkeit, sowie Freizeit- oder Sporteinrichtungen aufweisen.

Wohnmobil-Stellplätze

Große Verbreitung haben offiziell eingerichtete Stellplätze für Wohnmobil sowie V & E-Stationen in ganz Portugal noch nicht gefunden. Aber langsam steigt deren Zahl.

Dagegen findet man – vor allem entlang den Küsten – immer wieder einladende Stellen am Strand, die von Wohnmobilfahrern als Stellplätze genutzt werden. Legal ist das in den allermeisten Fällen allerdings nicht. Aber ganz offenbar verfahren die zuständigen offiziellen Stellen großzügig nach dem Motto: Wo kein Kläger, da kein Richter und handeln erst, wenn der Betrieb in der Saison überhand nimmt. Ausdrückliche Verbotsschilder sollte man aber schon beachten, um zu vermeiden, dass dann im nächsten Jahr vielleicht eine Zufahrtsbarriere Wohnmobilen die Einfahrt ganz verwehrt.

Wohnmobilfahrer sollten bei der Suche nach einem Stellplatz daran denken, dass die gesamte portugiesische Atlantikküste unter Naturschutz steht, auch wenn das nicht immer und überall ausgeschildert ist! Nach offizieller Lesart ist ein Kilometer breiter Streifen entlang der Küste für Fahrzeuge tabu. Wer sich nicht daran hält, kann bei Polizeikontrollen mit einem Bußgeld bis 150 Euro belegt werden.

Dass die Behörden den Naturschutz entlang der Küste ernst nehmen zeigt z. B. der Umstand, dass Strandbuden und sogar Restaurants innerhalb der Kilometer-Schutzzone abgerissen und verlegt werden mussten.

Übrigens: Vermeiden Sie, wenn immer möglich, das Übernachten auf Autobahnrast- und Parkplätzen. Lt. Beratungsstellen der Kriminalpolizei nutzen potenzielle Täter gerne „die Anonymität und den hohen Lärmpegel" solcher Plätze für ihre Vorhaben aus. „Auch mehrere Reisemobile und/oder Caravans auf einem Platz bringen nicht unbedingt mehr Schutz". Besser ist es, abseits der Autobahn auf Stellplätzen in Gemeinden zu nächtigen.

Langfinger

Ein leidiges Thema. Wie in manch anderen Touristenhochburgen ist auch in Portugal mit der unrühmlichen Erscheinung von Dieben und Autoknackern zu rechnen. Aber wie heißt es so schön: „Gefahr erkannt, Gefahr gebannt".

Und man sollte nicht den Fehler begehen und glauben, nun gleich überall im Lande dunkle Gestalten ausmachen zu müssen. Gesunder Menschenverstand, ein sorgfältig abgeschlossenes (auch wenn Sie das Fahrzeug nur kurz verlassen) und ein „aufgeräumtes" Auto oder die Nutzung des Hotelsafes helfen schon viel weiter.

In Wohnmobilen sind fest eingebaute Wertboxen bzw. Wohnmobiltresore geeignet, Wertgegenstände einigermaßen sicher zu verwahren.

Dachgepäckboxen und außen auf Heckträgern mitgeführte Fahr- oder Motorräder sollten mit massiven Zusatzschlössern gegen rasches Entwenden gesichert sein. Entfernen Sie vor der Fahrt leicht abnehmbare Dinge (Packtaschen, Luftpumpen, Navis etc.) von den Rädern.

Heckleitern sollten mit einer Aufstiegssperre versehen sein.

Leider kann auch Ihre gut gemeinte Hilfsbereitschaft missbraucht werden. Vorgetäuschte Unfälle oder Pannen sollen zum Anhalten und Aussteigen veranlassen, was dann von dreisten Gaunern zum Diebstahl aus Ihrem Fahrzeug genutzt wird. Seien Sie da misstrauisch! Hantieren Sie dann deutlich mit Ihrem (eingeschalteten) Handy und signalisieren Sie, dass Sie die Polizei verständigen. Langfinger haben das nicht so gerne.

Weiter Infos unter: www.polizei-beratung.de.

EINREISEBESTIMMUNGEN

Persönliche Dokumente

Erforderlich sind gültiger Reisepass oder Personalausweis (für einen max. Aufenthalt von 3 Monaten). Kinder/Jugendliche unter 16 Jahren benötigen einen Kinderausweis oder Personalausweis. Kinder die mit Personen reisen, die nicht ihre Eltern sind, benötigen eine Vollmacht der Erziehungsberechtigten.

Einreise mit dem Kfz

Gültiger nationaler Führerschein, Zulassungsbescheinigung Teil 1 und D-Schild am Auto sind notwendig. Grüne Versicherungskarte ist empfehlenswert. In Portugal liegen die Mindestdeckungssummen der Kfz-Versicherungen stark unter dem deutschen Niveau. Ihr Autoversicherer sollte Ihnen also ausreichenden Versicherungsschutz für Portugal gewähren! Empfehlenswert ist auch der Abschluss einer Insassenunfall- und Kaskoversicherung.

Wenn Sie nicht der Eigentümer des Autos sind, mit dem Sie in Portugal einreisen (z. B. Mietwagen), müssen Sie eine beglaubigte Benutzergenehmigung des Fahrzeughalters mitführen. Bei einem Mietwagen oder Mietmobil muss man auch den Mietvertrag dabei haben und ggf. vorzeigen können. Können Sie bei Fahrzeugkontrollen diese Papiere nicht vorweisen, drohen recht hohe Bußgelder. Und Bußgelder werden in Portugal sofort an Ort und Stelle kassiert!

Haustiere

Für **Hunde und Katzen** ist der EU-Heimtierausweis notwendig mit Mikrochip, der die Kennzeichnung des Tieres darstellt oder Tätowierung. Diese Pflicht gilt seit Juli 2011. Zudem ist der Nachweis einer Tollwutimpfung erforderlich, die bei der Einreise mindestens 21 Tage zurückliegen muss, aber nicht älter als 12 Monate sein darf. Impfdatum und Art des Impfstoffes müssen aus dem Nachweis hervorgehen.

Übrigens: Hunde oder andere Haustiere sind in Portugal in Restaurants, in vielen öffentlichen Verkehrsmitteln und auch an bewachten Stränden offiziell nicht erlaubt. Auch in vielen Hotels gilt ein Hundeverbot. Erkundigen Sie sich also vorher in Ihrem Ferienhotel, ob dort Haustiere erlaubt sind!

Zollbestimmungen (Auszug)

Die zollfreie Ein- und Ausfuhr innerhalb der EU ist gestattet für zum persönlichen Gebrauch bestimmte Gegenstände, Sport- und Campingausrüstung. Privatreisende aus EU-Ländern können außerdem mitführen (Höchstwerte) (Mindestalter 17 Jahre): U. a. 800 Zigaretten, 400 Zigarillos, 200 Zigarren, 1 kg Tabak, 10 kg Kaffee, 10 Liter Spirituosen, 20 Liter Likörweine, Wermutweine etc. (bis 22 Vol.-%), 90 Liter Wein, davon max. 60 Liter Schaumwein, 110 Liter Bier. Für Waren, die im zollfreien Einkauf z. B. in Duty-free-Shops auf Flughäfen erworben wurden, gelten geringere Freimengen. Jagdwaffen bedürfen einer Einfuhrbewilligung, Handfeuerwaffen dürfen nicht eingeführt werden.

Bitte vor Abreise nach neuestem und vollständigen Stand der genauen Zollbestimmungen erkundigen.

ESSEN UND TRINKEN

Gelegentlich wird ja behauptet, die Portugiesen würden sich von zwei Dingen ernähren, von „Bacalhau" (Stockfisch) und „Ovos" (Eiern), letztere in zahllosen Variationen als Süßspeisen oder Nachtisch.

Und vom **Bacalhau** heißt es, es gebe so viele Zubereitungsarten wie Tage im Jahr, damit der Speiseplan „abwechslungsreich" bleibt. Ganz so kategorisch trifft das alles sicher nicht zu. Aber etwas Wahres ist da schon dran.

Und wahr ist auch, dass **Bacalhau** das Nationalgericht Portugals ist. Eines der angeblich 365 Bacalhaugerichte ist z. B. *„Bacalhau com natas"*, Stockfisch mit Sahnesauce, gut zubereitet schmeckt er vorzüglich.

Kurioserweise kommt der Rohstoff dazu aber nicht von den Küsten des Landes, sondern weit aus dem Norden, aus den Gewässern vor Neufundland etwa. Bacalhau ist getrockneter und gesalzener Kabeljau und sieht im Rohzustand nicht gerade appetitlich aus. Und die Hausfrau oder der Koch müssen den getrockneten Stockfisch erst tagelang ins Wasser legen, bevor man ihn zubereiten kann. Was dann allerdings daraus entstehen kann, ist erstaunlich und schmeckt köstlich. Bacalhau wird gekocht, gebacken oder in Olivenöl gebraten zubereitet, in Kohlblätter gewickelt, mit Trockenfrüchten, Ei, Kartoffeln oder Tomaten serviert. Es sei verziehen, dass hier nicht auch noch die restlichen 357 Zubereitungsarten aufgeschrieben sind.

Sehr beliebt zu allen geselligen Anlässen und Festen sind **sardinhas assadas**, auf dem Holzkohlegrill zubereitete Sardinen.

Eine große Tradition haben an der Küste wie im Hinterland **Eintopfgerichte**, die, je nach Region, auf Fisch, Krustentieren, Fleisch, Lamm, Geflügel oder Gemüse basieren. Genauso berühmt wie köstlich ist der **Cozido à portugeusa**, ein Bohneneintopf mit Schweinefleisch. Und eine der Spezialitäten, die vornehmlich an der Algarveküste aufgetischt werden, ist der Fischeintopf **Caldeirada**.

Wer auf der Suche nach typisch portugiesischen Gerichten ist, wird weniger in den Hotels der Touristenorte, als vielmehr in den zahllosen großen und kleinen Restaurants fündig werden.

Offiziell sind Restaurants in drei Klassen eingeteilt, in „Luxo" und „Primeira" (1. Klasse), „Segunda" (2. Klasse) und „Terceira" (3. Klasse). Als Terceiro sind in aller Regel die einfachen Gaststätten mit großer Getränkebar und ein paar Esstischen, die **„Tascas"**, eingestuft. Wer eine preiswerte, dennoch wohlschmeckende Mahlzeit sucht, ist hier in aller Regel gut aufgehoben.

Hier eine kleine **Auswahl beliebter Gerichte:**

Suppen: *Caldo verde* – eine Kohlsuppe mit Kartoffeleinlage und einigen Scheiben der Räucherwurst „chouriço";
Sopa de Mariscos – Krebssuppe;
Sopa Alentejana – eine Brotsuppe mit etwas geräuchertem Schinken und ein paar Zwiebelringen;
Sopa de Coentras – Koriandersuppe;
Caldeirada – Fischsuppe mit Tomaten, Zwiebeln, Paprikaschoten und Brot.
Gaspacho – bekannte, eiskalt servierte Suppe aus Gurken, Zwiebeln, Pfeffer etc.

Fischgerichte: *Bacalhau à Gomes de Sá* – gedünsteter Stockfisch mit Kartoffeln, hartgekochtem Ei und Petersilie;
Bacalhau Assado – gegrillter Stockfisch;
Sardinas Assadas – frisch gegrillte Sardinen;
Salmonetes – gegrillter Seelachs;
Pescada Cozida – gekochter Schellfisch;
Linguada de Macau – Seezunge;
Cataplana – Mischung aus Muscheln, Fleisch oder Schinken mit Zwiebeln und Pfeffer, gegart in der typischen Doppelpfanne;
Atum com Cebolas – Thunfisch mit Zwiebeln.

Krustentiere: *Arroz de Marisco* – Reis mit Meeresfrüchten;
Ameijoas – Miesmuscheln;
Lagosta Suada – Langusten, gekocht, gegrillt.

Fleischgerichte: *Lingua* – Zunge in Portwein;
Leitão – Spanferkel;
Porco à Alentejana – Schweinefleisch mit Muscheln;
Cozido à Portuguesa – Eintopfgericht mit Schweinefleisch (auch Rindfleisch), Würsten, Gemüse und Reis;
Cabrito Assado – gegrilltes Zicklein.

Käsearten: *Azeitão; Castelo Branco; Serpa;*
Queijo Serra da Estrela – Schafskäse aus dem Estrela-Gebirge;
Rabasal und *Cabreiro* – Ziegenkäse.

Süßspeisen: *Nougat-* und *Mandelkonfekt* aus der Algarve-Region;
Ovos Moles – Eiersüßspeise aus der Region Aveiro;
Trouxas d'Ovos – Eierspeise mit Syrup aus Caldas da Rainha;
Käsetörtchen aus Sintra und Abrantes;
Orangenkonfekt aus Setúbal;
Barrigas de Freiras (Nonnenbrüstchen) und *Marzipan* aus dem Alentejo und Algarve.

Essenszeiten sind gewöhnlich ca. 13 Uhr bis 15 Uhr für das Mittagessen und ca. 20 Uhr bis 22 Uhr für das Abendessen.

Portugals Weine

Günstige Böden und ein geeignetes Klima gestatten einen umfangreichen **Weinanbau**, besonders auf den Terrassen des Minho-Tals, an den Hängen des Douro und in den Ebenen der Algarve-Region. Auch im Alentejo wird in recht großem Umfang Weinbau betrieben.

Unter den Weinen nehmen natürlich die Süß- und Dessertweine die populärsten Plätze ein. Dazu zählen in erster Linie der **Portwein** aus dem Douro-Gebiet (Näheres siehe unter Porto) und der

von der gleichnamigen Insel stammende **Madeira**.

Wer gerne Wein probiert, wird in Portugal aber noch wesentlich mehr Weinsorten kennenlernen. Denn vom Minho bis zur Algarve gibt es zahlreiche Anbaugebiete, die ganz hervorragende Tropfen hervorbringen. Aus dem größten Weinanbaugebiet, dem **Minho**, im Norden des Landes zwischen Minho und Douro landeinwärts der Costa Verde, kommt der ausgezeichnete **Vinho Verde**. „Grüner Wein" beschreibt hier aber nicht die Farbe des Getränks, sondern sein Alter. Grün steht hier für jung. Tatsächlich gärt der Wein noch in der Flasche und perlt leicht, wenn man ihn einschenkt. Frisch und fruchtig schmeckt er vor allem zu Fisch und Meeresfrüchten ganz vorzüglich. Hier kennt man den *Amarante* oder den *Moncão* u. a. Weitere gute Tropfen kommen aus den Tälern des **Dão** und des **Mondego** und aus **Barraida**, dem Anbaugebiet nördlich von Coimbra. Dort werden vor allem fruchtige Rotweine und die leicht perlenden weißen Schaumweine, „Espumantes", angebaut. Ein anderer beliebter Schaumwein ist der *Raposeira* aus Lamego.

Die **Dão-Region** bringt in erster Linie kräftige, dunkle Rotweine hervor, die wunderbar zu Fleischgerichten oder Grilladen passen. Die Herkunft des Weins geht dort meistens aus der Etikettierung hervor, z.B. Dão Fundasãom, Dão Caves Velhas etc.

Westlich von Lissabon liegen die Anbaugebiete *Bucelas, Colares* und *Carcavelos* und um Setúbal wird in erster Linie der rote *Muscatel* angebaut, der als ausgezeichneter Dessertwein geschätzt wird. Eine der bedeutendsten Kellereien der Region ist – neben den Cooperativen in Palmela – das Weingut Fonseca in Azeitão in der Serra d'Arrábida.

Aus der **Algarve-Region** kommen sehr gute, aber nicht allzu anspruchsvolle Tischweine, meistens rot, während aus dem **Alentejo,** dessen Anbauzentrum bei Évora liegt, recht alkoholreiche Rot- und Weißweine kommen, wie *Borba, Redondo* oder *Vidigueira* etwa.

Wer gerne mal ein **Bier** (Cerveja) trinkt, sollte es mit „Sagres" versuchen, das unseren Geschmacksvorstellungen von Bier sehr nahe kommt. Oder „Super Bock", das aber stärker klingt als es schmeckt.

Aber auch alkoholfreie Getränke findet man in vielen Variationen. Portugal hat sehr viele Mineralquellen. Entsprechend groß ist das Angebot an **Mineralwasser** (Agua Mineral), das mit Kohlensäure (com Gas) oder still (sem Gas) angeboten wird. Natürlich gibt es Fruchtsäfte und Limonaden. Auch Tee (Cha) wird gerne getrunken.

Aber eine größere Rolle spielt der **Kaffee**, den man sich z. B. als *„bica"*, ein Tässchen starken, schwarzen Kaffees, bestellen kann. In der Gegend um Porto kennt man eine Tasse starken, schwarzen, espressoähnlichen Kaffee eher als *„cimbalino"*. Wenn Sie allerdings einen „Espresso" bestellen, ein „bica" ist im Grunde nichts anderes, werden Sie beim Bestellen im Kaffeehaus aber wenig Glück haben. Und wenn Sie Ihren Kreislauf so richtig in Schwung bringen wollen, dann bestellen Sie einen schwarzen *„italiana"*, der weckt Tote auf.

Wer's nicht gar so deftig mag, bestellt sich einen *„galão"* (Milchkaffee im Glas), einen *„garoto"* (Tasse Kaffee mit Milch) oder einen *„cariocade de café"*, ein Tässchen leichten (mit Wasser etwas verdünnten) schwarzen Kaffees. Übrigens, wenn Sie in freundlicher portugiesischer Begleitung ins Café gehen und man Ihnen als Gast entgegenkommenderweise vielleicht den Kaffee süßen will, dann sind Sie auf der Hut. Denn für fast alle Portugiesen ist guter Kaffee nur extrem stark gesüßter Kaffee!

In diesem Reiseführer werden auch einige Restaurants aufgeführt z. B. in Lissabon, die wir auf unseren Rundgängen kennenlernten. Da sich die Qualität eines Hauses durch Pächter- oder Kochwechsel rasch ändern kann, können sich unsere Angaben zwischenzeitlich natürlich auch hier geändert haben!

FEIERTAGE

1. Januar – Neujahrstag

Karnevalsdienstag (wechselndes Datum)

Karfreitag (wechselndes Datum)

25. April – Tag der Befreiung, zum Gedenken an die „Nelkenrevolution" von 1974

1. Mai – Tag der Arbeit

Ende Mai/Anfang Juni– Fronleichnamsfest

10. Juni – Tag der Nation und Todestag des Dichters Camões (Nationalfeiertag)

13. Juni – Santo António Fest (Feiertag nur in Lissabon)

Fronleichnam – (wechselndes Datum, meist Mitte Juni)

24. Juni – São João Fest (Feiertag nur in Porto)

15. August – Mariä Himmelfahrt

5. Oktober – Tag der Ausrufung der Republik

1. November – Allerheiligen

1. Dezember – Tag der Unabhängigkeit (von Spanien 1640)

8. Dezember – Mariä Unbefleckte Empfängnis

25. Dezember – Weihnachtstag.

Außerdem gibt es regional unterschiedliche Feiertage aus Anlass des Namenstages des Schutzheiligen eines Ortes oder des Patrons einer Kirche.

FESTE UND FOLKLORE

Portugals Feste sind fast immer Feste mit religiösem Hintergrund. Kirchenfeste, Wallfahrten, Namenstage von Heiligen oder Feste zu Ehren von Schutzpatronen der Städte werden noch überall im Lande gebührend gefeiert.

„Romarias" – Prozessionen mit religiösem Hintergrund und anschließenden kirchweihähnlichen Volksfesten sind wichtige Ereignisse im Jahresablauf der Landbevölkerung.

Die Feste finden oft in Verbindung mit dem Namenstag der örtlichen Schutzheiligen, des Kirchenpatrons oder der „Santos Populares", der Volksheiligen statt, zu Ehren Mariens, zu Ehren des hl. Kreuzes etc.

Besonders im Norden, in den Regionen Minho, Trás-os-Montes und den Beiras feiert man lautstark und ausgelassen mit Trachtenumzügen, Musik und Feuerwerk. Die meisten Romarias finden im Sommerhalbjahr statt.

Nicht selten finden zur Zeit der **Kirchweihfeste** große regionale Märkte statt, die natürlich nicht nur beliebte Einkaufsmöglichkeiten, sondern auch gerne besuchte Neuigkeitsbörsen sind. Begleitet werden sie nicht selten von Viehmärkten, Stierkämpfen, Festzügen, Reiterparaden, oder im Ribatejo mit Aufzügen der „Campinos", der berittenen Stierhirten.

Die bedeutendsten Volksfeste:

Februar

Loulé – *Karneval,* Folklore, Feuerwerk; Mitte Februar.

Serra de Estrela – *Karneval* im Schnee; Mitte Februar.

Portimão – *Mandelblütenfest;* Mitte Februar.

Viana do Castelo – *Karnevalsumzüge* im Februar.

März

Aveiro – *Feira de Marso,* Jahrmarkt, Folklore, Feuerwerk; Ende März.

Braga – *Heilige Woche;* Ende März/Anf. April.

Lissabon – *Procissão dos Passos da Graça,* eine Dankesprozession mit Jahrhunderte alter Tradition, im Stadtteil Graça, Ende März.

Mai

Barcelos – *Fest der Kreuze,* Prozession, Keramikmarkt; Anfang Mai.

Sesimbra – *Fest zu Ehren der Wunden Christi,* altes, traditionsreiches Fischerfest, große Prozession in den ersten Maitagen.

Monsanto – *Großes Burgfest,* erster oder zweiter Sonntag im Mai.

Vila Franca do Lima – Rosenfestival.

Fátima – *Große Marienwallfahrt* mit abendlicher Lichterprozession um 21.30 Uhr, am 12. und 13. Mai.

Coimbra – Studentenfest *„Queima das Fitas";* Ende Mai.

Juni

Matosinhos – *Wallfahrt zu Ehren Unseres Lieben Herrn von Matosinhos,* mit viel Folklore, dritter Dienstag nach Pfingsten.

Amarante – *St. Gonsalo Fest,* erste Juniwoche.

Vila Real – *Fest zu Ehren des hl. Antonius,* feierliche Prozession, Feuerwerk, um den 15. Juni.

Lissabon – *Johannisfest,* 23./24. Juni – bunte *Straßenfeste* zu Ehren der Volksheiligen Santo António, São João und São Pedro in vielen Städten des Landes, Mitte bis Ende Juni.

Porto – *Johannisfest, 24.* Juni.

Silves – *Bierfest* im Burggarten.

Sintra – *„Feira de São Pedro",* Trödel- und Antiquitätenmarkt; Ende Juni.

Juli

Coimbra – *Fest der Königin Isabel,* jedes Jahr mit gerader Jahreszahl, erstes Juliwochenende.

Vila Franca de Xira – *Fest der Roten Westen,* erste Juliwochenende.

Tomar – *„Feira da Tabuleiros"*, farbenprächtiges Erntedankfest mit Prozession; Anfang Juli, aber nur alle vier Jahre, zuletzt 2011.
Aveiro – *Ria Fest*, Wettbewerb der schönsten Praos (Schnabelkähne), Ende Juli Anfang August.
Setúbal – *Jakobusfest*, großes Volksfest mit Stierkampf und viel Folklore.

August

Guimarães – *Fest zu Ehren St. Gualter (Walter)*, mit interessantem Umzug, großer Prozession, geschmückten Straßen; erstes Wochenende im August.
Viana do Castelo – *„Fest Unserer Lieben Frau der Agonie"*, eines der volkstümlichsten Feste des Landes mit Prozession, Folklore, Volksfest, Stierkampf, Feuerwerk; um den 20. August.

September

Nazaré – *„Festa da Senhora"*, Fischerprozession, Feuerwerk, Bad im Meer.
Einer der berühmtesten *Märkte* des Landes findet im September in **Santarém** statt.
Diese und weitere Feste sind bei den entsprechenden Städten erwähnt.
Stierkämpfe sind, ähnlich wie in Spanien, Bestandteil vieler großer Stadtfeste. Näheres darüber finden sie unter Vila Franca de Xira am Ende der Etappe 12. Die Stierkampfsaison geht von Ostern bis in den Oktober.

GESUNDHEIT

Bei gesundheitlichen Problemen sollte man sich zuerst an das nächste Gesundheitszentrum **Centro de Saúde** wenden. Solche Gesundheitszentren sind in jeder Gemeinde zu finden. Größere Städte haben mehrere solcher Zentren. Und jede Hotel- oder Campingplatzrezeption wird Ihnen sagen können, wo sich ein Gesundheitszentrum befindet und wie Sie da hin kommen. Viele dieser Zentren, vor allem in größeren Städten, haben einen **Notdienst (SAP/CATUS)**, der rund um die Uhr bereit ist.

Die in Anspruchnahme der Centros de Saúde gestaltet sich etwas einfacher, wenn Sie Ihren Ausweis und die Europäische Krankenversicherungskarte (EHIC) vorlegen können. Diese Karte geben die Krankenkassen an ihre Mitglieder aus.

HOTELS UND ANDERE UNTERKÜNFTE

Unterkunft findet man nicht nur in **Hotels**, sondern vor allem auch in **Pensionen (Pensão), Residências, Albergarias, Estalagems** und **Pousadas**. In Feriengebieten gibt es obendrein Appartementsiedlungen.

Sehr gepflegt wohnt man in renovierten alten **Herrenhäusern** und Landsitzen **(Turismo de Habitação – TH).** Hier wird allerdings kaum einmal ein Zimmer aufs Geratewohl oder nur für eine Nacht zu haben sein. Reservierungen können über **Solares de Portugal**, Tel. 258 93 17 50, www.solaresdeportugal.pt und **Casas no Campo**, Tel. 258 93 17 50, www.casasnocampo.net vorgenommen werden.

Hotels sind nach internationaler Gepflogenheit durch Stern-Symbole in fünf Kategorien eingeteilt, wobei 5 Sterne die Luxusklasse und 1 Stern die einfachste Klasse bezeichnen. In den Übernachtungspreisen sind gewöhnlich Frühstück, Bedienungsgeld und Steuern enthalten.

Pensionen findet man überall im Lande, auch noch in kleineren Orten. Sie sind in die Kategorie 1- bis 4-Sterne eingeteilt und generell preiswerter als die entsprechenden Hotelklassen. Eine Eigenart der Preisgestaltung in Pensionen (mit Vollpension) ist die Tatsache, dass 20 Prozent auf den Zimmerpreis aufgeschlagen werden darf, wenn der Gast nicht im Hause isst und länger als zwei Nächte bleibt. Man kann dies umgehen, wenn man von vorneherein eine R-Pension **(Residencial)** aussucht. Diese haben kein Restaurant und servieren nur Frühstück. Zimmer in 1- und 2-Sterne-Pensionen haben in aller Regel kein Bad. 4-Sterne-Pensionen sind mit den Gästehäusern **Albergarias** vergleichbar.

Estalagems sind gepflegte Rasthäuser unter privatem Management, die in Ausstattung und Leistung 4-Sterne-Unterkünften entsprechen. Manchmal sind sie, ähnlich den Pousadas, in schönen alten Gebäuden untergebracht.

Pousadas sind (einstmals unter staatlicher Regie stehende) Rasthäuser und Hotels, die in entlegenen Landesteilen, aber auch mitten in der Stadt liegen können. Der Reiz eines Pousadaaufenthaltes liegt darin, dass viele Häuser in alten Klöstern, Burgen oder Palästen eingerichtet sind (z. B. in Évora, Estremoz, Guimarães, Óbidos, Palmela) und so ein unvergleichliches Ambiente bieten. In aller Regel findet man auf den Speisekarten der Pousada-Restaurants Spezialitäten der jeweiligen Region. Komfort, Serviceleistung und Preise sind mit denen von 4- oder 5-Sterne-Hotels vergleichbar. Pousadas sind sehr populär. Eine rechtzeitige Zimmerreservierung ist sehr ratsam! *Reservierungsadresse siehe unter „Anschriften" weiter vorne.*

KLIMA UND DURCHSCHNITTS-TEMPERATUREN

Natürlich wird die Großwetterlage Portugals vom Atlantik maßgeblich beeinflusst. Dennoch weist das relativ kleine Land drei Regionen mit recht unterschiedlichen Klimata auf: Die *Küstenregion,* vor allem nördlich des Tejo, dann die mittlere Region, oder *Inlandsregion,* nördlich des Tejo und das *Gebiet südlich des Tejo* mit der Algarve-Küste.

Die nördliche Küstenregion der Landschaft **Costa Verde** und das bergige Hinterland weisen vor allem im Winterhalbjahr erhebliche Niederschlagsmengen auf. Selbst im Frühsommer, bis etwa April oder Mai, muss noch mit ergiebigen Regenfällen gerechnet werden. Nicht umsonst sieht man hier jedermann, selbst den Bauer auf dem Felde, ständig einen Regenschirm mit sich führen. Auch anhaltende Nebellagen sind keine Seltenheit. Das Klima in der nördlichen Küstenregion kann allgemein als Seeklima mit milden Wintern und moderaten Sommern bezeichnet werden. Die Temperaturen liegen im durchschnittlichen Mittel bei max. 18 – 20° C, min. bei 6 – 9° C.

An der „Silberküste" Costa de Prata, wie auch an den südlich anschließenden Küstenstrichen bis zum Cabo de São Vicente kann man ordentlich warme Sommertage erleben. Aber der ständige Wind vom Atlantik her lässt es nie drückend heiß werden. Abends kühlt es immer ab.

Die **Inlandsregion** nördlich des Tejo, dort besonders im Nordosten, kennt heiße Sommer und relativ strenge Winter. Durchschnittliche Temperatur: Max. 26° C, min. 9° C.

Die Region südlich des Tejo schließlich weist lange, heiße Sommer und milde Winter auf. Die Niederschlagsmengen dort sind gering. Besonders an der Algarveküste kann fast von mediterranem Sommerklima geredet werden, obwohl das Mittelmeer doch noch gut 150 km weiter östlich liegt. Die Durchschnittstemperaturen liegen bei max. 21° C und bei min. 12° C.

Durchschnittstemperaturen

Ort	Jan/Feb °C	Mrz/Apr °C	Mai/Jun °C	Jul/Aug °C	Sept/Okt °C	Nov/Dez. °C
Évora	10	12	19	22	20	11
Faro	12	14	19,5	23	20	14
Lissabon	11,5	13	19	23	20	14
Porto	9,5	12	16,5	19,5	16	12
Viana do Castelo	9	11,5	16	19	17	12

Wassertemperaturen im Durchschnitt

Region	Jan/Feb °C	Mrz/Apr °C	Mai/Jun °C	Jul/Aug °C	Sept/Okt °C	Nov/Dez. °C
Costa Verde	12	13,5	14	16	16,5	14
Lissabon	12	13,5	14	16	16,5	14
Algarve	15,5	17	18	22	21,5	16

MINIWORTSCHATZ – KLEIN, ABER NÜTZLICH

Allgemeines

Achtung – atenção
Auf Wiedersehen – Adeus
Ausgang – saída
Bäckerei – padaria
Bank – banco
billig – barato
bis später – até logo
bitte – faz favor
Brief – carta
Briefmarken – selos
danke – (muito) obrigado/obrigada
Eingang – entrada
Einschreiben – registrado
Fleischer – talho
Geldscheine – notas
gestatten Sie – com licensa
groß – maior
gute Nacht – boa noite
guten Abend –boa tarde
guten Morgen – bom dia
haben Sie – vendem
hier – aqui
ich habe – tenho
ich hätte gerne – pode dar-me
ich verstehe nicht – não entendo
ich weiß nicht – não sei
in Ordnung – está bem
ja – sim
klein – pequeno
mit Luftpost – via aerea
Münzen – moedas
nein – não
nicht der Rede wert – de nada
Post – Correios
Postkarte – bilhete postal
Quittung – recibo
Rufen Sie einen Arzt, bitte! – Mande chamar um médico por favor!
sehr gut – muito bem
teuer – caro
Touristeninformation – Turismo
Unterschrift – assinatura
verboten – proibido
Verzeihung – perdão, desculpe
wann? – quando?
warum? – porque?
Was kostet das? – Quanto custa?
Wechselgeld – trocos
Wie geht es Ihnen? – Como está?
Wie geht's? – Que tal?
Wie sagt man das auf Portugiesisch? – Como se diz em Portugues?
willkommen – seja benvindo
Wo ist das Hotel? – Onde é o hotel?
Wo ist die Toilette? – Onde ficam os lavabos?
wo? – onde?
Zeitungen – jornais

Unterwegs

Ist das richtig nach ...? – Vou bem para ...?
Ampel – semáforo
Ausfahrt – saída
Aussichtspunkt – miradouro
Autobahn – autoestrada
Autobahngebühr – portagem
Bahnhof – estação
Bauarbeiten – obras
Brücke – ponte
Bus – autocarro
Einfahrt – entrada
Fahrschein – bilhete
– einfach – – deida –
Flughafen – aéroporto
Flugzeug – avião
Gefahr – perigo
gefährliche Kurve – curva perigosa
geradeaus – em frente
Halt/Stop – alto
Hafen – porto
Ist dieser Platz frei? – Está vago este lugar?
Kloster – mosteiro
Kreuzung – cruzamento
Markt – mercado
nach rechts – para a direita
nach links – para a esquerda
Parken verboten – estacionamento proibido
Parkplatz – estacionamento
Platz (in einem Ort) – praça
Raucher – fumadores
Rückfahrschein – de ida e volta
Stadtplan – mapa da cidade
Stadtzentrum, City – cidade
Strand – praia
Straßenkarte – mapa das estrades
Umleitung – desvio
Vorfahrt achten – de passagem
Wann fährt der Zug ab? – A que horas sai o comboio?
Zug – comboio
Zurück – Para trás

Im Hotel
Haben Sie ein Zimmer? – Tem um quarto?
Doppelzimmer – quarto de casal (duplo)
Einzelzimmer – quarto simples (individual)
– mit Bad – com banho
– mit Dusche – com duche
– mit Frühstück – com pequeno almoço
Wieviel muß ich bezahlen? – Quanto tenho a pagar?
Nehmen Sie Reiseschecks? – Aceita traveller's cheques?
Können Sie wechseln? – Pode trocar?
Wecken Sie mich um 8 Uhr. – Acorde-me às 8 horas.
Können Sie das waschen lassen? – Seria possível lavar isto?
(Bett-) Decke – cobertor
Bett – cama
Handtuch – toalha
Kissen – almofada
Koffer – mala
Rufen Sie mir bitte ein Taxi. – Chame-me um táxi, por favor.
Schlüssel – chave
Seife – sabão
Toilettenpapier – papel higiénico
Vollpension – pensão completa
Zimmer mit Frühstück – quarto e pequeno almaço
Zimmermädchen – criada

Im Restaurant (siehe auch unter „Essen und Trinken")
Frühstück – pequeno almoço
Mittagessen – almoço
Abendessen – jantar
das Menü/die Karte – a ementa
Speisekarte – carta
Herr Ober! – Garçon!
Oberkellner – chefe de mesa
Die Rechnung bitte! – a conta, faz favor!
Kann ich bezahlen? – Posso pagar?
Ist Bedienung inklusive? – O serviço está incluido?
die Weinkarte – a lista (carta) de vinhos

Wein – vinho
Tischwein – vinho de mesa
halbtrocken – meio seco
mittelsüß – adamado
rosé – rosado
rot – tinto
trocken – seco
weiß – branco

Wild und Geflügel – Caça e Aves
(Grill-) Hähnchen – frango
(Suppen-) Huhn – galinha
Ente – pato
Gans – ganço
Kaninchen – coelho
Truthahn – perú

Fleisch – Carne
Filet – lombo
Hammel – carneiro
Hammelkeule – perna de carneira
Kalb – vitela
Kotelett – costeleta
Lamm – borrego
Leber – figado
Nieren – rins
Rind – vaca
Rumpsteak – entrecosto
Schnitzel – escalope
Schwein – porco
Spanferkel – leitão
Steak – bife
Zicklein – cabrito
Zunge – lingua

Fisch – Peixe
Forelle – truta
Lachs – salmao
Makrele – sarda
Meeraal – eiroz
Sardinen – sardinhas
Seebrasse – pargo
Seezunge – linguado
Stockfisch – bacalhau
Thunfisch – atum
Tintenfische – lulas

Schalentiere – Mariscos
Austern – ostras
Garnelen – gambas
Hummer – lavagante
Krabben – camaroes
Languste – lagosta
Miesmuscheln – amljoas
Pfahlmuscheln – mexilhões

Gemüse – Legumes
Artischocken – alcachofras
Bohnen – feijão
Eier – ovos
gelbe Rüben – cenouras
Gurken – pepino
Kartoffeln – batatas
Knoblauch – alho
Paprika – pimentos
Petersilie – salsa
Pilze – cogumelos

Reis – arroz
Spinat – espinafres
Zwiebeln – cebolas

Obst – Fruta
Apfel – maçã
Birne – Pera
Erdbeeren – morangos
Feigen – figos
Himbeeren – framboesas
Mandeln – amêndoas
Melone – melao
Orange – laranja
Pfirsich – pessego
Pflaumen – ameixas
Trauben – uvas
Zitrone – limão

Zubereitungsarten – Preparo
am Spieß – no espeto
Butter – manteiga
durchgebraten – bem passado
Eis – gelo
Essig – vinegra
gebacken – na brasa
gebraten – assado
Gehacktes – picado
gekocht – cozido
geräuchert – fumado
geröstet – grelhado
im Fett (Öl) fritiert – frito
im Ofen gebacken – no forno
kurz gebraten – mal passado
mitteldurch – medio
Olivenöl – azeite
Pfeffer – pimenta
Salz – sal

Zahlen
1 – um, uma
2 – doi
3 – três
4 – quatro
5 – cinco
6 – seis
7 – sete
8 – oito
9 – nove
10 – dez
11 – onze
12 – doze
13 – treze
14 – catorze
15 – quinze
16 – dezaseis
17 – dezasete
18 – dezoito
19 – dezanove
20 – vinte
21 – vinte e um
22 – vinte e dois
30 – trinta
40 – quarenta
50 – cinquenta
60 – sessenta
70 – setenta
80 – oitenta
90 – noventa
100 – cem
1000 – mil

Zeit
An die Bezeichnung der Wochentage in Portugal muss man sich gewöhnen, nicht nur weil sie für uns fremd klingen, sondern weil sie nicht den Montag als ersten Tag der Woche ansehen, sondern den Sonntag (*domingo* – Tag des Herrn). Der Montag ist der zweite Tag in der Woche, also *segunda-feira*.
Montag – Segunda-feira
Dienstag – Terça-feira
Mittwoch – Quarta-feira
Donnerstag – Quinta-feira
Freitag – Sexta-feira
Samstag – Sábado
Sonntag – Domingo

Januar – Janeiro
Februar – Fevreiro
März – Março
April – Abril
Mai – Maio
Juni – Junho
Juli – Julho
August – Agosto
September – Setembro
Oktober – Outubro
November – Novembro
Dezember – Dezembro

heute – hoje
morgen – amanhã
gestern – ontem
früh – cedo
spät – tarde
ein Tag – um dia
eine Nacht – uma noite
Wie spät ist es? – Que horas são?

MIT DEM AUTO DURCH PORTUGAL

Portugal hat ein rund 35.000 km langes **Straßennetz**, ca. 20.000 km davon sind Nationalstraßen.

Ein aus EU-Mitteln kräftig unterstütztes, aufwändiges **Straßenbauprogramm** hat in den vergangenen Jahren sehr zur Verbesserung der Infrastruktur im Lande beigetragen und den Ausbau der Landstraßen sowie zahlreiche neue Schnellstraßen (Itinerários Principais - IP, Itinerários Camplementares - IC) und Autobahnabschnitte (Auto-Estradas - AE oder A), sowie Stadt- und Ortsumgehungen ermöglicht. Die Autobahnen und die meisten Schnellstraßen sind gebührenpflichtig. Und heute merkt der Autofahrer nur noch in sehr abgelegenen Landstrichen, dass Portugal lange am Rande der wirtschaftlichen Entwicklung in Europa stand, quasi am Ende der Ranglistentabelle „Straßenbau" rangierte.

Nehmen Sie gute, neue Straßenkarten mit auf Ihre Tour durch Portugal!

Dennoch – Zeit, viel Geduld und noch viel mehr gute Nerven sollten Sie schon mitbringen. Oft sind es die gewöhnungsbedürftigen Verkehrsmanöver, sprich haarsträubende Fahr-, Überhol- oder Parkmanöver örtlicher Verkehrsteilnehmer, die dem Fahrer ständig höchste Aufmerksamkeit abverlangen. Mitunter könnte man fast den Eindruck gewinnen, dass sich mancher portugiesische Autofahrer nur dann am Steuer wohlfühlt, wenn er permanent dem Tod ins Auge blickt. Eine andere, vernunftbegründete Erklärung kann es für das Verhalten mancher Verkehrsteilnehmer nicht geben.

Maut auf Autobahnen und auf Schnellstraßen

Warum denn einfach, wenn's auch kompliziert geht? So könnte man das etwas undurchsichtige System zur Bezahlung portugiesischer Mautgebühren beschreiben.

Autobahnen und die allermeisten Schnellstraßen in Portugal sind mautpflichtig. Auf einigen Autobahnabschnitten gibt es Mautstationen mit Bezahlautomaten oder mit Personal besetzten Stationen. Für alle anderen gebührenpflichtigen Straßen wird die Maut elektronisch erfasst und berechnet. Und hier beginnt die Konfusion!

Straßen mit elektronischer Mauterfassung sind an der Auffahrt mit einem blauen Schild mit der Aufschrift „Electronic toll only" versehen. Schilderbrücken über der Straße sind mit elektronischen Erfassungselementen versehen.

Bislang wird auf folgenden Straßen die Maut elektronisch erfasst:
A27 – Autobahn Viana do Castelo – Ponte de Lima
A28 – Autobahn Litoral Norte zwischen Porto und Viana do Castelo
A4 – Autobahn Variante Sul de Bragança
A41 – Autobahnring um Porto
A42 – Autobahn Sêroa (West) – Lousada
A24 – Autobahn Viseu – Vila Verde da Raia (Grenze)
A17 – Autobahn Litoral Centro zwischen Mira und Aveiro
A25 – Albergaria-a-Velha – Vila Formoso (Grenze)
A29 – Autobahn Miramar – Angeja
A23 – Autobahn Torres Novas und Guarda
A13/IC3 Pinhal Interior – Autobahn Atalaia – Tomar
A22 – Autobahn Lagos (Algarve) – Castro Marim
A8 Litoral Oeste – Variante Sul de Leiria
A19 – Variante da Batlaha
A33 Bajo Tejo – Belverde - Coina.

Für Fahrzeuge mit ausländischen Kennzeichen gibt es im Grunde zwei Möglichkeiten, die Maut zu bezahlen: Vorauszahlung mittels Abbuchung von einem Kreditkartenkonto oder Zahlung mittels eines elektronischen Gerätes.

Das „EASYToll Sytem" ist eine Version der automatischen Bezahlung der portugiesischen Autobahnmaut für Touristen. Notwendig dazu ist eine Kreditkarte (Mastercard oder Visa) und die Angabe des Autokennzeichens. Bei der Einreise muss man sein Fahrzeug gegen Gebühr an einem „Welcome Point" folgender Grenzübergänge registrieren – Viana do Castelo (A28), Chaves (A24), Vilar Formoso (A25) oder Vila Real des Santo António (A22). Über die Registrierung, die 30 Tage gültig ist, erhält man eine Quittung die als Beweis für die Registrierung gut aufbewahrt werden muss.

Der Fahrer kann dann, ohne das Auto verlassen zu müssen, die Kreditkarte in das Bezahlterminal an der Mautstelle einführen und die Mautgebühr wird vom Kreditkartenkonto abgebucht.

Änderungen des Kfz-Kennzeichens oder Stornierung der Registrierung sind möglich unter folgenden Telefonnummern: Tel. 707 500 501 (innerhalb Portugals) oder Tel. +351 287 95 55 (vom Ausland).

Vorauszahlung mittels Abbuchung vom Kredikartenkonto kann man über die Internetseite der Portugiesichen Post (CTT) http://portagens.ctt.pt oder http://www.portugaltolls.com arrangieren. Letzteres Portal ist auch in englischer, französischer und spanischer Sprache verfügbar.

Die andere Möglichkeit ist der Erwerb einer Via Verde Mautbox (On Board Unit – OBU), inetwa vergleichbar mit einer österreichischen GoBox. Mautboxen kann man an Autobahntankstellen, Postämtern oder bei den Verkaufsstellen von „Via Verde Portugal" erwerben. Die Kosten (Änderungen möglich!) beliefen sich zuletzt auf die Kaution von 27,50 Euro (wird erstattet, wenn die Box wieder zurückgegeben wird), plus 10 Euro Mindestaufladung für Pkw bzw. 20 Euro für Lkw. Mietvertragkosten: 6 Euro für die erste Woche, dann 1,50 Euro pro Woche.

Informationen zur Maut in Portugal findet man auch auf der Webseite http://www.visitportugal.com/de/sobre-portugal/info-util (Elektronische Maut).

Den Text über Maut auf Autobahnen in Portugal haben wir zusammengestellt unter Zuhilfenahme der Webseite http://www.portugaltolls.com

Es empfiehlt sich, sich rechtzeitig zu Hause vor Abreise nach dem neuesten Stand über die elektronische Maut in Portugal zu erkundigen.

Achtung: Die maximale Autobahnnutzungsdauer zwischen zwei Mautstellen ist auf 12 Stunden festgesetzt. Hält man sich länger auf der Autobahn auf, z. B. weil man als Wohnmobilfahrer auf einem der Rastplätze übernachten will, fallen die doppelten Gebühren, für die längere Strecke zu der Zahlstation, an!

Die allgemeinen **Verkehrsregeln** entsprechen den bei uns gültigen, z. B. rechts vor links, allerdings haben motorisierte Fahrzeuge immer vor Radfahrern und Pferdefuhrwerken Vorfahrt.

Autofahrer, die ihre Fahrerlaubnis noch keine 12 Monate besitzen, dürfen im ganzen Land nicht schneller als 90 km/h fahren und sie müssen eine entsprechende Plakette am Auto anbringen.

Es besteht **Anschnallpflicht,** auch auf den Rücksitzen. Einzige Ausnahmen für die Anschnallpflicht auf den Rücksitzen: Sie gilt nicht für Fahrzeuge, die ab Werk nicht mit Sicherheitsgurten für die Rücksitze ausgestattet sind.

Kinder unter 12 Jahren dürfen nur auf den Rücksitzen im Auto mitreisen, es sei denn, das Auto hat keine Rücksitzbank.

Die **Promillegrenze** ist auf 0,5 festgesetzt.

Ein **Warndreieck** muss mitgeführt werden und im Fall des Falles in einem Abstand von mindestens 50 m hinter der Gefahrenstelle aufgestellt werden.

Es gilt **Warnwestenpflicht!**

Abblendlicht-Pflicht auf IP5 auf der Strecke Vilar Formosa - Aveiro!

Achtung! Telefonieren im Auto, also das Benutzen des Handys, ist für den Fahrer verboten, es sei denn, man telefoniert über eine Freisprecheinrichtung. Der Alltag im Straßenverkehr sieht aber ganz anders aus!

Helmpflicht für Motorrad-, Mofa- und Mitfahrer.

Die zulässigen **Höchstgeschwindigkeiten** betragen (falls nicht anderes ausgeschildert ist): Innerhalb von Ortschaften 50 km/h, außerhalb geschlossener Ortschaften 90 km/h, auf Autobahnen 120 km/h.

Für Fahrzeuge mit Anhänger gilt innerhalb geschlossener Ortschaften 50 km/h, außerhalb geschlossener Ortschaften 70 km/h und auf Autobahnen 100 km/h.

Für Wohnmobile über 3,5 t zulässiges Gesamtgewicht gilt innerorts 50 km/h, außerhalb von Orten 80 bzw. 90 km/h (je nach Ausschilderung) und auf Autobahnen 110 km/h.

Das **Mindestalter** zum Führen eines Autos oder Motorrads über 125 ccm ist 18 Jahre.

Merken sollten Sie sich die Schilderbeschriftung *„Estacionamento proibido"* für Parken verboten, *„De passagem"* für Vorfahrt achten, *„Alto"* für Stop, Halt, *„atençao/Cuidado"* für Achtung/Vorsicht, *„Curva perigrosa"* für gefährliche Kurve, *„Ir pela direita (esquerda)"* für rechts (links) fahren. Siehe auch unter „Miniwortschatz – Unterwegs".

Kraftstoffpreise

Superbenzin – ca. EUR 1,22.
Super Plus (98 Oktan) – ca. EUR 1,25.
Diesel – ca. EUR 0,98.

Mietwagen

Portugiesische und international operierende Autovermietfirmen bieten ihre Dienste an. Büros und Mietstationen findet man in den großen Städten und Touristenorten wie Lissabon, Porto, Faro, und an den internationalen Flughäfen. Vor allem für die Ferienmonate wird eine Vorausreservierung notwendig sein.

Oft ganz erstaunliche Preisermäßigungen werden in der Nebensaison von lokalen Vermietfirmen eingeräumt. Der Mietpreis für einen Mittelklassewagen für einen Tag beläuft sich auf rund EUR 45,-. Dazu kommen Kilometergeld, Versicherungen, Steuern und natürlich die Benzinkosten, die nie im Mietpreis enthalten sind. Ab einer Mietdauer von sieben Tagen wird es oft billiger.

Günstige Preise findet man auch in den „fly & drive"-Paketen. Flug und Auto werden zu Hause vorausgebucht.

Das Mindestalter fürs Automieten ist 23 Jahre. In aller Regel muss bei Autoübernahme des Mietwagens eine Kaution hinterlegt werden. Die Prozedur kann man sich ersparen, wenn man mit Kreditkarte bezahlt, die beim Abschluss des Mietvertrages vorgelegt werden muss.

Taxi

Die früher grün schwarzen, heute beigefarbenen offiziellen Droschken findet man in Lissabon, Porto, Coimbra und anderen größeren Städten in großer Zahl. Die Preise sind moderat und entsprechen im Stadtverkehr oft denen unserer öffentlichen Verkehrsmittel. Oft wird das Taxameter nicht eingeschaltet, weil es heißt, es sei noch nicht auf den neuesten Tarif eingestellt. Dann sollte man sich vor Fahrtantritt die neueste Preisliste zeigen lassen. Sie muss jeder Fahrer auf Verlangen einsehen lassen. Wer ganz auf Nummer Sicher gehen will, erkundigt sich vorher an der Hotelrezeption oder auf dem Campingplatz nach dem ungefähren Preis für die vorgesehene Strecke. Noch sind die Tarife so zivil, dass man Taxis durchaus als bequemes Transportmittel bei Stadtbesichtigungen oder kleineren Ausflügen empfehlen kann. Nimmt man die Dienste eines Taxis in ländlichen Gegenden in Anspruch, einigt man sich tunlichst vor Fahrtantritt mit dem Fahrer über den Preis!

ÖFFNUNGSZEITEN

Die nachgenannten Öffnungszeiten gelten in den meisten Fällen. Mit Abweichungen (regional, saisonal oder jahreszeitlich bedingt) sollte aber immer gerechnet werden!

Apotheken: Mo. – Fr. 9 – 19 Uhr und Samstag vormittags.

In Portugal heißen Apotheken „Farmácia". Man erkennt sie an einem grünen Kreuz. An Apotheken, die Nachtdienst haben, ist dieses grüne Kreuz nachts erleuchtet.

Banken: Mo. – Fr. 8.30 – 15 Uhr.

Sa., So. und an Feiertagen geschlossen.

Banken am Hauptbahnhof von Lissabon, sowie auf den Flughäfen von Lissabon, Porto und Faro sind bis in die Abendstunden (20 bis 22Uhr), sowie an Wochenenden und Feiertagen geöffnet.

Bürostunden: Mo. – Fr. 9 – 13, 14:30 – 18 Uhr.

Fado: Fadodarbietungen beginnen kaum einmal vor 22.30 Uhr.

Geschäfte: Mo. – Fr. 9 - 19 Uhr. Ab und zu Mittagspause 13 – 15 Uhr.

Samstags schließen die meisten Geschäfte um 13 Uhr. So. geschlossen. Abweichend davon können vor allem Lebensmittel- oder Tabakgeschäfte auch abends, Samstag nachmittags und sonntags geöffnet sein.

Die großen Einkaufszentren der Großstädte sind normalerweise auch samstags, sonntags und an Feiertagen von 10 bis 23 Uhr geöffnet.

Museen: Di. – So. 9.30 –17/18 Uhr. Museen können mittags zwischen 12.30 und 14 Uhr geschlossen sein. Montags und an Feiertagen sind gewöhnlich alle Museen geschlossen. Einige Paläste sind mittwochs geschlossen.

Postämter: Mo. – Fr. 9 – 18 Uhr.

Hauptpostämter in Lissabon und Porto und auf den internationalen Flughäfen sind von 9 bis 18 Uhr durchgehend und auch am Wochenende geöffnet.

Tankstellen: 6/7 Uhr – 24 Uhr, an Nebenstraße bis 22 Uhr. Autobahntankstellen sind 24 Stunden geöffnet.

Theatervorstellungen: Theatervorstellungen beginnen normalerweise erst gegen 21.30 Uhr.

Touristeninformationsbüros: Mo.–Fr. 9.30 – 12.30, 14 – 17.30 Uhr. In Großstädten und Ferienzentren auch länger und am Wochenende.

POST UND TELEFON

Porto nach Deutschland und EG-Länder: Standardbrief bis 20 g und Postkarte: EUR 0,72, Schnelltransport EUR 1,90. Normale Briefpost von Portugal nach Deutschland benötigt gewöhnlich eine knappe Woche.

Briefmarken gibt es außer auf den Postämtern auch in Briefmarkenautomaten sowie in Geschäften, die durch ein rotes Pferd oder mit einem weißen Kreis auf grünem Grund gekennzeichnet sind.

Falls Sie Ihr Handy vergessen haben und weit und breit keine Telefonzelle zu sehen ist, **telefonieren** Sie nach Hause am besten vom Postamt (Correiro) aus.

Von Hotelzimmern aus geführte Gespräche sind oft recht teuer, da viele Häuser erhöhte Sätze je Telefoneinheit verlangen.

Aus **Telefonzellen** der Telecom Portugal, die mit **„internacional"** gekennzeichnet sind, ist die Direktwahl nach Deutschland, Österreich, Schweiz etc. möglich und mit Münzen oder Telefonkarten (cartâo para telefonar) zu benutzen. Günstig telefoniert man vom portugiesischen Festnetz aus mit einer **CallingCard**. Mit einer Einwahlnummer und Kundenkennung wählt man die eigentliche Rufnummer.

Mobil-Telefonieren mit Handy ist problemlos möglich mit Handys der gängigen Anbieter wie T-Mobile, Vodafone, E-Plus oder o2-Germany.

Immer größere Verbreitung finden öffentliche **Karten-Telefone**. Sie können mit Telefonkarten wie „Credifone" oder „Telecom Card" benutzt werden. Diese Telefonkarten kann man auf Postämtern, in Verkaufsstellen der Telecom Portugal, in Tabakläden und an vielen Kiosken kaufen. Gewöhnlich sollte in den öffentlichen Telefonzellen mit Karten-Telefonen angeschrieben sein, wo sich die nächste Verkaufsstelle für Telefonkarten befindet.

Für Orts- oder Inlandsgespräche geht man, falls kein Telefonhäuschen in der Nähe ist, in ein Café oder ein Lokal. Dort findet man gewöhnlich einen Telefonapparat mit Gebührenzähler. Im Zeitalter des Handys werden öffentlich Telefone aber immer seltener!

Vorwahlen:

Für **Portugal: 00 351**.

Für **Deutschland: 00 49**, danach Ortsvorwahl ohne erste Null und Teilnehmernummer wählen.

Für **Österreich: 00 43**

Für die **Schweiz: 00 41**

Wichtige Rufnummern

EU-Notruf (Fest- und Mobilnetz): Tel. 112

Polizeinotruf: Tel. 112

Unfallrettung/Notarzt: Tel. 115

ADAC Auslandsnotruf München - 24-Stunden-Bereitschaft:

+49 (0)89 22 22 22.

Pannenhilfe des port. Automobilclubs ACP: Assistência em viagem, Automóvel Club De Portugal (ACP): Tel. **808 22 22 22.**

Orangefarbene **Notrufsäulen** findet man an den Mautstellen der Autobahnen und immer häufiger auch an Schnellstraßen.

Inlands-Telefonauskunft: 118.

REISEZEIT UND KLEIDUNG

Die beste Reisezeit liegt zwischen Mai und September, wobei für einen Badeurlaub die Sommermonate, für eine Rundreise durchs Land hingegen eher Mai/Juni und dann wieder September bis Mitte Oktober geeigneter sind.

Normale Sommerkleidung ist ausreichend. Allerdings sollte ein wärmendes Kleidungsstück im Koffer nicht fehlen, denn die Abende, sowohl an der Atlantikküste wie auch in den höheren Gebieten (z. B. bei Guarda) des Hinterlandes, können dort ganz erstaunlich kühl werden. Pullover also nicht vergessen – und einen Regenschutz, wenn man im Frühjahr viel im Norden des Landes reist.

WÄHRUNG

Die ehemalige portugiesische Währungseinheit „Escudo" hat ausgedient. Seit dem 1. Januar 2002 ist auch in Portugal der **EURO** das offizielle Zahlungsmittel.

Reiseschecks werden bei Banken, **Kreditkarten** auch in größeren Geschäften, Hotels und an Tankstellen gewöhnlich akzeptiert.

Verbreitet sind **Geldautomaten**, die mit „MB - MULTIBANCO" gekennzeichnet sind. Dort können Sie rund um die Uhr mit Ihrer EC-/Maestro-Karte oder mit Ihrer Kreditkarte bei Eingabe Ihrer Geheimnummer an Geld kommen. Maximal können Sie über Geldautomaten pro Tag 400 Euro von Ihrem Konto abheben.

ZEITUNTERSCHIED

Portugal hat Greenwich-Zeit (GMT). Deutschland, Frankreich, Spanien und andere Westeuropäische Länder haben dagegen Mitteleuropäische Zeit (MEZ).

Zwischen diesen Zeitzonen besteht ganzjährig (durch die Umstellung von Sommer- auf Winterzeit und umgekehrt in den erwähnten Ländern) ein **Zeitunterschied von einer Stunde**. Ist es also in Deutschland, Frankreich, Spanien etc. 12 Uhr, ist es in Portugal 11 Uhr.

GUTE REISE!

Wertvolle Tipps für unterwegs. Damit Ihre Reise ein unbeschwertes Erlebnis wird.

Von Frau Dr. Gisela Dahl, Fachärztin für Allgemeinmedizin, Stuttgart, und Vorsitzende der „Columbus Akademie Reise und Medizin GmbH", Stuttgart.

Reisen ist für viele Menschen eine Belohnung für anstrengende Arbeit von Wochen und Monaten oder Zusatzarbeit in der Freizeit. Andere reisen aus beruflichen Gründen.

In allen Fällen wünscht man sich eine glückliche Reise, ohne Unfälle, ohne Erkrankung oder unerwartete Zwischenfälle. Dies alles ist zu einem großen Teil mit einer guten Vorbereitung selbst zu steuern.

Zunächst muss man sich über sein Ziel klar werden. Wohin soll oder muss die Reise gehen, wann ist dort die beste Reisezeit, wann ist für mich die beste Reisezeit, bekommt mir die Höhe und das dortige Klima überhaupt? Wie sind dort die gesundheitlichen Bedingungen, wie ist die ärztliche Versorgung vor Ort, vor allem im Notfall!

Bei der Reise- und Urlaubsplanung sollte man auch Erholungstage einkalkulieren. Auch Tage zur Akklimatisation müssen bedacht werden. Weniger an Urlaubsprogramm ist manchmal mehr!

Nach der Festlegung des Reiseziels sollte man Informationen einholen, welche Impfungen dort vorgeschrieben sind (für die Iberische Halbinsel z. B. sind keine Impfungen vorgeschrieben) und welche Impfungen empfehlenswert sind bei den dort vorherrschenden Gesundheitsrisiken. Man sollte sich auf die Suche nach dem Impfpass machen und ihn dem Arzt vorlegen.

Nicht nur vor Fernreisen oder Reisen in tropische Gefilde kann man vom Hausarzt seinen aktuellen Gesundheitszustand prüfen lassen, eventuell anstehende Vorsorgeuntersuchungen durchführen lassen und bestehende Beschwerden ansprechen, um auf der Reise keine vermeidbaren Überraschungen zu erleben. Eine gute Idee ist es darüber hinaus, auch die Zähne vor der Reise durchchecken zu lassen! Die Arztbesuche sollten möglichst zwei Monate vor Reisebeginn stattfinden, um genügend Zeit für evtl. Impfungen und weitere notwendige Behandlungen zu haben.

Man sollte mit seiner Krankenkasse sprechen, um abzuklären, wie es mit einer Auslandskrankenversicherung steht, ob eine Unfallversicherung besteht und wie eine eventuelle Rückholversicherung darzustellen ist. Hier sollte man möglichst exakte schriftliche Aussagen vorliegen haben, die man dann hoffentlich nie benötigt!

Lassen Sie sich Dauermedikamente, auf die Sie während der Reise keinesfalls verzichten können, rechtzeitig in ausreichender Zahl verordnen. Und bitten Sie den Arzt, den chemischen Namen der Präparate auf einem Zettel zu notieren, den Sie dann auf der Reise mitführen. Bei Verlust des wichtigen Medikaments können Sie mit diesen Angaben im Ausland ein gleichwertiges Mittel erhalten.

Als Reiseapotheke sollte man Fieber- und Schmerzmittel, die man gut verträgt mitnehmen, ebenso bewährte Sonnencremes.

Und denken Sie an Mittel für persönliche Empfindlichkeiten wie Magentropfen, Nasentropfen oder Hustenbonbons.

Andere Länder, andere Sitten, sagt man. Und damit Sie in Ihrem Urlaubsland aus Unkenntnis dort geübter Gepflogenheiten nicht von einem Fettnäpfchen ins andere treten, empfiehlt es sich, zur Vorbereitung der Reise Bücher oder Romane zu lesen, sich vorab Filme über das gewählte Ziel anzusehen, um sich ein wenig auf die andere Kultur einzustimmen!

Auch wenn die kulturellen Unterschiede bei einer Reise nach Spanien oder Portugal nicht gerade exotisch sind, gilt doch: „Man sieht nur was man weiß".

Und was könnte die Vorfreude auf die Reise mehr steigern als ein Essen in einer Gaststätte mit landestypischer Küche!

Dann kommt langsam der Tag der Abreise. Ausweise, Fahrzeugpapiere, Tickets und die Kreditkarten sollten kopiert werden, möglichst 3-fach. Einen Satz der Kopien nehmen Sie mit, einen anderen deponieren Sie zu Hause und den dritten übergeben Sie einer Vertrauensperson.

Bei Verlust kann anhand der Kopien relativ schnell und problemlos Ersatz geschaffen werden. Auch Adressen von Angehörigen sollten bei dieser Aufstellung dabei sein, um für all Fälle einen Kontakt mit der Heimat herstellen zu können.

Achten Sie für die Reise auf bequeme Kleidung, keine neuen hautengen Hosen oder Kleider, sie können die Reise zur Qual machen. Lieber Baumwolle statt Synthetik, auch bei Blusen oder Hemden, in der Hitze werden Sie dankbar den Unterschied spüren!

Packen Sie rechtzeitig und in Ruhe. Und prüfen Sie das Gewicht – nicht nur des Koffers bei Flugreisen, sondern auch des vollbepackten Wohnmobils!

Starten Sie ausgeschlafen und gehen Sie mit guter Laune auf die große Fahrt. Auf der Reise sollten Sie genügend trinken, Wasser und Fruchtsaft oder Früchtetee, um gesund in die Urlaubstage zu starten.

Nach Möglichkeit sollte man im Urlaubsland landestypisch essen, zumindest was man verträgt.

Die Landesküche beruht auf jahrhundertlanger Tradition vor Ort und ist damit den örtlichen Gegebenheiten der Natur angepasst, auch wenn sie uns zuerst fremd und ungewöhnlich vorkommt!

Kochkunst ist auch eine Form der Naturmedizin, und die Verwendung der Kräuter in der Speise ist ein überliefertes Geheimnis über Generationen, in denen die Köchin gleichzeitig auch für die Gesundheit der Sippe verantwortlich war. Überall wo es heiß ist, wird der fehlende Kühlschrank durch scharfe Gewürze ersetzt. Damit kommt es zu einem vermehrten Fluss der Magen- und Verdauungssäfte, die dann mitgegessene Keime vernichten.

Knoblauch und rohe Zwiebeln sind ein Magensaftlocker, Olivenöl ist ein Gleitmittel und verhindert so zum Teil den Übertritt von Keimen und ihre Ausbreitung. Pfefferminztee nach dem Essen (wie in der türkischen Küche) löst die vermehrte Arbeit der Gallenblase aus , starker schwarzer Kaffee wie in den arabischen Ländern macht dasselbe. Gallensäuren als Nachhut vernichten die letzten Keime, die Olivenöl und Magensäure überstanden haben. Gleichzeitig wird die Fettverdauung wie zum Beispiel von Hammelfleisch damit unterstützt.

Durst wird meist mit viel Wasser gestillt, oft den ganzen Tag über. Das verdünnt dann aber auch die Magensäure. Lieber mal ein Gläschen ortsüblichen geharzten Wein probieren, Kräuterlikör vom Ort zum Nachtisch, oder frische reine Fruchtsäfte ohne Wasserzusatz statt Limo!

Bei den Früchten sollte man nur solche wählen, die man schälen kann, oder gekochte Früchte essen, da unser Körper die ortsüblichen Keime nicht kennt und nicht besiegen kann. Nicht umsonst lautet ein alter Grundsatz erfahrener Reisender für den Genuss von Obst in exotischen Gegenden: „Schäl es, koch es, oder vergiss es!"

Auch beim Wohnmobilreisen hat man oft ungebetene Mitreisende in Form von Insekten, fliegenden und kriechenden, die sich mit juckenden Schwellungen verewigen. Hier sollte man versuchen, auf jeden Fall nicht zu kratzen, um nicht auch noch mit Bakterien zu infizieren.

Gegen den Juckreiz hilft das Abreiben mit einer durchgeschnittenen Zitrone oder Limette, was im Süden ja oft möglich ist.

Auch ein Umschlag mit essigsaurer Tonerde (die man in der Hausapotheke von zu Hause mitgenommen haben sollte!), hilft, vor allem nachts, recht gut. Ein Küchentrockentuch, das gut aufsaugt, über die juckende Partie, darüber ein Handtuch gelegt, bis das innere Tuch trokken ist, kann Bienenstiche, Ameisenbisse und Mückenstiche erträglich machen.

Diese Umschläge helfen übrigens auch gut bei Zerrungen und Verstauchungen! Und wenn keine essigsaure Tonerde mehr vorhanden ist, kann man auch Wasser mit einem guten Schuss Essig verwenden.

Was man nie machen sollte, ist z. B. Cognac oder ähnliche Spirituosen zur Behandlung von Insektenstichen verwenden, sie vermehren die Durchblutung und damit den Juckreiz ungemein (dann lieber trinken!).

Bei Sonnenbrand, den es bei aller Vorsicht eben doch manchmal gibt, ist (mitgenommene) Zinksalbe sehr hilfreich. Zink läßt die Haut schneller heilen und pflegt sie gut mit Fett. Vor allem aber verhindert sie weitere Sonnenstrahlen auf der gereizten Haut, da Zink Sonnenlicht nicht durchlässt.

Wenn ein Sonnenbrand großflächiger ist, auf Schultern oder Bauch, hilft oft ein Eiweiß, gut aufgeschlagen in einem Teller, und dann im Halbschatten schön antrocknen lassen. Es ist dann wie eine zweite Haut, die man natürlich dann nicht abduschen, sondern so lang wie möglich daraufbehalten sollte. Wenn man dann doch vorsichtig duscht, sollte man sich am besten mit der guten alten Kernseife säubern, die antibakteriell und rückfettend ist und zwar sauber riecht, aber keine Duftstoffe enthält.

Wenn Sie sich beim Wandern Blasen angelaufen haben, machen Sie die nie auf. Der Körper schützt sich mit dem Wasserpolster vor dem Druck. Wenn die Blase offen ist, können Keime eindringen, und die darunter liegende Haut ist schutzlos dem Druck ausgeliefert. Ein Fußbad mit Kernseife säubert die schmerzende Stelle.

Danach sollte man warten, bis der Fuß ganz trocken ist, notfalls mit dem Fön trocknen und dann mit einer (von zu Hause mitgenommenen!) elastischen Mullbinde umwickeln. Pflaster auf Blasen sind ungünstig, es bildet sich darunter eine sogenannte feuchte Kammer, die von Bakterien geliebt wird, und außerdem rollt es sich auf und macht oft selber wieder Druckstellen.

Wenn Blasen weh tun, sollte man notfalls ein oder zwei Tage lieber nicht wandern, auch Schwimmen ist nicht gut, die Blasen sollten so trocken wie möglich gehalten werden. Wenn es unbedingt doch erforderlich ist, weiter zu laufen, wären weiche Moonboots optimal, die man im Sommer meistens nicht dabei hat. Aber häufige Pausen mit Behandlung an der Luft der schmerzenden Füße läßt die Qual aushaltbar machen.

Goethe sagte mal:
„Unvorbereitetes Davoneilen
Führt zu einem unglücklichen Ende!"

Wie immer, hat er recht! Mit diesen Vorbereitungen haben Sie hoffentlich einen wohlverdienten Traum-Urlaub mit gesunder Heimkehr!

Haftungsausschluss

Alle in diesem Reiseführer gemachten Angaben, sowie Reise- und Sicherheitshinweise sind nach den aktuell erreichbaren und dem Verlag zugänglichen Informationen mit Sorgfalt und nach bestem Wissen zusammengestellt. Eine Gewähr für die Richtigkeit und die Vollständigkeit der Angaben sowie eine Haftung für eventuell eintretende oder daraus entstehende Schäden kann nicht übernommen werden. Gesetze und Vorschriften können sich jederzeit ändern, ohne dass der Verlag davon erfährt. Die Entscheidung über die Durchführung einer Reise liegt in der Verantwortlichkeit des Lesers.

Verlag und Autor empfehlen, sich rechtzeitig vor Antritt der Reise nach den neuesten reiserelevanten Vorschriften zu erkunden.

ZEICHENERKLÄRUNG

- Hauptstadt
- Etappen-Start-/Endpunkt
- Orte
- Sehenswürdigkeit
- Touristeninformation
- Museum, Schloss
- Rathaus, öffentl. Gebäude
- Busbahnhof, Bahnhof
- Parkplatz
- Tiefgarage
- Flughafen
- Postamt
- Restaurant
- Hotel
- Campingplatz
- Womo-Stellplatz
- V & E Station
- Kirche, Kathedrale
- Burg, Kastell
- Wandermöglichkeit
- archäol. Stätte
- Berg, Gipfel
- Rast-, Picknickplatz
- Grenzübergang
- Pass
- Strand, Badeküste
- Höhle
- Reiseweg, Route

V & E für Wohnmobile – Einrichtungen für Versorgung mit Trinkwasser sowie Entsorgung für Wohnmobilabwässer sind auf dem Platz vorhanden.

Wichtige, am Anfang zu jeder Tour vermerkte Sehenswürdigkeiten sind ihrer Bedeutung entsprechend mit einem, zwei oder drei Sternchen versehen.

* = sehenswert

** = sehr sehenswert

*** = ein „Muss" auf der Reise

INFORMATIONEN ZU GPS-NAVIGATIONSKOORDINATEN

Ein Wort zu den GPS-Daten

Alle unsere GPS-Koordinaten sind im System WGS 84 („World Geodetic System 1984"), einer der beiden internationalen Standards für Koordinatensysteme (neben UTM), erfasst.

Bitte beachten Sie: Die Genauigkeit der Routenführung durch das Navigationssystem hängt auch von der Genauigkeit und Aktualität des in Ihrem Navigationsgerät vorhandenen Kartenmaterials ab.

Prüfen Sie, ob Ihr System über detailliertes Kartenmaterial mit Feindaten für das zu bereisende Land verfügt.

Sollte Ihr System nur einen Teil der europäischen Länder mit Feindaten abdecken oder nur über Basiskarten (wichtigste Orte, wichtigste Fernstraßen) verfügen, MÜSSEN SIE MIT MISSWEISUNGEN UND FEHLBERECHNUNGEN RECHNEN! Oder es muss mit laufenden Neuberechnungen des Weges durch das System ohne konkretes Ergebnis gerechnet werden. Bitte denken Sie bei der Navigation daran. Danke!

Minuten/Sekunden ändern in Dezimalkoordinaten

Alle Navigationsdaten in diesem Buch sind im Format Grad/Minuten/Sekunden angegeben. Falls Sie Navigationskoordinaten in Ihr Navigationsgerät evtl. nur als Dezimalkoordinaten eingeben können, ist das kein größeres Problem.

Koordinaten lassen sich von Grad/Minuten/Sekunden – so wie bei uns dargestellt – relativ einfach „per Hand" in Dezimalkoordinaten umrechnen und müssen dann gewöhnlich auch von Hand in das Navigationsgerät im Auto eingegeben werden.

– Da das Minuten/Sekunden-System in 60er Schritten geht, darf man die Minuten- und Sekunden-Markierungen nicht einfach ignorieren und daraus Dezimalkoordinaten machen, sondern man muss die Daten durch 60 teilen. Umgekehrt ist das auch von Dezimalwerten in Minuten/Sekunden möglich (multiplizieren).

Beispiel: Grad/Minuten/Sekunden-Format: z. B. N39° 29′ 12.6″ wird so zum Dezimalformat: 29 : 60 = 0,48, 12.6 : 60 = 0,21. Das wieder zusammengesetzte Format zeigt nun die Dezimalkoordinate: N 39,4821°.

Oder: E 20° 15′ 34.2″ – entspricht dann E 20,2557° (alle Angaben ohne Gewähr).

Sollten Sie Koordinatenformate konvertieren wollen, können Sie sich eines der **Konvertierungsprogramme** bedienen, die Sie kostenlos aus dem Internet herunterladen können, wie z. B.

GPS Babel http://www.gpsbabel.org (Englisch)
Routeconverter http://www.routeconverter.de (Deutsch)
Garmin POI-Loader http://www8.garmin.com/products/poiloader (Englisch)

Im Reiseführer sind die Koordinaten wie folgt dargestellt:

Beispiel: [WP 123 / N70° 10′ 40.0″ E25° 17′ 49.0″] – WP 123 (ff) ist die fortlaufende Nummerierung der wichtigsten Wegpunkte (oder Points of Interest – POI), so wie sie auf der Roadbook-CD abelegt sind. Für die Verwendung der Koordinaten im Reiseführer ist diese Nummerierung ohne Bedeutung.

Gelegentlich steht vor der Wegpunktnummer das Wort „Parkplatz". Damit wird darauf hingewiesen, dass sich bei oder ganz in der Nähe des Punktes ein Parkplatz befindet. Die Koordinate bezieht sich dann auf den Parkplatz. Vom Parkplatz können es noch ein paar Meter Fußweg bis zum eigentlichen Ziel sein.

Obwohl wir bei der Erfassung von GPS-Koordinaten größte Sorgfalt walten lassen, können wir für die Richtigkeit der in unseren Reiseführern und auf unseren Roadbook-CDs angegebenen GPS-Koordinaten und Wegpunkte sowie für evtl. daraus resultierende Ereignisse durch Missweisungen keine Haftung übernehmen

GPS-ROADBOOK-CD

Alle mit WP gekennzeichneten Navigationskoordinaten, die in den Touren dieses Reiseführers aufgeführt sind, können Sie als Roadbook-CD beim Verlag erwerben.

Die Navigations-Koordinaten sind im System WGS 84 („World Geodetic System 1984") entsprechend dem Verlauf der in diesem Reiseführer beschriebenen Routen und Touren angelegt. Sie berücksichtigen alle wichtigen Orte, Sehenswürdigkeiten, Campings und andere Points of Interest (POI's).

Übertragen Sie die Koordinaten von der CD mittels PC oder Notebook und entsprechender Software (z. B. MapSource® oder BaseCamp® für Garmingeräte) auf Ihr Navigationsgerät.

Unsere „Roadbook-CD" stellt Ihnen vor Ort erfasste Original-Navigationsdaten im **Garmin-Format *.gdb** (garmin database) sowie im **Garmin-Format POI *.gpi** zur Verfügung.

Darüberhinaus finden Sie auf der „Roadbook-CD" alternative Dateiformate wie **GPX** (global positioning exchange), **KML 2.2** (Google Earth [Keyhole Markup Language] – *.kml) oder **TomTom *.ov2 poi files.**

Zudem sind die Daten im **Microsoft® Excel® Format** abgelegt. Damit können Sie alle Koordinaten **ganz einfach ausdrucken**!

Sehr hilfreich kann für Sie auch die ebenfalls auf der CD abgelegte MS-Word-Datei **Info-Doc** sein. Dort wird Schritt für Schritt erklärt, wie GPS-Koordinaten von der CD auf ein Garmin-Nüvi gebracht werden können. Es werden Weblinks zu Koordinaten-Konvertierungsprogrammen angegeben und Sie können erfahren, wie Sie Routen vorab in Google Earth™ ansehen können u. v. m.

Die tatsächliche Lage der Wegpunkte (Ziele/Zwischenziele) kann von den angegebenen Koordinaten ggf. bis zu ca. 300 m abweichen!

Mit entsprechender Software „MapSource®, City Select Europe"® oder „BaseCamp"® des Anbieters Garmin® können die Daten im Garmin-Format oder im GPX-Format über einen PC oder über ein Notebook direkt in viele Garmingeräte eingelesen werden.

NEU! Wissen wo's lang geht! Mit den auf der Roadbook-CD abgelegten Dateien im GPX-Format können Sie in Verbindung mit Google Earth® (kostenloser Download) die Reiseroute, sowie alle als Wegpunkt markierten Stationen der Reise schon vorab aus der Vogelperspektive auf Ihrem PC ansehen, oder sich einzelne Abschnitte der Route im Google Earth Routenplaner berechnen lassen. Wie's geht und vieles mehr steht auf der CD.

Für die Richtigkeit der Koordinaten und deren Transformierung in andere Dateiformate kann keine Gewähr übernommen werden!

Unsere Roadbook-CD's können Sie gegen eine Schutzgebühr von EUR 9,90 nur direkt über den Verlag beziehen!

Bestellungen bitte über unseren Webshop:
www.rau-verlag.de/onlineshop.

Oder per Post an: Werner Rau Verlag, Feldbergstr. 54, D-70569 Stuttgart,
Tel. +49-(0)711-687 21 43, Fax +49-(0)711-68 22 47, E-Mail: info@rau-verlag.de.

REGISTER

Personennamen in kursiver Schrift.

(CP) bzw. (ST) hinter dem Ortsnamen weist darauf hin, dass in oder ganz in der Nähe des Ortes ein im Reiseführer beschriebener Campingplatz und/oder ein Wohnmobil-Stellplatz zu finden ist.

VERLAG RAU MOBIL REISEN

REISEFÜHRER MOBIL REISEN

Mobile Touring Highlights

Unterwegs auf den schönsten Reiserouten

Erlebnisreiche Reisen mit Auto, Caravan, Van-Camper oder Reisemobil.

Mobil Reisen: BALTIKUM
Die schönsten Reiserouten, kombiniert zu einer erlebnisreichen Tour durch alle drei baltischen Länder - Litauen, Lettland und Estland. Mit einem Abstecher nach Kaliningrad. Reisetipps in Fülle. Plus Vorschläge zu sechs Radtouren.
Mit Wohnmobil-Stellplätzen u. Campingplätzen.
Von Michael Moll, 252 S., zahlr. Farbfotos, Karten und Stadtpläne.
ISBN 978-3-926145-32-1. € 18,90.
GPS-Roadbook-CD mit Navigationskoordinaten verfügbar!

Mobil Reisen: BRETAGNE
Ein individueller Reiseführer mit Routenvorschlägen, ausgesuchten Touren für eine Reise von Nantes bis ans „Ende der Welt", der Finistère an die bretonische Atlantikküste. Historisches, Amüsantes, Kulinarisches und natürlich viele praktische Reisetipps. Jetzt mit noch mehr Wohnmobil-Stellplätzen.
Mit vor Ort erfassten GPS-Koordinaten.
336 S., zahlr. Farbfotos, Karten, Stadtpläne, Hotels, Campingplätze sowie viele Infos und Reisetipps.
ISBN 978-3-926145-49-9. € 19,90.
GPS-Roadbook-CD mit Navigationskoordinaten verfügbar!

Mobil Reisen: DÄNEMARK – Mit Insel Bornholm
Handlich und praktisch für erlebnisreiches Auto-, Motorrad-, Caravan- oder Wohnmobil-Touring. Auf 15 handverlesenen Urlaubsrouten zu den schönsten Städten und Küsten in Jütland, Fünen, Seeland und Bornholm. Ausführlicher Teil über "wonderful, wonderful Copenhagen".
Mit vor Ort erfassten GPS-Koordinaten.
312 S., zahlr. Farbfotos, Karten, Stadtpläne, Hotels, sowie viele Infos, die schönsten Camping- u. Stellplätze.
ISBN 978-3-926145-54-3. € 19,90.
GPS-Roadbook-CD mit Navigationskoordinaten verfügbar!

Mobil Reisen: ENGLAND SÜD

Von den weißen Felsen von Dover über lebhafte Seebäder bis hinaus an die abgeschiedene, wilde Küste von Cornwall. Wandern auf den herrlichen Küstenwegen und Klippenpfaden, den Schauplätzen aus Pilcher-Filmen nachspüren, in prächtigen Gärten schwelgen oder lieber gemütlich in einem uralten Pub verweilen, in dem sich schon die Schmuggler früherer Tage die Klinke in die Hand gaben? Dieser Reiseführer sagt Ihnen, wo's lang geht.
Mit vor Ort erfassten GPS-Koordinaten.
348 S., zahlr. Farb-Abb., Karten, Stadtpläne, Hotels, Pubs sowie viele Infos und die schönsten Campingplätze.
ISBN 978-3-926145-60-4. € 22,90.
GPS-Roadbook-CD mit Navigationskoordinaten verfügbar!

Mobil Reisen: FINNLAND – Mit Åland-Inseln

Das „Land der tausend Seen" von Helsinki über das Labyrinth des Saimaa-Seengebiets, weiter über Karelien, die einsamen Weiten Lapplands und zurück über den finnischen Schärengarten auf eigene Faust erleben. Anschließend ein Abstecher auf die Åland-Inseln.
Mit einem ausführlich geschilderten **Abstecher zum Nordkap**. Und das Ganze mit vor Ort erfassten GPS-Koordinaten.
264 S., zahlreiche Farbfotos, Karten, Stadtpläne, Hotels, Campingplätze sowie viele praktische Informationen über Land und Leute.
ISBN 978-3-926145-50-5. € 19,90.
GPS-Roadbook-CD mit Navigationskoordinaten verfügbar!

Mobil Reisen: GRIECHENLAND

Aus der Reisepraxis für die Reisepraxis geschrieben. Ein Reisehandbuch mit Routen, Touren und Reisetipps fürs Auto-, Motorrad-, Caravan- oder Reisemobil-Touring. Eine Fülle von Routenvorschlägen führt Sie durch alle Regionen Festlandgriechenlands, von den Badestränden der Chalkidiki-Halbinsel bis in den Süden des Peloponnes und natürlich zu allen archäologischen Stätten.
Mit vor Ort erfassten GPS-Navigationskoordinaten!
264 S., zahlr. Farbfotos; Karten, Stadt- u. Lagepläne, Stadtspaziergänge, Hotels und die schönsten Campingplätze.
ISBN 978-3-926145-36-9. € 18,90.
GPS-Roadbook-CD mit Navigationskoordinaten verfügbar!

Mobil Reisen: IRLAND – Mit Nordirland

Der ideale Urlaubsführer für alle, die den Charme der "Grünen Insel" auf eigene Faust entdecken wollen. Ausgesuchte Routenvorschläge fürs Auto-Touring von den südlichen Counties über die imposante Westküste bis hinauf ins abgeschiedene Donegal und durch Nordirland. Ausführlicher Dublin-Teil mit detaillierten Rundgängen. Kultur, Folklore, Tipps zu Pubs, Wandermöglichkeiten.
Mit vor Ort erfassten GPS-Navigationskoordinaten!
336 S., zahlr. Farbfotos, Karten, Stadtpläne, Hotels, viele Infos und die schönsten Campingplätze.
ISBN 978-3-926145-58-1. € 22,90.
GPS-Roadbook-CD mit Navigationskoordinaten verfügbar!

Mobil Reisen: KORSIKA

Korsika, „Ile de Beauté", die „Insel der Schönheit" besticht durch ihre wunderbare Berglandschaft und ihre herrliche, oft atemberaubende Küstenszenerie. Eine Herausforderung für alle unternehmungslustigen Wohnmobilisten und Caravaner und ein Eldorado für anspruchsvolle Wandertouren.
Hotels, Restaurants, Campingplätze und Menge Tipps und Infos.
Mit vor Ort erfassten GPS-Koordinaten.
228 S., zahlreiche Farbfotos., Karten, Stadtpläne.
ISBN 978-3-926145-41-3. € 18,90.
GPS-Roadbook-CD mit Navigationskoordinaten verfügbar!

Mobil Reisen: KROATIEN

Istrien, die Dalmatinische Küste und Kroatiens herrliche Adriainseln auf den schönsten Reisewegen erleben. Dieses praktische Reisehandbuch sagt Ihnen, wo's lang geht. U. a. mit Dubrovnik, Plitvicer Seen, Zagreb und einer Fülle an Reisetipps, Infos zu Hotels und Campings.
Mit vor Ort erfassten GPS-Koordinaten.
257 S., zahlreiche Farbfotos, Karten, Stadtpläne, Stadtspaziergänge.
ISBN 978-3-926145-61-1. € 18,90.
GPS-Roadbook-CD mit Navigationskoordinaten verfügbar!

Mobil Reisen: LOIRETAL

Die schönsten Reisewege durch das Herz Frankreichs, der Landschaft, in der es sich leben lässt „wie Gott in Frankreich". Nicht umsonst entstanden hier die prächtigsten Schlösser Frankreichs. Aber auch wer weniger das Historische als viel mehr kulinarische Erlebnisse sucht, wird in der Gegend um das Loiretal auf seine Kosten kommen. Und dieser Reiseführer sagt Ihnen wo's lang geht. NEU! Jetzt mit vielen Wohnmobil-Stellplätzen und mit vor Ort erfassten GPS-Navigationskoordinaten!
264 S., zahlr. Farbfotos, Karten, Stadtpläne, Hotels, sowie viele Infos und die schönsten Campingplätze.
ISBN 978-3-926145-38-3. € 18,90.
GPS-Roadbook-CD mit Navigationskoordinaten verfügbar!

Mobil Reisen: NORWEGEN – Reisewege zum Nordkap

ALLES NEU! Komplett überarbeitet! Aktualisiert!
Neue Touren und zusätzliche Routen! Noch übersichtlicher!
Jetzt mit praktischen „Tourenpaketen" zum Kombinieren, wie z. B. „Südnorwegen", „Gletscher, Fjells und Fjorde" oder „Finnmark und Nordkap".
Durchgehend farbig und noch mehr Fotos und Karten!
Verlässliche Kompetenz aus langjähriger Reiseerfahrung.
Jetzt mit vor Ort erfassten GPS-Koordinaten.
372 S., Stadtrundgänge, Wandervorschläge, viele Farbfotos, Karten, Stadtpläne, Hotels, sowie Reise-Infos in Fülle, dazu über 200 Campingplätze und zahlr. Stellplätze.
ISBN 978-3-926145-47-5. € 19,90.
GPS-Roadbook-CD mit Navigationskoordinaten verfügbar!

Mobil Reisen: OSTSEE-RUNDE

Auf überlegt ausgesuchten Routen und Touren die schönsten Gegenden Pommerns und Masurens, wunderschöne baltische Städte wie Vilnius, Riga und Tallinn, sowie die russische Perle Sankt Petersburg erleben. Reisen Sie über Finnland, Schweden und die dänische Insel Seeland zurück. Dieser Reiseführer hilft – ob Wohnmobil-Tourer, Caravaner, Autourlauber oder Motorbiker – sowohl bei der Vorbereitung als auch auf der Reise unterwegs. Ein unvergessliches Reiseerlebnis!
396 S., Stadtrundgänge, zahlr. Farbfotos, Karten, Stadtpläne, Hotels, sowie viele Infos und die schönsten Camping- und Wohnmobil-Stellplätze.
ISBN 978-3-926145-59-8. € 22,90.
GPS-Roadbook-CD mit Navigationskoordinaten verfügbar!

Mobil Reisen: POLEN

Polen bequem auf eigene Faust kennen lernen. Über die Sudeten und über Schlesien, weiter durch die Karpaten, Zentral- und Ostpolen mit einem ausführlichen Teil über die Hauptstadt Warschau, durch Ermland, die Masurische Seenplatte, durchs Lebuser Land und über Pommern schließlich bis zur Ostseeküste. Alles in bequem nachvollziehbaren Reiserouten beschrieben.
Von Michael Moll, 240 S., viele Farbfotos; Karten, Stadt- u. Lagepläne, Stadtspaziergänge, Hotels und die schönsten Campingplätze.
ISBN 978-3-926145-28-4. € 18,90.

Mobil Reisen: SARDINIEN

Ein Reiseziel mit ganz unerwarteten Attraktionen – zauberhafte Küstenszenerien, das größte Dünengebiet ganz Italiens, wunderschöne Seegrotten, mystische Nuraghen, geisterhafte alte Minenstädte und einer der spektakulärsten Canyons in Europa.
Dieses Tourenbuch, gespickt mit jeder Menge Reisetipps, führt auf den schönsten Routen und Wohnmobil-Touren durch Sardinien. Mit Wohnmobil-Stellplätzen, Tipps zu Hotels und Restaurants, Campingplätzen. Mit vor Ort erfassten GPS-Navigationskoordinaten!
240 S., zahlr. Farbfotos, Karten, Stadtpläne.
ISBN 978-3-926145-62-8. € 18,90.
GPS-Roadbook-CD mit Navigationskoordinaten verfügbar!

Mobil Reisen: SCHOTTLAND

Schottland auf neuen Wegen erleben. Eine variantenreiche Rundreise – von den Borders bis zu den Highlands, von den Western Isles bis zu den Orkneys. Detaillierte Beschreibung von Edinburgh, Glasgow, allen wichtigen Städten, Schlössern und Landschaften.
Außerdem Essen und Trinken, Whisky, Clans, Tartans und Dudelsäcke, Wandern u.v.m.
276 S., zahlr. Farbfotos., Karten, Stadtpläne, Hotels, sowie viele Infos und die schönsten Campingplätze mit GPS-Koordinaten.
ISBN 978-3-926145-57-4. € 19,90.

Mobil Reisen: SCHWEDEN

Mit Inseln Öland und Gotland

22 sorgfältig ausgewählte, vor Ort getestete Reise(mobil)routen und Autotouren durch die schönsten Landschaften, Städte und Regionen. Mit vielen Reisetipps und Informationen über Sehenswertes vom südlichen Schonen bis Lappland. Mit ausführlichem Stockholm-Teil, Stadtrundgänge u.a. durch Helsingborg, Göteborg, Uppsala, Kalmar, sowie die Inseln Öland und Gotland. Mit vor Ort erfassten GPS-Koordinaten.
288 S., zahlr. Farbfotos, Karten, Stadtpläne, Hotels, sowie viele Infos und die schönsten Campingplätze. Mit Wohnmobil-Stellplätzen.
ISBN 978-3-926145-48-2. € 19,90.
GPS-Roadbook-CD mit Navigationskoordinaten verfügbar!

Mobil Reisen: SIZILIEN

Auch ein klassisches Reiseziel lässt sich immer wieder neu entdecken. Dieses neue Tourenbuch schildert kompetent und ausführlich die schönsten Reisewege durch Sizilien.
Mit Wohnmobil-Stellplätzen und mit vor Ort erfassten GPS-Koordinaten.
252 S., zahlr. s/w.- u. Farb-Abb., Karten, Stadtpläne, Hotels, sowie viele Infos und die schönsten Campingplätze.
ISBN 978-3-926145-55-0. € 18,90.
GPS-Roadbook-CD mit Navigationskoordinaten verfügbar!

Mobil Reisen: SKANDINAVIEN

Reiseziel Nordkap

Die große Tour zum Nordkap in bequem zu kombinierenden Reiserouten. Mit neuen Touren und vielen Streckenvarianten durch alle vier nordischen Länder – Dänemark, Norwegen, Schweden und Finnland. Ausführliche Beschreibung der Hauptstädte. Übersichtlich, informativ, kompetent. Mit vor Ort erfassten GPS-Koordinaten.
348 S., zahlr. Farbfotos, Karten, Stadtpläne, Hotels, sowie viele Infos und die schönsten Campingplätze.
ISBN 978-3-926145-56-7. € 22,90.
GPS-Roadbook-CD mit Navigationskoordinaten verfügbar!

Mobil Reisen: SPANIEN NORD

Spaniens Norden von den Stränden der Costa Brava über die Pyrenäen, durch das grüne Galicien mit dem Pilgerziel Santiago de Compostela bis ins Herz Kastiliens mit den Hochburgen von Kunst, Kultur und Geschichte wie Salamanca oder Segovia.
Ausführlich: **Der Jakobsweg**. Hotels, Restaurants und die schönsten Campingplätze. Mit vor Ort erfassten GPS-Koordinaten.
276 S., zahlr. Farbfotos; Karten und Stadtpläne.
ISBN 978-3-926145-63-5. € 19,90.
GPS-Roadbook-CD mit Navigationskoordinaten verfügbar!

Mobil Reisen: SPANIEN SÜD

Eine gelungene Mischung aus Kunst, Kultur, Information und Reisetipps. Ein kompletter Reiseführer, der mehr als nur Routen und Touren bietet. Vom Mittelmeer ins Herz Kastiliens, auf den Spuren der Conquistadores, weiße Dörfer, maurische Paläste und der sonnige Süden Andalusiens. PLUS: Madrid City Guide.
Mit vor Ort erfassten GPS-Koordinaten.
312 S., zahlreiche Farbfotos, Karten und Stadtpläne. Stadtspaziergänge, Hotels, Paradores, Campings, Wohnmobil-Stellplätze u. v. m.
ISBN 978-3-926145-53-6. € 22,90.
GPS-Roadbook-CD mit Navigationskoordinaten verfügbar.

Mobil Reisen: USA SÜDWEST

Touring America – Die Traumtour durch den Südwesten der Vereinigten Staaten – Von den Rockies bis LA und San Francisco, vom Yellowstone bis zu den Indianerstätten und vom „Wilden Westen" bis ins Spielerparadies Las Vegas und mehr.
Erleben Sie mit diesem praktischen Touring-Guide die aufregendsten Gegenden Amerikas – ob Sie nun mit dem Mietwagen, zünftig mit dem Motorbike oder mit dem Wohnmobil unterwegs sind. Übersichtlich, praktisch, informativ und aus Erfahrung kompetent.
444 S., zahlr. Karten, Stadtpläne, Motels/Hotels, jede Menge Reise-Infos, Campingplätze und viele Farbfotos.
ISBN 978-3-926145-35-2. € 22,90.
GPS-Roadbook-CD mit Navigationskoordinaten verfügbar!

Weitere Titel sind in Vorbereitung!

Fragen Sie im Buchhandel nach unseren aktuellen Neuerscheinungen.

Oder besuchen Sie uns im Internet:

http://www.rau-verlag.de

http://www.mobil-reisen.eu

VERLAG RAU MOBIL REISEN

WERNER RAU VERLAG, Feldbergstraße 54, D - 70569 Stuttgart
www.rau-verlag.de – e-mail: info@rau-verlag.de

Mobil Reisen: PORTUGAL

Vorliegend: 9. Auflage 2016/2017